일본 지식인에게 듣는
한일 관계와 역사 문제

일본 지식인에게 듣는

한일 관계와 역사 문제

동북아역사재단
한일역사문제연구소 편

머리말

최근 한일 간 역사 갈등이 국민감정의 문제로 확산되고 있다. 한일 관계는 1965년 국교정상화 이후 가장 어려운 국면에 처했다고 할 수 있다.

이러한 상황에서 동북아역사재단은 '갈수록 악화되는 한일 역사 갈등을 풀기 위해서 무엇이 필요한가?'에 대한 해답을 찾는 과정 중 하나로 한일 관계 발전을 위해 오랜 시간 힘써 온 일본의 역사, 정치, 언론·문화 분야 전문가 13인을 선정하여 개별 인터뷰를 하였다. 이번 인터뷰는 뒤엉킨 한일 역사 갈등을 풀어나갈 수 있는 건설적인 방안을 모색하는 자리가 되었다고 생각한다. 이 논의를 공유하고 발전시켜 나가기 위하여 이 책을 발간하게 되었다.

인터뷰 대상 전문가 선정을 위해 한일 문제 관련 한국 측 전문가로 자문회를 구성하였다. 이들의 자문회의를 통해 일본의 역사, 정치, 언론·문화 전문가 30명을 추천받고, 선정 절차를 거쳐 다음 13명을 선정하였다.

정치 관련 전문가는 오구라 기조(小倉紀藏), 간 히데키(菅英輝), 히라이와 슌지(平岩俊司), 시라이 사토시(白井聡), 기미야 다다시(木宮正史), 언론·문화 관련 전문가는 우에무라 다카시(植村隆), 마쓰바라 가즈유키(松原一征) 그리고 한일 역사 문제 관련 전문가는 나카쓰카 아키라(中塚明), 우쓰미 아이코(内海愛子), 다와라 요시후미(俵義文), 와다 하루키(和田春樹), 기미지마 가즈히코(君島和彦), 미쓰하시 히로오(三橋広夫)이다.

인터뷰는 2018년 10월 초~12월 초순에 걸쳐 진행하였다. 깊이 있는 인터뷰와 원활한 진행을 위해 관련 외부 전문가와 함께 하였다.

역사 부분은 정재정 시립대 명예교수에게 전적으로 도움을 받았다. 언론·문화 부분은 심규선 전 동아일보 대기자, 정치 부분은 양기호 성공회대

교수의 도움을 받았다.

인터뷰는 일본 지식인들의 답변에 적극적으로 의견을 개진하거나 반론을 제시하기 보다는, 대체로 그들의 의견을 귀 기울여 듣는 방식을 취하였다. 인터뷰 대상자인 일본 지식인들은 지한파라고 말할 수 있는 사람들이지만, 한국인 입장에서 받아들이기 어려운 내용도 있다. 하지만 한일 관계를 풀어나가기 위해서는 먼저 상대방이 어떻게 생각하는지를 아는 것이 중요하다고 생각하여 그대로 실었다. 사족일 수도 있지만 이들 일본 지식인들의 의견을 동북아역사재단이 그대로 인정하는 것은 아니라는 점을 밝혀 둔다.

인터뷰를 통해 개별 사안에 대한 인식의 차이는 있으나, 한일 역사 갈등을 풀어내야 한국과 일본은 물론 동아시아에 밝은 미래가 있다는 것에는 모두가 동의한다는 사실을 확인했다. 더 나은 한일 관계를 만들기 위한 이러한 노력이 우리 국민들에게도 전달될 수 있기를 기대한다. 서로에 대한 신뢰가 쌓일 때 역사 갈등을 해소하기 위한 발걸음을 시작할 수 있을 것이다.

마지막으로 진지하게 인터뷰에 임해준 일본 전문가들과 인터뷰를 진행해준 정재정, 심규선, 양기호 세 분 선생님께 감사의 말씀을 전한다.

2020년 5월
동북아역사재단 연구위원
이명찬

차례

1. 정치 전문가 편

- 오구라 기조(小倉紀藏) 10
- 간 히데키(菅英輝) 37
- 히라이와 슌지(平岩俊司) 76
- 시라이 사토시(白井聡) 111
- 기미야 다다시(木宮正史) 142

2. 언론·문화 전문가 편

- 우에무라 다카시(植村隆) 164
- 마쓰바라 가즈유키(松原一征) 190

3. 역사 문제 전문가 편

- 나카쓰카 아키라(中塚明) 216
- 우쓰미 아이코(内海愛子) 242
- 다와라 요시후미(俵義文) 275
- 와다 하루키(和田春樹) 308
- 기미지마 가즈히코(君島和彦) 350
- 미쓰하시 히로오(三橋広夫) 376

인터뷰 진행

정재정(鄭在貞)
1951년생. 서울대 역사교육과를 졸업하고 도쿄대에서 석사, 서울대에서 문학박사학위를 받았다. 한국방송통신대 교수를 거쳐 서울시립대 사학과 교수가 돼 박물관장, 인문대학장, 대학원장을 지냈다. 동북아역사재단 이사장, 국사편찬위원회, 서울시사편찬위원회, 독립기념관, 서울역사박물관, 한성백제박물관 등의 위원, 한일미래포럼과 대한민국역사박물관의 자문위원장을 역임했다. 현재 광주과학기술원 초빙석학교수와 서울시역사자문관으로 있다.

심규선(沈揆先)
1956년생. 서울대 국어교육과를 졸업하고 1983년 《동아일보》에 입사해 도쿄특파원, 정치부장, 편집국장, 논설실장, 대기자(상무)를 지내고 2017년 말 퇴직했다. 일본 게이오대 방문연구원, 서울대 언론정보학과 기금교수, 고려대 글로벌일본연구원 초빙교수, 화해치유재단 이사, 세종연구소 이사 등을 지냈으며 현재 서울대 일본연구소 객원연구원, 한일포럼 운영위원, 세토포럼 이사 등으로 일하며 국민대 대학원에서 일본을 공부하고 있다.

이명찬(李明贊)
1960년생. 고려대 중어중문학과와 정치외교학과 대학원 국제정치학과를 졸업하고 일본 게이오대학에서 정치학 박사학위를 받았다. 나카소네 세계평화연구소에서 연구 및 2019년 게이오대 방문연구원을 지냈다. 고려대, 연세대, 숙명여대 등에서 강의하였고, 2008년부터 동북아역사재단에서 연구위원으로 근무하다 2020년 퇴직하였다. 국방부 자문위원, 한국국제정치학회 부회장 등을 지냈다.

양기호(梁起豪)
1961년생. 연세대 정치외교학과와 대학원 정치학과를 졸업하고 1994년 일본 게이오대에서 정치학박사학위를 받았다. 1996년부터 성공회대 인문학부 일본학전공 교수로 재직 중이다. 청와대 국가안보실 정책자문위원, 외교부 정책자문위원, 민주평화통일자문회의 상임위원, 동북아역사재단 자문위원, 민화협 정책자문위원, 세계정치학회 부회장 등을 지냈으며, 현재 제2기 대통령직속 정책기획위원회 평화분과 위원이다.

1. 정치 전문가 편

- 오구라 기조(小倉紀蔵)   10
- 간 히데키(菅英輝)   37
- 히라이와 슌지(平岩俊司)   76
- 시라이 사토시(白井聡)   111
- 기미야 다다시(木宮正史)   142

오구라 기조 小倉紀蔵

1959년 일본 도쿄에서 태어나 1983년 도쿄대학 문학부 독일문학과 졸업 후 기업의 카피라이터로 입사하여 1988년 퇴직 후 서울대학교 철학과 대학원 동양철학 석사, 박사학위를 취득하였다. 1996년 4월~2006년 3월 도카이대학 외국어교육센터 강사, 조교수를 지냈고, 이후 2012년 3월까지 교토대학 대학원 인간·환경학연구과 조교수, 준교수를 역임하였다. 현재 교토대학 대학원 인간·환경학연구과 교수로 재직 중이다. NHK 교육TV 한글강좌 강사, 2005년 한일 우정의 해 실행위원으로 활동하였다. 저서로는 『한국은 하나의 철학이다』(조성환 역, 2017, 모시는사람들), 『새로 읽는 논어』(조영렬 역, 2016, 교유서가), 『일본의 혐한파는 무엇을 주장하는가』(한정선 역, 2015, 제이앤씨), 공저로 『자 놀아보세-다문화 이해를 위한 한일축제(2008, 토향) 등이 있다.

일본 지식인에게 듣는 **한일 관계와 역사 문제**

일시 2018년 11월 8일(목) 19:00~21:30
장소 일본 교토대학교
진행 양기호, 이명찬

오구라 기조(우)와 양기호(좌)

양기호 선생님은 특이한 이력을 가지고 있는데요. 대기업인 덴쓰우(電通)에서 근무하다가 갑자기 서울대학교로 유학을 간 동기는 무엇이었습니까?

유학의 동기: 1987년 6월 항쟁의 충격

오구라 1986년 무렵 아무 예비 지식도 없이 한국에 놀러 갔었던 것이 시작이었습니다. 그때는 한국어도 전혀 못했습니다. 하지만 김지하의 시나 평론을 대학생 때부터 읽었기 때문에 한국에 대해 관심은 있었어요. 그래서 한국에 몇 번 여행을 갔었는데, 마침 1986년 민주화 운동이 치열하던 시기였어요. 그것을 보고 많이 놀랐습니다. 일본에서 하는 데모와는 전혀 달랐어요. 나라를 뒤바꿀 듯한 힘이 느껴졌지요. 그렇게 해서 한국에 자주 가게 되었고 1987년 6월에도 갔어요. 6월 민주항쟁을 직접 보고 너무 놀란 나머지 도대체 한국이란 나라가 무엇인지 알고 싶어졌어요. 한국어는 처음 한국 여행을 다니기 시작한 무렵부터 공부했어요. 당시 일본에는 한국어를 배울 수 있는 곳이 거의 없어서 라디오 강좌를 들었어요. 오프라인 강좌로는 신주쿠의 아사히 컬쳐센터에서 김유홍 선생님이 하시던 강좌가 유일했어요. 그 외에는 라디오 강좌나 TV강좌를 들었죠. 한국에서 온 유학생들이 있으면 그분들에게 배우기도 하고요. 그러다가 1988년 2월에 회사를 그만두고 3월에 서울대학교로 유학을 가게 되었습니다.

양기호 특별히 철학을 선택하신 이유는 무엇입니까?

오구라 한국에서 계속되고 있는 시위, 투쟁과 같은 것들을 설명할 수 있는 학문을 해보고 싶었어요. 물론 정치학이나 사회학도 중요하지만 한국인의 심리에 좀 더 접근해보고, 도대체 그 속에 무엇이 있는지 알고 싶었습니다. 그것을 사상이나 철학 같은 것들을 통해서 알고 싶었던 것 같아요. 한국에서 8년 동안 공부했지만 결국 박사학위는 따지 못했어요. 당시 일본은 박사학위가 없어도 취업이 가능했기 때문에 일본으로 돌아오게 되었습니다.

양기호 저는 도쿄에 있을 때 선생님의 책을 많이 읽었는데, 한국인의 심리를 그렇게까지 잘 파악하고 계시다는 점에서 매우 감탄하며 재미있게 읽었습니다. 지금까지 선생님이 연구해 오신 분야는 어떤 분야이며, 그 분야를 쭉 연구하면서 어떤 성과를 거두었는지 말씀해 주시기 바랍니다.

오구라 저는 한국인의 마음을 알고 싶었기 때문에, 처음 한국에 갔을 때 하고 싶었던 연구는 샤머니즘이었습니다. 시위 방법이나 투쟁하는 모습, 구호와 같은 것들이 샤머니즘과 깊이 연관되어 있다는 느낌을 받았어요. 실제로 일본에 그것와 관련해서 연구한 사람이 있습니다. 도쿄대학의 마나베 유코(真鍋祐子)라는 여성 연구자가 5·18민주화운동의 '열사'는 어떻게 탄생하는가에 대해 사회학적으로 연구한 것이 있어요. 누군가 시위 중에 죽었을 때 거기에 사람들이 감정을 불어넣고 열사로 추대해가는 과정을 사회학적으로 분석한 연구였는데, 그때 마나베 선생님이 사용한 것이 샤머니즘이었습니다. 그 연구는 지금도 일본에서 매우 수준 높은 연구로 평가 받고 있습니다. 저는 샤머니즘을 공부해보고 싶었는데, 서울대 대학원 면접에서 "어떤 것을 공부하고 싶은가"라는 질문에 샤머니즘이라고 대답했더니 교수님께서 "샤머니즘에 철학이 있느냐"고 하시더군요. 그리고 "한국인을 알려면 유학을 공부하라"고 하셨죠. 맞는 말씀이죠. 그래서 한국 전통의 가장 핵심을 이루는 '주자학'을 공부하기 시작했습니다. 그런데 이게 대충 해서 될 일이 아니더군요. 5년, 10년 한다고 끝날 공부가 아니었어요. 저는 불교, 유교, 샤머니즘, 도교 등 여러 가지 분야를 공부해보고 싶었는데, 유교 하나만으로도 공부할 것이 너무 많았습니다. 그렇게 해서 저의 주요 연구 테마는 유교입니다. 유교 중에서도 주자학이죠. 주자학 경전을 해석하기도 하지만, 현실 사회와의 관계를 알기 위한 연구도 합니다.

양기호   그렇다면 현실 사회와 유교는 결론적으로 어떤 관계인가요?

일본의 혼네(本音)와 다테마에(建前), 한국의 리(理)와 기(氣)

오구라   한국인들은 "일본에게는 이중성이 있다"고 말하죠. 혼네(本音)와 다테마에(建前)가 있다고요. 그 말은 이해가 갑니다. 제가 보기에도 그러니까요. 한편, 한국인들은 "우리는 이중성이 없다"고 하지만 외국인이 보기에는 이중성이 있어요. 이해하기 어려운 부분이 있습니다.

양기호   어떤 부분에서 그런 이중성을 느끼시는지요?

오구라   대부분의 일본인들이 공통적으로 하는 말입니다만, 예를 들어 역사 문제에 대하여 회의를 할 때 한국인들은 "일본이 나쁘다"며 강경한 자세로 일관하면서 전혀 타협하려고 들지 않아요. 그러면 일본인들은 "아, 이 사람들과는 영원히 서로 화해할 수 없겠구나"라고 생각하죠. 그런데 밤이 되면 술자리에서 갑자기 친하게 다가옵니다. "지나간 일은 지나간 일, 지금은 지금"이라며 친하게 대하죠. 그런 부분이 아무래도 이해하기 어렵다고 합니다.

양기호　선생님께도 한국인은 이해하기 어려운 존재인가요?

오구라　지금은 이해하려고 합니다. 일본인들은 낮에 서로 대립했으면 밤에도 친하게 대하지 않아요. 그런 의미에서는 일관성이 있죠. 혼네와 다테마에와는 다른 일관성이 있는 것입니다.

양기호　일본인은 관계에 있어서 일관성이 있고, 한국인은 관계보다는 감정을 중시하는 면이 있죠. 그 점에 대해서 선생님의 설명을 듣고 싶은데요, 그 격차는 어디서 온다고 생각하십니까?

오구라　밤의 한국인과 낮의 한국인이 다르다고 하는 것은 일본인들의 일반적인 인식입니다. 갑자기 달라지는 모습의 격차가 크기 때문에 "이게 뭐지"하는 생각을 하게 되죠. 밤에 그렇게 친하게 지내다가도 다음날 낮에 다시 역사 문제에 대해 이야기할 때는 다시 돌변합니다. 적을 대하듯이 경직된 자세로 토론하죠. 그런 것을 잘 이해하지 못하겠다고 일본인들은 말해요.

이명찬　선생님은 한국인의 그러한 행동에 대해 이해하고 있나요?

오구라　지금은 이해합니다. 한국인들이 주자학에 근거해서 그런 행동을 하는 것은 절대 아닙니다만, 주자학적 관점에서 설명할 수 있습니다. 주자학에는 '리(理)' 세계와 '기(氣)'의 세계가 있는데, '리'라는 것은 원리 원칙의 세계를 말해요. 이런 타입의 사람은 원리 원칙을 반드시 지키죠. 원리 원칙이 없으면 현실 생활도 없어요. 하지만 한국인들은 원리 원칙이 중요하다고 말하면서도 '기'라고 하는 감정의 세계도 중시하는 겁니다. 예를 들어 일본인의 경우, 원리 원칙을 중시하는 사람은 '감정도 중요하다'는 생각을 절대로 하지 않아요. 감정을 억눌러서 없애버리고 말죠. 그와 반대로 감정을 중시하는 사람에게는 원리 원칙이 없어요. 일본인은 그렇습니다만, 한국인은 원리 원칙의 세계를 잘 지키면서도 감정의 세계가 공존하는 겁니다. 문제는 그 둘 사이의 균형이죠. 낮에는 원리 원칙의 세계, 특히 일본인에 대한 역사 문제라든지 정치적 사안에 대해 이야기할 때는 철저히 원리 원칙에 입각하면서도, 사람이 그것만으로 살 수는 없으니 감정의 세계도 중요하다고 생각하는데, 한국인들은 그것을 이중성이라고 생각하지 않습니다. 둘 다 필요하니까 둘 다 가지고 있다는 것이죠.

유교에서 '리'와 '기'라는 것은 이론과 감정을 뜻합니다. 그런 면에서 확실히 일본인과는 다른 이중성을 가지고 있고, 그것 때문에 서로를 이해하지 못하는 부분이 있는 것이라고 생각합니다.

양기호 한국에서 선생님이 한국분들과 공동 연구하는 분야는 주로 무엇입니까? 또, 공동 연구를 함께하는 분들이 있나요? 선생님은 오랜 기간 동안 유교 관련 분야에 대한 연구를 하고 계신데요. 처음 연구를 시작했을 때와 현재의 연구를 비교해보면 그 차이는 무엇입니까?

오구라 공동 연구를 하고 있는 것은 유교 관련 분야이기 때문에 한국 대학의 유교 관련 선생님들이 많이 참여하고 있습니다. 유교 관련 분야는 지금 한국이 가장 앞서 있습니다. 제가 유학 생활을 하던 시절에는 기본적으로 옛날 방식의 연구밖에 없었어요. 예를 들어 주자학의 경우, 주자를 연구한다는 것은 곧 주자를 존경한다는 뜻이었습니다. 이퇴계를 연구한다는 것은 곧 이퇴계에 대한 존경의 표현이라는 식의 연구였지요. 그런 것들이 아주 없어진 것은 아니에요. 한국의 경우는 특정 가문의 학문인 경우가 많아서, 이퇴계 연구를 가장 많이 하는 곳은 안동에 있는 이퇴계 후손들 주변의 연구소입니다. 그런 곳에 가면 이퇴계를 비판할 수가 없죠. 지금도 그런 학문적인 전통이 남아 있는 셈이지만, 그것과는 별개로 한국 유교 학자들의 연구는 지금 상당히 글로벌화되어 있습니다. 영어로도 연구하고, 영미권의 방법론을 도입하여 연구하기도 해요. 일본은 그런 쪽으로는 완전히 뒤쳐져 있습니다. 옛날부터 하던 식의 실증 연구밖에 없어요. 일본도 국제적인 회의에서 발표할 기회들이 없는 것은 아니에요. 일본 학자들의 수준이 낮지는 않기 때문에 제안은 많이 들어오는데, 영어를 못한다거나 그런 곳에서 발표해봤자 의미가 없다는 이유로 모두 거절합니다. 그냥 자기 대학, 자기 학회 안에 틀어박혀서 실증 연구만 하는 것이죠. 일본에는 그런 타입을 고수하고 있는 사람들이 거의 대부분입니다.

하지만 이러한 실증 연구가 반드시 나쁜 것만은 아닙니다. 즉, 실증 연구도 하나의 연구인 만큼 경전 비판 같은 것들은 20년, 30년 남습니다. 그런 옛날 방식의 연구를 흔들림 없이 고수하고 있는 것이 도쿄대나 교토대의 방식입니다. 그에 비해 한국은 실증 연구도 물론 하지만, 예를 들어 "세계 속에서 이퇴계라는 사람은 어떤 존재였는가"라는 식의 글로벌한 연구를 하는 사람들도 많이 나오고 있어요. 그런가 하면 중국은 아직 정치와 관계된 부분이 많아요. 예를 들어 시진핑 주석이 "왕양명은 훌륭하다, 양명학이 최고다"라고 말했다는 이유로 지금 중국에서는 양명학이 유행입니다. 그와 같이 정권과의 유착 관계 속에서 연구가 이뤄지기 때문에 얼핏 보면 연구 업적이 많은 것처럼 보이지만 결국 2~3년 지나면 아무도 읽지 않을 연구가 수두룩합니다. 한국은 지금 인재도 가장 풍부하고, 가장 글로벌한 연구를 하고 있다고 생각합니다. 그 중심에 있는 사람들이 50대 학자들인데, 제가 서울대에서 함께 공부했던 386세대들이에요. 제가 28세에 대학원에 들어갔을 때 당시 23세 정도였으니 지금이 50세 정도, 제일 활발하게 연구할 시기죠. 그때 참 뛰어나다고 생각했던 친구들이 지금 굉장한 활약을 보여 주고 있어요.

양기호 선생님께서는 NHK의 한국어 강좌를 오래하셨습니다. 제 주변에도 오구라 선생님을 통해서 한국어를 배우기 시작했다는 선생님 팬들이 꽤 많습니다. 당시 한국어를 가르칠 때의 반응이나 당시의 분위기에 대해 말씀해 주시겠어요? 그게 몇 년도였지요?

오구라 TV는 2002~2005년까지 했고, 라디오는 좀 더 오래했습니다.

양기호 한류 열풍이 절정이던 시기였군요. 그때와 지금을 비교하면 어떻습니까?

오구라 많이 달라졌어요. 1996년에 한일 월드컵 공동 개최가 결정되었는데, 일본에 계셨다고 하니 잘 아시겠지만, 1996년부터 2002년 월드컵까지 일본에서 보는 한국의 이미지는 정말 좋았어요. 한국의 좋은 면, 재미있는 면을 소개하는 TV프로그램이나 보도가 많이 방송되었고, 그러면서 한국에 대한 일본인의 지식이 갑자기 늘어났어요. 2002년 월드컵 때 한국인들이 일본을 응원해 주고, 일본인들도 한국을 응원하면서 상당히 분위기가 좋았죠. 거기서 한국 붐이 끝나는 줄 알았는데, 이번에는 2003년에 NHK 위성방송에서 〈겨울연가〉를 방영해 주면서 그것이 큰 호응을 불러일으킵니다. 2004년에는 지상파에서도 방송이 되었고요. 그러니까 2003년, 2004년이 한류붐의 시작점이었던 셈이죠. 2003년에 처음으로 NHK 한글 강좌의 디렉터가 저에게 "이번에 이런 드라마를 교재로 해서 1년간 한국어를 가르쳐 보자"고 하더군요. 그것이 〈겨울연가〉였어요.

양기호 〈겨울연가〉를 일본에 소개하신 분이 여성 PD였던 것으로 기억합니다. 꽤 오래 전에 서울에서 한번 뵌 적이 있어요.

오구라 그분이 드라마를 사오자고 한 거에요. 보는 눈이 있었던 거죠. 처음에는 저도 〈겨울연가〉의 시사회가 있다고 해서 가봤는데, 저는 좋은 드라마인지 잘 모르겠더군요.

양기호 그 여성 PD가 〈겨울연가〉를 선택하신 것이군요.

오구라 우리 디렉터도 잘 몰랐어요. 그냥 NHK에서 이런 드라마를 사가지고 와서 방영한다고 하니, 한글 강좌에서 이 드라마를 교재로 사용해보자고 했던 것이죠.

양기호 교재로 사용했기 때문에 더 붐이 일었던 것은 아니었을까요?

이명찬 붐이 일어난 후에 강좌를 맡으신 것인지, 아니면 강좌를 맡으신 후에 붐이 일었던 것인지요?

한류 열풍과 혐한은 동전의 양면

오구라 2003년 4월부터 NHK가 사들여 온 드라마를 위성방송으로 방영했고, 그와 동시에 한글 강좌 프로그램에서 한 문장씩 소개하게 되었습니다. 그 드라마가 방영된 후 갑자기 인기가 높아졌는데, 그것은 누군가가 만들어낸 붐이 아니었어요. 갑자기 일본 전국에서 편지가 쇄도하더군요. 편지를 읽어보니 대체로 40대부터 80대까지의 여성들이고 내용도 거의 비슷했어요. "이렇게 아름다운 세계가 이웃나라에 있다는 것을 전혀 몰랐다", "등장인물의 마음이 아름답고 우리가 옛날에 배웠던 인간의 순수함이 그려져 있어 팬이 되었다", "지금 일본의 TV는 시시해서 볼 게 없다고 생각하던 차에 이 드라마를 만났다"는 내용이었어요. 시청자가 갑자기 늘어서 저도 깜짝 놀랐습니다. 그것이 한류 열풍의 시작이었습니다.

그때 한국의 이미지는 '순수하다'는 것과 '사람들의 마음이 아름답다'는 것이었어요. 그런데 2005년에 한류 붐을 혐오하는 사람들, 혐한이 나타납니다. 『만화 혐한류』라는 책이 출판되었는데, 이를테면 '한국인들은 순수하지 않다', '한국인은 거짓말쟁이' 등 한국인을 욕하는 내용이었어요. 그냥 욕을 하는 것이 아니라 역사적인 사실까지 넣어서 이야기를 전개했습니다. "일본의 좌익이나 진보적인 미디어는 한국을 비판할 수 없게 되었다", "진보적인 사람들이 전후에 그런 분위기를 만들었다", "그런 분위기에 일본인들이 세뇌되고 있으며, 한국인의 역사 인식은 틀렸다"는 식의 비난 가득한 책이 베스트셀러가 되었습니다. 그것이 2005년의 일이었어요. 그때부터 한류와 혐한, 이 두 개의 축이 일본에 계속 존재하고 있습니다.

이명찬 동전의 양면과도 같은 것이로군요. 열풍이 있으니 거부감도 드는 것이고.

오구라 그렇지요. 한류 붐이 없었다면 혐한도 그렇게까지 심하지는 않았을지도 모릅니다.

이명찬 저도 그렇게 생각합니다.

오구라 이 사람들은 서로간에 접점이 없어요. 혐한 측 사람들은 한국의 안 좋은 면만 봅니다. 한류 팬들은 한국의 좋은 면만 보고요.

양기호 최근 일본의 인터넷 댓글들을 보면, 한국을 좋게 이야기하는 내용이나 중립적인 내용은 아예 없어요. 거의 한국에 대한 나쁜 글들이 많은 것 같습니다.

오구라 그것에 대해 정식으로 조사한 사람이 있습니다. 도대체 댓글을 쓰는 사람이 얼마나 되는지 조사해봤더니, 많아 봤자 인구의 2%라는 결과가 나왔어요. 그 사람들이 댓글을 많이 쓰거나 퍼뜨리기 때문에, 마치 일본인 전체가 혐한인 것처럼 보이지만 사실과는 다르다는 조사 결과가 있습니다.

양기호 그렇다면 일본인이 혐한으로 기울어 있지 않다는 뜻인가요? 혐한이 존재하기는 하지만 거의 모든 사람들은 혐한이 아니라는 말씀이신지요?

오구라 혐한이라기보다, 제 생각에는 혐한이라고 할 수 있을 정도로 한국에 대해 잘 알지는 못하는 사람들이 자신들의 불신감을 표출하는 것이라고 생각합니다. 혐한이라고 하는 것은 "한국인의 이런 부분이 틀렸다, 글렀다"라고 비판하는 것인데, 물론 그런 골수파들도 있지만 대부분의 사람들은 "한국이란 곳을 잘 모르긴 해도 인터넷 정보 같은 것을 보면 뭔가 약속을 잘 안 지키거나 자기 주장만 하는 모양이야. 잘 모르겠지만 신뢰는 안 간다" 하는 정도일 것입니다. 그런 사람들이 아무래도 혐한적인 기사나 코멘트를 보면 더욱 그쪽으로 기우는 악순환이 일어나는 것이죠.

양기호 이번 강제징용 판결에 대한 일본의 반응을 보면, 《TV아사히》는 비교적 냉정한 태도를 보여 주었지만 《후지TV》는 굉장히 공격적이었습니다. 한국 사법부의 판단은 틀렸다거나, 한국 대통령이 뭔가 조치를 취해야 한다거나, 일본에서 취업하고자 하는 한국 학생들이 있다는 사실은 고려하지 않느냐는 식으로 말하더군요. 한국인까지 등장시켜 한국에 대해 비판하도록 했습니다. 또한 총리관저나 외무성도 상당히 반발하고 있는 것처럼 느껴졌습니다.

저는 개인적으로 그런 일본의 입장을 이해하지 못하는 것은 아닙니다. 내부적으로도 여러 가지 이유가 있겠고 한국에 대한 입장도 있고 뭔가 복잡하겠죠. 하지만 제가 볼 때 이것은 사실을 통째로 왜곡하는 것입니다. 지난 1997년에 일본에서도 1965년 한일기본조약으로 인해 개인 청구권이 소멸된 것은 아니라는 점을 확인했어요. 이번에 제가 50장 분량의 판결문 전문을 다 읽었는데, 내용을 요약하자면 "청구권 협정 때 한국이 12억 달러를 요구한 것에 대해 일본이 3억 달러를 지급했다, 9억 달러가 줄어든 것이므로 거기에는 위자료 등이 포함되어 있지 않다고 볼 수 있다, 한일기본조약은 국가 간의 채무 권리를 해결하기 위한 것이며 개인의 청구권에는 영향을 주지 않는다, 가장 근본적인 것은 불법적으로 강요된 한일합병조약이었다"는 것이에요. 그리고 일본 기업에 대해 개인 청구권을 신청한 4명의 사례가 모두 나와 있어요. 그들을 괴롭히고 구타한 것에 대한 정식 위자료로 1천만 엔을 지급하라는 것이 판결의 내용이었습니다. 그렇게 복잡한 내용들이 있는데 일본은 그것을 완전히 무시하고 있어요. 마치 가해자와 피해자가 뒤바뀐듯한 느낌이랄까요? 개인적으로는 국제법으로도 일본의 입장이 맞고 한국의 입장이 맞지 않다고는 생각하지 않아요. 그런 부분에서 일본이 좀 더 냉정한 태도로 문제를 청산할 수 있는 시간과 조직을 만들어 주었으면 좋겠습니다.

이명찬   아까도 잠깐 일본이 여유가 없어진 것 같다고 말씀드렸지만, 한국에서 무슨 말을 하면 일본은 그것을 굉장히 민감하게 받아들이는 것 같아요. 1965년의 한국은 일본의 100분의 1에 불과한 국력을 가지고 있었습니다. 지금은 3분의 1까지 격차가 좁혀졌죠. 이제 소니와 같은 전자제품 회사를 모두 합해도 삼성이나 LG의 적수가 되지 않습니다. 그리고 한류가 있지요. 예전에는 J-POP이나 애니메이션 같은 일본의 엔터테인먼트가 굉장히 수준 높았기 때문에 한국인들은 불법인 줄 알면서도 어떻게든 보려고 애썼지만, 지금은 상황이 완전히 달라져서 한류가 전세계적으로 열풍을 일으키고 있어요. 그러니까 일본의 입장에서는, 예전에는 한국이 자신들의 상대가 되지 않는다고 생각했기 때문에 한국에서 무슨 비판을 하던 별 상관이 없었는데 지금은 그렇지 않다는 것이죠. 그래서 민감하게 반응하는 것이 아닌가 하는 생각이 듭니다. 선생님의 생각은 어떠신지요.

오구라   말씀하신 그대로입니다. 단, 일본인의 입장에서 보면 한국만 그런 것이 아니에요. 중국도 그렇고, 예전에 '4마리 작은 용'으로 불렸던 싱가폴, 타이완, 홍콩, 한국이 경제적으로나 교육, 대학 순위 등 여러 가지 면에서 존재감을 키워가고 있죠. 반면에 일본은 20년 이상 경제 성장이 거의 정체되어 있으면서 빈부의 격차가 엄청나게 커졌어요. 아동 빈곤율은 OECD 가맹국 중에서 최악입니다. 일본의 어린이 6명 중 1명이 빈곤 상태에요. 과거의 일본은 풍요로운 나라라는 환상 같은 것이 있었지요. 그것은 누구도 부인할 수 없어요. 하지만 그런 환상은 이제 완전히 사라지고 일본은 침체되어 있어요. 중국과 한국 등이 성장하는 가운데 일본은 작아지고 있다고 느끼는 것 같아요. 아마도 실제보다 스스로를 과소평가하는 부분도 있다고 생각합니다. 제가 볼 때는 가속도 또한 중요합니다. 경제 성장이라고 하는 것은 가속도가 있는 경우와 일본처럼 가속도가 없는 경우가 전혀 달라요. 일본 입장에서는 주변국들이 커지는 것이 무서운 겁니다.

양기호   한국, 싱가풀, 홍콩, 타이완 등의 글로벌화가 일본보다도 빠르게 진행되고 있다고 보시는 겁니까?

일본의 국제적 인재 부족

오구라   네. 아시아에는 글로벌한 인재들이 많은데, 일본에는 글로벌한 인재들이 없어요. 예를 들어 저희 대학만해도 문부과학성으로부터 굉장히 압력을 많이 받습니다. 이를테면 대학을 '개혁하라, 글로벌화하라'는 것이죠. 문부과학성의 말을 해석하면 '한국을 보고 배우라'는 것입니다. 한국식으로 해야 한다는 거에요. 즉 글로벌 인재를 키우는 대학이 되어야 한다는 것입니다. 일본의 대학들은 보수적이라서 그것에 반대하는 대학들이 많아요.

양기호   하지만 이공계 쪽에서 일본은 많은 노벨상 수상자를 배출하지 않았습니까?

오구라   그래서 일본의 오래된 대학들은 "글로벌한 인재를 키우지 않아도 좋아하는 것을 하도록 놔두면 노벨상을 받아오니 그것으로 됐다"고 합니다. 영어를 중시하는 쪽으로만 흘러가는 것은 바람직하지 않다는 것이 역사와 전통을 자랑하는 대학들의 주장이에요. 하지만 문부과학성은 개의치 않습니다. 무조건 인용되는 논문 수를 늘리라고 합니다. 하지만 예산도 적고 쉽지 않은 일이죠. 정부 예산은 고령자나 의료 쪽으로만 들어가고 있어요. 일본은 지금 1천조 엔의 빚을

지면서까지 복지를 실시하고 있지만, 아동 문제, 교육 문제, 그리고 빈곤 가정 문제까지는 관리가 안 되고 있어요. 다른 나라와 비교하는 사람들도 있고, 일본이 이래서야 되겠느냐는 생각을 가진 사람들이 굉장히 많습니다.

양기호 말씀하신 것처럼 일본의 문화적·경제적 침체가 계속된다면 앞으로의 한일 관계는 구조적으로 점점 나빠질 수밖에 없을 것이고, 그렇게 되면 중국이나 북한에 대한 인식, 역사와 영토 문제가 더욱 악화될 것입니다. 선생님께서 예전에 "한국과 일본이 화해의 면에서는 참 잘 해 왔다. 유럽보다도 훌륭하다"는 말씀을 하셨죠. 그 말씀에 저도 상당히 감동을 받았습니다. 하지만 앞으로 한일 관계는 구조적으로 악화될 것 같은데 어떻게 생각하십니까?

오구라 저는 그렇게 생각하지 않습니다. 물론 이대로 방치하면 악화되겠지만 인식을 바꾸면 좋아질 가능성은 있다고 생각합니다. 사람들이 전후의 한일 관계에 대해 잘 모르기 때문이라고 생각하는데, 저의 기본적인 생각은 한일 관계는 전후 70여 년간 마찰도 있었고 대립도 있었고 때로는 싸우기도 했지만, 기본적으로는 대등한 관계를 만들어가는 과정이었다는 것입니다. 처음에 일본은 한국과 대등한 관계를 만들어 갈 생각이 없었을 것입니다. 그러나 한국은 일본과 대등해지거나 더 앞서가야겠다는 의식이 매우 강했기 때문에, 그동안의 과정을 거쳐 지금 이렇게 거의 대등한 관계가 되었고, 이제야 비로소 서로가 하고 싶은 말을 할 수 있는 관계가 된 것입니다. 말씀하신 것처럼 예전의 일본 정치가, 자민당 정치가들이 1965년 조약에 식민지 지배에 대한 사죄의 말은 넣지 않았지만, 시나 에쓰사부로(椎名悦三郎)나 오히라 마사요시(大平正芳) 같은 사람들은 '미안했다'는 생각을 분명히 가지고 있었어요. 그렇기 때문에 당시 일본의 국력도 아직 그다지 충분하지 않았지만, 무상·유상 합해서 5억 달러를 지급하기로 결론지은 것이죠. 5억 달러가 한국에서 볼 때는 적을지 몰라도, 일본 입장에서는 적은 돈이 아니었어요. 물론 일본이 한국과 먼저 관계 구축을 하려고 한 것은 공산주의를 차단하기 위한 반공의 방파제가 필요했기 때문이기도 하고, 기시 노부스케(岸信介)와 관련된 유착도 있었습니다. 하지만, 역시 '미안했다'는 마음이 당시 자민당 내의 진보 인사들, 고치카이(宏池会)라고 불리는 사람들에게는 분명히 있었다고 생각합니다. 하지만 지금 일본의 정치가들에게는 그런 여유가 없습니다.

한일 역사 화해는 유럽보다 선진적?

양기호 선생님은 "유럽하고 비교해도 나쁘지 않다. 한일의 역사 화해 사례는 매우 세계적이고 선진적인 모델이다"라고 하셨는데, 어떤 면에서 유럽보다 훌륭했다고 하는 것인지요. 앞으로 역사 문제를 타개해 나가려면 어떻게 해야 할까요.

오구라 유럽의 역사 화해를 이야기 하자면 프랑스와 독일의 관계, 독일과 폴란드의 관계를 봐야 할 것입니다. 그들은 서로 전쟁을 했던 사이에요. 전쟁을 통해 지배하고 지배 당했던 관계죠. 그런 관계인데도 불구하고 비교적 화해가 잘 이루어졌다고 생각합니다. 하지만 유럽이 식민지 지배를 했던 아프리카, 아시아, 중근동과는 전혀 화해가 이루어지지 않고 있어요. 그래서 지금의 시리아 문제라든지 이란 문제가 일어나고 있는 것입니다.

양기호 경제적 지원이나 인적 지원을 포함해서 아무 것도 하지 않았죠.

오구라 우선 유럽은 사죄를 하지 않았어요. 식민지 지배가 잘못이었다는 의식이 전혀 없어요. 프랑스는 프랑코포니(La Francophonie)라고 해서 지금도 예전의 식민지를 재편성하여 경제적으로 지배하고 있어요. 거기서 핵실험까지 한다고 하니 정말 있을 수 없는 일이죠. 유럽과 아시아, 아프리카, 중근동은 지금도 그런 관계입니다. 이제 겨우 유럽이 외부, 즉 자신들이 식민지 지배를 했던 곳들과 관계를 만들어야겠다고 생각하기 시작한 시기인 것 같습니다. 난민이나 이민이 몰려오니 화해 말고는 방법이 없다고 생각하기 시작한 모양이에요. 하지만, 일본과 아시아의 경우는 다릅니다. 일본은 동남아시아에 배상이라는 형태를 취했어요. 중국은 배상이 필요 없다고 해서 경제 협력이라는 형태를 취했고요. 하지만 일본이 가장 적극적으로 대한 것은 한국입니다.

한국에 대해서는 1990년대까지 사죄는 없었지만 우선 관계를 구축하려고 했어요. 처음에는 한국 경제를 일본에 종속시키려는 생각이었던 것 같아요. 그것이 결국 부메랑 효과로 돌아오게 되었지만 말이죠. 일본에게 있어서는 결과론일지 모르겠지만, 일본이 경제 협력을 하고 기술 공여를 함으로써 한국이 대등한 관계를 만들어 올 수 있었어요. 특히 경제학을 하는 사람들은 이제 서플라이 체인(supply chain)이라는 관점에서 볼 때 일본과 한국을 나누는 것은 전혀 의미가 없다고 말합니다. 상표는 삼성이지만 부품은 중국이나 베트남에서 제공하니까요. 일본이냐 한국이냐를 따지며 국가 단위의 경제를 생각하는 것은 전혀 의미가 없는 것이죠. 일본과 한국 중에서 국가 단위로 어느 쪽이 이득을 볼 것인가 하는 논쟁은 의미가 없어요. 단, 삼성이라는 기업을 보유하고 있는 한국이 국가 브랜드 이미지는 물론 올라가겠죠. 일본은 그런 면에서는 실패했다고 생각합니다.

그것과는 별개로 좌익 역사학자들의 역할이 컸어요. 즉, 일본에서는

1970년대 무렵부터 좌익 역사학자들이 "식민지 지배는 옳지 않았다. 식민지 지배를 어떻게 청산할 수 있을 것인가"라는 내용에 대해 연구했어요. 역사학이라는 학문과 식민지 지배 청산이라는 것을 연결시킨 다소 정치적인 연구를 많이 했었죠. 그것에 대해 보수 측에서는 비판도 합니다만, 학문이니까 결과물이 쌓여서 남습니다. 그렇게 해서 일본이 식민지 지배 당시 무엇을 했는지 실증적으로 연구한 결과물들이 많이 있습니다. 유럽이 포스트콜로니얼리즘(post-coloniallism)이라고 해서 1990년대 무렵부터 시작한 연구를 일본은 20년 정도 일찍 시작한 겁니다. 식민지 지배라는 것이 얼마나 나쁜 것이었는가 하는 가치관이 들어간 연구입니다.

그것을 시작한 것이 일본의 좌익이었다는 점과 또 한 가지, 재일 한국인들과 한국으로부터의 도덕적 요구가 있었다는 점에 주목할 필요가 있습니다. 좀 실례되는 표현일지 모르나, 유럽이 지배했던 아프리카나 아시아와는 그런 점이 달랐어요. 예를 들어, 아프리카와 프랑스의 관계는 경제적으로만 이어져 있지만, 일본과 한국의 경우에는 한국 측으로부터 도덕적 요구가 있었다고 생각합니다. 일본에 대해 반성을 요구했죠. 돈만 주면 된다는 식이 아니었어요. 거기에 부응하는 형태로 일본의 역사학자들이 연구를 했던 것이고, 그것이 훌륭한 결과로 쌓여온 것입니다.

단, 저는 좌익 역사학자들에게 문제점도 있었다고 생각합니다. 그것은 역사를 지나치게 도덕화한 나머지 잘잘못을 구분짓는 단순한 이야기로 만들어버렸다는 점이에요.

양기호   선생님의 말씀에 동감합니다. 유럽과 다르게 아시아에서는 사죄와 반성, 사죄와 보상의 중요성을 강조하였습니다. 하지만 한국에서 보면 유럽에는 영토 문제가 없어요. 그것이 동북아시아의 한계라고도 볼 수 있을 것입니다.

또한 아시아의 군비 경쟁이 지금 급속도로 심화되고 있습니다. 경제 성장으로 일궈낸 부가 군비의 현대화로 흘러 들어가고 있어요. 중국은 물론이고 북한의 경우 아예 경제 성장은 제쳐두고 모든 힘을 무기 개발에 쏟고 있어요. 한국도 최근 군비 증가가 매우 두드러집니다.

지금 우리는 역사와 영토 문제로 인해 관계가 악화되고 있다거나, 유럽에 비해 아시아의 역사 학계는 실패했다, 뒤쳐져 있다는 인식을 가지고 있습니다. 이번의 강제징용 문제야말로 그 전형적인 사례입니다. "역사는 끝나지 않았다, 전후 보상은 끝나지 않았다"는 점을 둘러싸고 2000년대의 독일은 끊임없이 논쟁했고 그런 경험들이 쌓여 극복할 수 있었어요. 하지만 한국과 일본은 지금 막다른 길에 와 있는 듯한 느낌입니다. 제가 볼 때 이와 같은 관계 악화는 뉴 노멀(New Normal)이에요. 한일 관계에는 구조적인 차이, 인식이나 문화의 차이 등이 존재하는데, 그 점에 대해서 선생님께서는 어떻게 생각하시는지요.

오구라 저도 그런 인식이 강하게 존재한다고 생각합니다. 일본이 아시아에 대해 사죄나 경제 협력을 잘 했다는 뜻은 아니에요. 예를 들어 동남아시아에 대한 배상은 모두 정치적인 것이었습니다. 중국과의 관계는 중국이 타협한 부분도 있고요. 한국의 경우는 일본이 일방적으로 사죄하고 경제 협력을 한 것이 아니라 한국이라는 존재가 하나의 주체였어요. 일본과 한국이 협력하고 때로는 마찰도 빚으면서 겨우겨우 여기까지 관계를 만들어 온 것입니다. 일본의 정치가들은 결코 사죄할 마음이 크지는 않았을 거에요. '미안했어' 정도의 생각이었을 겁니다.

그러다가 정말로 '우리가 나쁜 짓을 했구나 사과해야겠다'는 마음으로 변하기 시작한 것은 1990년대였습니다. 아무래도 한국의 기세가 강했기 때문에 그렇게 된 부분도 있을 것입니다. 서로의 공동 작품인 셈이죠. 공동 작품이니만큼 둘 중 하나가 일방적으로 상대방을 비방한다면, 그것은 공동 작품으로 쌓아온 역사를 제대로 보지 않은 것이 됩니다. 일본군'위안부' 문제 역시 한국 측에서는 불만이 있고, 일본 측도 보상이 불만일 수 있지만, 그럼에도 불구하고 전쟁 당시 여성의 인권유린 문제에 대해 진지하게 대화하고 생각하고 사죄해야 한다는 논의에까지 이르렀다는 것은 두말할 것 없이 한일의 공동 작품입니다. 일본이 일방적으로 했다거나 한국이 일방적으로 한 것이 아니라, 상호 간의 힘의 관계 속에서 이루어 온 것이며, 이 관계 자체가 저는 중요하다고 생각합니다.

유럽이 내부적으로 관계 회복을 할 수 있었던 이유는 어느 정도 대등한 관계가 되어 있었기 때문입니다. 그러나 프랑스와 아프리카는 아직 대등한 관계가 아니기 때문에 프랑스는 자신들의 식민지 지배에 대해 진심으로 사과하는 마음이 전혀 없는 것입니다. 대등한 관계가 되지 않으면 그런 생각을 할 수 없어요. 인간이란 그런 것 같습니다. 그런데 한국과 일본 사이에는 그런 관계가 만들어졌다는 것이죠.

양기호 저도 그 점에는 전적으로 동감합니다만 지금은 아무래도 막다른 길에 와 있는 것 같습니다. 일본군'위안부' 문제와 강제징용 문제가 겹쳐 있고, 일본은 기존의 입장을 고수하고 있습니다. 이 문제들을 잘 극복한다면 지금부터 4~5년 후에는 선생님 말씀처럼 "그때는 참 어려웠지만 정치적인 타협을 통해 잘 극복해 왔다"라고 스스로 평가할 날이 올 수도 있을지도 모르죠. 하지만 지금으로서는 어떻게 해야 좋을지 모르겠습니다.

오구라   그렇게 단순한 문제가 아닙니다. 이것은 근대에 일본이 했던 일들을 일본인이 다시 한번 공부할 기회입니다. 즉, 한국의 판결에 따르면 1910년의 한일병합조약 자체가 불법이고 무효였다고 하는데, 이것은 일본인의 일반적인 상식에서 볼 때 전혀 이해할 수 없는 부분입니다. 한편으로는 "역사라는 것을 냉정하게 돌아보면 그런 판결이 성립할 수도 있겠다. 그렇다면 35년간의 식민지 지배가 모두 불법 행위였을 수 있겠다"는 식으로 역사를 한번 다른 시각에서 보는 것도 중요합니다. 저는 일본 정부나 외무성이 격한 반응을 보이는 것도 이해는 갑니다. 만일 판결문대로 뿌리부터 한일 관계가 부정된다면 그것은 큰일이니까요.

양기호   전후 아시아에 대한 레짐이 무너진다는 것인가요?

오구라   역사를 보는 시각은 자유인 만큼 다양한 시각이 있을 수 있습니다. 예를 들면 일본인들은 옛 사무라이 시대를 이렇게도 보고 저렇게도 봅니다. TV의 역사 프로그램에서 역사학자들이 다양한 각도에서 토론하기도 하고요. 그것과 마찬가지로, 한국의 판결을 토대로 보면 이렇게도 보일 수 있고, 일본 정부의 입장에서 보면 저렇게도 보일 수 있다는 식으로 양측의 시각에 대해 이야기해 보는 것은, 역사에 대한 일본인의 시야를 넓히는 길이 될 것입니다.

역사 문제에는 다양하게 바라보는 복안이 필요

오구라   여기서 조금 냉정해질 필요가 있어요. "이 판결은 틀렸다, 말도 안 된다, 폭거다"라는 식으로 말해버리면 거기서 끝입니다. 그런 것은 정치가들에게 맡기고, 일본인이 시민으로서 성장하고 성숙하기 위해서는 주어진 문제에 대해서 생각해봐야 합니다. 중학생, 고등학생들도 충분히 생각할 수 있는 문제이니, 이 문제를 가지고 60분간 생각해보는 수업도 해볼 수 있겠죠. 판결·사법의 문제나 행정·정치의 문제가 어떻게 될지는 알 수 없지만, 일본인이 성숙해지고 역사라는 것에는 하나의 시각만 존재하는 것이 아니라는 사실을 점점 이해할 수 있다면, 그 너머에 화해의 길이 있을 거라고 생각합니다.

이명찬 저도 매우 동감합니다. 지금까지 일본은 한국을 내려다보기만 했어요. 하지만 이제는 더 이상 그럴 수 없다는 것을 통감하고 있죠. 그래서 이 시점에서 변화가 일어나고 있는 것 같습니다. 세계적으로도 패권이 이동하고 있어요. 미국에서 중국으로 이동할 때 굉장한 마찰이 빚어지죠. 그와 같이 큰 패권이 있다면 작은 패권도 있는데, 과거의 한일 관계를 보면 패권은 분명히 일본에게 있었습니다. 그것이 지금 변화하는 과정에 있는 것이죠. 그래서 여러 가지로 생각의 차이가 생기는 것입니다.

오구라 조금 다르게 볼 수도 있다고 생각합니다. 즉, 과거 일본이 한국과의 관계를 구축해야 할 필요성을 느꼈을 때, 세계는 냉전 중이었고 일본은 미국의 점령에서 벗어난 지 얼마 되지 않아 주체적인 외교를 할 수가 없었어요. 그래서 결국 한국과 타협을 해야 한다는 견해들도 있었고, 21세기가 되기까지 계속 전방위 외교라는 것을 해 왔습니다. 그것은 일본의 주체적인 행동이 아니었어요. 군대를 보유할 수 없고, 헌법9조가 존재하고, 미국에도 의존해야 하는 등의 제약들 속에서 일본이 하고 싶어서 한 것들이 아니라는 것이죠. 하지만 일본도 점점 주체성을 가지게 되었고 이제는 어엿하게 제대로 된 외교를 할 수 있게 되었다는 인식도 있을 겁니다. "예전에는 주체성이 있었는데 지금은 일본이 작아지다 보니 주체성을 잃었다"가 아니라 그 반대에요. 즉 "예전에는 주체성이 없었는데 지금은 일본도 주체성을 가져야 한다"가 된 것이죠.

양기호   선생님의 말씀에 전적으로 동의합니다. 일본인도 다양한 관점에서 역사를 보는 기회로 삼아, 이번 강제징용 판결에 대한 한일 간의 대립에 대해 다시 한번 생각해 주었으면 좋겠습니다. 한국인들은 선생님 말씀대로 '리'와 '기' 중에서 '기'로 치우치는 경향이 있고, 특히 한일 관계에서 한국인이 보여 주는 인식에는 분명히 그런 면이 있습니다. 단 저도 한일 관계에 관심이 있는 연구자로서, 이번 문제에 대해서는 한국 사법부의 판단이 옳으니 일본 기업이 반드시 배상해야 한다고는 생각하지 않습니다. 그것은 1965년의 약속이었고 그 후에 쌓아온 것들이 있으므로, 그것을 전제로 하여 강제징용 판결을 한일이 냉정하게 보면 극복할 수 있는 방법이 분명히 있을 것입니다. 지금까지의 '위안부' 문제도 그랬고, 찾으면 반드시 길은 있어요. 정치적으로 타협할 수 있는 부분, 어딘가 공유할 수 있는 부분이 반드시 있을 것입니다.

오구라   타협점을 말씀하시는 것이로군요.

양기호   네. 타협점이 있을 것입니다. 그런데 지금은 안타깝게도 일본은 비난하고 있고 이낙연 총리는 그것에 대해 "타당하지도 않고 현명하지도 않다"고 맞서고 있어요. 일본이 흥분해서 "과거에 대한 비판은 재판으로 결정하자"고 나오는데, 모든 한국인이 재판에 관심을 가지고 있는 것은 아니에요. 솔직히 한국의 연구자 입장에서 보면 일본의 사법부는 행정부보다 아래에 있어요. 그래서 일본인도 한국의 행정부가 사법부 위에 있다고 보고 있는 것 같습니다. 하지만 그것은 사실이 아니에요. 한국은 2010년대부터 진행된 일본군'위안부' 문제에 대한 헌법소원도 그렇고, 2011년 8월의 판결도 그렇고, 사법의 적극적인 결정입니다.

그런데 일본인은 한일의 다른 점을 보려고 들지 않아요. 무조건 나쁘다고만 하죠. 솔직히 말하면 많은 한국인들은 관심이 없어요. 강제징용은 피해자와 일본 기업의 문제입니다. 제 생각에는 정부가 관여할 문제가 아니에요. 저는 이와 같은 강제징용이나 일본군'위안부' 문제를 한일 관계의 쟁점으로 만들어서 좋을 것이 없다고 생각합니다. 악화될 것은 불 보듯 뻔해요. 한국의 지식인들은, 외교는 정부가 책임지고 해 줘야 한다고 생각하고 있습니다. 외교부도 약속은 약속이니 지켜야 한다는 입장입니다. 많은 학자들도 "일방적으로 일본 기업이 배상해야 하는 문제"라고까지는 생각하지 않아요. 그런데 일본 측은 지금 너무 민감하게 반응하고 있어요. 조금 냉각할 필요가 있습니다. 그 부분이 저는 조금 안타깝습니다.

일본의 문제는 지식인의 부재

오구라 최근 15년 정도 일본의 문제는 지식인의 부재입니다. 즉 "큰 관점에서 역사는 이렇게 볼 수 있다"고 말해 줄 수 있는 오피니언 리더격의 지식인이 없다는 거에요. 예전에는 있었습니다. 예를 들어 소설가 시바 료타로(司馬遼太郞) 같은 사람들이 현상을 여러 각도에서 보고 방향성을 제시하는 글을 잡지에 기고하곤 했어요. 과열현상을 식혀줄 글을 쓰는 사람들이 예전에는 있었던 것이죠. 그러나 지금은 그런 사람들이 없고, 지식인이라고 하는 사람들조차도 아베 정권에

붙을까 말까에만 골몰합니다. 그래서 담론도 무뎌지고 질적으로 떨어졌어요. 설사 잡지에 30쪽짜리 논문을 싣는다고 한들 누가 읽어 줄지도 의문이고요. 그 부분이 문제라고 생각합니다.

양기호 읽는 사람들이 없죠. 신문 보는 사람들도 없고요. 지식인들이 사회에 영향을 줄 수 있는 구조적인 환경이 나빠졌어요. 지식인들의 담론도 예전보다 힘이 없고 애매해진 것 같습니다.

오구라 일본에서 신뢰할 수 있는 것은 외부 접촉 없이 꾸준히 연구하는 학자들이에요. 예를 들어 지금 즉시 반응할 수는 없지만 이번 판결에 대해 6개월간 시간을 들여 꼼꼼히 읽어보고 "이 부분에 이런 논점이 존재한다. 이 부분은 이것이 문제다"라는 것을 제대로 분석해 줄 수 있는 일본인들이 있으니, 그런 사람들에게 기대해 볼 수밖에 없습니다. 일본의 학자들 중에는 신뢰할 수 있는 사람들이 많이 있을 겁니다. 하지만 오피니언 리더가 없다는 것이 문제에요.

양기호 그것은 한국도 마찬가지입니다. 예전에는 김수환 추기경 같은 분들이 있었어요. 한일 관계에는 지명관 선생님이 계셨고요. 이제 그런 분들이 없다는 점에 있어서는 한국도 같다고 할 수 있습니다.

선생님께서는 북한에 대해 관심도 있으시고 직접 가보신 적도 있으신데요. 북일 관계야말로 동북아시아의 평화에 결정적인 역할을 할 것입니다. 앞으로의 북일 관계를 어떻게 전망하는지 말씀해 주시기 바랍니다. 어떻게 하면 좋을지 말씀해 주시기 바랍니다.

'북일 모델': 처음부터 식민지 지배에 대한 반성이 포함되어야

오구라 저는 지금의 북일 관계가 상당히 비대칭적이라고 생각합니다. 한국인들은 만족하지 않을지 몰라도 일본은 한국에 대해 무상·유상 5억 달러, 경제 협력, 기술 협력 등 많은 관계를 맺어왔습니다. 북한과 비교하면 말이죠. 북한에는 어떠한 보상도 한 적이 없어요. 2002년 조일평양선언 때 경제 협력을 하겠다고 했으니 약속한 2조 엔을 북한에 내줘야 합니다. 당시에 명목을 경제 협력이라고 했기 때문에 배상금으로 바꿀 수는 없겠지만, 경제 협력이라는 명목 안에 배상의 성격도 포함해서 지금까지 한일 간에 있었던 여러 가지 문제들, 예를 들어 일본군'위안부' 문제, 징용 문제, 원폭피해자 문제, 사할린 잔류 조선인 문제 같은 것들을 전부 패키지로 묶어 북한과의 국교를 맺어야 합니다.

북한은 '역사의 청산'이라는 말을 사용합니다. 일본 측에서는 청산이라는 말을 잘 사용하지 않지만, 아무튼 어떤 형태로든 한일 간에 노력해 온 것에 준하는 '북일 모델'을 만들어 해결해야 합니다. 북일 모델의 출발점은 1965년 시점에서 일본이 식민지 지배에 대해 반성하지 않았다는 점이라고 생각합니다. 1910년이 합법이냐 불법이냐를 따지기 전에 반성이 있었다면 조금은 달라졌을 겁니다. 그만큼 한일 간에 여러 가지 문제를 경험해 왔으니 '북일 모델'에는 처음부터 사죄와 반성을 넣어야 할 것입니다. 2002년에 고이즈미(小泉純一郎) 총리가 평양에 갔을 때는 식민지 지배에 대해 김일성 주석에게 사죄했습니다. '북일 모델'은 우선 식민지 지배에 대한 반성과 사죄, 그리고 일본군'위안부' 문제 등 여러 가지 문제에 대한 해결이 있어야 합니다. 배상이라는 형태를 취할 수는 없지만 경제 협력금을 통해 사실상의 배상이 되도록 해야 합니다. 그렇게 되면 북한과 일본은 관계를 구축할 수 있을 것입니다.

간 히데키 菅英輝

    1942년 일본 구마모토현 출생에서 태어났다. 정치학자로 전공은 국제관계론, 미국외교론이다. 오레곤대학 정치학부 졸업 후 포틀랜드주립대학 및 코네티컷대학 대학원에서 수학하였다. 기타규슈대학(현 기타규슈시립대학) 외국어학부 교수, 규슈대학 대학원 비교사회문화연구원, 세이난여학원대학 인문학부교수, 교토외국어대학 외국어학부 객원교수 등을 역임하였다. 현재 규슈대학 명예교수다. 저서로『미소냉전과 미국의 아시아 정책』(1992, 미네르바서방),『미국의 세계전략-전쟁은 어떻게 이용되는가』(2008, 중공신서),『냉전과 미국의 세기-아시아의 비공식 제국 질서 형성』(2016, 이와나미서점), 공저로『미국의 전쟁과 세계질서』(2008, 법정대학출판국),『냉전사의 재검토-변모하는 질서와 냉전의 종언』(2010, 법정대학출판국),『동아시아의 역사마찰과 화해 가능성-냉전 후의 국제질서와 역사인식에 관한 질문들』(2011, 개풍사) 등이 있다.

일본 지식인에게 듣는 **한일 관계와 역사 문제**

일시   2018년 11월 9일(금) 11:00~14:00
장소   일본 교토 시내 카페
진행   양기호, 이명찬

간 히데키(좌), 양기호(중앙), 이명찬(우)

이명찬　역사 문제는 이제 정치 문제가 되고 있습니다. 정치학자의 관점에서 한일 역사 갈등의 해결 방안은 무엇인지 선생님의 의견을 들려주시기 바랍니다. 아울러, 지금까지 선생님께서 활동해 오신 것에 대해서도 말씀 부탁드립니다.

동아시아 냉전사의 관점에서 미국의 아시아 정책 연구

간　저는 냉전사를 연구하고 있습니다. 전문 분야가 뭐냐고 사람들이 물으면 예전에는 미국 외교사라고 답했었습니다. 냉전사 중에서도 특정 시기를 연구했었는데, 1945년부터 냉전 종결까지의 시기를 대상으로 연구했습니다. 미국의 아시아 정책에 관심이 있었기 때문에 미일 관계, 한일 관계, 한반도와의 관계, 중일 관계, 일본과 동남아시아의 관계 등 동아시아를 냉전사의 관점에서 연구해 왔습니다. 일본의 외교사 연구자들 중에는 미일 관계나 중일 관계와 같이 두 나라 간의 관계만 연구하는 사람들도 많은데, 저는 미국을 이해하려면 동아시아 전체를 보면서 연구해야 한다고 생각하기 때문에 한일 관계나 한미 관계를 포함시켜 냉전사를 연구해 왔습니다. 그런 의미에서 원래 한반도와 한국에 대해서는 외교사적 관점에서 관심이 있었습니다. 그리고 냉전이 종결된 후 역사 인식 문제가 급부상하면서, 그것이 동아시아 국제 관계의 마찰 요인, 아시아 국제 관계를 불안정화하는 요인이라고 생각하게 되었습니다. 그것이 제가 역사 인식 문제를 연구하게 된 경위입니다.

이명찬　냉전 시대에는 한국과 일본은 공산주의에 맞서야 한다는 공통의 인식이 있었기 때문에 미국과 손을 잡았었지만, 냉전이 끝나자 공통의 적이 없어진 느낌이라 그때부터는 민족의 문제가 여러모로 분출되고 있다는 견해도 있습니다.

간　말씀하신 대로입니다. 냉전 시대에 한미, 한일 간 안전보장조약이 맺어진 후, 공산주의 원천 봉쇄라는 관점에서 한미일의 안전보장협력이라는 것이 매우 중요하다고 판단한 미국은 역사 문제에 대한 마찰이 발생하려고 할 때마다 관여하여 그것을 무마시켜 왔습니다. 예를 들어 한일 관계도 국교정상화에 이르기까지의 과정에서 우여곡절이 많았는데, 1965년의 한일기본조약과 청구권협정 체결에 이르는 과정에서 미국은 중요한 '촉매' 역할을 담당했습니다. 또한, 국교정상화 협상의 단계에서 한국 정부는 경제의 '자립화'와 '자주국방'의 관점에서 일본의 청구권자금(일본 측에서는 경제협력자금이라고 함)을 매우 필요로 했고 박정희 정권은 그것을 한국의 경제 발전을 위해 활용하면서 상호 이익을 얻는 관계에 있었다고 생각합니다. 그런데 그 후, 한국의 경제가 급속도로 발전하고 1987년부터는 민주화도 이루어져 일반시민의 목소리를 정부가 통제하지 못하게 되었습니다. 또한 중국의 대두로 동아시아의 국제 관계에 구조적인 변화가 생겼습니다. 이러한 변화를 배경으로 '역사 인식 문제'가 부상하게 되었다고 생각합니다. 국제 정치에 대한 한국의 발언권은 국교정상화 협상 당시와는 비교도 되지 않을 만큼 커졌고, 그런 가운데 국교정상화 협상에서 미해결인 채로 남아 있던 문제를 해결해야 한다는 시민사회의 목소리를 한국 정부가 무시할 수 없게 되면서 지금과 같이 한일 관계가 매우 어려워진 것입니다.

이명찬　선생님께서는 1965년의 한일 청구권협정이 정당했다고 생각하십니까? 당시 한국과 일본의 국력 차가 100배 정도 되었는데 지금의 한국은 국력도 커지고 민주화도 실현되었습니다. 그런 관점에서 보면 예전의 협정이 매우 불평등했다는 인식이 있어서 이렇게 마찰을 빚고 있는 것이 아닌가 생각되는데 선생님의 생각은 어떠십니까?

1965년 한일 청구권협정은 미해결 문제를 그대로 둔 채 결착

간　　말씀하신 것처럼 당시 한일 간의 국력 차, 특히 경제력 차이는 매우 컸습니다. 국교정상화 협상의 과정을 보더라도 일본 측은 한국 측이 요구하는 금액에 대하여 명확한 근거를 제시하라고 주장했지만, 한국 측은 6·25 전쟁 때 사료가 소실되면서 제시하지 못한 부분도 있어 협상에서 불리한 위치에 있었을 것입니다. 따라서 국력의 차 이외에도 협상 당시 한국 측이 불리한 상황이었다는 점을 감안할 때, 말씀하신 대로 불평등이라는 단어를 사용할 수 있느냐 하는 것은 차치하더라도 애매한 부분을 남겨둔 채 타결되는 결과를 가져오게 되었습니다. 즉, 한국 측에는 불만이 남아 있을 만한 미해결 문제를 그대로 둔 채 결착이 된 것이죠. 그런 의미에서 식민지 지배에 관한 쌍방의 의견 대립과 같은 미해결 문제가 차후에 불거진 것이 아닐까 합니다.

이명찬　　최근 한국에서 징용 문제에 대해 강제 동원이라는 판결이 나오지 않았습니까? 말씀하신 관점에서 이번 판결의 내용은 "당시의 경제협력 자금에는 불법 행위 및 정신적 피해에 대한 위자료가 포함되어 있지 않으니 그것을 지불해야 한다"는 것입니다. 이번 판결에 대해 일본의 반발이 매우 큽니다만, 당시에 모두 해결된 것이 아니기 때문에 이와 같은 판결이 나온 것입니다.

간　　그 부분이 한일 간에 매우 어려운 부분입니다. 말씀하신 대로 미해결 문제가 있어 한국 측에 불만이 많이 남아 있었다는 역사적 경위가 있습니다. 따라서 한국 측으로부터 미해결 문제가 나올 것은 예상했던 바이며, 그것이 이번의 대법원 판결이라는 형태로 나타난 것입니다. 이번 판결 이전에도, 예를 들면 노무현 정권 때도 '과거 청산'의 논의가 있었습니다. 한국 측에서 잇따라 미해결 문제에 대한 '다시 보기' 또는 개선을 요구해 왔죠. 이에 대해 일본 정부를 포함한 많은 일본 국민들은, 애매한 부분을 남기기는 했지만 한일기본조약 및 청구권협정이라는 형태로 합의에 이르렀는데, 정부 차원에서 협상을 통해 합의한 것을 왜 또다시 문제삼느냐며 납득할 수 없다는 반응을 보이고 있습니다. 하지만 저는 역사적 경위가 그렇다 하더라도 한국 측의 주장에도 귀를 기울여 타협점을 찾아낼 필요가 있다고 생각합니다.

이명찬 이 문제에 대한 일본의 여론 동향은 어떻습니까?

간 여론조사 결과를 보면 일본의 여론은 악화되고 있습니다. 예를 들어 2015년 4월의 여론조사에서는 일본 국민의 74%가 전후 50년의 '무라야마 담화'와 전후 60년의 '고이즈미 담화'에 대해 '타당했다'고 응답했고 13%가 '타당하지 않았다'고 응답했습니다. 전후 70년의 여론조사(교도통신)에서는 과거의 전쟁이 침략전쟁이었다고 응답한 사람이 49%였고, 자위전쟁이었다고 응답한 사람이 9%에 불과했습니다. 아베 총리의 전후 70년 담화에 무라야마 담화, 고이즈미 담화와 마찬가지로 식민지 지배에 대한 '사죄'의 말을 넣어야 한다고 응답한 사람은 67%로 넣을 필요 없다고 응답한 사람의 비율 30%를 크게 웃돌았습니다. 그러나 점차 그 비율이 낮아져서 이제는 할 만큼 했다고 생각하는 사람들이 늘고 있습니다.

이명찬 일본 국민들의 여론이 선생님의 말씀처럼 악화되는 원인 중 하나로 세대교체를 들 수 있을 것 같습니다.

구조적 변동으로 내재된 불만의 표출

간   세대교체도 한 가지 이유가 아닐까 합니다. 과거 식민지 지배나 침략전쟁의 당사자가 아닌 젊은 세대들은 당사자 의식이 없기 때문에, 한국이나 중국의 비난이 거듭되면 내셔널리즘이 자극되어 반발심을 불러일으키기 쉽습니다. 또한 역사 인식 문제에 무관심하고 문제의 본질을 잘 모르는 젊은이들은 정부의 말에 영향을 받아 생각이 바뀌기도 할 것입니다. 전쟁이나 식민지 지배의 기억이 옅어짐에 따라 '역사 문제'에 관한 일반적인 태도에서 한일 쌍방의 격차가 커졌다고 느껴집니다. '미래지향'과 '과거에 대한 책임' 사이의 문제인데, 일본 측은 미래지향에 무게를 두고 있고 한국 측은 과거에 무게를 두고 있어 쌍방이 화해로 나가는 데 매우 어려운 교착 상태에 빠져 있는 것입니다.

이명찬   과거의 한국인들은 일본의 국력과 일본의 강점을 잘 인식하고 있었습니다. 하지만 최근의 젊은이들은 일본과 한국의 국력 차가 별로 없다고 생각하기 때문에 일본에 대하여 전혀 열등감을 갖고 있지 않습니다. 또한 민주화를 실현한 입장에서 보면 과거 1965년의 청구권협정에 문제가 있다고 느낍니다. 그만큼 한국의 젊은이들도 점점 보는 눈이 매서워지고 있어요. 앞으로 한일 관계가 어떻게 전개될 것으로 보십니까?

간   1965년 체제 이후의 흐름을 보면 악화되고 있는 것처럼 느껴집니다. 국제 관계의 구조 변동 때문입니다. 말씀하신 것처럼 국력이 커지고 민주화를 이루었죠. 이제 한국은 박정희 정권 때처럼 국민의 목소리를 통제할 수 없는 상태입니다. 한일 관계의 파워 밸런스라는 관점에서 보면 한국 측은 자신감을 가지게 되어 주장할 것을 주장하는 겁니다. 한편 일본의 경우는 버블 붕괴 이후 경제가 오랫동안 침체되면서 젊은 세대의 취업이 어려워진 탓에 장래에 대한 불안감을 안고 있어요. 불만이 있는 것이죠. 그런 가운데 한국 측에서 '역사 문제'로 "아직 사죄가 충분하지 않다, 보상도 충분하지 않다"고 하니 젊은층을 비롯한 지금의 일본 국민들 중에는 "한국은 비판만 한다. 일본이 노력하는 데도 받아주지 않는다"고 생각하는 사람들이 늘었어요. 그런 것들이 반복되어 악순환에 빠진 결과, 역사 인식 문제로 한일 관계가 매우 어려워진 겁니다. 일보 전진했나 싶으면 또 다른 이유로 후퇴하는 현상의 반복으로부터 벗어나지 못하고 있는 것 같습니다.

중국에 대한 한일 인식의 불일치

이명찬 저는 또 한 가지 구조변동이 있다고 생각합니다. 그것은 중국 문제입니다. 일본과 한국은 중국을 보는 관점이 전혀 다릅니다. 냉전시대에는 한일이 손을 잡고 중국이나 소련에 대응하는 분위기가 있었는데, 냉전이 끝난 지금의 한국은 중국을 매우 중시하고 있습니다. 최근 사드 문제로 중국과의 관계가 다소 경직되긴 했지만 장기적으로 보면 아무래도 한국은 중국을 절대 무시할 수 없습니다. 하지만 일본은 중국을 어떤 의미에서는 경쟁 상대, 파워 폴리틱스(power politics)의 관점에서 보는 부분이 있습니다. 한국은 오랜 역사를 토대로 중국과의 관계에서 힘의 균형보다는 생존이라는 면을 중시하는 부분이 있고요. 따라서 일본이 보는 입장에서는 예전에는 친구였던 한국이 자신의 경쟁상대인 중국과의 사이에서 자기 편을 들어줬으면 좋겠는데, 반대로 중국의 편을 들고 있다고 생각하는 것입니다. 요즘 일본인들 중에는 한국인이 일본 편인지 중국 편인지 질문하는 사람들이 많다고 합니다.

양기호 제 생각에도 일본 국내의 언론이나 총리 관저나 학자들, 일반 국민 사이에서 한중이 이익을 공유하는 것에 대항하는 레짐이 형성된 것 같습니다. 중국에 대한 라이벌 의식, 한중 의식을 공유하고 북한 및 중국에 가깝거나 중립적인 입장을 보이고 있는 한국을 비판하는 것이죠. 이명찬 선생님의 말씀처럼 한국 측에는 통일의 문제라든지 중국과의 무역액, 무역 흑자가 매우 커서 그것이 없으면 경제가 어려워질 것이라는 위기감이 있습니다. 한일 관계의 구조적인 이익, 전략적인 이익이 변화하면서 일본의 '외교청서'에는 한일이 전략적인 이해를 공유한다는 표현을 2005년, 2006년부터 일체 사용하지 않고 있습니다. 이러한 상황을 어떻게 극복할 수 있느냐가 중요합니다. 역사 인식을 바꾸는 문제가 아니라 구조적인 한일 간의 전략적 목표 차이를 봐야죠. 그렇지 않으면 미래를 공유할 수 없어요.

간 두 분 말씀처럼 냉전 이후 일본과 한국은 중국에 대한 관점이나 대응 방법이 매우 달라졌습니다. 특히 1990년대 후반 무렵부터 중국을 보는 일본의 관점은 매우 비판적입니다. 중국은 일본의 항의에도 불구하고 핵실험을 반복한다거나, 리덩후이(李登輝) 정권을 압박하기 위해 타이완해협에서 미사일 발사 실험을 하는 등 눈에 띄게 문제 행동을 했습니다. 또한 중국은 일본 ODA(Official Development Assistance)의 최대 수혜자인데, ODA에 있어서 특히 오히라 마사요시(大平正芳) 같은 구세대 정치가들은 과거 전쟁 피해에 대한 보상을 취하해했다는 점에 대해 중국에 고마워하는 부분도 있어, 중국과의 관계를 중시해 왔다고 생각합니다. 일본의 재계 인사들 중에서도 그런 사람들이 있었습니다. 그런 사람들이 중일 국교정상화의 실현에 힘을 썼던 것이죠. 하지만 세대교체로 인해 그런 사람들이 퇴장하면서 한국의 경우와 마찬가지로 중일 간에도 역사 인식 문제로 매우 강경한 대응이 이루어지고 있으며, 중국에 대한 일본의 인식이 1990년대 중반부터 악화되어 왔습니다. 한중 관계와 중일 관계가 각각 반대 방향으로 움직였기 때문에 지금과 같이 전략적 이익의 공유라는 점에서 격차가 발생했다고 생각합니다.

이명찬 그 원인은 무엇일까요?

간 큰 배경으로는 동아시아를 둘러싼 중일 간의 주도권 다툼이 있다고 생각합니다. 지금까지 일본은 경제적으로 동아시아의 선진국 위치에 있으면서 한국에 대해서도 경제 협력을 실시하고 중국에 대해서도 ODA를 공여하는 입장이었습니다. 그러나 버블 붕괴 이후 흐름이 역전되었어요. 한국의 파워와 중국의 파워가 대두하는 흐름 속에서 일본 내에는 동아시아의 리더십을 중국에게 빼앗기는 것이 아닌가 하는 불안이, 자리잡게 되었다고 생각합니다. 게다가 중국이 경제 대국으로 성장하면서 중국 선박이나 전투기에 의한 '영해·영공 침범'이 거듭되고 있습니다. 일본에서는 냉전 이후 소련의 위협에서 벗어났더니 중국이 위협을 해 오고 있다는 인식이 확산되고 있습니다. 한편, 한국 측에서는 경제적인 면에서, 특히 중국과의 관계를 강화해 왔습니다. 또한 안전보장 면에서는 서로 인접국인 관계에 있기 때문에 중국의 대두에 어떻게 대응할 것인가, 어떻게 처신할 것인가에 대해 세심한 주의를 기울일 수밖에 없는 부분이 있어서 한중 관계가 강화되어 왔습니다.

한일이 협력하여 미중 대립을 완화해야

이명찬 한국이 어느 편에 설 것인지 일본 측에서 보면 상당히 관심이 있겠군요.

간 미국과의 관계도 비슷하게 전개되고 있지 않습니까? 중국이 대두함에 따라 한국은 중국과의 관계도 유지해야 하는 한편, 냉전 후 중미 간에는 아시아 태평양을 둘러싼 패권 다툼이 잠재적으로 존재해왔습니다. 그것이 지금 표면화되고 있죠. 그런 맥락에서 보면 한일 간에 발생하고 있는 상황과 한미 간에 발생하고 있는 상황은 중국이라는 요소를 사이에 두고 비슷하게 전개되고 있는 것 같습니다. 중미의 헤게모니 다툼이 표면화되기까지, 즉 중국이 '패권국가'와 '책임 있는 이해 보유자' 중 어느 쪽으로 가게 될지 분명해지기 전까지는 미국도 헤지 전략이라고 할 수 있는 대중 관여 정책을 모색하여, 무역이나 경제면에서도 윈윈 관계를 구축하려는 전략을 펴왔습니다.

그런데 시진핑(習近平) 정권이 들어서면서 그렇게는 되지 않을 것이 명확해졌어요. 중국 경제는 여전히 보호주의적인 요소가 강하게 남아 있는데다 정치적 민주화도 기대했던 만큼 진전되지 않고 오히려 역행하는 듯이 보입니다. 일본에서도 중국이 위협으로 작용할지 윈윈 관계가 될지 모르겠다는 견해가 일반적입니다. 그런 점에서 보면 중국에 대한 미국과 일본의 인식은 상당히 가까우며, 최근의 역사적인 추이를 보면 한국은 미일 관계보다 중국과의 관계를 중시하게 된 것 같습니다. 중미 관계는 패권 다툼에 돌입하려는 듯이 보이며, 중국이 패권국이 될 것인지 책임 있는 대국이 될 것인지 불명확한 상황이므로 일본도 헤지 전략을 세울 필요가 있습니다. 그러려면 미국과 협력해야 하고 미일 동맹이 중요하다는 논리가 작용합니다. 그러나 한편으로 중미 간 패권 다툼은 일본 입장에서도 중국과 미국 사이에서 선택의 딜레마를 강요당하는 셈이며, 일본은 그것을 피할 수 없는 입장입니다. 한일은 공통의 고민을 안고 있기 때문에 협력을 통해 중미 대립을 완화할 수 있도록 노력해야 합니다.

이명찬 최근 아베 총리가 중국에 갔었는데, 그것으로 관계가 좋아질까요?

간 그 점은 중국 측의 정치적인 속내가 있기 때문에 그렇게 간단하지는 않을 것입니다. 중국이 왜 지금 일본에게 접근하느냐 하면, 트럼프 정권이 무역 전쟁을 선언하면서 그것이 중미 간의 헤게모니 싸움으로 발전하였기 때문입니다. 중미 관계의 근저에는 하이테크나 지적 재산권에 관한 경쟁이 깔려 있는데, 대중무역 적자를 줄이겠다는 트럼프의 주장은 대의명분에 불과하며, 사실은 시진핑 정권이 내건 '중국제조2025'라는 목표를 매우 경계하고 있습니다. 아베 총리의 방중으로 중일 관계가 눈에 띄게 개선될 것이라고 보기는 어렵습니다만, 한일 양국이 모두 중미 간 헤게모니 다툼이 격화되지 않도록 노력해야 공통의 이익을 얻을 수 있다고 생각합니다.

이명찬 그것은 패권의 문제가 걸려 있기 때문이죠.

간 그렇습니다. 따라서 패권 경쟁이라는 것이 현저화되고 있는 가운데, 중국은 일본과의 관계도 개선해야 하고, 한국과의 관계도 개선해야 하는 헤지의 필요성이 생겨났습니다. 따라서 중국이 지금 일본에 접근하고 있는 것은 중국 나름의 정치적인 속내나 계산이 있기 때문이라고 생각합니다. 중미의 패권 다툼이 장기화되면 중국도 중일 관계의 개선을 위해 노력하겠지만, 지금으로서는 시진핑 정권이 그런 장기적인 전망을 가지고 일본에 접근하고 있다고까지는 볼 수 없는 상황입니다. 단, 확실히 말할 수 있는 것은 시진핑 정권이 가장 두려워하는 것은 일본과 미국이 하나가 되어 중국의 무역 관행에 대한 문제점을 바로잡으려고 압력을 넣는 것, 나아가서는 중국의 상업적 관행에 대해 같은 인식을 공유하고 있는 EU에도 손을 써서 중국의 제도 개혁을 촉구하게 되는 구도일 것입니다. 태국 속담에 "코끼리가 날뛰면 풀이 희생된다"는 말이 있는데, "중미가 날뛰면 한일이 희생된다"고 바꿀 수 있을 것입니다. 한일 양국은 그렇게 되지 않도록 중미 사이에서 역할을 해야 할 공통적인 입장에 있으므로, 그와 같은 폭넓은 관점에서 '역사 인식 문제'를 상대화하여 화해를 위해 노력하는 것도 양국에게 필요한 일이라고 생각합니다.

양기호 한국에 대우조선해양이라는 기업이 있는데 지금 파산 직전입니다. 거기에 한국 정부가 보조금을 많이 넣었어요. 그것에 대해 일본은 한국 정부가 WTO를 위반한 것이라며 제소하겠다고 했습니다. 한일은 조선업의 라이벌이기도 해요. 좋지 않은 상황이죠. 강제징용 문제를 ICJ에 제소하는 것뿐 아니라, 한국 정부가 좋지 않은 경제 상황에도 불구하고 보조금을 지급한 곳들을 파헤쳐 공격하고 있습니다. 그런 것을 볼 때 저는 일본이 너무 과열되어 있다고 생각합니다. 냉정한 자세로 의사소통을 한다면 타협점은 반드시 찾을 수 있을 것입니다.

한 가지 선생님께 묻고 싶은 것은 '역사 문제'에 대한 미국의 역할입니다. 국교정상화 협상의 과정을 재검증할 필요가 있다고 생각하는데, 역사 문서를 읽어보면 1965년의 협상을 주도한 것은 분명히 미국이었습니다. 청구권협정은 미국 없이는 도저히 불가능했어요. 강제징용 문제에도 지금 미국은 반응을 하고 있습니다. 따라서 이 역사 마찰을 미국이 어떤 식으로 컨트롤하고 있는지, 컨트롤할 수 없다면 어떻게 인식하고 어떻게 보고 있는지 궁금합니다. 이 문제를 전략적 관점에서 보고 있는 것은 알겠지만, 미국의 속내가 뭔지 선생님의 생각을 좀더 듣고 싶습니다.

간   미국의 경우, 트럼프 정권이 들어선 이후 그 속내를 읽기가 어려워졌습니다. 적어도 오바마 정권까지는 한일기본조약이 조인된 과정에서도, 또는 그 후 한일 간에 역사 문제를 둘러싼 마찰이 발생했을 때도 미국이 사이에 들어가 마찰을 완화하려는 역할을 했었다고 생각합니다. 냉전이 종식된 후에는 중국의 존재를 굉장히 의식했었기 때문입니다. 중국의 대두가 명확해지자 중국의 파워를 어떻게 관리할 것인지가 워싱턴 수뇌부의 중요 관심사가 되었습니다.

그런 가운데 한일 관계가 악화되는 것은 미국에게 있어서 좋지 않습니다. 한미 동맹도 있고 미일 동맹도 있으니 이 3국의 관계가 양호한 편이 대두하는 중국의 파워를 관리하고 미국이 아시아에서 리더십을 발휘해 나가는 데 필수적이라고 인식했기 때문에, 그런 관점에서 한일의 '역사 문제'에 상당히 관여했던 부분이 있었습니다. 일본에는 '불 속의 밤 줍기'라는 말이 있는데, 한일이 역사 인식 문제로 대립할 때 미국이 중개를 하는 것은, 양측 모두에게 비판당할 가능성이 있습니다. 즉, 어느 쪽의 편을 들더라도 비판당할 것이므로 미국 정부 내에서는 애초에 '불 속의 밤 줍기'와 같은 일은 하지 않는 것이 좋다는 의견도 있었습니다.

그러나 실제로 그렇게 말하고만 있을 수 없는 상황이 되었을 때는 쌍방이 대화할 수 있도록 역할을 해 주었습니다. 그런 관점에서 오바마 정권 때는 한일의 마찰이 한미일 3개국의 협력 관계를 해치는 일이 없도록 관여했었습니다. 그러나 트럼프 대통령은 '역사 인식 문제'에 대하여 그다지 관심을 갖고 있는 것으로는 보이지 않습니다. 만일 그렇다면 한일 관계에 있어서는 바람직하지 않습니다. 트럼프 정권이 강제징용 문제를 어떤 식으로 생각하는지 읽어내기가 상당히 어려운 상황이기 때문입니다. 트럼프라는 사람은 매우 특이한 안전보장 관념을 가지고 있어요. 안전보장 문제를 돈으로 환산하려는 경향이 강해요. 즉, 금전적인 의미의 손익을 감안하여 매사를 판단하는 부분이 있습니다. 주한미군도 돈이 드니까 철수한다든지, 한미합동군사훈련도 돈이 많이 드니까 중단한다는 것입니다. 주한미군의 삭감이나 철수를 바라지 않는다면 주둔 경비의 부담 비율을 한국 측이 더 늘리라고 요구합니다. 일본은 주일미군의 주둔 경비 중 75%를 부담하고 있는데도 일본이 '무임승차' 했다는 식의 발언을 하거나 더 늘리라고 말합니다. 손익을 감안하여 안전보장 문제를 바라보는 것이죠. 역사 인식의 문제에 대해서는 별로 관심이 없는 느낌이라 그 문제에 대해서 어떤 생각을 하는지는 알기가 어렵습니다.

또한 한일 관계나 한미일의 관계가 안정되어 양호해지는 것이 바람직하다고 생각하기 때문에 '역사문제'가 3국 관계에 악영향을 미치지 않도록 하는 노력이 필요합니다. 제가 보건대 (일본이) 중국과의 관계를 개선해 나가려면 한일 관계를 우선 튼튼히 하고 아세안과의 관계도 좋아져야 하며 미일 동맹도 잘 관리해야 합니다. 그런 전체적인 상황을 내다보면서 중일 관계의 개선을 추진할 필요가 있다는 것입니다. 그런 의미에서 한일의 역사 화해는 매우 중요하다고 생각합니다.

아베 총리의 역사수정주의와 대미 인식의 이중성

양기호 한일의 안보나 전략 등 여러 문제는 일본에서 보더라도 매우 중요하다고 생각하는데, 솔직히 아베 총리는 한국을 싫어하는 것처럼 보입니다. 제가 보기에는 좀 감정적이라는 생각이 듭니다.

간 그렇습니다. 아베 총리는 그의 외조부인 기시 노부스케 전 총리의 영향을 받아 자민당의 정치가들 중에서도 전쟁 전 이데올로기와의 친화성이 강한 정치가입니다. 미야자와 기이치(宮澤喜一) 전 총리와 같이 자민당 내 주류파로 불리는 정치가들은 과거의 전쟁이나 식민지 지배 문제에 대해 기본적으로 사과와 반성에 입각하여 일본이 국제 사회에서 미국, 한국, 중국, 동남아시아와 잘 지내야 한다는 입장이었습니다. 하지만 아베 총리는 '역사수정주의자'로 과거의 전쟁에 대해서도 "침략전쟁의 정의는 전문가에게 맡겨야 한다"며 본인의 견해를 밝히지 않았습니다. '전후 레짐으로부터의 탈피'를 내걸고 헌법 개정을 하려 하고 있으며, 헌법9조의 해석을 자의적으로 바꾸어 각의결정을 통해 집단적 자위권의 행사를 용인하거나, 샌프란시스코 평화조약에서 도쿄 재판의 판결을 수락한다고 했음에도 불구하고 도쿄 재판을 비판하는 등 '역사수정주의자'의 이데올로기를 지니고 있는 정치가입니다. 그러면서도 미일 동맹은 강화해야 한다는 일관성 없는 모습을 보여 주고 있습니다. '역사 인식 문제'에서는 '수정주의자'이기 때문에 일본군'위안부' 문제에 대해서도 군의 강요는 없었다는 말로 정부의 책임을 회피하려는 자세를 취한 것이 미국 의회에서 문제시되어, 일본 정부의 대응을 비난하는 결의안이 채택되기도 했습니다. '역사 인식 문제'에 대해 미국이 용납할 수 없는 이야기를 하면서 한편으로는 미일동맹을 강화해야 한다는 아베 총리는, 한미 관계에 있어서도 그와 같이 이중적인 면, 모순을 지니고 있는 정치가라고 생각합니다.

이명찬 하지만 역사학자들은 침략전쟁이었다고 정의하고 있지 않습니까?

간 그렇습니다. 아베 정권에서 전후 70년 담화를 낼 때, 담화의 초안을 만든 기타오카 신이치(北岡伸一)도 아시아에서 일본이 했던 전쟁은 침략전쟁이었다고 말하고 있습니다. 도쿄 재판에서도 '승자의 재판'이라는 면은 있지만, 침략전쟁으로 인정되었고, 샌프란시스코 평화조약 제11조에서 도쿄 재판을 수락한다고 되어 있기 때문에 아베 총리의 전쟁에 대한 인식은 그 조항과도 모순됩니다. 즉, 미국이 중심적인 역할을 한 샌프란시스코 체제에 모순된 입장을 취하고 있으면서 미일안보체제를 강화하겠다는 것은 앞뒤가 맞지 않아요. 이점이 최대의 문제가 아닌가 생각합니다.

양기호 제가 정말 이해가 가지 않는 것은 전쟁 이전의 일본의 지도자들과 전후의 우익 인사들이 침략전쟁으로 생각하지 않는 것입니다. 어린 아이의 상식에 비쳐보더라도 군대를 이끌고 가서 사람을 죽였는데, 그것을 침략이 아니면 무엇이라고 부르겠습니까.

간 아베 총리를 떼어놓고 보면, 많은 일본 국민들은 과거의 전쟁을 침략전쟁으로 인식하고 있습니다. 1993년 8월 23일 국회에서의 소신 표명 연설에서 호소카와 모리히로(細川護熙) 총리는 "과거 일본의 침략행위 및 식민지 지배 등으로 인해 많은 사람들에게 견디기 어려운 고통과 슬픔을 가져다 준 점에 대해 다시 한번 깊은 반성과 사죄의 말씀을 드린다"고 발표했습니다. 고이즈미 총리도 1995년 무라야마 담화를 계승했습니다.

또한 2005년 6월 2일 중의원 예산위원회에서 고이즈미 총리는 A급 전범에 대하여 "전쟁범죄자로 인식하고 있다"고 했고, 2001년 10월 15일에 방한했을 때는 항일운동가를 수용했던 형무소 유적인 서대문독립공원을 일본의 총리로서는 처음으로 방문하여, 한일의 기자단 앞에서 "일본의 식민지 지배로 한국의 국민들에게 막대한 손해와 고통을 준 것에 대해 진심으로 반성과 사죄의 마음을 가지고 시설을 견학했다"고 말했습니다. 당시 김대중 대통령은 고이즈미 총리와의 대화에서 "서대문에서의 발언을 높이 평가한다"고 말했습니다. 문제는 정치가들 중에 망언, 역사 왜곡 등의 '불규칙 발언'을 하는 사람들이 있다는 것입니다. 그 점이 독일 정치가들과의 차이점입니다. 독일의 정치가들 중에는 나치즘을 옹호하거나 나치의 학대 행위를 부정하는 사람은 없으니까요.

이명찬 무라야마 전 총리는 자민당이 아니지요.

간 그렇습니다. 무라야마 전 총리는 사회당이었지만 일본 정부의 총리로서 무라야마 담화를 내놓았으니, 나름대로 존재감은 있다고 생각합니다. 또한 일본신당의 호소카와 전 총리도 침략전쟁이라고 분명히 말했다가 자민당 내의 보수파나 내셔널리스트로부터 강한 반발을 샀다고 합니다.

이명찬 반발이 있었다는 것은 침략전쟁이었다는 것을 인정하지 않는다는 것 아닙니까?

간 그런 사람들이 자민당 내에 있다는 것은 사실입니다. 원래 자민당 내의 보수파나 우파에 속하는 사람들은 전쟁 이전의 이데올로기를 고수하고 있는 것 같습니다. 자민당의 결당 이후 헌법 개정을 당의 강령으로 내걸어왔으니까요. 점령 개혁하에 성립된 전후 체제에 도전해 온 것은 자민당 내의 그런 계보를 잇는 사람들입니다.

헌법9조와 상징 천황제 유지의 결합

이명찬 헌법 개정을 당의 강령으로 내걸었던 것은 헌법을 개정하여 군대를 만들어 달라고 한 미국의 요청 때문이지요?

간 기시 노부스케 전 총리가 전형적인 예라고 생각합니다. 일본이 국가로서 홀로서기 위해서는 일본인 스스로 헌법을 만들 필요가 있다고 생각했죠. 아베 총리를 포함해서 보수 세력 가운데는 그런 생각이 상당히 뿌리 깊습니다. 누가 그렇게 하라고 해서 그런 것은 아니라고 생각합니다. 그런 사람들은 오히려 미국의 외압을 이용해 왔다고 봐야 하지 않을까요?

이명찬 저는 그 부분을 공부했습니다. 제 전문 분야가 안전보장외교입니다. 한국전쟁이 일어났을 때 미국은 일본의 요시다 시게루(吉田茂)에게 헌법을 개정하여 군대를 만들라고 압력을 넣었습니다. 당시 요시다 시게루가 지금은 안 된다고 하니까 미국이 이번에는 천황에게 가죠. 요시다 시게루와는 말이 안 통했으니까요. 아마도 기시 노부스케도 이런 움직임을 잘 보고 헌법을 개정하여 군대를 만들 좋은 기회라고 생각했던 것이 아닐까 하고 생각합니다.

간 요시다 시게루는 원래 스스로를 '신 시게루'라고 말할 정도로 천황에 대한 독특한 경외심을 가진 사람이었어요. 천황의 의향을 알고 움직이는 정치가였다고 생각합니다. 거기에는 역사적인 배경이 있는데, 맥아더가 GHQ의 헌정 초안을 내놨을 때 요시다는 처음에 제9조 전쟁 포기 조항에 반대했어요. 하지만 당시 GHQ 민정국의 코트니 휘트니(Courtney Whitney)가 "헌법9조를 받아들이지 않으면 천황이 전쟁에 대한 책임을 추궁 당할 위험성이 있으니 그 점을 인식해야 한다. 만일 이 초안을 받아들이지 않는 경우 지금의 구 지배층은 그 자리에 있기가 어려울 것이다. 이 초안을 받아들이는 것만이 당신들이 권력의 자리에서 살아남을 수 있는 단 하나의 길이다"라고 말합니다. 그래서 요시다가 그 말을 듣고 생각을 바꾼 것이지요.

이명찬 말씀을 듣고 보니 선생님께서는 '헌법 강요론'을 믿으시는군요.

간 아니오. 그런 말을 주고받았다는 기록이 문서로 남아있고 요시다가 생각을 바꿔서 이해하고 받아들이고 헌법9조가 필요하다고 말하기 시작합니다. 그러나 '헌법 강요론'이라고는 생각하지 않습니다. 왜냐하면 당시의 헌법 제정 과정에서 일본 측의 의견이 최종적으로 상당 부분 반영되었기 때문입니다. 예를 들면 여성의 권리, 노동권, 생존권에 대해서는 의회의 심의 단계에서 일본 측의 제안이 반영되었어요. 잊어서는 안될 것은 1945년에 맥아더가 신헌법의 '시행 후 초년도와 2차년도 사이에' 헌법을 자유롭게 개정해도 된다는 서간을 요시다에게 보냈다는 점입니다.

하지만 그 시기가 되었는데도 개정을 하지 않았어요. 또한 그 후 일본 국민들 사이에 헌법9조가 정착된 것을 보면 '헌법 강요론'은 오히려 역사적인 사실에 맞지 않는다고 생각합니다. 요시다도 1957년의 회상록에서 "협상 과정에서 '강압적'이거나 '강제적'인 것은 없었다. 오히려 우리 쪽의 전문가, 담당자의 의견에 충분히 귀기울이고 우리 쪽의 주장을 청취하는 경우도 적지 않았다"고 말하고 있습니다.

그에 비하면 미일안보조약이 더 일본에게 강압적이지 않았나 하는 생각이 듭니다. 즉 미국은 일본을 헤게모니 지배하에 두기 위해, 또는 일본의 군국주의 부활을 막기 위해 안보조약을 체결한 것이죠. 미일안보조약은 '이중 봉쇄정책'이라고 불렸는데, 주일미군을 주둔시켜 두면서 일본의 외교를 미국이 통제하는 구조였어요. 또 한 가지는 일본이 군사대국화하여 핵무기를 보유하지 않도록 주일미군을 주둔시키는 대신, 일본의 안전을 미국이 지켜주겠다는 장치였던 것입니다. 미국에게 있어 소련과 냉전을 치르는 데 주일미군기지는 필수불가결한 것이었기 때문에 신헌법 제정 당시보다 더 미일안보와 미일행정협정을 일본 측에 강요하고자 했던 면이 있어요.

아베 총리는 일본이 미일안보조약을 강요당했다고는 결코 말하지 않지만, 헌법은 강요당했다고 말하고 있습니다. 제가 이해하기로는 일본 헌법9조는 강요당했다고 볼 것이 아니라, 요시다도 헌법9조와 제1조 상징 천황제 규정과의 관계를 이해하고 받아들인 것이에요. 앞서 말씀드린 것처럼 만일 헌법9조를 일본이 받아들이고 앞으로는 평화 국가로서의 길을 가겠다고 세계를 향해 선언하지 않으면 천황제와 천황의 존재가 위험한 상황이었어요. 당시 호주나 뉴질랜드, 미국의 국내 여론은 천황에게 엄벌을 내려야 한다는 것이었고, 소련에서는 천황제를 폐지해야 한다는 의견이 있었습니다.

미국 정부도 천황에 대한 처우에 대해 처음에는 분명한 태도를 정하지 않았는데, 맥아더가 워싱턴에 힘을 써서 천황을 도쿄 재판에 세우지 않는 편이 좋겠다는 쪽으로 마무리가 되었어요. 그런 사정을 요시다는 이해하고 있었던 것이죠. 따라서 그것을 '강요'라고 하는 것은 무리가 있다고 생각합니다.

이명찬 헌법9조를 받아들이지 않는 대신 천황제를 없앨 것인지, 받아들이

	고 천황제를 유지할 것인지 선택하라는 것이었군요.
간	그러니까 '강요'는 아니라는 것이죠.
이명찬	헌법9조와 상징 천황제 규정의 형성 과정에 대한 이야기는 저도 익히 들어오던 내용입니다만, 요시다가 애초의 생각을 바꾸었다는 이야기는 처음 듣는데 재미있습니다.
간	제 저서 『냉전과 미국의 세기』(2016, 이와나미서점)에 나와 있는 내용입니다.
양기호	헌법9조와 헌법1조를 세트로 하여 요시다 시게루가 받아들였다는 것이군요.
간	지금 제가 말한 것과 같은 연구의 성과들이 나와 있기 때문에 일본 외교사 연구자들 중에서 그런 연구에 대해 알고 있는 사람들은 제가 말한 것과 같이 이해하고 있을 것입니다.

저는 『냉전과 미국의 세기』라는 책에서 이런 논리를 전개했습니다. 요시다를 미국의 조력자로 정의하고, 왜 전후 일본은 미국에 대한 자주 외교를 전개하지 못했는가에 대한 이유를 찾아보았습니다. 점령기에 제9조 비무장규정을 미일안보조약으로 보완하고, 동시에 제1조 상징 천황제를 두는 식으로 일본에 대한 지배장치를 만든 것입니다. 요시다는 그것을 이해하고 잘 받아들였던 것이죠. 쇼와 천황도 그런 경위를 알고 있었기 때문에, 맥아더에게 고마워했다고 생각합니다. 실제로 맥아더가 한국전쟁을 수행하다가 트루먼 대통령과 부딪혀 해임당하고 미국으로 귀국하게 되는데, 그때 쇼와 천황은 |

공항으로 맥아더를 배웅 나가겠다고 했으나 맥아더 쪽에서 그러지 않는 편이 좋겠다고 해서 단념했던 적이 있습니다.

이명찬　그 정도로 은혜를 입었다는 인식이 있었군요.

간　요시다는 쇼와 천황에게 경외심을 가지고 있었기 때문에 미일안보조약 협상의 중간중간에 천황에게 상주(上奏)를 했습니다. 사토 총리 때까지는 상주를 했었기 때문에 쇼와 천황이 미국을 방문했을 때 미일안보조약이 중요하다고 말하지요. 일본에는 그런 연구도 나와 있습니다.

이명찬　일본에는 그와 같은 연구가 언제부터 나오고 있나요?

간　도요시타 나라히코(豊下楢彦)가 『안보조약의 성립』에서 요시다 시게루와 천황 외교에 대해 논한 것이 1996년입니다.

이명찬　제가 공부하던 당시에 도요시타 선생님의 그 책은 주요 연구 교재였습니다.

간　리츠메이칸 대학의 요시츠구 코스케 선생님이 『세계』에 실은 논고 중에 그와 같은 내용을 설명하고 있습니다. 미국에 *Foreign Relations of the United States*라는 외교문서집이 있는데, 거기에도 사토 총리가 존슨 대통령과의 정상회담을 앞두고 방미 전에 쇼와 천황을 상주하는 내용이 나와요. 그때 천황이 사토 총리에게 메시지를 맡깁니다. 미일안보조약이 중요하다고요.

이명찬　천황 측에서 미일안보조약을 중요시한 이유는 무엇인가요?

간　쇼와 천황과 맥아더의 회견록이 신문에 공개되기도 하고, 일반인들에게도 알려지게 되었는데요. 회견록에는 미일안보조약 협상 시에 천황이 맥아더와의 회견에서 어떤 발언을 했었는지 나와 있습니다. 쇼와 천황은 소비에트 공산주의의 위협을 걱정했지만 헌법9조로는 일본의 안전보장을 담보할 수 없었죠. 그래서 미일안보조약이 체결되었을 때는 매우 기뻐하며 안도했다고 고백하고 있습니다.

천황의 발언은 꽤 오랫동안 비밀에 부쳐져 오다가 2002년에 공개되었는데, 그 사료들을 사용한 도요시타 나라히코의 『쇼와 천황·맥아더 회견』(2008)이라는 책을 통해 자세히 알 수 있습니다.

아베 총리의 헌법 개정 가능성은 희박

양기호　아베 총리의 2019년 첫 번째 목표는 역시 헌법 개정일 텐데요. 헌법 개정이 가능하다고 예측하십니까?

간　헌법 개정은 어렵다고 생각합니다.

양기호　아베 총리가 추진하는 헌법 개정이 통과되기가 어려울 것 같다는 말씀이신가요?

간　한 가지는 시간적인 제약 때문입니다. 헤세이 천황이 퇴위하고 새로운 천황이 탄생하게 되어 있는데, 그 의식과 행사들이 2019년 4월 말부터 이어집니다. 그리고 일본에서는 헌법 개정에 관해 국회 내에서 논의를 시작하자는 아베 총리의 제언에 대해 야당 제1당인 입헌민주당 등이 중심이 되어 지금은 그럴 상황이 아니라며 반대하고 있어요. 같은 여당 측인 공명당 내에도 신중해야 한다는 견해들이 있습니다. 또한 아베 총리의 개헌 내용도 문제시되고 있어요. 즉, 자위대를 인정하기 위해 현재의 3항에 또 한 개의 항을 추가하자는 것인데, 자위대는 이미 일본 국민들이 널리 인지하고 있기 때문에 그것만을 위해서 헌법 개정을 하는 것은 본래의 헌법 개정의 의미에 비추어 볼 때 이해할 수 없다는 비판이 있습니다. 또한 헌법 개정이 발의되어 개정안이 국회에서 채택된다 하더라도, 그 후 국민투표로 국민의 과반수가 찬성하지 않으면 헌법 개정이 성립되지 않습니다. 하지만 여론조사를 보면 현재로서는 과반수가 찬성하는 상황은 아니에요. 자민당 내에서도 반드시 공감대가 형성되어 있다고는 말할 수 없는 상황입니다. 따라서 헌법 개정은 어려울 것이라고 봅니다.

이명찬 여기까지 듣고 나니 아베 총리에게 문제가 많다고 느껴집니다.

간 그러나 이상하게도 인터넷 우익이나 젊은층 사이에서 아베 총리는 꽤 인기가 있어요. 일본의 정치도 여론도 점점 열화(劣化)되고 있는 느낌입니다.

현재 일본 경제가 호조를 보이고 취업 상황이 좋아졌기 때문에 직전 선거 때보다도 젊은층이 아베 총리를 지지하는 쪽으로 움직이고 있어요. 취업 상황이 좋다고는 하지만 일본의 재정 적자는 1000조 엔에 달하여, 국민 1인당 부담액이 800만 엔을 넘습니다. 1인당 800만 엔이라고 하는 부담을 지금의 젊은 사람들이 앞으로 갚아나가야 하는 것이죠. 아베노믹스로 재계와 대기업은 호황을 누리고 있지만, 중소기업은 덕을 보지 못하고 있습니다. 대기업에 취직할 가능성보다 중소기업에 취직하는 사람이 많기 때문에 취업 상황이 좋다 하더라도 내실 면에서는 어떤지 좀 더 눈을 돌려야 할 것 같습니다.

| 이명찬 | 대기업은 수출에서 실적이 좋을 수 있지만, 지방 경제 또는 중소기업, 일반 국민들은 어떤가요? 엔화 약세로 오히려 자산이 줄고 있지 않습니까? |

| 간 | 아베 총리는 지방 창생이나 육아 지원처럼 국민에게 인기 있는 슬로건을 참 잘 만들지만 실제로는 성과를 내지 못하고 있어요. 국민과 젊은이들은 총리의 말에 현혹되고 있는 것 같습니다. |

| 이명찬 | 일본의 일반 유권자들의 현명한 판단이 필요한 때인 것 같습니다. |

| 간 | 그렇습니다. '민도'가 정치가의 자질 및 정치의 질을 결정하는 것이니까요. 하지만 유권자들이 아베 정권에게 만족하고 있다기보다는 아베 총리를 대신할 정치가나 정당이 없다는 의미의 소극적인 지지입니다. 따라서 어찌 보면 야당이 제 각각이라 결속하지 못하고 있다는 것이 아베 정권을 도와주고 있는 셈입니다. 선거 때 각 당의 득표 수를 보면 야당의 총 득표 수가 자민당의 득표 수보다 많다는 조사 결과도 있을 정도이니 야당이 선거 때 결속한다면 이론상으로는 정권 교체가 가능하지만, 그런 상황을 야당이 만들어내지 못하고 있어요. 그 결과 지금의 아베 정권이 덕을 보고 있는 것이죠. 현재 일본의 선거 제도에도 문제가 있습니다. 소선거구 비례대표제인데, 소선거구는 한 명밖에 당선자를 배출할 수 없기 때문에 자민당에 유리하다는 문제가 있습니다. |

아베 외교에 대한 엇갈린 평가

양기호   아베 외교의 가장 큰 성과는 무엇입니까? 저는 아베노믹스는 인정하지만 정치·외교 분야에서는 아베 총리가 별로 한 것이 없는 것 같습니다. 예를 들면 일본군'위안부' 문제의 해결, 납치 문제의 해결에 관한 것들은 더 악화되거나 아무 것도 진척이 되지 않고 있어요. 중일 관계도 2014년부터 아베 총리가 매우 힘을 쏟고 있지만 그것도 일시적인 것에 불과하고 내실이 없습니다. 솔직히 중일 관계 개선이라는 것이 내용 없고 표면적인 것처럼 느껴지는데요. 아베 외교의 성과는 무엇입니까?

간   아베 외교의 성과에 대해서는 지지자와 그렇지 않는 쪽의 평가가 크게 엇갈릴 것 같습니다. 집단적 자위권의 행사를 용인하는 2014년 7월의 각의 결정을 미국의 의향에 따른 것이었다고 평가하는 사람들도 있어요. 하지만 그 결정은 "집단적 자위권의 행사는 헌법상 허용되지 않는다"는 1972년의 정부 견해를 뒤집고 내각이 억지로 헌법9조의 해석을 변경하여 통과시킨 것으로, 헌법이 정치 권력의 행사를 제약한다는 헌법주의적 개념에 위배되는 것이며, 헌법상으로도 매우 문제가 있는 행위였습니다. 그런데도 아베 내각은 동아시아의 안전보장 환경이 열악해지고 있다는 이유로 2015년 9월에 안보 관련 법안의 체결을 강행했습니다. '중국 위협론'이나 북한의 핵미사일 위협을 이용한 결과였죠.

북일 관계를 보면 납치 문제나 핵미사일 문제의 해결을 언급하지만, 시종일관 압력 일변도로 접근하여 북한의 태도를 오히려 더 경직시킬 뿐입니다. 대화와 협상을 통해 해결하는 것이 아니에요. 또한 한일 관계는 2015년 12월 28일에 '위안부' 문제에 대해 한일 합의를 보았는데, 개인적으로 그 점에 대해서는 높이 평가하지만 합의가 정착되지 않은 점은 안타깝게 생각합니다. '12·28 합의'에 대해서 아베 정권의 지지자들은 강한 불만을 가지고 비판하고 있어요. 아베 총리는 나름대로 정치적인 대가를 치르고 그 합의를 실현해 낸 것입니다. 따라서 그것은 한국 측에서도 평가해 주는 자세가 필요하다고 생각합니다.

그러나 한국 사회에서는 비판이 강해 기대했던 대로 되지 않았습니다. '도의적 책임'이냐 '법적 책임'이냐, '배상'이냐 '공동사업'이냐, 소녀상 철거에 대해서도 '내락(內諾)'이냐 '노력 목표'냐 등등 쌍방에 견해차를 남긴 부분이 있는 것은 사실이지만, 일단 합의에 이른 것을 문재인 정권 들어서 '재검토'한다며 사실상 뒤집은 것은 화해를 더 요원하게 하는 결과를 초래했어요. 어려운 협상으로 얻어낸 결과에 대해 쌍방에 불만이 남는 것은 당연한 것이고, 얻어낸 합의를 정착시키는 것이 최소한 정치 지도자들에게 요구되는 일입니다. 한국 내 보수와 진보 간 대립의 역학이 국제 합의를 뒤집고 재앙을 남기게 되어 유감입니다. 단, 일본 측의 대응에도 문제가 있는 부분은 합의에 대해 '일단락'되었다고 하는 자세입니다. 1965년의 청구권협정 당시에도 '완전하고 최종적으로 해결했다'는 말이 들어갔는데 '12·28 합의'에도 '완전하고 불가역적으로 해결했다'는 말이 들어갔어요. '역사 인식 문제'는 이것으로 일단락되었다는 자세가 아니라 후속 대응이 중요하다는 인식이 필요합니다. 일본 정부는 그런 자세가 결여되어 있어요.

북한의 일본인 납치 문제는 북일 국교정상화 과정의 '출구론'으로 해결

양기호   북한의 일본인 납치 문제는 해결될 수 있을까요. 북일 관계에는 진전이 있을 것 같습니까?

간   아베 총리가 고이즈미 정권의 관방 부장관이었던 2002년에 고이즈미 총리가 북한을 방문하여 평양 선언을 했었는데, 그때 납치 피해자가 일본으로 귀국했습니다. 당시 양국 간에는 그 사람들을 다시 북한으로 돌려보낸다는 약속이 있었는데, 아베 총리가 반대하여 돌려보내지 않았다고 합니다. 그러나 납치 피해자의 한 사람인 하스이케 가오루(蓮池薫)씨의 형인 하스이케 토오루(蓮池徹) 씨가 쓴 책에 보면 "아베 총리는 북한에 돌아가는 것을 반대하지 않았는데, 귀국한 납치 피해자가 북한으로 돌아가지 않겠다고 강하게 반발하는 바람에 어쩔 수 없이 방침을 바꿨다"고 그 내막을 폭로하고 있습니다. 그것이 사실이라면 아베 총리는 일본 국민을 기만하고 북한과의 약속을 깬 것이 됩니다. 북한 측에서 보면 아베 총리는 신용할 수 없게 되는 것이죠. 그렇다면 아베 정권이 납치 문제를 잘 해결할 수 있을지 의문이 들게 됩니다.

최종 목표는 북일 국교정상화인데, 북한 측에서 볼 때 1조 엔 내지 2조 엔이라는 청구권 자금이 매우 매력적이기 때문에 그것이 일본 측에는 외교 카드가 되어 주겠지만, 그 청구권 자금을 대가로 납치 문제나 핵미사일 문제를 동시에 해결할 수 있느냐 하면, 거기에는 극복해야 할 산이 여러 개 있습니다. 아베 정권에게는 난제지요. 즉, 일본 입장에서 문제는 미국과도 이해가 일치하지 않는다는 점입니다. 일본의 언론보도는 자꾸 그 점을 빼놓는 것 같은데, 일본은 북일 국교정상화, 납치 문제, 북한의 핵무기와 중·단거리 미사일 포기를 위해 노력해야 하지만, 중·장거리 미사일과 핵무기는 북한의 안전보장과 체제 유지의 핵심이기도 하기 때문에 포기하지 않을 것입니다.

한편, 북한 측 입장에서는 트럼프 정권이 문제 삼고 있는 대륙간탄도미사일(ICBM)에 대해서는 포기할 수도 있다고 나올 가능성이 있습니다. 그 경우 미국 정부는 납치 문제가 걸려 있지 않기 때문에 ICBM 문제가 해결되면 국교정상화로 이어질 가능성이 있어요. 하지만 일본의 경우는 식민지 지배의 청산 문제를 해결하지 않으면 북일 국교정상화를 실현할 수 없죠. 같은 국교정상화라고 해도 일본은 미국보다 훨씬 복잡한 문제를 안고 있습니다. 그런 가운데 어디로 튈지 모르는 트럼프 대통령을 상대로 미국의 이해나 지원을 받아가면서 이 문제를 해결해야만 하는데, 아베 정권이 어떤 접근 방식으로 이 문제를 해결할 수 있을지가 주목됩니다.

양기호 어쨌든 납치 문제부터 해결해야 하는 것이로군요. 그것이 우선순위가 가장 높네요.

간 아베 정권에 있어서 미사일과 핵무기는 상당히 어렵겠지만, 납치 문제의 해결은 우선순위를 높게 매기고 있다고 생각합니다. 김정은 위원장에게 납치 문제는 외교 카드일 수 있지만, 그것을 내주었다고 해서 잃는 것은 많지 않아요. 김정은 위원장의 경우 납치 문제에 대해서는 아버지 김정일 국방위원장 시절에 일어난 문제지 본인이 관여한 문제가 아니기 때문에 어떤 의미에서는 해결하기 쉬울 겁니다.

이명찬 저도 해결하기 쉬운 입장이라고는 생각하지만, 몇 명을 귀국시키고 몇 명을 남길 것인가 하는 숫자에 합의가 될까요? 그것은 불가능하다고 생각합니다. 일본은 절대로 "그쯤이면 됐다"고 하지 않을 거에요. 서로 주장하는 숫자가 너무 다르니까요.

간 그것은 협상에서 어떻게 합의가 성립되느냐에 달렸겠지만, 말씀하신 대로 숫자가 다릅니다. 그 부분이 까다롭죠. 납치 피해자로 인정할 수 있는 사람이 모두 몇 명인지도 확실하지가 않아요. 그런 상황에서 북한 측이 가장 걱정하는 것은 예를 들면 "납치 피해자가 이정도 된다"면서 일본에 귀국시켜도 나중에 일본 측이 "아직 더 있는 거 아니냐"고 하는 것입니다.

이명찬 전에도 그런 적이 있죠. 그래서 그 부분이 문제라고 생각합니다. 다나카 히토시(田中均) 씨도 그것에 대해서는 "국교정상화 후에 해결해야 한다. 순서가 거꾸로다"라고 말한 바 있습니다. 그렇지 않으면 절대로 해결할 수 없다고요. 납치 문제 해결 없이는 국교정상화도 없다는 식으로는 국교정상화는 절대로 실현되지 않을 거라고 했습니다. 먼저 국교정상화를 하고 그 후에 해결해야 한다는 것이었습니다.

간 다나카 씨도 '정상화 후'라는 식으로는 말하지는 않았을 것이라고 생각하는데, 제가 이해하기로는 '입구론'과 '출구론'의 문제인 것 같습니다. 아베 총리는 '최대한의 압력'을 넣어 협상의 기운이 무르익으면, 그때 협상을 시작하겠다는 '입구론' 쪽이라고 생각합니다. 그러나 그것으로는 문제가 해결되지 않을 것입니다. '출구론'적 입장을 취해야 해요. 북일 국교정상화를 실현한다는 목적으로 협상을 시작해서 납치 문제나 핵·미사일 문제를 협상한다는 접근 방식을 취해야 한다고 생각합니다. 대화하지 않으면 상대방이 어떤 생각을 하는지, 이쪽에서는 어떻게 요구해야 하는지 맞춰볼 수가 없어요. 따라서 '입구론'으로는 앞으로 나아가지 못할 것이라고 저는 생각합니다.

북방영토 문제도 러일 간의 경제 협력이 진전되는 가운데 해결의 실마리를 찾는 접근 방식으로 바뀌고 있지 않습니까? 숫자에 관한 문제도 있으니 납치 문제를 어떤 식으로 합의할 수 있을지는 협상을 통해 모색하지 않으면 합의점을 찾아낼 수 없습니다. 하지만 북일 국교정상화 후에 납치 문제를 협의하는 협상의 스타일은 일본 측에게 불리하기 때문에 아마 그렇게 하지는 않을 것이라고 생각합니다.

이명찬 한일 역사 문제를 풀어나가기 위해 한국의 일반 독자들에게 하고 싶은 말씀이 있다면 해 주세요.

간 일본의 '역사수정주의자'들은 "지금까지 사죄나 보상을 해 왔는데도 불구하고 한국이 그 노력을 인정해 주지 않고 있다"고 생각하는 부분이 강하고 그런 감정을 직접적으로 표현하고 있지만, 한일 화해를 중시하는 사람들은 "어떻게 '역사 인식'의 차이를 극복하면 좋을지" 진지하게 생각하고 있습니다. 가해자로서 일본의 입장을 원점에 두고 한국인들과의 상호 이해를 심화하기 위해 노력하는 사람들은 한국이 의문점을 느끼고 비판하더라도 강하게 반론을 제기하지 않는 측면도 있는 것 같습니다. 하지만 일본 측도 해야 할 말은 하면서 허심탄회하게 논의하여 합의점을 찾아나갈 필요가 있고, 그런 관계를 토대로 꾸준히 합의를 쌓아나가는 것이 요구되는 시기에 와있다고 생각합니다.

또 한 가지는 '역사 인식'의 상대화입니다. 한일 간의 역사 인식 문제에 대해 여론조사를 하면, 한일 관계에 관한 일본의 관점은 비교적 균형이 잡혀 있는 것 같습니다. 다소 오래된 데이터이긴 합니다만,

2010년 8월의 NHK·KBS 공동 여론조사를 보면, "한일 관계의 진전을 위해 필요한 두 가지는 무엇인가"라는 질문에 한일 양국의 국민이 매우 대조적인 응답을 합니다. 일본은 정치적 대화 37%, 경제적 교류 28%, 문화 교류 28%, 역사 인식 관련 문제의 해소 27%인데 반해, 한국은 독도 관련 문제의 해소 62%, 역사 인식에 관한 문제의 해소 34%, 전후 보상에 관한 문제의 해소 26%, 정치적 대화 22%로 각각 나타났습니다. 일본의 경우는 대체로 30% 전후의 균등한 분포를 보였는데 비해 한국의 경우에는 압도적으로 '역사 인식 문제'에 관심이 집중되어 있습니다.

한국 측에서 보면 '역사 인식'의 해결 없이 한일 관계의 개선은 어렵다는 인식을 보여 주는 것이죠. 두 결과의 차이는 가해자와 피해자의 차이에서 오는 부분이 크다고 생각합니다. 그러나 그와 동시에 생각해야 할 것은 한일의 다양한 관계를 모두 '역사 문제'를 기준으로 판단하는 것은 건전하지 않다는 것입니다. 피해자인 한국 국민의 입장에서는 어려울 수도 있겠지만, 좀 더 한일 관계 전체를 바라보고 역사 인식 문제가 한일 관계에서 차지하는 비중을 상대화시키는 것이 필요하지 않을까요. 한일 관계는 문화, 경제, 안전보장, 역사 인식 등 어느 것 하나 중요하지 않은 것이 없는데, 한국 사회에서는 '역사 인식 문제'가 차지하는 비중이 너무 큽니다.

일본과 미국의 관계를 예로 들면, 미일안보체제의 비중이 매우 커서 안전보장 문제로 미국이 무슨 말을 하면 일본의 외교 협상은 거기서 멈추는 경우가 발생합니다. 따라서 주일미군의 범죄에 고통 당해 온 오키나와 주민들이 미일지역협정의 개정을 요구하는데도 잘 되지 않아요. 후텐마 비행장의 반환 문제에서도 '헤노코가 유일한 선택'이라며 헤노코 앞바다의 매립을 강행하고 있습니다. 일본에서는 미일안보의 비중이 너무 커서 일본 정부가 미국에 대해 해야 할 말을 하지 못하고 있는 것이죠. 따라서 미일안보조약을 상대화해야 한다고 저는 주장하고 있습니다. 미일안보조약을 상대화하기 위해서는 한국과의 관계도 개선해야 하고 중국과의 관계도 개선해야 하며, 그 토대 위에서 동아시아의 다국간 안전보장의 틀을 만들어야 한다는 것이 저의 주장입니다. 문제의 성격은 다르지만 그것과 마찬가지로 '역사 문제'가 장애물이 되어 다른 분야의 한일 교류를 방해하는 지금과 같은 현실은 서로에게 좋지 않다고 생각합니다.

그런 문제에 관심이 있어서, 일본학술진흥회의 보조를 받아 역사 인식에 관한 공동 연구 프로젝트를 시작한 지 올해로 3년째가 됩니다. 시카고대학의 브루스 커밍스(Bruce Cumings), 존스 홉킨스 대학의 릴리 펠드만(Lily Feldman), 일본의 대학에서 강의하는 중국인 연구자 2명, 한국인 연구자 2명, 이렇게 총 12명 정도가 함께 연구하고 있습니다. 그 밖에도 한국에서는 서울대의 남기정 선생님과 국립외교원의 조양현 선생님이 협력해주고 계십니다. 2018년 3월에 남기정 선생님과 조양현 선생님의 협력으로 서울대 대학원의 박사과정 원생들과 역사 대화를 가진 적이 있었습니다. 저희 프로젝트에서 3명이 발표하고, 박사과정 원생 3명이 각 발표에 대해 코멘트를 해주는 매우 의미 있는 시간이었습니다.

물론 관점의 차이는 있겠습니다만 역사 대화는 충분히 성립될 수 있다고 느꼈습니다. 매우 우수한 학생들이었고 사고가 유연해서, 역시 젊은 사람들과 역사 대화를 적극적으로 해야 한다는 것을 통감했습니다. 중국과도 해보려고 상하이 화동사범대 학생들과 역사 대화의 준비를 진행했었는데, 여러 가지 사정으로 단념하게 되었습니다. 그와 같은 젊은이들과의 역사 대화가 필요하다고 생각합니다.

이명찬   시간은 걸리겠지만 이제 시작이니만큼, 선생님께서 말씀하신 것 같은 활동들이 꼭 필요하다고 생각합니다. 앞으로 지속적으로 그런 실적을 쌓아나간다면 점점 좋아질 것입니다.

일본의 역사 반성과 '독일 모델'의 비교

간 그런 과정이 반드시 필요합니다. 지금까지는 쌓아온 것을 무너뜨리는 느낌이 있었다면, 지금부터는 차근차근 역사 대화를 거듭하고, 합의를 이끌어내어 그것을 정착시키는 방향으로 민간의 교류를 계속해 나가는 것이 중요하다고 생각합니다.

또 한 가지 한국 측에 보내고 싶은 메시지가 있습니다. 저희 연구 프로젝트의 주요 테마 중 하나가 '독일 모델'과의 비교입니다. 존스 홉킨스 대학의 릴리 펠드만 교수가 협조해 주시고 일본의 독일 연구자도 참가하여 연구를 진행하고 있습니다. 동아시아의 '역사 인식 문제'를 논할 때 일본의 노력이 불충분하다는 것에 대한 논거로 독일 모델이 자주 언급되는 경향이 있는데, 들여다보면 그렇게 단순하지만은 않다는 것을 인식해야 한다는 것이 저희 연구의 출발점입니다.

펠드만 교수는 독일과 주변 각국과의 역사 화해는 동아시아가 이상적으로 생각하는 만큼 원활하게 이루어진 것이 아니라, 전진했다고 생각하면 후퇴하는 과정을 되풀이하면서 상당히 오랜 기간 동안 진통을 겪으며 지금에 이른 것이고, 지금도 미해결 문제들이 있다고 말했습니다. 독일의 경우는 600만 명의 유태인을 조직적으로 살해했어요. 제노사이드죠. 하나의 민족을 말살하려는 행위를 했으니 당연히 독일 국민은 그것에 대해 반성하고 매우 예외적인 조치로 보상과 사과를 했으며, 주변국들과도 화해를 추진했던 것입니다.

이명찬 그것은 식민지 지배에 대한 사죄가 아니라 제노사이드에 대한 사죄라는 점에서 일본과 독일 양국의 역사 인식에는 차이가 있다는 것인가요?

간 일본의 식민지 지배에 관한 폭력과 나치 독일의 범죄는 다른데 그런 차이를 고려하지 않고, 또한 독일이 유럽에서 처해 있던 환경과 동아시아에서 일본이 처해 있는 환경의 차이를 고려하지 않고, 독일 모델을 인용하여 일본의 대응이 불충분하다고 하는 경향이 있어요. 그 독일 모델이라는 것이 무엇인지 다시 한 번 검증해 볼 가치는 있다고 생각해서 연구를 시작한 것입니다. 중국의 경우도 일본을 독일과 비교해서 말하는 중국인들이 있어요. 그러나 독일의 경우는 우여곡절이 매우 많았지만 주변국들이 독일의 반성과 보상을 받아줬어요. 독일 정부의 법률 고문인 라이너 호프만(Rainer Hoffmann) 교수는 독일 정부가 침략전쟁의 법적 책임을 인정하고 있는 것은 아니며, 개인의 보상에 대한 법적 청구권을 인정하고 있는 것도 아니라고 말합니다. 그런 차이들을 정리하여 한일간에 화해의 문제를 생각해야 한다고 생각합니다.

그와 관련해서 한 가지 더 지적하면, 독일이 화해 문제에 열심일 수밖에 없었던 이유가 있습니다. 독일이라는 나라는 유럽 대륙의 중심에 위치해 있기 때문에 주변국들과 화해하지 않으면 살아갈 수 없는 상황이었어요. 더군다나 미국 주도로 NATO가 형성되고, EU가 창립되는 등 다국간 체제가 만들어졌습니다. 다국간 체제 속에 독일이 고립되어 버리는 것이죠. 독일 입장에서 역사 인식 문제는 사활이 걸린 문제였고, 꼭 해결해야만 하는 문제였던 것입니다. 그러나 일본의 경우는 미국의 개입으로 냉전 시대에 동아시아 국가들과의 관계가 단절되었고, 안전보장도 경제도 미국에 의존하면서 전후 번영을 이룩했어요. 전후 일본은 미국의 헤게모니 지배하에 들어가는 선택을 함으로써, 일본과 중국과의 관계가 단절되었고, 타이완을 승인하도록 강요당했습니다. 타이완을 승인하지 않으면 미국 의회에서 샌프란시스코 평화조약의 조인이 어렵다고 했기 때문에 어쩔 수 없는 선택이었죠. 그 반작용으로 일본의 전후 외교에는 아시아와의 역사 화해 문제가 남게 된 면이 있습니다.

양기호 그렇습니다. 말씀하신 대로 유럽은 독일 문제의 유럽화에 성공했지만 일본 문제의 아시아화는 실패했다는 것은 확실합니다. 한국에서도 10년, 20년 전까지는 일본과 독일을 자주 비교했지만, 지금은 독일의 역사 문제가 그렇게 간단하지만은 않았다는 것을 적어도 지식인들은 잘 알고 있습니다. 일반 국민들도 독일 문제가 그렇게 만만치는 않았다는 것, 똑같이 비교할 수 있는 문제가 아니라는 것을 점점 이해하고 있습니다.

그러나 중국에는 1000만 명의 민간인 희생자가 있습니다. 한국의 3·1운동 때도 민간인이 7000명 이상 학살당했습니다. 1894년 청일전쟁 때 일본군이 들어옴으로써 한국에서 일어난 동학운동 때도 수만 명이 학살당했습니다. 일본이 해외에서 처음으로 민간인을 대량 학살한 사건이 동학운동이에요. 동학운동에서 난징대학살로 이어지게 되지요. 또한 아시아태평양 전쟁이 시작되는 1931~1945년 종전까지 15년간 1000만 명이 넘는 중국인이 학살되었습니다.

독일과 단순 비교를 할 수는 없다는 점에는 저도 동감하지만, 남경에서 20만, 30만이라는 숫자가 있을 수 있는 일입니까. 그런데도 그 숫자가 거짓이라며 중국을 비판하는 일본을 이해할 수 없습니다. 한국인뿐 아니라 상식이 있는 사람이라면 누구나 그럴 것입니다. 그것은 숫자의 문제가 아니지요. 한국인은 일본의 우익에 대해 상당히 반감을 가지고 있어요. 지금도 비판적인 사람들은 아베 총리가 피해자 코스프레를 한다며, 피해자와 가해자가 뒤바뀐 것 같다고 말합니다. 누가 누구에게 틀렸다고 하느냐 말이죠.

물론 역사 화해에 대하여 상호 간의 노력이 더 필요하다는 말씀에는 전적으로 동감합니다만, 일본 측에서 그런 점을 좀 더 알아줬으면 합니다. 일방적인 국민 여론이 있다는 것은 맞지만 그와 같은 여론에 져서는 안 됩니다. 현상은 현상일 뿐 중요한 것은 기본적인 전제이며, 그것을 토대로 대화를 해야 합니다. 그것이 흔들리면 처음부터 아예 대화가 성립되지 않아요. 그런 점에서 한국의 일반인이 느끼는 것을 제가 대신 선생님께 말씀드리는 것입니다.

간 나치 문제를 언급한 것은 일본이 과거 전쟁이나 식민지 지배 당시 저질렀던 잔혹 행위가 독일에 비해 가볍다고 말하려는 것이 아닙니다. 난징대학살 문제에 대해서도 30만이냐 6만이냐 의견이 분분하고 보수정치가, 지식인, 연구자들 중에도 그런 말을 하는 사람들이 있습니다. 그러나 저도 선생님도 동감하는 것은 숫자의 크기가 책임의 무게를 결정짓는 것은 아니라는 사실입니다. 과거의 침략전쟁에 대해서는 침략전쟁이었다는 것을 분명한 전제로 삼고, 또한 일본의 식민지 지배에 대해서는 가해자로서의 입장에서 역사 화해와 남아 있는 문제의 처리에 임해야 한다고 생각합니다.

난징학살사건은 없었다고 말하는 극단적인 의견을 가진 일본인도 있습니다만, 일본 국민들 가운데 그런 극단론을 받아들이는 사람들은 그다지 많지 않다고 생각합니다. 저도 난징 역사자료관에 가 본 적이 있습니다만, 30만이라는 숫자가 비석에 새겨져 있습니다. 역사가들 사이에는 적어도 희생자 수에 관해서라면 여러 가지 설이 있기 때문에 그 숫자가 정확하다고 말하는 중국 측의 자세가 틀렸다고 느끼는 사람들도 있을 수 있습니다. 하지만 그런 사람들도 "30만 명이라는 숫자는 신빙성이 없으니 학살은 없었다"고 생각하는 것은 아닐 겁니다. 저는 숫자의 크기를 책임의 유무에 결부시켜서 생각하는 일은 적을 것이라고 생각합니다.

히라이와 슌지 平岩俊司

1960년 일본 아이치현에서 태어나 1987년 도쿄외국어대학 외국어학부 조선어과를 졸업했다. 게이오기주쿠대학 대학원 법학연구과에서 박사 과정 중이던 1990~1991년 연세대학교에 유학하였다. 1994년 마쓰자카대학 전임강사, 조교수, 1996~1998년 재중화인민공화국 일본국대사관 전문조사원, 1999~2003년 시즈오카현립대학 대학원 국제관계학연구과 교수, 2010년 간사이가쿠엔대학 국제학부 교수를 지내고 2017년 4월부터 난잔대학 종합정책학부 교수로 재직 중이다. 현대조선론, 국제정치론 및 중국·한반도 관계를 전공한 북한 정치 전문가다. 저서로 『북한·중국관계 60년-순치관계의 구조와 변용』(이종국 역, 2013, 선인), 『북조선』(2013, 중공신서), 『북조선은 무엇을 생각하고 있는가』(2017, NHK출판), 공저로 『독재국가 북조선의 실상』(2017, 아사히신문출판사) 등 다수가 있다.

일본 지식인에게 듣는 **한일 관계와 역사 문제**

일시 2018년 11월 10일(토) 15:00~18:00
장소 일본 도쿄 게이오 대학교
진행 양기호, 이명찬

히라이와 슌지(우)와 이명찬(좌)

이명찬   선생님은 북한 정치 전문가이신데요, 한반도에 대해 연구하게 되신 계기는 무엇이었는지요?

한반도를 연구하게 된 계기

히라이와   제가 대학교에 진학할 때, 실크로드 붐이라고 해서 일본에서는 중국에 대한 관심이 매우 높았습니다. 고등학생인 제가 생각하기에도 앞으로 아시아가 주목받을 것 같아 아시아에 대해 공부해 봐야겠다는 생각을 했습니다. 당시에는 연구를 계속하겠다는 생각은 전혀 없었고 그저 취업에 유리할 것 같다는 동기였습니다. 그런데 그 시점에서 앞으로 중국을 공부한다고 했을 때, 졸업하는 4년 후에는 중국에 대해 아는 사람이 너무 많아질 것 같고 경쟁 상대도 늘어날 것 같았어요. 그래서 제가 대학에 진학할 당시만 해도 사람들이 별로 관심을 갖지 않았던 지역, 그러면서도 일본 입장에서는 중요했던 아시아 지역, 중국 다음으로 관심을 가질만한 중요한 지역이 어디일까 하고 생각했더니 한반도가 있었습니다. 재미있겠다 싶었죠. "이렇게 가까운데도 일본인이 그다지 관심을 보이지 않는 지역이 있었구나, 하지만 이웃 나라이고, 앞으로 반드시 주목받을 날이 올 것이다"라고 생각했습니다. 그래서 도쿄외국어대학에 진학해서 조선어학과를 선택했습니다.

저는 정말로 정치에 관심이 없던 터라 대학에 가서 적잖이 놀랐는데, 당시만 해도 훗날 대통령이 되는 김대중 씨의 납치 문제가 논란이 되던 시절이라 그런 정치적인 문제에 관심이 많은 사람도 있었고, 인권 문제의 측면에서 재일 한국인, 재일 조선인 문제에 관심을 가진 사람들도 있었습니다. 물론 정치적인 문제 의식보다 한글에 관심이 있다거나 조선어 음운에 관심이 있는 사람들도 있었지만, 아무튼 저는 예비 지식이나 문제 의식이 전혀 없는 상황에서 한반도를 전공으로 선택한 것이죠. 대학에 진학했지만 여전히 별 문제 의식 없이 대학 1, 2학년을 적당히 보냈고, 3학년이 되니 스터디그룹을 선택해야 했어요. 저는 역사 그룹을 골랐는데, 제가 고른 곳은 유길준의 『서유견문』을 읽는 스터디였습니다. 의외로 상당히 재미있어서 대학 1, 2학년 때 공부를 열심히 하지 않았던 저도 꽤 열심히 스터디 과제에 몰입했습니다. 유길준이 게이오 대학에 유학을 왔었으니 당연히 그때의 영향도 받았을 것이라 생각하여 후쿠자와 유키치(福澤諭吉)의 『서양사정』과 『서유견문』을 비교하면서 동아시아의 근대사에 관심을 가지게 되었습니다.

그렇게 해서 근대사로부터 시작된 관심이 점점 현대사로 옮겨간 게 대학 4학년 때였는데, 전두환 대통령이 한국 대통령으로서는 처음으로 일본을 방문한 해였습니다. 그때 저는 현대사에 관심도 있고 1, 2학년 때 별로 공부해 둔 것이 없으니 한국어부터 다시 공부해보자 싶어 1985년에 연세대학교 어학당으로 어학연수를 갔습니다. 그것이 저에게는 큰 터닝포인트가 되었습니다. 당시 저의 관심은 한국이란 어떤 나라일까, 한국인들은 어떤 사람들일까 하는 것이었습니다. 남북 관계가 안 좋던 시기이기도 했던 탓에 같은 하숙집의 한국인 학생들이나 사회인들은 모이기만 하면 북한에 대해 여러 가지 이야기를 했습니다. 부끄러운 이야기지만 한국에 가기 전까지 저는 북한에 대한 지식이나 문제 의식이 거의 없었습니다.

그런데 한국에 가보니 다양한 국면에서 북한 이야기가 나오고, 전자오락실에 가도 멸공 두더지 게임이라는 것이 있더군요. 두더지가 북한 인민군 복장을 하고 튀어나오기도 하고 김일성과 김정일의 과장된 캐리커처가 그려져 있는 식이었습니다. 그런 것들을 보고 '한국과 한국인에 대해 알고 싶어서 왔지만, 한국인이 이렇게까지 의식하는 북한이 어떤 나라인지 알 수 있다면, 조금 멀리 돌아가는 셈이 되더라도 한국인들을 이해할 수 있지 않을까, 한국이란 나라에 접근하는 하나의 방법이 될 수 있지 않을까'라고 생각했고, 일본으로 귀국한 후 대학원에 진학하여 계속 공부하기로 마음먹었습니다.

젊은 나이에도 불구하고 이미 일본 내에서는 일인자로 꼽히던 오코노기 마사오(小此木政夫) 선생님의 지도를 받기 위해 게이오기주쿠 대학의 대학원에 입학하게 되었습니다. 당시 게이오에는 오코노기 선생님의 스승이며 『조선전쟁』이라는 유명한 책을 쓰신 가미야 후지(神谷不二)라는 분도 계셔서 망설였었는데, 현재는 도쿄국제대학으로 자리를 옮기신 시즈오카현립대학의 이즈미 하지메(伊豆見元) 선생님이 당시 도쿄외국어대학에 계실 때라 대학원 진학에 대해 상담했더니 반드시 오코노기 선생님께 가라고 하셨습니다. 또한 유길준의 『서유견문』 스터디에서 함께 공부했던 이케가와 선생님도 오코노기 선생님과 친분이 있고 망설이지 말고 오코노기 선생님께 가라고 하셔서, 그분의 문하에 들어가기 위해 게이오기주쿠 대학에 진학하게 되었습니다.

지금도 그렇지만 당시 오코노기 선생님의 지도 방식은 한국 연구와 북한 연구를 나눠서 보지 말고, 한반도는 하나의 유닛이고 시스템이니 양쪽 모두에 관심을 가져야 한다는 것이었습니다. 단, 전공으로서 공부를 할 때, 예를 들어 박사논문을 쓸 때까지는 어느 한쪽에 중심을 두고 북한 연구, 한국 연구로 나눠서 봐야 하지만 항상 두 가지를 의식하고 한반도라는 것은 원래 하나였다는 것을 전제로 해야 한다. 그렇지 않으면 한반도에서 일어나는 일들을 절대 이해할 수 없다. 예를 들면 북한과 한국의 관계를 외교라는 틀에서 보면 절대 이해할 수 없다고 하셨습니다. 달리 말하면 북한의 한국에 대한 정책은 조선 혁명의 일환으로 한국을 어떻게 대하려고 하는지 보아야만 이해할 수 있습니다. 1960년대부터 1980년대까지는 그랬던 것 같습니다.

그런데 1990년대 냉전이 끝나자 한국을 대하는 방식이 혁명과는 조금 달라졌다고 생각합니다. 하지만 북한에 있어 한국과의 관계라는 것은 중국이나 미국과의 관계와는 전혀 다르다고 봐야 한다는 것을 오코노기 선생님께 배웠습니다. 말씀드린 것처럼 저는 '한국이란 뭘까, 한국인이란 뭘까'라는 관심에서 시작하여 북한을 통해 한국을 알고 접근하자는 문제의식을 가지게 되었습니다. 정말 우연이었지만 오코노기 선생님께 지도를 받고 보니 모든 것이 너무나 납득이 되었고, 그때 배운 것들이 저의 기본이 되었다고 생각합니다.

이명찬 어제 오구라 선생님을 인터뷰할 때 한국의 민주화운동이 상당히 인상적이어서 공부하게 되었다고 말씀하셨는데, 당시 한국에 오셨을 때 선생님은 어떤 인상을 받으셨습니까?

히라이와 처음에 한국에 갔던 것이 1985년이었는데, 학생운동이 매우 격렬해서 많이 놀랐습니다. 연세대학교 정문에서는 일주일에도 몇 번이나 시위가 있었습니다. 기동대가 쏜 최루탄은 엄청 독했기 때문에 정문 주변은 시위가 없는 날에도 항상 매캐한 상태가 계속되었습니다. 저는 직접 현장에 있지는 않았는데 어학당의 동급생 몇 명이 시위를 보러 갔다가 근처에서 최루탄이 터졌답니다. 거기서 무사히 빠져 나오긴 했는데, 한 여학생이 눈이 이상하다고 하며 콘택트렌즈를 빼보았더니 구멍이 나 있더라는 겁니다. 그 정도로 강한 최루가스를 쓴다니 "이거 장난이 아니구나" 하는 생각이 들었습니다.

시위도 인상적이었지만 처음 한국에 왔을 때 가장 인상적이었던 것은 김포공항에서 군인들이 아무렇지도 않게 무기를 들고 서 있는 모습이었습니다. 저에게는 첫 외국 여행이기도 했지만 사실 그런 광경을 일본에서는 볼 수가 없었어요. 역시 일본과는 굉장히 분위기가 다르구나라는 생각을 했습니다. 그런 긴장감 때문에 분단국가라는 한국의 상황을 새삼 실감하게 되었던 것으로 기억합니다. 한국인들은 북한을 항상 의식하고, 시위도 했어요. 그리고 저는 외국인이라서 금방 구별이 되었는지도 모르겠지만 길을 걷다가 불심검문을 받기도 하는 등 나라 전체에 일종의 긴장감 같은 것이 있었습니다. 특히 1980년대였으니까요. 그때까지 느껴본 적 없는 긴장감이 한국에는 있었습니다. 그런 긴장감이 매우 인상적이었습니다.

또한 1970년대의 민청학련사건과 같이 일본인이 관련된 문제들이 있었기 때문에 선생님들이나 선배들이 한국에 가면 절대로 정치 문제에 관여하지 말라고 할 정도였습니다. "한국을 경험하고 실감하고 한국어를 배워와라. 단, 유학생으로서 정치 운동에 관여해서는 안 된다. 무슨 일이 생기면 책임질 수 있는 입장이 아니니 정치 운동과는 거리를 두라"고 하셨지요.

당시의 일들 중에 또 한 가지 기억에 남는 것이 있어요. 미국 외교관 자제가 같은 어학당에 다니고 있었는데, 그 친구 아버지의 차를 가지고 주말에 여럿이 놀러 갔던 일이 있었습니다. 그 친구가 한국의 도로 사정에 어두웠던 탓도 있지만 길을 잘못 들어 시위대 한복판으로 지나가게 되었는데, 외교관 번호판을 달고 있으니 통과가 되더군요. 참 신기한 경험이었습니다. 지금의 롯데호텔 맞은편에 있던 미국 문화원 도서관에서 학생들이 농성을 하느라 교통이 통제되는 상황이었는데도, 외교관 번호판을 달고 있으니 경찰도 제지하지 않더라는 것이죠.

이명찬　그때와 비교하여 최근에 한국에 가시면 어떤 느낌이 드시나요?

히라이와　지금은 완전히 달라졌지만 예전에 긴장했던 경험이 있어서, 특히 출입국 심사대를 지날 때는 아직 조금 긴장이 됩니다. 트라우마까지는 아니지만 예전에 짐을 모두 수색 당한 적이 있어요. 유학생들은 짐도 많고 현지 선생님이나 친구들에게 줄 선물을 잔뜩 가지고 가기 때문에 짐 검사를 정말 싫어했습니다. 당시 한국에서는 일본 식품을 구하기가 어려웠기 때문에 일본 간장이라든지 라면이나 카레 같은 것들을 서울에 사는 일본 친구들에게 선물로 갖다 주면 상당히 좋아했어요. 그래서 상당히 짐이 많았는데 모두 열고 체크를 받아야 했습니다. 학생이었기 때문에 사상적인 것들, 예를 들면 마르크스 레닌주의 관련 서적이 같은 것이 들어 있는지 주의해서 봤었던 것 같은데, 물론 그런 것들은 가지고 있지 않았지만 기분이 썩 좋지는 않았습니다. 그때의 일이 지금도 기억에 남아 있어요.

마찬가지로 출국할 때도 긴장감이 있었습니다. 문제가 될만한 것을 소지하지는 않았지만, 예를 들어 살 때는 문제가 없었던 책이 나중에 금지서적이 되기도 하던 시절이었기 때문에 혹시 짐 속에 그런 책은 없나 걱정스럽기도 했어요. 출입국 심사 때의 긴장은 지금도 기억합니다. 지금은 그런 일이 없지요. 요즘 한국에 유학 가는 학생들의 이야기를 들어보면 군인을 보고 놀랐다거나 입국 심사대에서 짐 수색을 당했다는 경우는 전혀 없습니다. 여권이 필요할 뿐 국내 여행을 가는 것과 별 차이가 없다고요. 실제로 예전에는 여행을 갈 때 필요했던 비자가 필요 없게 되고, 출입국도 많이 간소화되어 솔직히 정말 많이 달라졌다고 느끼고 있습니다.

이명찬　최근 한일 관계가 이렇게 악화된 것에 어떻게 생각하시나요. 어느 쪽에 책임이 크다고 생각하십니까? 구조적인 면도 있고 양국의 문제도 있을 수 있는데 나누어서 말씀해 주시기 바랍니다.

한일 역사 갈등 해결에 서로 다름에 대한 인식이 필요

히라이와 한일 양국에 대해 좀 더 이렇게 해 주었으면 좋겠다고 바라는 것은 있습니다. 한일 관계는 20년 전의 한일 파트너십 공동선언을 계기로 상당히 좋아졌었다고 생각합니다. 그 후 월드컵과 한류 열풍 등 1990년대 후반부터의 움직임은 그 전과는 전혀 달랐습니다. 아시는 바와 같이 1990년대 초반까지의 한일 관계는 교과서 문제, 역사 문제 등 여러 가지 문제로 인해 상당히 어려운 상황이었다고 생각합니다. 그것이 한일 파트너십 공동선언을 계기로 분위기가 크게 달라진 것은 틀림없습니다.

특히 김대중 대통령의 일본 국회 연설은 인상적이었습니다. 김대중 대통령에 대해서는 여러 가지 평가가 있는데, 예를 들면 저희 어머니는 김대중 대통령의 국회 연설을 듣고 눈물을 흘리기도 하셨습니다. "저 사람 참 고생 많았겠네" 하시면서요. 저는 강의할 때 어머니의 이야기를 예로 들곤 하는데, 그것이야말로 공공외교(Public Diplomacy)의 성공 사례라고 생각합니다. 저희 어머니는 아들이 한반도 문제 전문가이기도 하여 일반적인 일본인에 비하면 편견은 없는 편이지만, 세대적으로는 아무래도 한반도에 대해 부정적인 이미지를 가지고 있습니다. 그런 어머니가 눈물을 흘리면서 "김대중이라는 사람이 저렇게 고생을 해서 이제부터 한일 관계를 미래지향적으로 풀어보자고 이야기하는 것을 보니, 우리 아들이 하는 일이 의미 있는 일이로구나"라고 하시던 것이 인상적이었습니다. 한일 파트너십 공동선언을 계기로 저희 어머니 세대가 가진 한국에 대한 이미지가 달라졌고, 바로 그 세대로부터 한류 열풍에 불이 붙게 됩니다. 역시 그런 부분에서 이미지의 변화라는 것이 상당히 크게 작용한 것 같습니다. 그것이 다시 젊은 세대로 이어지는 흐름을 만들었다고 생각합니다.

이렇게 해서 일본의 일반인들이 한국에 대해 느끼는 이미지가 많이 변했고, 일본인이 한국인이나 한국 문화를 접할 기회도 많아졌습니다. 단지 우리가 조금 주의해야 할 것은 한국인과 일본인이 같다거나 매우 비슷하다는 것을 지나치게 강조하는 부분이 있다는 점입니다. 공통적인 부분이 많은 것은 사실이지만 역시 일본인과 한국인이 똑같지 않다는 점, 즉 다른 부분이 있다는 것을 인식해야 한다고 생각합니다. 공통된 부분을 찾아서 비슷하다고 생각하는 것이 나쁘다는 것은 아닙니다. 그런 의식은 분명히 한일 관계를 좋아지게 하는 데 필요하고 일정 부분의 역할을 합니다. 하지만 당연히 완전히 같을 수는 없으니 그 다름을 전제로 하여 한국에 대해 관심을 가져야 하는데 실상은 그렇지 않습니다.

저희 어머니나 어머니 친구분들의 말씀을 들어보면 〈겨울연가〉의 욘사마를 보면서 "지금의 일본인에게는 없는 예전 일본인의 가치관을 가지고 있다니 멋지네"라는 식으로 본인의 생각을 거기에 투영시켜서 보는 겁니다. 그렇게 마음대로 한국인의 이미지를 만들었다가 실제로 조금이라도 다른 부분이 있으면 "뭐야, 다르잖아"라고 실망하죠. 그런 것들이 조금씩 커지다가 실망으로 변해가는 부분이 있었던 것 같습니다. 상대방의 문화를 존중하는 것은 자신과의 다름을 인정하고 존중하는 것입니다. 그런 자세는 앞으로 양호한 한일 관계를 구축하는 데 필수불가결한 요소입니다.

요즘 한국에 대한 일본의 인상이 크게 달라졌다는 것은 사실입니다.

일본의 현대 한반도 문제 전문가들이 모여 2000년도에 현대한국조선학회가 출범했는데, 그 학회지인 『현대한국조선연구』 제2호(2001년)에 당시 학회장이었던 오코노기 선생님의 인터뷰가 실렸습니다. 일본의 한반도 연구에 있어 선두주자로 활약해 온 오코노기 선생님이 "지금의 한일 관계를 어떻게 보는가?"라는 질문에 답하는 인터뷰였습니다. 그 중에서 매우 인상 깊었던 것은 오코노기 선생님이 1970년대에 한국에 유학을 갔다가 일본에 돌아왔을 때의 소감이었습니다. "앞으로 한국이 일본을 필요로 하는 기회가 많아질 것이고 일본에 대해 여러 가지 요구하는 것이 많아지겠지만, 일본인과 일본이 한국에 대해 무엇인가를 요구하거나 좋아하거나 한국을 필요로 하게 될 일은 없을 것이다"라는 것이 오코노기 선생님께서 귀국하셨을 당시의 생각이었다고 합니다.

이명찬 그 이유는 무엇이었습니까?

히라이와 당시에는 한일 간에 격차도 있었을 것이고, 한국에 대한 부정적인 이미지도 있었을 것입니다. 박정희 정권 때였으니까요. 일본에서는 박정희 정권의 권위주의체제(비판적으로 군사 정권이라고 부르는 경우도 있습니다)에 대하여 부정적으로 생각하는 것이 일반적이었습니다. 오코노기 선생님도 그렇게 생각하셨을 겁니다. 당시의 일본은 한국에 대한 부정적인 이미지를 가지고 있었고 세계적으로도 한국의 국력이 그다지 강하지 않았기 때문에, 일본 입장에서는 중요성이 낮았다고 생각됩니다. 일본의 입장에서 가장 중요한 것은 미국이지 한국을 필요로 하는 일은 없을 것이라고 생각하셨겠지요.

"하지만 지금은 그야말로 상전벽해다. 한국에서 돌아왔을 당시만 해도 이런 시대가 올 줄은 꿈에도 몰랐다. 지금은 일본인이 한국을 좋아하고 한국을 필요로 한다"는 것이 오코노기 선생님의 인터뷰 내용이었습니다. 오랜 시간 동안 한반도 문제를 연구해 온 오코노기 선생님의 입장에서는 그런 상황이 매우 흐뭇하셨을 겁니다. 좋은 의미에서 인상적일 것이라는 생각이 듭니다. 그렇게 한국에 대한 일본인의 이미지가 달라지기 시작했을 무렵, 일본에서는 한일의 공통성만 강조되었습니다. 당시는 일본과 한국이 공통의 가치관을 가지고 있어서 세계적으로 보더라도 매우 가깝다는 것을 강조할 필요가 있었겠지만, 거기에 그치지 않고 각자의 개성을 전제로 하는 관계를 만들었어야 합니다. 하지만 한일 쌍방의 개성을 전제로 한 관계를 구축하지는 못한 것 같습니다.

또한 한일 관계가 기존과 같이 정부 간의 관계에만 한정되어 있던 시대와는 달리, 일반인들이 한국에 관심을 가지게 되고 각계각층에서 관계가 생겨남으로써 한일 관계는 중층적인 관계로 발전해 왔습니다. 제가 강의에서도 자주 언급하는 말이지만 국가와 국가 간의 화해라는 것은 다양한 차원에서 달성되어야 합니다. 구체적으로는 정부 간 관계의 화해, 국민들 간의 화해가 있습니다. 국민들 간의 화해에는 이른바 국민감정이 크게 작용하겠지만, 그런 다양한 차원이 있다는 것을 생각해야 합니다. 일본 정부와 한국 정부 간에는 지금까지 몇 번이나 화해가 확인되었고 강조되었습니다. 한일 파트너십 공동선언도 그랬고, 한국 측에 여러 가지 불만도 있겠지만 2015년의 '위안부' 문제에 대한 합의도 역시 정부 간 화해라고 볼 수 있다고 생각합니다. 그러나 안타깝게도 그와 같은 정부 간 화해가 국민 간의 화해로 이어지지 못했습니다. 일본과 한국은 이렇게 중층화된 한일 관계, 즉 쌍방이 항상 국민 여론을 의식해야만 하는 중층적이고 복잡한 관계를 적절히 컨트롤하지 못하고 있다고 생각합니다.

반한 여론을 불러온 2012년 이명박 대통령의 말과 행동

여기서 눈 여겨 봐야 할 것은 국민적 화해를 이야기할 때 한국인들은 불만이 많다는 느낌이있는데, 일본인들도 한국에 대해 불만을 가지고 있다는 것입니다. 일본의 국민감정 부분에서 깜짝 놀랐던 것은 2012년 8월 이명박 전 대통령이 한국의 대통령으로서는 처음으로 독도에 상륙했을 때였습니다. 그 후 천황에 대한 이명박 대통령의 발언이 있었습니다. 그것은 일본인이 생각하기에 매우 실례가 되는 발언이었습니다. 게다가 이명박 대통령은 국제사회에서 일본의 영향력이 이제 그다지 크지 않다고까지 말했습니다. 이와 같은 3가지 말과 행동으로 인해 일본인은 한국에 대해, 특히 이명박 정권에 대해 반감을 가지게 됩니다.

일본인의 입장에서는 2012년 8월을 기점으로 한일 관계가 악화되었다고 생각해도 틀리지 않을 것입니다. 단, 일본인이 이해해야 할 것은 그런 일들이 갑자기 일어난 것이 아니라는 사실입니다. 그 전년도에 헌법재판소에서 역사 문제에 대해 협상하지 않는 것은 한국 정부의 직무유기라는 판결이 나와 이명박 대통령이 일본에 대해 여러모로 협상을 요청했으나 일본 측은 한국 측이 원하는 대응을 해 주지 않았습니다. 거의 모든 일본인은 이명박 대통령이 갑자기 독도에 상륙하고, 천황에 대해 실례되는 발언을 하고, 일본도 이제 별볼일 없다고 발언했다는 것에 당연히 화가 났을 것입니다. 하지만 그런 경위에 대해 이해할 필요가 있다고 생각합니다.

한편 한국인들이 이해해야 하는 것은 이명박 대통령의 3가지 말과 행동 중에서 일본인들은 천황에게 대한 발언을 가장 충격적으로 받아들이고 있다는 사실입니다.

일본의 경제인들은 일본의 영향력이 별로 크지 않다는 발언에 매우 충격을 받았다고 합니다. 경제인들은 그 점을 크게 문제시합니다. 한국 경제가 부상함으로써 한일의 위상이 달라진 것은 사실이기 때문에 경제인들은 그 부분을 민감하고 불쾌하게 받아들였던 것 같습니다.

사실 독도가 물론 상징적인 것이긴 하지만, 일반인들은 그다지 중요시하지 않습니다. 우리가 잊지 말아야 할 것은 상대방이 무엇을 중요시하느냐에 대해 자의적으로 해석하지 말아야 한다는 점입니다. 한국인들이 일본에 대해 무엇을 불만으로 생각하는지에 대해 일본의 일반 국민들뿐만 아니라 일본의 정부, 정치가들도 이해하지 못하고 있는 것 같습니다. 반대로 일본이 무엇에 대하여 불만을 가지고 있는지 한국인들도 잘 모르고 있는 것 같습니다. 서로 상대방이 어떤 부분에 불만을 가지고 있는지 정확하게 알 필요가 있고, 그것이 바로 우리들 전문가의 책임이자 할 일이라고 생각합니다.

이명찬 저도 마찬가지로 한국과 일본은 서로를 같다고 인식하는 부분이 강하다고 생각합니다. 그래서 별 생각 없이 하는 말에도 놀라고 의외의 반응을 보이고 실망하는 경우가 꽤 많이 있지요. 말씀하신 대로 지금까지 한국인들 중에는 이명박 대통령이 독도를 방문한 것에 대해 일본인들이 불만으로 여길 것이라고 생각하는 사람들이 많았는데, 저는 천황에 대한 발언이 일본인들에게는 매우 충격적이었을 것이라고 생각했습니다. 그런 면에서 볼 때 한국인들은 천황에 대한 이해가 전혀 없습니다.

히라이와 천황에 대한 일본인의 생각을 한국인들이 이해하기는 어려울 겁니다. 한국의 일반인들까지 갈 것도 없이 한국의 일본 전문가들도, 어찌 보면 일본인 자신도 그것을 잘 설명하기는 어려울 것입니다. 한국의 일본 전문가들은 일본을 잘 알고 있고, 말씀드린 건에 대해서도 감각적으로는 천황에 대한 발언을 일본인들이 가장 불쾌하게 여길 것이라는 점을 알고 있을 테지만, 왜 그런지에 대해서 진심으로 납득하지는 못할 것입니다. 저도 그것을 잘 설명할 수는 없어요. 천황이 일본에 있어서 얼마나 특수한 존재인지를 잘 설명할 수 없다는 것이 일본인으로서도 답답하기도 하지만, 그런 면에서 양국 간에 인식의 차이가 생기는 것 같습니다.

이명찬 선생님께서 이병박 전 대통령의 3가지 말과 행동이라고 말씀하셨는데요. 저는 그것이 매우 상징적인 이유라고 생각합니다. 첫 번째 문제는 영토 문제입니다. 이것은 역사적으로나 현재 그리고 미래에도 계속될 문제입니다. 두 번째로 천황에 대해 실례되는 발언을 했다는 것은 서로를 아직 잘 이해하지 못하고 있는 것입니다. 한국인도 일본을 이해하지 못하고 일본인도 한국을 이해하지 못하는 것이죠. 세 번째는 1965년에 한국과 일본이 청구권협정을 맺었을 당시 일본과 한국의 국력이 100배 이상의 차가 있었다는 것입니다. 1960년의 기록을 보면 한국은 아프리카의 빈곤 국가보다도 가난했습니다. 그로부터 5년 후에 협정이 맺어졌어요. 전 외교관의 이야기에 따르면 당시 한국의 외교관 수는 30~40명 정도였다고 합니다. 더구나 독립한 지 얼마 되지 않아 외교관으로서의 훈련도 전혀 되어 있지 않았다고 합니다. 한편 일본은 어땠습니까? 외무성 외교관이 천 명 이상이었어요. 그만큼 압도적이었다는 것입니다. 외교관의 이야기로는 어른과 어린아이의 경쟁을 보는 것 같았다고 해요. 그러니, 당시에 맺어진 협정으로 모든 것을 해결했다고 하지만 지금의 한국인 입장에서는 받아들이기 어렵습니다.

1인당 GDP도 거의 차이가 없습니다. 실질적인 구매율에서는 한국이 앞설지도 모른다는 정도까지 와 있어요. 그만큼 구조적인 변화가 대단히 큽니다. 한국의 국제적 위상이 달라졌습니다.

히라이와 이명박 전 대통령의 3가지 말과 행동을 계기로 1998년부터 시작된 "한국이 왠지 그냥 좋다"던 한국에 대한 일본인의 이미지, 분위기가 갑자기 달라지게 되었습니다. 단, 일본인 전체가 한국에 대해 부정적인 생각을 가지게 되었느냐 하면 그렇지는 않아요. 계속되는 한류 열풍 속에서 정치에 관계없이 한국이 좋다는 사람들도 일정 부분 있습니다. 예를 들면 제 수업을 듣는 여학생들은 K-POP에 관심도 있고 좋아합니다. 그만큼 정치에 관계 없이 한국에 대해 호의적으로 생각하는 층이 확실이 형성되어 있습니다. 뿐만 아니라 일본인들에게 한국 요리는 이제 꽤 익숙한 것이 되었습니다. 제가 어렸을 때만 해도 김치는 동네에서 일반적으로 파는 것이 아니었는데, 지금은 어디서든지 살 수 있어요.

2000년에 들어서부터 백화점에 입점해 있는 전통의 쓰케모노 전문점이 김치를 팔기 시작했습니다. 지금은 어딜 가나 김치를 당연하게 팔고 있습니다. 마트나 편의점에서도 흔히 볼 수 있어서 못사는 경우는 없습니다. 이것은 한국 음식이 얼마나 일본에 보급되어 있는지를 보여 줍니다.

제가 대학생이었던 1980년대에 한국 요리를 먹으러 가자고 하면, 재일교포가 하는 고깃집밖에 없었어요. 지금처럼 한식을 하는 집은 거의 없었습니다. 기껏해야 아카사카에 조금 있는 정도였어요. 설렁탕으로 유명한 이치류(一龍)와 같이 본격적인 한식당은 몇 집 없었습니다. 그런데 지금은 어디에나 있어요. 순두부찌개 같은 것을 먹을 수 있는 식당이 얼마든지 있지요. 한국의 김은 일반 가정의 식탁에도 흔히 오릅니다. 그 정도로 일본인의 식생활에 한식이 침투해 있어요. 유감스럽게도 정부 간 관계가 좋지 않고 국민 감정도 좋지 않지만, 한국에 대해 관심을 가지고 긍정적으로 생각하고 좋아하는 사람들이 있을 뿐 아니라, 일본인의 삶 속에 한식, 한국 문화가 자연스럽게 녹아 들어 있는 상태라고 생각합니다.

이명찬 잘 아시다시피 2018년 10월 30일 대법원 판결로 일본 정부가 매우 날카로워져 있습니다. 한일 관계가 매우 악화되었다는 이야기도 있는데요. 저는 별로 걱정하지 않습니다. 그 이유는 선생님께서도 말씀하신 것처럼 저변에 안정된 흐름이 깔려 있기 때문에 한꺼번에 바뀌는 것이 아니라 60~70%는 바뀌지 않을 것이라고 생각하기 때문입니다. 그래서 저는 좀 달라지더라도 그 영향은 별로 크지 않을 것이라고 인식하고 있습니다.

히라이와 물론 일시적으로 불었던 열광적인 한류 열풍은 이제 없습니다. 하지만 한일 관계가 나쁘기 때문에 한국 요리를 먹지 말아야겠다는 사람은 없어요. 한국에 불만을 가진 사람들도 당연하게 한국 음식을 먹고 김치를 삽니다. 그런 의미에서는 토대라고 할 수 있는 것들, 한일 관계를 뒷받침해 주는 플랫폼 같은 것이 예전에 비해 단단히 형성되어 있다고 볼 수 있습니다. 따라서 앞으로 한일의 정부가 노력하여 정치적 분위기를 바꿔간다면, 한일 관계 전체가 호전될 수 있는 토대는 있는 셈이지요. 단, 우리가 주의해야 할 것은 아까도 말씀드린 것처럼 서로가 다르다는 것을 전제로 상대방이 어떤 점을 소중히 여기는지 생각하지 않으면, 또다시 같은 일이 반복될 것이라는 사실입니다.

이명찬 이 시점에서 재미있는 것이 생각났는데요. 예전의 『외교청서』에는 한국과 일본이 가치관을 공유한다는 말이 있었는데 최근에는 그것이 없어졌습니다. 그 이유를 생각해봤는데, 예전에는 정말로 가치관이 같아서 그런 내용을 넣었다기보다 중국에 대하여 함께 대응하자는 의미로 그런 내용을 넣었던 것 같습니다. 하지만 그것으로는 지금의 현상을 설명하기가 어려워졌지요.

히라이와 그 부분에서 일본 측이 설명을 잘 해야 한다고 생각합니다. 가치관을 공유한다는 내용이 빠지게 된 경위를 살펴보면, 박근혜 정권 시절인 2015년 아베 총리의 시정방침연설에서 "가치관을 공유한다"는 문구가 없어졌고, 『외교청서』에도 그와 같은 기술이 없어졌습니다.

'법의 지배'에 대한 한일 양국 인식의 차이

히라이와 이와 같은 상황에 대해 일본 내에는 "아베 정권이기 때문에 그렇다"고 설명하는 사람들이 있는데, 그것은 옳은 말이 아니고 분명히 다른 이유가 있습니다. "가치관을 공유한다"는 문구가 없어졌다는 것은 가치관을 공유할 수 없는 부분이 있다는 이야기가 됩니다. 굳이 설명할 필요도 없이 일본과 한국은 인권이라든지 시장경제, 자유평등과 같은 보편적인 가치를 공유하고 있습니다. 그러나 몇몇 사례들로부터 법의 지배에 대해 일본과 한국에는 차이가 있는 것이 아닌가 하는 견해들이 일본 측에 생겨나기 시작했습니다.

법의 지배에 대해 차이가 있다고 인식하게 된 계기를 구체적으로 말씀드리면, 첫 번째는 쓰시마의 사찰에서 불상을 훔쳐간 절도단이 한국에서 체포되었던 사건입니다. 일본 측은 도난 당한 불상을 돌려달라고 했지만 한국 측의 법적 판단은 도난 당한 불상이 원래 한국의 것이었을 지도 모르니 확실하게 밝혀질 때까지는 돌려줄 수 없다는 것이었습니다. 도난 당한 것을 도난 당한 사람에게 돌려주는 것이 당연하다고 생각하는 것이 일본 측의 생각입니다.

두 번째 사례는 야스쿠니 신사에 방화한 중국인이 한국에서 체포되었을 때, 일본은 범죄를 저지른 자이니 일본 측에 인도할 것을 요청했는데, 당시 박근혜 정권이 중국으로 돌려보냈던 사건입니다.

그리고 세 번째 사례는 2014년 《산케이신문》 지국장 명예훼손 혐의 사건에서 가토 다쓰야(加藤達也) 지국장에 대한 처분입니다. 이 건에 대해서는 일본 내에서도 여러 가지 의견이 있습니다만 지국장을 출국금지 시키고 기소한 한국 측의 대응 그 자체에 대해서는 절대로 용납할 수 없다는 것이 일본 측의 대체적인 의견입니다.

일본에는 "악법도 법이다"라는 말이 있어요. 즉, 아무리 나쁜 법이라도 법인 이상 지켜야 한다는 것입니다. 그에 비하면 한국인들은 나쁜 법이라면 바로잡아야 한다는 생각이 강한 것 같아요. 그와 같은 준법정신이라든지 법치에 대한 관념을 한국과 공유할 수 없다는 것이 일본 측의 생각입니다. 그런 차이가 있기 때문에 이번 강제징용 문제도 한일의 입장 차이를 보이는 것이라고 생각합니다. 일본 측에서 보면 이미 마무리된 일이고, 여러 가지 사정과 경위는 있을 수 있지만 한일 간에 결착이 지어진 문제입니다. 따라서 우선은 한국 정부가 어떻게 나오는지 지켜보자는 것이 지금의 일본 정부, 특히 외무성의 입장입니다. 단, 정치가들은 다혈질이죠. 특히 일본 국민의 감정적인 분노에 대해 민감해질 수밖에 없기 때문에 아무래도 강한 어조로 말하게 되고, 그것이 일본 측의 분위기라는 것도 사실입니다. 하지만 외무성의 입장은 사법의 판단과 행정의 판단이 다를 수도 있다는 것이에요. 따라서 지금은 한국 정부가 어떤 식으로 대응할지 우선 지켜보고 그 다음에 생각하겠다는 것입니다.

이명찬　거기서 저는 한국과 일본의 큰 차이를 실감합니다. 예를 들어 한국에는 산업화 세력과 민주화 세력이 있는데, 그 둘은 지금까지 첨예하게 대립해 왔습니다. 시위도 하고요. 지금은 민주화 세력이 정권을 잡고 주도권을 쥐고 있는데, 그 사람들의 입장에서 보면 예전의 산업화 세력이 민주화 인사들에 내린 재판의 양형이 자꾸 달라집니다. 처음에는 사형선고를 받았다가 감형이 되기도 하고 무죄가 되기도 하죠. 따라서 민주화 세력 측에서는 법률에 대해 정부가 자신들의 편의에 따라 만든 것이라는 인식을 상당히 가지고 있습니다. 그것은 제가 앞서 말씀드린 것처럼 국력의 차가 컸을 때 만들어진 조약은 불평등하다는 인식으로 이어집니다. 따라서 그것을 바로잡아야 한다는 인식이 현 정부에는 상당히 강한 것 같습니다. 하지만 일본은 투쟁으로 정권을 교체한 경험이 전혀 없기 때문에, 어느 정도는 권력에 대한 존경 같은 것이 일반 국민들 사이에 존재합니다. 이것은 매우 큰 차이입니다. 한국과 일본의 인식의 차이라고 생각합니다. 따라서 이 부분은 서로 이해하기가 쉽지 않을 것입니다.

히라이와　그런 차이가 있는 것은 사실이라고 생각합니다. 한일 간에는 그와 같은 근본적인 차이가 존재하기 때문에 상대와 자신의 행동이 똑같을 수는 없다는 사실을 분명히 이해해야 합니다. 또한 상대방의 가치관을 부정하는 것이 아니라 존중하는 것도 필요합니다. 하지만 그 가운데 당연히 역사적인 경위가 있고, 여러 가지 문제가 발생합니다. 경우에 따라서는 서로 양보할 수 없는 문제가 불거질 수도 있습니다. 그런 부분은 한일 쌍방이 지혜를 내어 한일 관계가 악화되지 않도록 일종의 관리를 해나간다는 발상이 필요할 것입니다. 거듭 말씀드리지만 그때 중요한 것은 상대방과 자신의 차이를 존중하는 것, 일본과 한국이 다르다고 하는 당연한 인식입니다.

이명찬 어떤 의미에서는 문화적인 이야기가 될 것 같은데요. 구조적인 변화에 대해서도 말씀을 듣고 싶습니다. 제가 게이오대학에서 공부하던 1990년대 말쯤, 외무성의 젊은 외교관이 간담회에서 발언했던 말을 지금도 인상 깊게 기억합니다. "일본에게 한국은 가난한 애인과 같은 존재였는데, 어느 날 갑자기 김대중과 김정일이 끌어안았을 때 마치 무명가수였던 애인이 일약 세계적인 스타가 되어 나를 떠나가는 느낌이 들었다"고 표현했어요. 그때 저는 일본의 외교관들이 한국을 어떻게 인식하고 있는지 깨달았습니다. 지금도 그럴 거라고 생각합니다.

히라이와 그분이 그렇게 생각했다는 것은 한국과 북한이 분단국가라는 점을 의식하지 않는 사람이 늘어났다는 뜻일 수도 있습니다. 1990년대 후반부터 월드컵과 한류 열풍이 불면서 일본인의 의식 속에는 "한국은 친구지만 북한은 적이다"라는 완전히 별개의 인식이 생겨나게 됩니다. 분단국가라는 의식이 없으니까 북한은 단순히 적으로 생각해 버리는 것이죠. "한국은 우리 일본 편이니 북한과 사이 좋게 지낼 리가 없어. 그런데 왜 한국 대통령이 북한 최고 지도자를 끌어안는 거지?"라고 생각하는 사람도 있었을 것입니다. 하지만 서두에서도 말씀드린 것처럼 한반도를 연구하는 사람들의 생각은 남북관계란 일반적인 외교 관계와는 다르게 분단국가이므로, 한반도를 하나의 유닛이자 하나의 시스템으로 봐야 한다는 의식이 있습니다. 그렇게 생각하는 것과 그렇지 않은 것은 전혀 다르다고 생각합니다.

이명찬 전문가로서는 그것이 당연하다고 생각하지만 일본의 일반 국민들이 생각하기에 북한과 중국은 적이고 한국은 우리 편이라는 인식이 강한데, 우리 편이라고 생각했던 한국이 점점 적의 편으로 다가가고 있다고 생각하는 것 같습니다.

히라이와   그럴 것입니다. 전문가들 중에도 한반도 전문가가 아닌 안전보장, 국제 관계 전문가들, 외무성을 예로 들면 지역 담당보다 안전보장 등의 기능국 사람들의 입장에서 일본 외교안전보장의 기본은 한미일입니다. 왜 한미일이냐 하면 대두하는 중국에 대항하기 위해, 북한의 위협에 대항하기 위해 한미일 협력이 필요하다는 것입니다. 그런데 한국은 일본이 우려하는 북한과 관계를 개선한다거나, 중국이 대두하여 여러 가지로 오만하게 구는데도 불구하고 중국 쪽으로 접근하니, 한미일 결속을 흔드는 것이 아닌가 하는 우려를 하고 있는 일본 사람들이 많다고 생각합니다.

이명찬   그와 같은 인식의 차이가 매우 큽니다. 지금 한국은 통일이라는 측면에서 북한을 적으로 보지 않습니다. 중국도 그렇습니다. 오랜 역사로부터 볼 때 한국은 중국을 적으로 돌려서 좋을 것이 없다는 인식이 매우 강합니다. 소에야 요시히데(添谷芳秀) 선생님이 저와의 인터뷰에서 한국인의 DNA에는 사대주의가 내재되어 있는 것 같은데, 일본인에게는 그런 것이 없기 때문에 중국을 보는 눈이 전혀 다르다고 말씀한 적이 있습니다.

히라이와   저는 중화적 세계 질서 속에서 일본과 한국의 포지션이 다르다는 점이 크게 작용한다고 생각합니다. 중화적 세계 질서 속에서 볼 때, 중국은 한국에게 상위의 존재였기 때문에 중국에 대한 한국의 생각이 일본과 다르다는 것을 이해할 수 있지만, 이것에 대해서도 일본과 한국이 같다고 오해하는 사람들이 있는 것 같습니다. 또한 이것은 현재에도 해당하는 말인데, 일본과 한국이 모두 미국과의 동맹국이기 때문에 미국에 대한 입장도 같다고 하는 오해가 있습니다. 일본은 미일기축이라고 하여 미국과의 관계를 최우선으로 생각합니다.

한국도 물론 미국과의 관계를 최우선으로 생각하지만, 처해 있는 상황이 분단국가이고 중국에 가깝기 때문에 일본과는 다른 한미기축 관계라고 생각합니다. 한국에 있어서 한일 관계는 물론 중요하지만 일본과는 달리 중국과의 균형이라든지 다자 간의 균형을 중시하는 경향이 있습니다. 지정학적 위치가 일본과는 다르기 때문입니다. 그런 차이를 생각해야 합니다. 그래서 일본인들은 "중국의 대두를 한국인들도 우리처럼 위협적으로 느낄 텐데, 왜 중국 쪽으로 가까이 가는 거지?"라고 생각하는 것입니다. 이웃 나라지만 역시 입장이 다르다는 것을 일본도 이해해야 하는데 많은 일본인들은 중국에 대한 한국의 입장이 일본과는 다르다는 것을 생각하지 못하는 것 같습니다.

양기호 이제 북한 문제에 대한 의견을 듣고 싶습니다. 북일 관계의 개선이 앞으로 실현될 것이라고 보십니까? 일본은 베트남이나 몽골 등지에서 북한과 여러모로 접촉을 하고 있는데, 뭔가 진전이 있습니까?

히라이와 일본이 북한과의 채널을 다각도로 모색하고 있는 것은 사실입니다. 남북 관계를 축으로 북한 문제가 움직이고 있는 상황 가운데 일본과 북한의 관계가 어떻게 될지 일본에서도 높은 관심을 가지고 있습니다. 많은 일본인들은 북한이 어떻게 나올지가 이 문제의 핵심이라고 생각하는데, 저는 결국 일본의 문제라고 생각합니다. 북한은 일본에 대해 "지금의 흐름을 타지 않는 것 같다. 일본만 개별 행동을 한다"는 식의 논조로 일본을 비판하고 있지만, 그런 와중에도 베트남이나 몽고에서 일본의 담당자와 북한의 담당자가 접촉했다는 보도가 나오고 있습니다.

일본 측의 관심은 과연 "북한이 대화에 응할 것인가"인데, 우선 생각해야 할 것은 유감스럽게도 지금의 북한에게 일본과의 관계란 반드시 우선순위가 높은 문제는 아니라는 것입니다. 따라서 북한으로서는 자신들의 기본적인 자세를 바꾸면서까지 일본과 협상하려 들지는 않을 것입니다. 오히려 일본 측이 기존의 자세를 바꿔서 협상을 하자고 하면 협상에는 응할 것입니다. 일본 측이 어떻게 하느냐가 관건이죠. 구체적으로는 역시 납치 문제를 어떻게 다루느냐가 중요합니다. 아베 총리의 2017년과 2018년의 UN연설을 비교하면 지금의 일본 측 입장을 잘 알 수 있습니다. 2017년에 아베 총리는 "북한과의 대화는 필요 없다. 필요한 것은 압력이다"라고 명확하게 말했습니다. 단, 거기에 대해서는 일본 내부에서도 의견이 분분했고 아베 총리가 일본에 돌아와서 "대화의 장에 북한을 이끌어내기 위한 압력이 필요하다는 이야기"라며 미묘하게 말을 돌리기는 했지만, 역시 압력이 중심이었다는 것은 틀림없습니다.

그런데 2018년의 UN연설에서는 "북한과의 상호 불신의 벽을 깨고 새로운 출발점에 서서 김정은 위원장과 직접 마주할 용의가 있다"고 말했습니다. 이 부분은 매스컴에서도 많이 지적이 되었는데, 저는 그보다도 다른 부분이 중요하다고 생각합니다. 아베 총리는 "지금의 북한은 역사적 호기를 잡을 수 있을 것인가의 기로에 서 있습니다. 미개발 천연자원과 큰 생산력이 기대되는 노동력이 북한에는 있습니다. 우리는 북한이 가지고 있는 잠재성을 발휘할 수 있도록 하기 위해 조력을 아끼지 않을 것입니다"라고 말했습니다. 북한이 문제를 해결해 나간다면 일본은 북한의 경제 발전에 협력할 용의가 있고, 일본으로서는 북한의 지하자원이나 노동시장을 높이 평가한다는 것을 공공연히 말한 것이죠. 물론 그러려면 납치 문제의 진전이 필수불가결합니다. 그때 일본이 무엇을 기준으로 납치 문제의 진전을 평가할지 명확하게 해 주지 않으면 북한은 대응할 수 없다는 지적도 있습니다. 단, "처음부터 명확한 목표선을 제시하면 진상을 알 수 없게 될 것이다. 북한이 감추고 있는 것을 다 내놓지는 않을지도 모른다. 그러니까 처음부터 명확한 목표선을 제시하지 않는다"는 것이 일본의 입장인데, 그 부분은 어떻게 될지 모르겠습니다.

이명찬 역시 납치 문제를 해결하는 것이 가장 어려운 부분이죠?

히라이와 말씀드렸다시피 북한이 "납치 문제는 모두 해결되었다"는 입장을 바꾸지 않는 이상 일본과의 협상에 응하지 않을 것이라는 견해도 있습니다만, 저는 그렇지 않다고 생각합니다. 북한은 지금까지 항상 모두 해결되었다고 했지만 납치 피해자에 대한 재조사에는 수차례 응했습니다. 단, 그 재조사 결과가 일본 입장에서는 받아들이기 어려운 것이었거나, 재조사의 결과 자체가 나오지 않는 경우가 있어서 아예 진행되지 않았지만, 적어도 협상의 문은 열린 것입니다. 결국 재조사, 즉 납치 문제의 진상 규명 부분을 어떻게 다룰 것인지에 따라 북일 간의 협상이 시작된다고 봅니다. 합리적인 생각을 하는 사람들은 "한국을 본받아 투 트랙으로 가야 한다. 납치 문제는 납치 문제로 계속 협의하는 한편 미사일 문제와 북일 국교정상화 문제를 추진해야 한다"고 말합니다.

그러나 현실적인 문제로서 그것은 상당히 어렵다고 말할 수밖에 없습니다. 납치 문제와 핵미사일 문제의 분리인데 그렇게 할 수 있는 것은 아마 아베 총리밖에 없을 것이라고 생각합니다. 납치 문제와 핵미사일을 분리하게 되면, 당연히 납치 피해자 가족들은 납치 문제가 소외되는 것이 아닌가 하고 걱정할 것입니다. 그런 생각을 불식시킬 수 있는 것은 피해자 가족들의 신뢰가 두터운 아베 총리뿐입니다. 하지만 한편으로 지금까지 아베 총리가 납치 문제에 대응해 왔던 것들을 생각해 보면 오히려 아베 총리이기 때문에 투 트랙이 불가능하다고도 할 수 있습니다. 아베 총리니까 가능하지만, 아베 총리니까 가능하지 않다는 딜레마죠.

이명찬 저는 후자라고 생각합니다.

히라이와 그럴지도 모릅니다. 하지만 그렇다고 해서 아베 총리 이외의 인물이 총리라면 가능할지 생각해보면 아마 어려울 것입니다. 대응을 잘못하면 북한에 대한 일본의 국민 여론은 지금보다도 나빠질 것입니다. 아베 총리만이 할 수 있지만 아베 총리니까 할 수 없다는 딜레마를 전제로 한다면 투 트랙은 어려울 것이라는 결론이 나옵니다. 그리고 또 하나의 가능성은 재조사의 방법입니다. 앞서 말씀드렸다시피 북한은 지금까지 수차례 재조사에 응했습니다.

문제는 거기서 더 앞으로 나가지 못하고 있다는 것인데, 아무래도 재조사의 방법에 문제가 있다고 밖에 할 수 없습니다. 지금까지와 같이 북한이 일방적으로 재조사를 하고 그것을 일본 측이 채점하는 방식으로는 같은 결과가 되풀이될 뿐입니다. 진상 규명을 위한 방식, 방법으로 바꿔야 하는데, 일본 측에서 보면 그것도 어렵습니다. 예를 들면 일본의 경찰이 직접 조사한다고 하더라도 과연 어디까지 할 수 있을까 하는 우려를 씻을 수가 없을 것입니다.

이명찬 "여기까지가 끝이다"라는 선을 누가 제시할 수 있겠습니까.

히라이와   결국 그렇습니다. 그 부분이 매우 어려운 부분입니다.

양기호   단거리 미사일을 예로 들면, 지금 북한은 사정거리가 최대 수 천 킬로미터의 미사일을 보유하고 있습니다. 1998년, 그러니까 정확히 20년 전 8월 31일에 대포동 미사일이 2천킬로미터를 날아갔지요. 그와 같은 중단거리 미사일을 폐기하라는 것은 현대 문명인에게 원시시대로 되돌아가라는 것과 같은 말입니다. 20년 전에 개발한 기술을 버리라고 해도 버릴 방법이 없습니다. 그렇다면 중단거리 미사일의 폐기는 좀 어려울 것이고, 그렇게 되면 북일 협상 전체가 막다른 길에 몰리지 않을까 하는 우려가 있습니다.

히라이와   고노 외무대신은 중거리·단거리 미사일이 일본 입장에서는 문제라고 했는데, 그것은 사실입니다. 국제사회가 북한에 대해 지금까지 개발한 수많은 미사일을 폐기하라고 요구하는 것도 틀림 없고요. 지금 직접 협상을 하고 있는 미국은 어떻게 생각하는지 모르겠습니다. 단, 일본 입장에서는 중거리, 단거리 미사일을 버리지 않으면 어렵다는 것입니다. 이것에 대해서 북한의 편을 들어주려는 의도는 아니지만, 북한이 항복하고 백기를 들고 핵을 버리겠다고 하지 않는 이상, 그들의 자위권과 국방이라는 측면도 있습니다. 만일 미국과의 사이에 협상이 잘 풀리면 ICBM을 가질 필요가 없다는 결론에 도달할지도 모르고, 한국과의 화해가 진전되면 한국에게 위협이 될만한 것들을 제거할 가능성도 있다고 생각합니다.

하지만 일본과의 사이에 안전보장상의 합의가 없는데 일본에 대한 공격력, 북한 입장에서는 대일 억지력이 될 수도 있는 것을 북한이 왜 폐기하겠습니까? 저는 그렇게 생각합니다. 일본 내에는 '적기지 선제공격론'에 근거하여 논의해야 한다고 하는 견해도 있습니다. 일본의 헌법을 전제로 한다면 선제공격은 있을 수 없는 일이지만, 북한이 명확하게 일본을 타겟으로 하는 움직임이 포착된다면 그것을 저지하기 위해 공격하는 것은 허용될 것이라는 점에 대해 논의하자는 것입니다. 북한 입장에서는 대일 안전보장의 억지력이 되어 주는 중거리, 단거리 미사일을 어떻게 폐기하겠느냐 하는 이야기가 될 것입니다.

따라서 일본은 납치 문제뿐 아니라 안전보장 문제에 대해서도 북한과 직접 협상을 하거나, 좀 더 시야를 넓혀 북미 관계에서 논의하게 하든가, 어느 쪽을 택하건 적어도 일본과 북한 사이의 안전보장상의 대화가 없으면 북한은 지금 일본이 요구하는 중거리, 단거리 미사일을 폐기하지 않을 것이라고 생각합니다.

양기호 그렇다면 지금 북일 관계에서 일본이 현안으로 꼽는 것을 해결할 수 없다는 뜻이네요. 8명이 사망했다고 하는데, 죽은 사람을 다시 살릴 수도 없고요. 제 생각에는 납치 피해자 2세, 3세들이 있으니 그들이 부모의 사망을 확인하도록 하고, 일본에 송환을 원하는 경우에는 북한이 인도적인 차원에서 그것을 허가하는, 새로운 제3의 길을 찾아야 한다고 생각합니다.

한국 측에서는 이미 문 대통령이 말한 것처럼 재팬 패싱이 일어나지 않도록 하면서 북일 간의 납치 문제를 돕겠다고 한 약속을 지키고 있습니다. 그와 같은 좋은 접점을 찾아내어 한일 관계가 잘 풀리기를 진심으로 바라고 있습니다.

히라이와 이야기가 되풀이됩니다만, 이 문제는 결국 북한 문제가 아니라 일본의 문제라고 생각합니다. 단, 적어도 입구 차원의 진상 규명이 일본 측이 받아들이기에는 너무나도 어려운 것이어서 전원 생존해 있다는 전제에서 협상하겠다는 것이 지금 일본의 입장입니다. 진상 규명이 그만큼 중요한 것이죠. 2002년의 고이즈미 총리 방북 때 김정일 위원장은 납치 문제를 인정하고 사죄했고, 재발 방지를 약속했습니다. 하지만 북한이 사망을 확인한 납치 피해자들의 사망진단서를 보면 전부 같은 것을 복사하여 이름만 바꾸는 등 해도 너무합니다. 그래서 일본인의 불신감이 커진 것이죠. 이 불신감을 불식시키는 것은 매우 어려울 것입니다. 그래서 더욱 일본 정부도 이 문제에 대해 신중하게 대응해야 한다고 생각합니다.

강제징용 재판에 대한 일본의 기대

양기호 마지막으로 두 가지 질문을 드리고자 합니다. 강제징용에 대한 판결이 나왔는데요. 저는 이 문제와 관련하여 히라이와 선생님께서 지금 하신 말씀에 대해 하고 싶은 말이 많이 있습니다. 일본이야말로 법의 지배를 지키지 않는다고 생각합니다. 그 점에 대해서는 하고 싶은 말이 많습니다만 잠시 접어 두고, 일본의 일반 국민들이 볼 때 뭔가 이상하다고 생각하는 것은 납득이 갑니다. 한일 관계에서 일본 측이 한국에 바라는 것과 북일 관계에서 일본 측이 한국에 바라는 것에 대해 말씀해 주시기 바랍니다.

히라이와 한일 관계에 대해서 말하자면, 강제징용 재판에 대한 한국 정부의 대응을 보아야 한다고 생각합니다. 2005년 노무현 정권 때 강제징용 문제는 모두 해결된 것으로 결론을 지었기 때문에, 그런 측면에 입각하여 대응해 주었으면 하는 것이 일본 외교 당국의 생각입니다. 일본의 일반인들은 좀 더 감정적인 부분이 있을 것입니다. "정의는 우리에게 있다"라는 말이 있듯이 외교 당국은 기존 한일 합의의 선에서 대응해 주었으면 하는 입장입니다. 만일 그와 같이 대응해 주지 않는다면 일본 입장에서도 가만히 있을 수는 없으므로, 유감스럽지만 한일기본조약에 따라 제3자에 의한 중재를 요청하는 방법을 쓰거나, 그래도 잘 안 되면 국제사법재판소에 제소할 준비를 할 것으로 생각됩니다. 하지만 아까도 말씀드렸다시피 사법부와 행정부의 판단이 다른 것은 어떤 나라에서도 일어날 수 있는 일이기 때문에 행정부끼리의 약속, 합의를 잘 지켜달라는 것이 일본 측의 기본적인 자세입니다.

북일 관계에서 한국에 바라는 기대

양기호   솔직히 강제징용 판결은 사법의 판단입니다. 저는 50장의 판결문을 모두 읽었는데, 예를 들면 1965년의 청구권협정 당시 한국은 강제징용 문제를 조사하여 인원수를 확인한 후 12억 달러를 요청했어요. 일본이 그것에 대해 구체적인 설명 없이 3억 달러로 깎은 것입니다. 대법원의 판결은 청구권협정 그 자체가 개인의 청구권에 관해서 협의하지 않았다는 것, 국가 간 채무에 관한 이야기였다는 것입니다. 12억 달러가 3억 달러가 되었으니 개인에 대한 제대로 된 보상이 들어가 있다고는 인정할 수 없다는 것이죠.

거기서 원점으로 돌아가면 1910년의 조약이 합법이냐 불법이냐 하는 이야기가 됩니다. 사법부의 판단에 따르면 불법이었다는 것이 한국의 일관된 입장입니다. 그러니까 보상 문제가 아니라 정신적인 위자료를 지불하라는 것이죠. 일본은 1991년 8월 야나이 슌지(柳井俊二)의 국회 참의원 답변에서 개인의 청구권이 소멸되지 않았다고 했습니다. 또한 시베리아 억류 일본인에 대해서도 똑같은 말을 했어요. 그러니까 한국 측에서 볼 때는 이중 기준이죠. 일본 기업인 신일철주금의 담당 관계자도 2012년에 화해하고 싶다는 의사를 밝혀왔지만 일본 정부가 그것을 일방적으로 못하게 합니다.

물론 경단련의 의견도 있겠습니다만, 외무성이 철저히 금지하고 있는 것이에요. 2005년의 일은 정치적인 것이지 모든 것이 완전히 포함되어 있다고는 하지 않았습니다. 한국의 전문가들은 정치적인 발표라고 생각합니다. 저도 일본 기업이 모두 지불해야 한다고는 생각하지 않고, 일본과 한국의 기업 간에 기금을 만들어 한국 정부가 일부 보조하는 것도 가능하다고 생각합니다. 단, 지금의 사법부 판결로는 한국 정부가 일체 돈을 내놓지 않을 것입니다. 그 판결은 일본 기업이 지불하라고 하는 내용이기 때문에 한국 정부가 대신 부담할 수는 없는 노릇이에요. 기본적으로 대법원 판결이기 때문에 그것은 법률적으로 불가능합니다. 현 시점에서는 그럴 수가 없어요. 현재 12, 13건의 소송이 더 있는데, 케이스에 따라 다르겠습니다만, 그 중에는 일본 기업이 금액을 최소화하여 보상하는 경우도 있을 수 있다고 생각합니다. 여러 모로 일본이 법의 지배를 중시한다고 논하는 것은 맞지 않는 상황이에요.

히라이와 강제징용에 관해서는 아베 총리나 고노 외무대신이 국제법에 비추어 말하고 있는 것이 사실입니다. 총리도 외무대신도 정치가인 이상 국민 여론을 의식하여 '정의는 우리에게 있다'는 입장을 강조할 수밖에 없어요. 그것은 한국의 정치가들도 마찬가지일 것입니다. 일본 외무성 사람들도 총리, 외무대신과 기본적으로 생각은 같지만, 하는 말은 조금씩 뉘앙스가 다릅니다. 행정부 간의 합의이니만큼 어떻게든 종착 지점을 찾아야 하니 한국 정부의 대응을 기다리겠다는 뜻일 것입니다. 법률적으로 말하면 다양한 견해, 논점이 있는 것은 사실이고, 일본 측도 개인 청구권이 남아 있다고 하는 입장입니다. 하지만, 그럼에도 불구하고 한일의 정치적 합의에 의해 개인 청구권이 제한된다는 입장이기 때문에, 외무성으로서는 법률적 논의를 적용하지 말고 정치적으로 해결하자는 것입니다. 물론, 만일의 경우 법률적으로도 대응할 수 있도록 준비는 하고 있을 것이라고 생각하지만 "국가와 국가의 합의를 뒤집는 것만은 하지 말아달라"라는 생각인 것 같습니다.

양기호 히라이와 선생님의 말씀이 재미있긴 하지만, 외무성과 관저·외무대신의 입장이 다릅니다. 또한 경단련의 입장도 다른 것 같습니다. 기본적으로는 독립성이 있으니까요. 아베 총리가 하는 말에 쉽게 따르지는 않을 것입니다. 지금 정상회담도 하지 않는 등 한일 교류가 전면 단절되어 있는 가운데 민간 교류도 금지라고 합니다. 그것은 외무성에서 나온 이야기입니다.

히라이와 그것은 관저가 그렇게 지도하고 있기 때문인가요?

양기호 고노 타로 대신 본인도 "민간 교류까지 단절시켜서는 안 된다"고 말했기 때문에 어느 쪽인지는 알 수 없어요. 일본 국내에서도 혼란이 있습니다. 제가 볼 때는 하나로 모아지지 않은 듯한 느낌이 듭니다.

히라이와 당연한 말씀입니다만 일본의 한국 외교는 관저 주도입니다. 안전보장 분야로 말하자면 NSS(국가안전보장국)가 큰 틀을 만들고 외무성의 아시아태평양국 동북아시아과 1과와 2과 중에서 1과가 한국을 담당하고 있는데, 사안에 따라 그 중 어떤 부국이 중심적으로 대응할지 결정됩니다. 적어도 이 사안에 대해서는 관저 주도라고 생각합니다 특히 아베 총리 본인의 생각과 총리 주변인들의 발언, 영향력이 중요합니다. 관저 입장에서 볼 때는 신일철주금이 전례를 만들어 버리면, 앞으로 제한 없이 확산될지도 모른다는 우려를 가지고 있을 것입니다. 따라서 각각의 기업이 개별적으로 대응하는 것은 원하지 않는다는 것이 관저의 입장입니다. 그 이후의 외교에서 한일 관계의 정상회담을 하지 않는다든가 한일 교류를 하지 않는다는 이야기도 기본적으로는 관저에서 나온 이야기라고 생각합니다. 외무성에서 볼 때는 그렇게까지 해서는 안 되요. 그래서 대사를 소환하지 않은 것입니다. 물론 외무성도 저자세는 아니기 때문에 의연하게 대응할 것은 알고 있지만, 아무래도 외교로서 어떻게든 종착 지점을 찾는 것이 외무성의 입장이라고 생각합니다.

양기호 아베 총리가 한일 관계나 외교에 관해 자주 대화하는 사람은 누구입니까? 이야기가 잘 통하는 사람은 누구일까요? 야치 쇼타로(谷內正太郞) 씨도 이제 나이가 많지요.

히라이와 야치 씨는 여전히 영향력이 있다고 생각합니다. 그 이외에 이름이 자주 거론되는 것은 이마이 다카야(今井尙哉) 비서관인데, 진위는 알 수 없지만 예를 들어 아까 나왔던 2017년의 국회 연설에서 "대화는 필요 없다. 필요한 것은 압력이다"라는 식의 상당히 강경한 자세의 연설은 이마이 비서관의 영향이라고 생각합니다.

양기호 북일 관계는 어떻습니까?

히라이와 북일 관계에서 한국의 역할은 일본 측의 생각을 김정은 위원장에게 전해 주는 일이라고 생각합니다. 납치 문제에 대해 김정은 위원장은 지금까지의 경위를 보고를 받아서 알고는 있겠지만 실감하지 못하는 부분이 있을 것이기 때문에 일본 입장에서 이 문제가 얼마나 중요한지 정확하게 전하는 것이 필요하다고 생각합니다. 문 대통령이나 트럼프 대통령이 일본을 대신하여 협상해 줄 수는 없으니까요. 만일 북한이 핵을 폐기하는 쪽으로 가게 되고 북한이 요구하는 평화 체제의 구축이 실현된다고 한다면 거기서 일본의 역할이 매우 중요하다는 것과, 북한이 원하는 것을 얻으려면 일본과의 관계 개선이 필수적이니 잘 생각해 달라는 것을 전해 주었으면 합니다. 일본을 빼고 북한이 원하는 평화 체제의 구축이라는 것은 성립하지 않는다는 것을 잘 연관지어 설명해 달라는 것이 아마 일본이 원하는 것이라고 생각합니다.

양기호 북미 정상회담이 열리고 김정은 위원장이 서울을 방문하면 일본은 어떻게 대응할 것 같습니까?

히라이와 글쎄요. 단, 일본 측에서 보면 베트남이나 몽골에서의 북일 접촉 같은 것들을 항상 하고 있습니다. 6월 12일 북미 정상회담까지는 일본도 서둘러 북한과의 관계를 움직여야 한다는 분위기가 있었다고 생각되지만, 6월 12일 이후부터는 그다지 서두를 필요는 없다는 쪽으로 분위기가 바뀌었어요. 당초 생각했던 것처럼 핵미사일 문제가 급속도로 진전되지는 않을 것 같으니, 일본 측 입장에서는 그렇게 서둘러서 북일 관계의 액션을 취할 필요가 없다는 것이죠. 그러니까 김정은 위원장이 서울을 방문하게 되더라도 기본적으로는 한국의 문제이니 지켜 보겠다, 북미 정상회담도 지켜 보겠다, 단, 핵에 대해서만은 쉽게 타협하지 말아달라는 입장입니다. 지금 일본 측이 생각하는 악몽은 트럼프 대통령이 두 번째 정상회담에서 핵 문제에 대해 쉽게 타협하는 것입니다. 그렇게 되어 비핵화가 전혀 진척되지 않고 있는 상황에서 제재를 풀어준다든지 하게 되면 일본으로서는 매우 곤란하다는 것이지요.

이명찬 그 부분은 일본보다 미국이 더 엄격합니다.

히라이와 납치, 핵, 미사일의 포괄적 해결을 지향함에 있어서 국제사회와의 연계를 최대한 활용하여 대화와 압력을 균형 있게 구사함으로써 북한의 자세 변화를 요구하는 것이 일본의 대북 조정 정책의 기본으로 되돌아가는 것입니다.

시라이 사토시 白井聡

    1977년 일본 도쿄에서 태어나 2001년 와세다대학 정치경제학부 정치학과 졸업하고, 2010년 히토츠바시대학 사회학 박사학위를 취득했다. 일본학술진흥회 특별연구원, 와세다대학 정치경제학술원 비상근 강사, 분카가쿠엔대학 복장학부 복장사회학과 조교(민속문화론, 철학담당)을 거쳐 2015년 교토 세이카대학 인문학부 종합인문학과 사회전공 전임강사(사회사상, 정치학)로 재직 중이다. 주로 러시아 혁명 지도자 레닌의 정치사상을 테마로 연구했으나, 최근에는 현대 일본정치학 분야에서도 목소리를 내고 있다. 저서인 2013년 『영속패전론-전후 일본의 핵심』으로 제35회 이시바시단잔상, 제12회 가도가와재단 학예상을 수상하였다. 저서로 『영속패전론-전후 일본의 핵심(정선태 역)』(정선태 역, 2017, 이숲), 공저로 『사쿠라 진다-전후 70년, 현대 일본을 말하다』(정선태 역, 2019, 우주소년), 『전후 일본의 이해-만화로 보는 영속패전론』(박우현 외 1명 역, 2018, 이숲) 등이 있다.

일본 지식인에게 듣는 **한일 관계와 역사 문제**

일시   2018년 11월 12일(월) 15:00~18:00
장소   일본 교토 시내 카페
진행   이명찬

시라이 사토시(좌)와 이명찬(우)

이명찬   선생님 저서 『영속패전론』을 읽고 상당히 좋은 책이라고 느꼈습니다. 선생님의 책을 보면 일본의 보수정치가들에게는 패전이라는 개념이 없어서 한국이나 아시아 국가들과의 사이에서 문제를 겪고 있다고 하셨습니다. 미국에게 졌을 뿐이니 미국과의 관계에만 신경 쓰면 문제가 없을 것이라는 인식이 매우 강하다고요. 선생님은 한국과 일본의 역사문제에 대하여 어떻게 생각하십니까?

『영속패전론』 열기

시라이   우선 『영속패전론』이 한국에서도 번역되어 그것을 읽고 한일 관계에 대해 질문하시는 것이라고 생각합니다만, 원래 그 책은 외국에서 번역될 것을 예상하고 쓴 책이 아닙니다. 특히 일본과 한국, 일본과 중국의 역사 인식 문제를 전문적으로 연구해 온 입장노 아니기 때문에 질문하신 부분에 대해서 전문가적인 답을 해 드릴 수는 없지만, 어느 쪽의 역사 인식이 사실을 더 잘 반영하고 있는지, 일본과 한국을 예로 들면 지금 큰 문제가 되고 있는 강제징용 문제라든지 일본군 '위안부' 문제에 대하여 어느 쪽의 인식이 올바른지가 아니라 어느 쪽이 사실을 더 잘 반영하고 있는지가 중요합니다. 영토 문제도 그렇습니다.

모든 나라가 그렇겠습니다만 자국의 역사는 미화하게 마련입니다. 어떤 입장을 가지고 말하는지를 분석해야 합니다. 목적이 무엇이며, 미화할 때는 어떤 입장에 입각하여 말하는지를 봐야 합니다. 그런 점에서 전후의 일본은 미국을 매우 의식하고 있습니다. 저는 그 부분의 구조를 연구해 왔습니다. 외교에 대해 이러쿵저러쿵 말하기 전에 우리 사회의 역사 인식에 대한 전제가 어떻게 되어 있는지에 주목하는 일들이 제가 지금까지 주로 해 온 일입니다. 그러니까 역사 인식 이전의 전제, 인식론적 전제에 관한 것이죠. 그렇게 해서 나온 것이 패전의 부정이라는 개념입니다. 거기서부터 보기 시작하면 일본 외교 당국의 판단이나 행동의 배경이 되는 역사적 이데올로기나 현실이 지금과 같은 이유를 선명하게 이해할 수 있게 됩니다.

이명찬 그렇다면 한국과의 관계는 이제 시작이로군요. 한국을 인식하고 집필한 것이 아니라, 일본의 입장에서 일본 보수세력의 구조적인 인식에 대하여 분석하신 거군요.

제가 볼 때 지금의 한일 관계는 1965년의 청구권협정에 원점을 두고 있다고 생각합니다. 당시 한국과 일본의 국력 차는 대략 100배 정도 되었는데, 그때 맺은 협정을 현 시점에서 볼 때 "이건 아니다"라는 생각이 든다는 것이죠. 현 시점이란 한국과 일본의 국력 차가 3분의 1 이내로 줄어든 상황을 말합니다. 또 한 가지는 1965년 협정은 경제발전을 최우선으로 하는 산업화 세력이 맺은 것인데 지금은 민주화 세력이 정권을 잡고 있어요. 한국 측에서 보면 1965년에 협정을 체결하던 시점과는 이와 같은 두 가지 구조적인 변화가 있습니다. 일본은 어떻습니까? 일본의 변화에 대한 선생님의 생각을 말씀해 주시기 바랍니다.

시라이 일본 정치 세력의 근본을 이루는 부분은 기본적으로 달라지지 않았습니다. 보수 세력의 지배가 이어지고 있어요. 1990년대에 일본이 지금보다 진보적이었다고 평가받았던 시절이 있었는데, 그때의 대표적인 성과가 무라야마 담화, 고노 담화입니다. 당시의 분위기는 동서 대립이 아시아에 미묘한 형태로 남아 있었습니다. 소련이 붕괴되고 세계가 하나가 되었습니다. 글로벌리제이션이 키워드로 떠오르는 상황에서 일본은 다시 한번 아시아에 합류해야 했기 때문에 무라야마 담화, 고노 담화를 통해 역사 인식의 국제적인 차이를 극복하자고 제안했습니다. 어떤 의미에서는 그것이 출발점이라고 받아들여졌는지도 모릅니다.

그런데 결국 지금 어떻게 되었느냐 하면 출발점은커녕 그런 말을 한 것이 실수였다고 목소리를 높이는 세력이 강해졌습니다. 한국에서 일본 연구를 하시는 분들과 이야기를 나누는 중에 생각하게 된 것입니다만, 1990년대 한국은 일본이 친미적인 입장을 고수할 것이고 아시아 각국과의 관계를 개선할 것이라고 기대했습니다. 논리적으로는 타당한 이야기입니다. 법적으로는 6·25 전쟁이 여전히 끝나지 않은 상태이고, 한미일은 군사적으로 사실상 동맹관계에 있기 때문에, 일본이 친미를 고수하는 것이 부동의 전제라는 것이었습니다. 그래서 한국인들은 아마 혼란을 느끼는 것 같아요. 왜 1990년대에 예상했던 대로 가고 있지 못하나 하고요. 제가 분석하기에 일본의 친미 성향은 아시아 각국에 대한 우월감과 같습니다. 동전의 양면인 셈이죠.

그래서 일본의 친미 성향의 이면에는 단적으로 말하면 차별 의식이 존재하는 겁니다. 친미인 동시에 한국과의 대등한 파트너로서 쌍방 신뢰를 강화한다는 것이 논리적으로는 그럴싸해 보이지만 실은 있을 수 없는 일이라는 것이 표면화되었다고 생각합니다.

이명찬   1990년대 초의 여러 가지 일들은 대등한 관계에서 비롯된 것이 아니라는 말씀이시군요.

전후 일본 내셔널리즘의 본질

시라이 이를테면 전후 일본 내셔널리즘의 본질은 전쟁에 졌는데도 불구하고 "여전히 일본이 아시아에서는 가장 선진국이다. 항상 일등국가다. 유일한 선진국이다"라는 생각에서 비롯된 것입니다. 유일하다는 것을 바꿔 말하면 아시아에 다른 선진국이 있으면 안 된다는 의미가 됩니다. 왜 그렇게 말할 수 있느냐 하면 아시아에서는 일본이 미국의 유일한 수하였기 때문입니다. 미국에 있어 가장 중요한 것은 한국도 중국도 아닌 일본이라는 의식이 있었기 때문입니다.

이명찬 그런 입장에서 볼 때 무라야마 담화나 고노 담화는 역시 적절하지 않았다는 것인지요.

시라이 문제는 미국에 대한 콤플렉스와 아시아에 대한 일종의 오만함과 우월감이 하나가 되어 있는 구조였다는 것을 스스로 잘 모르는 채 '아시아에 착지'하는 것을 목표로 했고, 지금처럼 그 근저의 정신이 강렬하게 분출되는 시대가 올 것이라고는 전혀 예측하지 못했다는 것입니다.

이명찬 일본이 미국을 뛰어넘을 것이라고 했던 것은 1980년대 말입니다.

시라이 그렇습니다. 1990년대라면 아시아에서 일본이 아직 압도적인 경제적 우위를 차지하고 있었기 때문에 아시아의 유일한 일등국가라는 것은 일본인의 자의식 속에 어느 정도 뿌리를 내리고 있었습니다. 그런데 그 후 일본이 침체되면서 주변국들에게 추격을 당하거나 추월을 당하게 되어 자의식만 폭주하는 상태가 됩니다. 그래서 원래는 아시아에 합류해야 하는데 그러기가 싫은 거에요. 일본만이 유일한

일등국가인데 한국도 중국도 건방지다 이거죠.

이명찬   그것은 일반 국민 전체의 생각입니까? 아니면 일부 보수 세력의 생각입니까?

시라이   그 부분이 굉장히 중요한 부분인데, 지금 말씀드린 것처럼 차별의식을 노골적으로 드러내는 극단적 이데올로기가 있어요. 의식적으로 그런 사상을 가지고 발언하는 사람들, 속으로 생각하는 것이 아니라 의견을 표명하는 사람들은 매우 적습니다. 하지만 그 사람들을 마이너리티라고 할 수는 없습니다. 많은 일본인이 무의식적으로 가지고 있는 의식이기도 하기 때문입니다. 또한 극단적이고 차별주의적인 이데올로기는 엘리트층에서 주로 많이 볼 수 있는 의식입니다. 그것을 분명이 말할 수 있느냐 없느냐의 문제는 차치하더라도 실은 그런 의식을 가진 사람들이 많은데, 그것은 자민당의 구조와도 매우 닮아 있습니다. 자민당에는 여러 부류의 사람들이 있다고 합니다.

예를 들어 헌법9조를 절대로 옹호해야 한다는 측면에서 거의 사회당과 다르지 않은 입장을 취하고 있는 사람들도 있고, 한편으로는 꼭 개헌해야 한다고 하는 사람들도 있습니다. 즉 다수 의견에 더해 소수의 극단적인 의견들이 큰 폭의 그라데이션을 이루며 이어져 있다는 것입니다. 단절된 부분이 없어요. 만약 단절이 있었다면 자민당은 아마 단절의 요인을 과거 역사의 어떤 단계에서 배제했을 것입니다. 그런 의식을 비판 없이 긍정하는 세력과는 각자의 갈 길을 가야 한다는 것을 알고 있으면서도, 결국 그러지 못하고 오늘날에 이르렀습니다.

그래서 결국 지금 어떤 일이 일어나고 있느냐 하면, 예전에는 자민당 내에서 소수 취급을 받던 극우파들이 자민당의 안방을 차지하게 되었습니다. 어떤 의미에서는 일본의 대중적 이데올로기 상황과도 닮은 부분이 많다고 생각합니다. 예전부터 '대일본제국'을 외치는 부류의 사람들은 있었지만 얼마 전까지만 해도 그런 사람들은 '이상한 사람' 취급을 당했어요. 그런데 지금은 그 이상한 사람들의 발언력이 매우 강해졌습니다.

이명찬 그들의 발언력이 강해진 이유는 그런 사람들을 받아주는 사회가 되었기 때문 아닐까요?

혐한 스피치는 일본 다수 여론을 대표

시라이 사회가 달라진 부분도 있지만 어떤 의미에서는 그게 본심이었다고도 할 수 있습니다. 일본인이 그것을 의식하고 있느냐 없느냐의 차이일 뿐, 의식하고 있는 사람들은 그런 형태로 매우 과격한 말들을 쏟아내고 있지만 대부분의 사람들은 의식하지 못해요. 하지만 '사실 좀 그렇지 않나?'하고 생각하지요. 그것이 가장 잘 드러나는 부분이 8월 15일을 '패전'이 아니라 '종전'이라고 부른다는 점입니다.

최근 수 년간 일본에서 가장 보기 싫은 것 중 하나가 재일 코리안에 대한 배외주의 공격입니다. 왜 그런 행동을 하는지, 도대체 뭘 하고자 하는 것인지 모르겠어요. 그들은 자신들의 주장을 통해 대일본제국을 드러냅니다. 즉, "너희들은 예전에 식민지였던 나라의 출신자이며, 대일본제국에서 보면 명백히 2등 시민이다"라는 것입니다. 인권 관념 자체가 별로 없던 시절이기도 했지만, "명백히 열등한 사람들이라고 간주되었으며, 그렇게 취급 당했다"는 것입니다.

패전의 결과로서 대일본제국이 해체되고, 신 헌법으로 인권의 존엄성이 강조되면서 열도의 주민들끼리 서로 인권을 존중해야 하는데, 헌법 자체가 패전의 결과였던 겁니다. 그 점이 마음에 들지 않는 거에요. 일본의 행위는 인권 침해 그 자체였는데도 불구하고 조선인이 공공연히 2등 시민 취급을 당했던 과거의 시공간을 혐한 스피치의 현장에 재현하는 것입니다. 당연히 거의 모든 사람들은 혐한 시위를 보면서 "왜 저러냐, 너무 싫다"라고 혐오감을 느끼게 마련이지만, 시위당사자들은 국민운동이라고 말합니다. 자신들이 국민을 대표해서 하고 있다고요.

그런 사람들이 일본 국민들을 대표한다는 것은 말도 안 된다고 생각하는 선량한 보통 일본인들도 8월 15일은 종전의 날이라고 생각하는 것에 위화감을 갖지 않습니다. 한편, 국민운동이라고 주장하는 측에도 근거는 있어요. 그들은 패전을 직시하지 않습니다. 보통 사람들은 단순히 보려고 하지 않는 수준이라고 한다면, 혐한 스피치를 하는 사람들은 패전의 사실을 적극적으로 부인하는 것입니다. 따라서 일반인들과 그들의 역사 인식은 연결되어 있습니다.

이명찬 전쟁 이전의 2등 시민이라는 생각이 아직도 그대로이기 때문에, 지금까지도 그 인식이 계속되고 있다는 말씀이시군요.

시라이 선량한 일본인의 역사 의식을 추리고 걸러 적극적이고 공격적인 행동을 더하면 바로 혐한 스피치가 되는 것입니다. 그렇다면 그들이 하는 것은 소수 운동이라고 볼 수 없죠. 일본의 다수를 대표하는 측면을 가지고 있습니다.

따라서 그것은 결국 다수의 본심이 표출된 것이라고 보는 것이 최근 10년간의 경향인 것 같습니다.

이명찬　특히 자민당의 우파 인식이 어느 정도 거기에 포함되어있다는 견해가 있는데요, 정치학자로서 어떻게 보십니까? 일본회의의 인식과도 상당히 연결되는 부분이 있고, 실제로 일본회의에는 국회의원들도 많지 않습니까? 아베 총리는 그 대표적, 상징적인 인물이고요.

시라이　일본회의에 드나드는 운동가와 배외주의 운동은 연결되어 있기 때문에 총리 관저와 혐한 스피치 운동은 간접적으로나마 연결되어 있습니다. 그래서 그들이 저렇게 기세 등등한 것입니다. 총리대신은 말로만 "저런 행동은 당치 않다"고 할 뿐, 실제로는 공감하면서 응원해 준다는 것을 알고 있기 때문이에요.

이명찬　총리 관저와 혐한 시피운동이 말씀하신 것처럼 암묵적으로 연결되어 있다는 것을 일본의 일반 국민들도 알고 있습니까?

시라이　실제로 경찰관들의 행동을 보면 확실히 알 수 있습니다. 경찰은 배외주의자들의 행위에는 관용적이고 카운터 운동에 대해서는 관용적이지 않습니다. 일본 경찰의 이데올로기는 실로 심각합니다.

일본인은 아시아인이 아니다?

이명찬　일본의 여론조사에서 "일본인은 아시아인인가, 그렇지 않은가"라는 질문에 대해 "일본인은 아시아인이 아니다"라고 응답한 사람이 70%에 달했다는 기사를 본 적이 있는데, 선생님은 어떻게 생각하십니까. 지금 선생님이 하신 말씀 중에 "아시아에 선진국은 일본 하나다"라는 것이 있었는데, 그런 입장에서 보면 역시 다른 아시아 국가와 일본은 다르며 아시아는 열등하다는 인식 때문에 자연스럽게 일본은 아시아가 아니라는 인식을 가지게 되었는지도 모르겠습니다.

시라이   그것은 메이지유신 이후에 독특하게 형성된 것입니다. 메이지에서 쇼와 전기까지 일본은 아시아에서 유일하게 성공한 제국주의 국가였습니다. 그러다가 패전으로 그 노선을 잃게 되죠. 그 후 미국이 아시아에서 가장 중요한 파트너로서 일본을 지정하게 됨으로써 경제 발전에도 성공했고, 아시아에서는 압도적이었던 국력을 전쟁 이전부터 그대로 계승할 수가 있었습니다. 패전에도 불구하고 그 부분에 전혀 타격을 입지 않았던 것입니다.

이명찬   그래서 연속성이 있다는 말씀이시군요. 선생님이 보시기에는 메이지 이후 계속 성공적이고 압도적이었기 때문에 패전이라는 개념을 일본 국민들이 그다지 가지고 있지 않다는 것이죠.

시라이   그런 면에서 지금 일어나고 있는 일들은 새로운 사태입니다. 인구 면에서도 월등한 중국이 대국화되면서 만일 본격적인 경제 성장을 이룬다면 중국이 훨씬 커질 것은 자명한 일입니다. 군사적으로도 마찬가지입니다. 그렇게 된다면 일본은 1945년의 패전 때보다도 더 거대한 전환기를 맞이해야 할 수도 있습니다.

이명찬   센카쿠열도 문제가 2010년 9월이었지요. 그때부터 중국의 반응이 눈에 띄게 격화되었습니다.

역시 일본인에게 있어서는 1945년의 패전보다 중국에게 추격 당하는 충격이 더 컸던 것 같은데요. 어떻게 생각하십니까?

시라이   맞습니다. 하지만 옛날처럼 전쟁으로 폐허가 되거나 많은 사람들이 죽어나가는 일은 없기 때문에 실제로는 더 큰 변화가 일어나고 있는데도 잘 모르고 있거나 깨닫지 못하고 있는 것 같습니다.

이명찬 선생님의 입장에서 보면 영속패전론이 정립되기 위해 일본이 해야 할 일은 무엇일까요? 그럴 가능성은 있다고 보십니까?

시라이 언제가 되었든 일본에도 거대한 변화가 일어날 것입니다. 좋은 변화일지 나쁜 변화일지는 모르겠습니다. 최근에 아베 신조가 중국에 갔었는데 3원칙을 내놓았습니다. 중국과 협조해 나가자는 것이었습니다. 사실 아베 총리는 지금까지 중국을 적시하고 봉쇄해야 한다고 수도 없이 말했어요. 그래서 외무성이 3원칙에 대해 반발을 하니까 자신은 그런 말을 한 적이 없다고 해요. 이 사례로부터 알 수 있는 것은 일본의 정치 엘리트들 사이에서도 내분이 일어나고 있다는 것입니다. 외무성은 미국이 제일이라는 생각밖에는 없어요. 그에 비해 경제산업성 같은 곳에는 트럼프가 대통령이 되면서 이제 미국과는 같이 갈 수 없을 것 같다며 방향 전환을 해야 한다는 그룹이 있어요.

그리고 아베 총리는 아무 생각이 없는데, 아무 생각이 없는 사람은 오히려 강합니다. 지금까지 해 온 것과 모순되는 말과 행동을 아무렇지도 않게 해요. 이것은 본격적인 변화의 전조 증상입니다. 제 나라의 일이지만 실소를 금할 수 없는 것은, 원래 그와 같은 변화는 민주국가라면 정권교체를 통해서 이루어져야 하는데, 일본에서는 관료기구 내에서도 주도권 쟁탈을 하고 있어요. 그런 형태로밖에 방향성의 변화를 줄 수 없다는 것은 일본의 민주주의가 얼마나 미숙한지, 성립이 덜되어 있는지를 잘 말해주는 증거입니다.

이명찬 적절하지 못한 부분을 바로잡기 위해서는 헌법개정이 필요하다는 것인데요. 우익뿐 아니라 합리적인 현실주의자들도 그렇게 말하고 있어요. 그런 전제에서 보면 일본은 아직 보통 국가가 아니라는 것이고, 한국도 아직 통일을 하지 못하고 있으므로 보통 국가가 아니라고 생각합니다.

시라이 아직 휴전 중이니까 보통 국가는 아니지요.

이명찬 따라서 한국에는 아직 보통이 아닌 부분이 있고, 타이완과의 관계 등을 보면 중국도 보통 국가라고는 할 수 없어요. 체제를 보더라도 민주주의국가와는 전혀 다른 부분이 있습니다. 따라서 중국, 일본, 한국 3국이 아직 보통 국가가 아니라는 것이니, 보통국가가 되어야 비로소 제대로 된 이야기를 할 수 있을 것이라고 저는 인식하고 있습니다. 지금은 매우 혼란스러운 상황이고, 어떤 의미에서는 구조적인 문제가 있기 때문에 혼란은 당연하다고 할 수 있습니다. 그것을 억지로 고쳐보자고 해도 잘 안 될 거에요. 이러한 혼란을 해결하려면 시간이 필요하다고 생각합니다. 선생님께서는 어떻게 생각하십니까?

시라이 저도 그렇게 생각합니다. 일본의 보통 국가론에 관한 이야기에서 한 가지 지적하고 넘어가야 할 것은 1990년대 무렵부터 냉전 구조가 끝나고 드디어 개헌을 통해 자위대는 보통 군대라는 것을 분명히 해야 한다는 이야기가 본격적으로 나오게 되었는데, 놀랍게도 지금까지 아무것도 해결되지 않고 있다는 점입니다. 그것은 헌법이라는 것에 대한 경계감이 그만큼 강하기 때문이에요.

이명찬 헌법에 대한 경계감이 그처럼 강한 이유는 무엇입니까?

시라이 이것은 진보 좌파의 주장입니다만 "그런 식으로 했다가는 다시 그 시대(전쟁 이전)로 돌아갈 것"이라는 비판이 있습니다. 이에 대해 1990년대부터 2000년대까지 합리적인 현실주의자들은 "그런 의견은 넌센스다. 그 시대의 사회와 지금의 일본 사회는 전혀 다르기 때문에 그 시대의 헌법으로 바꾼다고 해서 그 시대로 돌아갈 것이라는 말은 초점에서 벗어나는 비판이다"라고 반박했습니다. 그러나 아베 정권이 군림함으로써 안타깝게도 그 시대로 돌아가는 것에 대해 비판하던 견해는 틀리지 않았습니다. 즉, 아베 총리를 지지하는 골수 개헌 세력은 틈만 나면 대일본제국을 부활시키려는 사람들이고 대일본제국을 무비판적으로 긍정하는 사람들이기 때문에 그런 사람들에게 헌법에 손을 대도록 내버려 두었다가는 큰일납니다. 저 역시도 "이제 개헌 문제는 어떻게 되는 것인가?"라는 질문을 받으면 그렇게 대답합니다. 결국 그런 세력들을 배제하지 않고 "개헌은 어떻게 되는가", "보통 국가란 무엇인가, 우리는 어떻게 해야 하는가"라는 논리를 시작할 수는 없습니다.

전후 일본의 국가 정체성: 네 가지 노선

이명찬 1991년의 걸프전쟁을 계기로 오자와 이치로(小沢一郎) 씨는 UN이 안보리 결의하에 응징을 목적으로 전쟁을 할 때는 일본도 UN의 일원으로서 PKF(평화유지군)에 참가해야 한다고 주장합니다. 자위대도 참가해서 싸워야 한다, 국제분쟁에 기여해야 한다는 것인데, 그것은 제가 볼 때 문제가 없다고 생각합니다. 그것은 UN결의하에 싸울 수 있다. 또는 범죄 국가에 대해 세계가 힘을 모아 응징하자는 논리이니까요.

시라이   논리적으로는 그렇습니다. 일본을 주시하는 대부분의 외국인들도 선생님 말씀처럼 의도가 좋지 않느냐, 바르지 않느냐고 말해요. 당시 오자와 씨는 일본 국내에서 강경파적인 견해를 가진 사람이라고 받아들여졌습니다. 외국인들은 그것을 보고 "오자와가 저렇게 옳은 말을 하는데도 일본은 강경파 의견이라고 받아들이다니, 여론에 문제가 있네"라며 위화감을 느꼈을 것입니다. 지금은 상당히 달라졌는지 모르겠지만 당시의 감각으로는 오자와 씨도 같은 자민당 사람입니다. 자민당 내에 계속 존재해 왔던 극우적인 의견과 UN중심주의로 보통 국가가 되자는 주장이 별개가 아닌 것처럼 보였습니다. 인맥을 보더라도 그라데이션을 이루며 이어져 있었죠. 지금은 UN주의 같은 것들은 어디론가 사라지고, 극우적이고 대미종속적인 것만이 남아 있습니다.

이명찬   아베 총리와 같은 헌법 수정주의사들은 절대로 보통국가에 머물지 않고 군사대국으로 가고 싶다는 인식을 가지고 있는 것 같습니다.

시라이   과거의 제국주의를 추구할 정도로 근본적인 국력의 여유가 없기 때문에 미국이라는 우산 아래의 작은 군국주의가 현실적으로 그들이 추구하는 목표라고 생각합니다.

이명찬   그렇다면 원하는 것과 현실이 모순되기 때문에 실현이 어렵다고 생각합니다. 아베 총리나 우익 또는 헌법 수정주의자들 중에는 미국으로부터 자주독립을 하고 싶다는 사람들도 있을 것 같은데요.

시라이   아니오. 없을 겁니다. 일종의 반미 의식은 있지만 그렇다고 해서 그들이 미국에 대해 할 말을 할 수 있는 것은 아니에요. 만일 진정으로 대미 독립을 해야겠다는 의식이 있다면, 주류미군에 대한 미일지위협정의 개정 등을 실현했을 것입니다. 그러나 실제로는 오늘날 미일 지위협정의 불평등성이 거센 비난을 받고 있는데도 정부는 아무것도 하려 하지 않아요. 비굴한 태도로 미국에게 인정을 받아 일본 통치를 허락받은 셈이기 때문입니다. 유치한 반미주의 감정만 있으니 미국에 대해 속에 있는 불만을 절대로 제기할 수 없지요. 그 대신 무엇을 하느냐 하면 미국이 두고 간 헌법을 증오하는 것입니다. 보상 심리 같은 것이죠. 헌법에 대한 그들의 생각은 불합리한 부분을 지적하는 합리적인 비판이 아니라 더 감정적인 것입니다. 덮어놓고 마음에 들지 않는다는 것이에요.

이명찬 패전을 인정하지 않는 것이 그런 감정과도 통한다고 볼 수 있을 것 같습니다.

시라이 그렇습니다. 패전을 인정하지 않는다는 것이 근본에 깔려 있어요. 패전을 인정하지 않는다는 것을 직접적으로 표현하면 미국에 당당히 맞서야 하는데, 그렇게는 절대로 할 수 없기 때문에 그 대신 헌법을 원망하는 것입니다.

이명찬 BTS라는 아이돌 그룹을 아시죠. 원폭이 그려진 T셔츠를 입은 것이 문제가 되어 니혼TV와 아사히TV의 음악방송에 출연할 수 없게 되었습니다.

시라이 한국에서는 그것을 어떻게 받아들이고 있습니까?

일본 원폭 피해의 심리학

이명찬 한국에서는 대부분 왜 그렇게까지 큰 문제가 되는지 모르겠다는 반응입니다. 과거의 한국은 역사 문제에 대해 일본에 이것 저것 이야기를 해도 아무것도 달라지는 것이 없어서 일종의 좌절감을 느끼면서도, 역시 국력의 차이가 있으니 어쩔 수 없다고 체념하는 부분이 있었습니다. 그런데 이번에 전세계적으로 영향력을 가지고 있는 BTS를 대상으로 이런 현상이 벌어지면서 지금까지 한일 양국만으로는 해결할 수 없었던 것이 세계적인 이슈가 되어 한국 측에서 볼 때는 오히려 잘됐다는 이야기도 꽤 있어요. 전세계의 수많은 BTS팬들이 그들의 편을 든다면 일본은 좀 곤란할 수도 있겠다 싶어요. 이것은 상당히 재미있는 현상입니다.

시라이 그것에 대한 일본의 반응을 보면 전후 일본인이 전쟁을 어떻게 받아들이고 있는지, 세계의 인식과는 어떤 차이를 보이는지 알 수 있습니다. 문제는 원폭이 떨어졌다는 것에 대해서 일본인이 부끄럽게 생각하지 않는다는 것입니다. 생체실험도 하고 이루 말할 수 없이 잔혹한 방법으로 사람을 죽인 자신들의 역사를 어떤 식으로 직시해야 하느냐 하면 가장 먼저 부끄러워해야 한다고 생각합니다. 그런데도 우리 민족이 그때 정말 한심한 상태에 있었기 때문에 그런 행위를 했다는 의식이 없어요. 어떤 면에서는 "바보같이 원자폭탄이나 맞느냐"며 조롱당합니다.

외국인이 일본의 원폭을 어떻게 바라보는지 일본인들은 사실 잘 모르고 있어요. 만일 알게 된다면 화내는 것 이외에는 달리 반응할 방법이 없겠죠. "그런 심한 말을 하다니, 얼마나 참혹했는지 알기나 하는가"라고요. 얼마나 참혹했는지 잘 알면 그런 말을 하지 않겠지만, 그런 식으로 비쳐지는 것에 대해 단지 "참혹한 일이니까 두 번 다시 있어서는 안 된다"는 식으로만 넘길 문제는 아니라는 사실을 일본인들은 깨닫지 못하고 있습니다. 언제까지나 비참해하고만 있으면 되는 줄로 알아요.

이명찬 선생님은 원폭에 대해 어떻게 생각하십니까?

시라이 물론 용서하기 힘든 행위라고 생각합니다.

이명찬 용서하기 힘들다는 것은 미국을 말씀하시는 것인가요?

시라이 그렇습니다. 그 일을 절대로 잊을 수는 없을 것입니다. 단, 당시의 일본도 용서할 수 없습니다. 일본이 너무 한심해요. 부끄러운 줄을 알아야죠. 누가 그런 상황을 초래했습니까. 우리 자신들 이외의 그 누구도 아닙니다. 남 탓을 할 수는 없어요.

이명찬 그렇다면 선생님의 감정도 복잡하군요. 일본이 한심하긴 하지만 미국이 한 일 또한 용서하기 힘들다, 그러면서도 내 탓이니 어쩔 수 없다. 여러 가지 복잡하네요. 물론 간단한 문제는 아니겠지만요.

제가 게이오 대학에서 공부할 때 수업 중에 이런 이야기가 나왔습니다. "원폭을 떨어뜨린 것에 대해 미국이 어쩔 수 없었을 것이라고 생각하느냐"는 질문에 대해 다양한 의견을 주고받은 적이 있는데, 미국의 입장에서는 원폭 없이 전쟁을 계속 하다가는 원폭으로 희생되는 사람의 수보다 더 많은 사람들이 죽을 수도 있고, 전쟁이 오래갈 수도 있었을 겁니다. 폭격도 있었죠. 도쿄뿐 아니라 일본 전국이 폭격의 폐허가 되었을지도 몰라요. 그런 점을 생각하면 어쩔 수 없었다는 겁니다. 원폭에 의해 전쟁이 빨리 끝났다는 것이 미국의 주장입니다. 그것에 대해 일본의 학자들이 감정적으로 받아들이지는 않았습니다. 논리적으로는 그럴 수도 있다는 것이죠. 하지만 결과적으로 원폭을 투하한 것은 너무했다는 인식이 있습니다. 어떤 면에서 보면 일본인이 미국으로부터 피해를 입었다는 인식은 거기서부터 나오는 겁니다.

시라이 피해인 동시에 원폭은 전후 일본 내셔널리즘의 배경이 되고 있습니다. 역사 의식 속에서 원폭 피해로 인해 침략이나 범죄 부분이 상쇄되고 있지요. 이를테면 그 전쟁으로 세계에서 가장 참혹한 꼴을 당하고 핵무기의 실험 대상이 된 것은 일본이라는 것이죠. 남의 나라를 일방적으로 공격한 죄가 그것으로 다 없어진 것처럼 일본인들은 생각하는 것입니다. 하지만 그런 논리는 통용되지 않아요. 예를 들어 필리핀 사람의 입장에서는 일본이 원폭을 맞은 것은 자업자득이리고밖에 볼 수 없을 것입니다.

이명찬 다른 나라의 입장에서는 그렇게밖에 보이지 않겠지요. 일본인은 전쟁에서 여러 가지 범죄를 저질렀으니까요.

좌파 지식인의 모순적인 평화주의

시라이 실은 좌파의 평화주의도 점점 내셔널리즘 쪽으로 흘러가고 있습니다. "우리는 무시무시한 핵무기 피해를 경험했기 때문에 인류는 더 이상 전쟁을 해서는 안 된다는 궁극적인 이념에 도달했다. 가장 비참한 경험을 통해 우리는 뼛속까지 평화주의자가 되었다"고 말합니다. 하지만 희생자의 수를 보면 중국인과 러시아인 희생자가 일본인

희생자보다 많아요. 신무기(원폭)가 사용되었다는 점을 제외하면 일본인이 세계에서 가장 비참한 경험을 했다고는 말할 수 없는 것입니다. 그와 같이 상대적인 시각을 지니지 않은 채 원폭의 경험을 이용한다는 것은 '특별하고 위대한 일본인'이라는 관념을 유지하기 위한 하나의 구실에 불과합니다. 그 결과, 전후 일본의 평화주의는 지리멸렬한 것이 되었습니다.

전쟁은 절대로 하지 않겠다고 하면서 미국에 병참을 요구하고, 국제적인 군사 행동을 지지할 뿐 아니라, 미국 군사력의 보호를 받으며 번영을 누려왔으니, 그것을 어떻게 평화주의라고 할 수 있겠습니까? 결국 헌법9조도 일본의 침략을 당한 나라들의 입장에서 보면 갑자기 "전쟁을 포기하는 것은 세계적 이념이며 일본은 그것에 앞장서겠다"고 하니 어이가 없지요. 어제까지는 그렇게 호전적으로 달려들더니 오늘은 '절대 평화주의자'라며 하루아침에 달라지는 것이잖아요? 그것은 누가 봐도 "졌으니까 저런 소리를 한다"고밖에는 볼 수 없는 겁니다. 전후의 좌파들도 사실은 그런 점을 지금까지 눈감고 온 부분이 있습니다. 따라서 그런 부분의 기만성이 표면화되고 있는 것이 현재의 상황입니다.

이명찬 선생님은 지금 좌파도 비판하시고 우파도 비판하시는데, 어느 쪽의 입장이십니까?

시라이 저는 기존의 어떤 진영에도 들어가고 싶은 생각이 없습니다. 저는 어느 쪽에 대해서도 할 말은 합니다. 좌파도 우파도 붕괴되고 있는 상황이기 때문에, 새로운 원리를 내놓지 않으면 재건할 수 없습니다. 그런 의미에서 새로운 원리를 세우는 일을 하고 싶습니다.

하지만 전후 좌파 지식인들 중 소수지만 그런 비판을 하는 사람들이 있었습니다. 예를 들면 신 헌법을 옹호하는 입장에서 "헌법의 이념은 궁극적으로 UN군이 세계의 경찰로서 기능할 때 일본이 병사를 내어 피를 흘림으로써 UN의 평화유지활동에 기여해야 한다는 것이다"라고 말하는 사람들이 패권 직후에도 있었어요. 좌파들 중에서요. 그런 정론적인 말을 미야자와 키이치(宮澤喜一)와 같은 국가보수주의자들 입으로 듣고 싶지 않다는 것이죠. 현재의 자민당 정치가들과 비교하면 미야자와 키이치는 매우 양식 있는 사람처럼 비쳐질지도 모르겠지만 그래 봤자 자민당입니다. 결국, 일본인들에게는 국가가 "목숨을 바치라"고 명령하는 것에 대해 씻을 수 없는 불신이 있습니다. 물론 그 원인은 전쟁의 경험입니다.

그 전쟁은 그냥 단순히 진 것이 아니라 거시적으로도 미시적으로도 엉망진창이었어요. 일본의 군대는 국민을 쓰레기와 같이 취급했습니다. 당시의 군견이나 군마는 훈련시키고 먹이는 데 돈이 들지만 병사는 종이 한 장이면 농원할 수 있었기 때문에 개나 말이 사람보다 더 대접을 받았습니다. 인간의 가치가 개나 말보다 낮았던 군대였어요. 또한 전선(戰線)에서 대규모 아사자가 나왔어요. 그것에 대해 일본 국가는 자주적으로 아무것도 해 주지 않았어요. 그것이 전후의 국가, 특히 군사적인 것에 대해 일본인이 근본적으로 가지게 된 혐오의 원인이 되었다고 생각합니다.

이명찬 하지만 최근에는 자위대에 대한 지지가 상당히 높습니다.

시라이 그것은 현직 자위관에 대한 칭찬이 눈에 띄는 것입니다. 지금의 자위대를 혐오하는 시선으로 보는 것은 아니지만 자위대의 실상을 들여다보면 상당히 위태로운 상태입니다.

| 이명찬 | 공무원과 같은 것 아닌가요? 제가 어느 TV프로그램을 봤는데, 자위대는 군대라는 의식이 별로 없어 보였습니다. 한국의 군대와 비교하면 자위대의 모습은 공무원 같다고 느꼈습니다.

만일 헌법이 개정되면 갑자기 전장으로 보내져서 죽을지도 모르는 상황으로 바뀐다면 받아들일 수 없다고 퇴직하는 자위대도 있을 것이라는 이야기를 듣고, 역시 한국의 군대와는 전혀 다르다고 생각했습니다. |

| 시라이 | 하지만 집단적 자위권의 행사가 용인되면 약속이 다르다는 겁니다. 남수단에 파견된 사람들 중에 사실은 사망자가 있을 가능성도 나오고 있어요. 정부가 은폐하고 있을 가능성을 배제할 수 없습니다. |

| 이명찬 | 그것은 선생님 개인의 생각이신가요? |

| 시라이 | 아닙니다. 귀국 후 자살했다는 사람의 수가 눈에 띄게 많습니다. 정말로 자살일까 하는 의문이 들어요. |

| 이명찬 | 역시 사망자가 있다고 생각하시는군요. |

| 시라이 | 있을지도 모릅니다. 국회에서 일지 조작 문제가 있었던 것 아시죠? 뭔가 상당히 은폐하고 있는 겁니다. |

| 이명찬 | 그런가요? 전장의 사망자에 대한 기록을 조작했을지도 모르겠군요. |

| 시라이 | 저는 지금의 정부가 무슨 말을 해도 전혀 놀라지 않아요. 사망자가 있을 수도 있고, 우리가 누군가를 죽였을 수도 있어요. 그렇다고 해

도 전혀 놀랄 일이 아니라고 생각합니다.

이명찬 지금 자위대에 지원하는 사람들은 파병되어 죽을지도 모른다는 것을 알고 지원하겠네요.

시라이 네, 하지만 국방 의식보다도 경제 사정으로 인한 지원이 압도적으로 많을 것입니다. 즉, 경제적 징병제입니다. 그리고 최근에는 친근감 있는 모집 캠페인이 눈에 띕니다. 만화 캐릭터를 사용하기도 해요. 극단적으로 말하면 어려운 상황에 몰린 사람들이나 아무 생각 없는 사람들을 속여서 데리고 가는 겁니다.

이명찬 선생님께서는 앞으로 한국과의 관계를 어떻게 예상하십니까? 예를 들면 앞으로 한국과 관련된 일을 더 많이 하고 싶으신가요, 아니면 일본에 집중하고 싶으신가요?

시라이 역시 저는 동아시아가 어떻게 되어가는지, 어떻게 되어야 하는지에 대하여 일본, 한국, 중국, 타이완의 4개국에 중심을 두고 전체를 복합적으로 보는 것이 매우 중요하다고 생각합니다. 어려운 일이겠지만 그런 일을 앞으로 해나가고 싶습니다.

이명찬 선생님의 대표적인 저서인 『영속패전론』의 입장에서 보면 간단한 이야기입니다. 패전의 의식이 없이 전쟁 이전부터 계속되고 있는 정치세력이 미국에 고개를 숙이고, 한편으로 아시아에는 매우 오만한 태도를 보이는 것을 고발한 책이었습니다. 그렇다면 선생님께서 말하고자 하신 것은 아시아를 좀 더 소중히 여기라는 것도 있지 않습니까?

일본 내셔널리즘이 문제

시라이   물론 그렇습니다. 그래서 제가 의도한 것이 아님에도 불구하고 한국이나 타이완의 독자들도 주목해 주고 있다고 생각합니다. 제가 일본 국내에 대해 말하고 싶었던 것은 역사 인식 문제나 야스쿠니 문제에 대해 일본은 국민 간의 견해를 조절하거나 타협시키는 식으로밖에 논의하지 않았다는 점입니다. 야스쿠니가 왜 문제인지, 왜 일본의 총리가 가면 안 되는지에 대해 중국과 한국이 항의하니까, 외교문제이니까 라는 식으로 받아들여왔어요. 역사 인식 문제도 그렇습니다. 배상 혹은 보상, 해결 문제 혹은 미해결 문제, 정당한가 혹은 부당한가를 둘러싼 논의가 항상 있어왔는데 저는 그런 문제가 아니라고 생각합니다.

일본이 자신들의 역사 행보를 어떻게 생각하느냐가 중요한데, 예를 들면 야스쿠니 신사라는 것이 일본인에게 있어 어떤 의미인지 아는 것이 문제의 핵심이지 외국인이 항의를 하거나 말거나 그것은 이차적인 문제입니다. 우리에게 어떤 의미인가 그것을 말해야 합니다. 그래야 비로소 본질적인 논의를 시작할 수 있어요. 아시아 각국에서 제 책에 주목해 주시는 분들이 많다는 것은 일본인의 이해할 수 없는 언동의 수수께끼가 풀렸기 때문이 아닐까요. 일본인들이 외부로부터 항의를 받아 가끔 반성하는 척을 하지만 최근 들어 여기저기 본심이 드러나는 상황에서 "일본이 잘 안풀리네, 왜 그럴까, 수수께끼야"라고 생각하는 사람들이 많았다는 뜻일 것입니다.

이명찬   그 이유를 선생님께서 구조적으로 잘 설명해 주셔서 한국과 타이완의 지식인들이 볼 때는 속이 시원한 책입니다. 일본인이 이제 겨우 자신들의 어디가 잘못되었고 어디가 부족한지 제대로 지적하고 있다는 의미에서 대단히 좋은 출발점을 선생님께서 제시해 주셨습니다.

시라이   또 한 가지 말씀드리고 싶은 것이 있습니다. 저는 전후 일본인의 내셔널리즘을 비판적으로 분석한 셈인데, 그것은 많은 일본의 좌파 지식인들이 지금까지 해 오던 일이기도 합니다. 지금까지 일본의 좌파들 중에는 일본의 내셔널리즘이 한국이나 중국의 내셔널리즘과 충돌할 때, 한국이나 중국의 내셔널리즘을 무비판으로 긍정하며 일본의 내셔널리즘을 비판하는 논리를 펴는 사람들이 상당히 많았는데, 저는 그런 논리 전개 방법에 반대합니다. 그것은 전혀 내셔널리즘 비판이라고 할 수 없어요. 어차피 모든 내셔널리즘은 배타적이고 자기애가 충만하며 기본적으로 자기중심적일 수밖에 없는 것이므로, 타국의 내셔널리즘에 의거하여 자국의 내셔널리즘을 비판한다는 것은 어리석은 행위입니다. 따라서 저는 어떤 나라의 내셔널리즘에도 가담하는 것은 아니며, 일본의 내셔널리즘은 이러한 구조로 되어 있다는 것을 제시하고, 그런 점에서 납득이 되지 않는 부분이 있다는 것을 분석하려 했을 뿐입니다.

이명찬   그것은 매우 중요한 부분이라고 생각합니다.

시라이   일본의 내셔널리즘을 비판하기 위해 외국의 내셔널리즘을 긍정하는 좌익은 우파에게 아부하며 목구멍에 풀칠하는 외국인 논객들과 다를 바가 없습니다. 일본에는 그런 타입의 유명한 논객들이 몇 명 있습니다. 스핑(石平)이라는 중국인인데 천안문사태로 조국에 절망했다고 합니다. 그리고 타이완 출신의 황원슝(黃文雄), 한국 출신의 오선화(吳善花)입니다. 이들은 매우 유명한데, 일본의 우익 미디어에 자주 등장합니다. 이 세 명은 각각 자국이 어떤 식으로 왜곡된 행위를 하는지 비판하는데요. 그 비판 내용이 100% 틀린 말은 아닐 것입니다. 일부 맞는 부분도 있겠지요. 그럼에도 불구하고 그들은 쓰레기입니다. 왜냐하면 자국의 험담을 하면서 '옳지 잘한다'며 박수치는 일본인의 비위를 맞추며 돈벌이를 하는 것이니까요. 잘못하면 반대의 경우도 있을 수 있어요. 자칫하면 일본의 좌파도 그렇게 될 수 있습니다. 예를 들어 한국에 가서 일본의 내셔널리즘이 얼마나 가당치도 않은 것인지 말한다면 그 자리의 한국인들이 듣고 좋아할 수도 있지 않습니까? 그런 식으로 타국의 내셔널리스트를 기분 좋게 하여 돈을 번다면 저 세 명과 똑같이 되는 겁니다.

이명찬 지금까지 몇 분을 인터뷰했는데, 그 중에 이런 말씀을 하시는 분들이 많았습니다. 지금까지 좌파들이 한국에 대해 좋은 역할을 많이 했는데, 사실 그것은 한국을 제대로 이해하고 한 행동이라기보다 일본의 우파가 싫으니까 한국 편에 서서 행동한다는 이야기였습니다. 그 사람들도 한국과 한국의 역사에 대해 잘 모른다는 거예요.

그러니까 지금 한일 관계가 이렇게 어려워진 이유는 역사의 팩트가 엄연히 있는데도 불구하고 그것을 알지 못한 채 분위기로만 서로 대하기 때문에 아무런 도움이 되지 못하고 악화되었을 뿐인 겁니다. 그런 면에서 신문이나 언론이 20회, 30회짜리 특집을 기획하여 한일 관계에 어떤 일이 있었는지 알려주는 것이 중요하다고 하는 사람들도 있습니다.

시라이 그렇습니다. 결국 1965년 국교수립에 대한 내용을 일본인들도 잘 몰라요. 거기에는 배상문제라든지 여러 가지 복잡한 부분이 많아서 해설하자면 책으로 몇 권을 써야 할 정도에요. 그런 부분의 지식이 일본 사회 전체에 많이 부족하기 때문에 일본의 언론은 "한국이 또

부조리한 이야기를 한다. 돈을 뜯어내려고 한다"는 수준의 보도를 하고 있어요.

이명찬 그러니까 제대로 된 지식을 가지고 인식하는 것은 매우 중요합니다. 어제도 정재정 선생님과 이야기를 나눴는데요. 정재정 선생님은 한일 교과서 문제에 10년 정도 관여해 오셔서 한일 관계에 매우 정통하신 분입니다. 그 선생님도 일본이 역사를 잘 모르는 채로 있으니 매우 어렵다고 말씀하셨습니다. 한국의 강한 주장에 대해 아무 지식이 없으니까 그렇게 반응하는 것이라고요. 저는 요즘 젊은 세대가 본인들 살아남기에 급급하여 과거에 무슨 일이 있었는지 별로 관심을 가지지 않기 때문에 그런 사람들을 지적해도 소용이 없다고 생각합니다. 그런 사람들의 현재 상황을 그대로 인정한다는 전제하에서 어떻게 하는 것이 좋을지 생각해야죠. 일본도 그렇지 않습니까? 몰라서 그런다고 지적만 하는 것은 소용없을 겁니다.

시라이 하지만 지식이 없는 상태에서 이대로 가다가는 서로 비난만 하다가 끝날 가능성이 매우 높다고 생각합니다. 저는 알력이 발생하는 것을 너무 두려워해서는 안 된다고 생각합니다. 한국과 일본은 이웃나라니까요. 이웃나라라는 것은 세계 어디를 봐도 사이가 좋지 않게 마련이기 때문에 긴장감이 있는 것은 당연합니다. 따라서 완전히 서로에게 투명한 신뢰 관계를 구축한다는 것은 도저히 무리라는 전제에 입각해서 생각하되, 한편으로는 이상도 잃지 말아야 합니다. 완전히 서로를 이해할 수 있을 것이라는 전제는 자칫하면 상호 간에 큰 환멸로 이어질 수 있습니다. 오히려 마찰이 일어난다는 것은 관계가 대등해졌다는 증거라고 할 수 있습니다.

주한 일본대사였던 무토 마사토시(武藤正敏) 씨는 한국인으로 태어나지 않아서 다행이라고까지 말했죠. 그건 매우 부적절한 발언이라고 생각합니다. 그런 사람이 대사였다는 것을 한국에서는 어떻게 보겠습니까. 한국 이외의 외국인들은 또 어떻고요. 일본이 도대체 어떻게 되어 가는 것인지 모르겠다고 하지 않겠습니까? 남들의 눈에 어떻게 비쳐질 것인지에 대해 지금의 일본인은 전혀 객관적으로 생각하지 못하고 있어요. "지금의 일본인은 어딘지 좀 한심하고 조급해 보인다"고 보는 매우 동정적인 시선이 있는데, 그만큼 부끄러운 상태라는 것을 잘 모르고 있어요.

이명찬 저는 지금의 상황이 앞으로 대등한 관계가 되어가는 시작점이 될 것이라고 생각합니다. 제가 하고 싶은 말은 지금까지 한국이 일본을 전혀 몰랐고 일본도 한국을 전혀 몰랐다는 점입니다. 알려고 들지도 않았고 관심도 없었어요. 하지만 지금은 그것이 통용되지 않는 시대가 되었습니다.

서로 주장하는 바가 다를 수 있지만 또 서로 해야 할 일이 있는 만큼 직접적으로 부딪혀 상대방을 이해할 수 있는 계기로 삼아야 할 것입니다. 다소 삐걱거리긴 하겠지만 한일 관계가 완전히 악화되지는 않을 것이라고 생각합니다. 그렇게 생각하는 이유는 일본도 선진국이고 한국도 성장하여 그 정도의 시민 의식은 갖췄기 때문입니다. 따라서 하고 싶은 말은 하되 상대방을 죽이는 말이 아니라 주장하는 바를 어느 정도 조절해서 말할 수 있게 될 것이라고 생각합니다.

그리고 지금 일본을 방문하는 한국인 여행객이 대단히 많습니다. 일본에 가보면 군국주의로 치달을 리가 없다는 것을 눈으로 보고 알게 될 것입니다. 그래서 최근의 한국 언론은 일본이 어떻게 나오더라도 군국주의라는 말은 거의 하지 않습니다.

시라이 그런 식의 부추기는 듯한 언설은 많이 줄어든 것 같습니다. 좋은 일이라고 생각합니다.

재일 코리안의 비극

시라이 단 한 가지 걱정되는 것이 있습니다. 저에게는 재일 코리안 친구들이 몇 명 있는데, 그들의 이야기를 들으면 최근 수년간 경험한 것들의 어려움을 실감할 수 있습니다. 뿌리 깊은 차별이 여전히 존재하고, 일본 사회 전체가 어두워져 스트레스의 분출구로 이용되고 있습니다. 이를테면 유럽의 반유태주의와 같은 것이에요. 재일 코리안은 일본 사회의 마이너스 감정들의 압도적인 타깃이 되고 있습니다. 그런데 제가 보기에 한국 사회는 이 문제에 대해 별로 관심이 없는 것 같아요. 그런 의미에서도 그들은 버림받았습니다. 요즘 그들의 딱한 처지가 한국에서는 화제도 되지 않는 것인가요?

이명찬 네. 저도 이상하게 여기는 부분입니다만, 한국 사회에서는 별로 화제가 되지 않고 있습니다.

시라이 왜 그렇게 관심이 적을까요? 재일 코리안들이 한국을 조국이라고 찾아가면, 한국에서도 차별을 받는다는 이야기를 자주 들었습니다.

이명찬 그것은 일부 재일 코리안이 북한과 깊은 관계를 맺고 있는 경우가 있기 때문입니다. 일본에서도 북한과 관계를 맺으면서 조선학교도 세우고 민족교육도 했지요. 그리고 아마 한국에서는 재일 코리안이란 일본에서 살아가는 것을 본인의 의지로 선택한 사람들이라고 생각하는 것 같아요. 돌아오고 싶으면 돌아오면 된다고요. 또한 한국인들은 본인들의 일로 다른 곳에 눈을 돌릴 여유가 없었습니다. 민주화도 그렇고 현대사를 보면 한국 사회가 많이 힘들었어요.

시라이 한편 북한도 재일 코리안 보호를 위해 아무것도 하지 않아요. 그만큼 돈을 상납 받아놓고 말이죠.

하나의 해결 방법으로 일본에 귀화하면 되지 않느냐는 논리도 있습니다. 귀화하면 유리한 점이 많은데도 대부분 귀화를 하지 않는 것은 일본 정부를 용서할 수 없기 때문입니다. 그런 부당한 취급을 계속해 온 일본을 절대로 용서할 수 없다는 거에요. 그래서 귀화하지 않는다는 겁니다.

재일 코리안 중에는 "귀화하지 않는 사람은 절대 용서할 수 없기 때문이고, 귀화하는 사람은 포기했기 때문이다"라고 말하는 사람도 있습니다.

이명찬 그럴지도 모르죠. 2세, 3세로 갈수록 그런 의식이 약해지지 않겠습니까?

시라이 저도 정식 통계를 보지 않아서 잘 모르겠지만, 지금의 3세 또는 4세들 중에 귀화하는 사람들이 늘었느냐 하면 그렇지도 않은 것 같습니다.

이명찬 아마 그런 의식이 강한 사람들은 가정교육을 시킬 겁니다. 어떤 가정이냐에 따라 달라지겠지만 의식이 강한 가정은 몇 세대가 되어도 유지가 될 것입니다. 그런 부분도 어느 정도 작용한다고 생각합니다.

지금까지는 일본에 대해 여러 가지 말씀을 들었는데, 이번에는 한국에 대해 하고 싶은 말씀이 있으십니까? 좋은 한일 관계를 위해 한국에 바라는 점이 있다면 말씀해 주시기 바랍니다.

시라이 어떻게 해 주었으면 좋겠다고 할 수 있을 만큼 제가 한국에 대해 깊이 알고 있다고 자신할 수는 없지만, 독도에 대해서는 한국의 내셔널리즘이 과한 부분이 있다고 느껴집니다. 물론 여러 가지 역사적 경위가 있다는 것을 이해하지만, 이제 그만 자국의 내셔널리즘을 여러 측면에서 객관화하고 상대화하는 단계에 들어가야 할 때라고 생각합니다.

기미야 다다시 木宮正史

1960년 일본 시즈오카 현에서 태어나 도쿄대학교 법학부를 졸업하고 같은 대학원에서 박사과정을 수료했으며, 1991년에 고려대학교 대학원 정치외교학과에서 박사 학위를 받았다. 1993년 법정대학 법학부 조교수, 1996년 도쿄대학 대학원 종합문화연구과 조교수를 거쳐 2010년부터 교수로 재직 중이다. 도쿄대학에 현대한국연구센터와 한국학연구센터를 설립하여 센터장을 역임하였다. 전문 분야는 정치학 및 국제관계론을 중심으로 하는 현대 한반도 지역론이다. 현재 1970년대 미중 화해 등 동아시아 냉전 체제가 완화되는 가운데 한국의 외교정책이 어떻게 전환되어 갔는가에 관심을 갖고 연구 중이다. 저서로는 『박정희 정부의 선택』(2008, 후마니타스), 『일본의 한반도 외교-탈식민지화 냉전체제 경제협력』(손석의 역, 2013, 제이앤씨), 공저로 『한일 관계사 1965~2015 정치』(2015, 역사공간) 등 다수가 있다.

일본 지식인에게 듣는 **한일 관계와 역사 문제**

일시 2018년 11월 13일(화) 15:00~18:00
장소 일본 도쿄 시내 카페
진행 이명찬

기미야 다다시(좌)와 이명찬(우)

이명찬　선생님은 한국에서 관심을 갖고 유학까지 하신 것인지요? 그 동기는 무엇이었습니까?

개발도상국의 개발 독재 체제에 대한 관심

기미야　솔직히 저는 한국 그 자체에 관심이 있었다고는 말씀드릴 수 없습니다. 원래 국제 정치를 공부하고 싶었어요. 국제 정치 중에서도 미국이나 소련과 같은 대국 간 관계에 의해 구성되는 국제 정치관이 아니라, 주변국에 의한 국제 정치, 국제 관계를 어떻게 볼 것인가 하는 문제에 상당히 큰 관심을 가지고 있었습니다. 그래서 남북문제에 대해서도 관심이 많았어요. 그 중에서 특히 개발도상국은 경제 발전을 이루는 과정 속에서, 일종의 독재 체제, 개발 독재 체제라고 하는 것에 직면하게 됩니다. 저는 개발도상국이 경제 발전을 이루는 과정에서 왜 독재 체제라는 현상이 발생하는지에 대해 매우 큰 관심을 가지고 있었습니다.

마침 1970년대 후반에서 1980년대의 한국은 개발 독재의 전형적인 모습이었어요. 유신 체제부터 전두환 체제에 이르는 시기입니다. 저는 그 개발 독재 체제를 어떻게 볼 것인가에 대한 일환으로 한국의 사례에 대해 관심이 있었기 때문에, 한국에 대한 연구를 하기로 했던 것입니다.

이명찬　지금까지 국제정치학을 공부하신 분들을 인터뷰해 보면, 한국에 대해 거의 관심이 없었다고 하는 경우가 많습니다. 우연히 한국에 가게 되었고, 그때부터 관심이 생겨 공부하게 되었다고 해요. 선생님께서 말씀하신 것처럼, 예전의 일본과 한국은 너무나 차이가 컸기 때문에 일본 측에서 보면 한국이란 별로 관심 없는 나라였을 것입니다. 그런데 지금은 사정이 많이 달라졌어요. 선생님께서 한국에 대하여 연구하시는 것에 대해, 선생님 자신이나 주변에서는 어떻게 평가하십니까?

기미야 주변의 평가는 잘 모르겠습니다만, 현재 일본의 정치 학계에서 일본의 정치와 가장 의미 있는 비교 대상으로 꼽는 나라 중의 하나가 한국입니다. 비단 우리와 같은 전문가가 아니더라도 많은 사람들이 한국과 일본의 정치를 비교하고 있습니다. 그런 의미에서 한국과 일본은 물론 문화는 다르지만 유럽이나 미국 또는 제3세계 국가들과 비교하면 아무래도 비슷한 부분이 많습니다. 그와 같이 비슷한 조건 속에서 비교해 본다는 것은 매우 중요한 일이에요. 일본과 유럽을 비교한다 해도 전제 자체가 다르기 때문에 비교의 의미가 별로 없지만, 일본과 한국처럼 전제가 매우 비슷한 가운데 비교를 하는 것은 그 의미가 상당히 큽니다. 그런 의미에서 한일에 대한 비교는 지금 양국의 정치학에 있어서 가장 주목되는 분야라고 생각합니다.

제가 한국을 연구해 왔다는 것은 그런 분야에 중요한 기초를 제공했다는 의미가 있는 것 같습니다. 한편 제가 위기감을 느끼는 것은 서로의 나라에 대해 잘 알지 못하는 사람들이 비교 연구를 한다는 사실입니다. 거기서 오히려 일본의 한국 연구자나 한국의 일본 연구자들이 배제되는 경향이 있는데, 그럴수록 우리는 그런 사람들의 연구에 대항할 수 있는 제대로 된 연구를 해야 합니다. 그렇지 않으면 점점 고립될 우려가 있다고 생각합니다.

이명찬 일본과 한국을 비교 연구하는 사람들이란 예를 들면 누가 있을까요?

기미야	공동 연구조. 여러 분야에서 이루어지고 있습니다. 예를 들면 꼭 일본 연구가는 아닙니다만 한국에서는 염재호 씨가 있고, 최근에는 강원택 씨도 하고 계시지 않습니까? 일본에는 일본 정치를 계량적으로 연구하는 사람도 있고 그렇지 않은 사람도 있는데, 대표적인 인물을 꼽는다면 게이오대학의 고바야시 요시아키 씨가 있을 것입니다.
이명찬	그런 사람들로부터 위기감을 느끼신다는 것인지요.
기미야	그런 것은 아닙니다. 그분들이 제 의견을 구하는 경우도 있어요. 단, 그런 분들의 연구는 일본과 한국을 이해하는 것보다 비교하는 것에 중점을 둔 것이기 때문에, 우리와 같은 한일의 연구자들이 볼 때는 연구의 목적도 다르고 방법도 상당히 다릅니다. 그러다 보면 우리가 예상하지 못했던 결과가 나오는 경우가 있어요. 그래서 이제는 일본의 한국 연구자들도 한국에 대해서만 연구할 것이 아니라, 한일간의 비교 연구도 제대로 해 볼 때가 되지 않았나 하는 생각이 듭니다. 한일이 비대칭적 관계라면 비교의 의미가 별로 없겠지만, 대칭적인 관계가 될수록 비교의 의미가 매우 커질 것입니다.
이명찬	현재 한일 관계가 상당히 좋지 않은 것에 대해 선생님께서는 어떻게 생각하십니까?

비대칭적 관계에서 대칭적 관계로 변화

기미야	2018년 10월 30일 대법원의 징용 판결은 1965년 한일국교정상화의 기초가 된 한일청구권협정 자체가 한국 측에서 볼 때 문제가 된다는

것으로, 어떤 의미에서는 매우 위기적인 상황이라고 생각합니다. 저는 일본과 한국이 비대칭적(asymmetrical)이고 상호보완적인 관계에서 대칭적(symmetrical)이고 상호경쟁적인 관계로 변화하고 있는 것이라고 표현하고 싶습니다. 그런 이유 때문에 한일간의 문제에 대하여 대립이 악화되어 가는 측면이 있는 것입니다.

또 한편으로는 한일을 둘러싼 상황, 예를 들어 단기적으로는 북한의 비핵화에 관한 문제, 중장기적으로는 중국의 대국화, 중미 관계 등에 대한 한일의 대응이라는 면에서, 두 나라의 입장이 완전히 같을 수는 없겠지만 입장을 상당히 공유할 수 있는 부분도 있습니다. 나아가서는 서로 협력하여 서로의 입지를 다져야 하는 부분도 있습니다. 따라서 한일간의 문제를 극복하고 공통의 과제, 공통의 문제에 협력해 나가는 쪽을 선택할 수 있느냐 하는 것이 현재의 한일 관계라고 생각합니다.

이명찬 선생님께서 말씀하신 것처럼 한일 양국은 비대칭적인 관계에서 대칭적인 관계로 이행하고 있습니다. 거기에는 아무래도 한국의 경제적인 발전이 크게 작용했다고 생각합니다. 1965년 한일청구권협정 당시에 일본의 국력은 한국의 100배 이상이었습니다. 당시 한국의 1인당 GDP는 150달러 정도였습니다. 그것이 이제는 3분의 1까지 줄어들었을만큼 한국이 성장했습니다.

그래서 한국의 일반 국민들, 특히 젊은 사람들은 일본에 대해 열등감을 별로 갖고 있지 않아요. 제 아버지나 할아버지 세대는 일본에 대해 원한도 있지만 한편으로는 존경하는 마음도 컸습니다. 일본은 대단한 나라라고요. 하지만 이제부터 한일 관계를 이끌어갈 젊은 세대들은 "한국과 일본은 대등한 관계인데, 왜 과거의 악행에 대해 사죄하지 않는가"라는 생각을 매우 강하게 가지고 있어요.

기미야 적당한 표현일지 모르나, 예전의 한국은 일본의 도움이 필요했기 때문에 자신들을 도와줄 일본에 대해 하고 싶은 말을 제대로 하지 못했어요. 하지만 지금은 그렇지 않기 때문에 당당하게 주장하고 싶은 것은 주장해야 한다는 쪽으로 변했다고 생각합니다.

한편 일본 입장에서 보면 예전의 한국은 반공의 방파제였어요. 한국은 그런 의미에서 중요했어요. 그래서 한국에 대해 어느 정도 관대하게 대응할 수 있었던 것입니다. 그러나 지금은 한일간의 격차가 줄어들었을 뿐만 아니라, 남북간의 격차가 워낙 커서 더 이상 반공의 방파제로 여기지는 않아요. 이제는 일본 내에서도 "한국에게 언제까지나 양보만 하고 있을 수는 없다, 일본도 한국에 대해 정정당당하게 하고 싶은 말은 해야 한다"는 목소리가 커요.

예를 들면 "한국도 저렇게 독도가 자기네 땅이라고 하는데, 일본도 정정당당하게 교과서에 '다케시마'에 대한 내용을 넣어서 가르쳐야 한다"는 견해가 대표적입니다. 그렇게 양국 간의 힘의 관계가 변화하면서 한국은 한국대로 "일본에 대해 더 강하게 주장해야 한다", 일본은 일본대로 "한국에 대해 양보만 해서는 안 된다, 정정당당하게 대응해야 한다"는 식으로, 서로 참는 부분이 없어졌다는 것은 사실입니다.

이명찬 저는 그것이 어떤 의미에서는 건전한 현상이라고 생각합니다. 예전의 일본은 혼네(속마음)와 다테마에(겉으로 보이는 행동)가 달랐기 때문에 한국인들은 그것을 오해했던 것 같아요. 일본에 대해서는 문제를 제기하거나 공격해도 항상 받아줄 거라는 인식이 있었죠. 그런데 이제는 일본도 할말은 하겠다, 혼네와 다테마에가 따로 없다, 직접적으로 말하겠다는 것이죠. 서로 혼네를 앞세워 당당히 이야기하게 되면 좋은 것 아닌가요?

기미야 서로 자기가 맞다고 하니까 문제죠. 공통의 규칙이 있고, 공통의 토대가 있는 가운데 서로 할말을 하는 것은 저도 좋다고 생각하지만, 안타깝게도 지금의 한일 사이에는 그런 공통의 토대가 없습니다. 예를 들어 이번 판결이 매우 전형적인 예인데요, 한국이 주장하는 것은 식민지 지배 자체가 위법이고 불법이었기 때문에, 그런 전제 위에 체결된 청구권협정으로 모든 문제가 해결되고 청구권이 소멸되었다는 것은 정의에 위배된다는 것이죠.

따라서 개인 청구권은 인정해야 한다는 것이 한국의 주장 아닙니까? 그러니까, 한국은 정의라는 것이 중요하다는 입장이죠. 하지만 일본은 과거 정부 간에 약속한 것을 왜 이제 와서 백지로 되돌리려고 하느냐는 입장입니다. 일본의 경우는 정의가 우선한다기보다 국가 간, 개인 간의 약속이 중요하다는 인식이 있어요. 그래서 이번 판결에 관한 한일간의 견해가 전혀 다른 겁니다.

이명찬 히라이와 슌지 선생님께서도 한국과 일본이 서로를 이해하지 못하고 있다고 말씀하셨는데, 지금 선생님께서 하신 말씀과도 통하는 부분이 있는 것 같습니다. 일본은 약속한 것을 반드시 지켜야 한다는 인식이 강해요. 그런데 한국은 약속을 했으면서도 경우에 따라 쉽게 어긴다고 생각하죠. 하지만 한국 입장에서 보면 일본의 약속은 대등한 약속이 아니었다는 것이에요.

기미야 적어도 외국의 입장에서 보면 정권이 교체되었다고 해도 정부는 같은 정부예요. 정권이 교체되었다고 같은 정부가 전과 다른 말을 한다는 것은 문제가 있습니다. 혁명이었다면 모를까 지금 혁명이 일어난 것도 아니고, 단지 여야당의 정권 교체일 뿐이지 않습니까? 정권이 바뀌었다고 해서 이전 정권이 맺은 약속을 깨도 된다고 한다면,

외교는 성립되지 않을 것입니다.

저는 한국 국민의 인권이 지켜지고 구제되어야 한다고 생각하지만, 한국 정부가 책임감을 가지고 임하겠다는 약속으로 청구권 협정이 맺어진 것이니만큼, 한국인들이 청구해야 할 상대는 한국 정부입니다. 지금의 정부가 아니라면 과거의 정부, 박정희나 김종필 같은 사람들에게 청구해야죠. 그런데 갑자기 일본 기업에게 배상하라고 하니, 일본인 중 70%는 그 판결에 대해 이해할 수 없다고 말하고 있어요. 제 생각에는 70%도 적은 것 같습니다. 제 주변 사람들 중에는 훨씬 더 많을 거에요.

인권 유린을 당한 사람이 구제되어야 한다는 것에 대해서는 저도 전적으로 동의합니다. 단, 구제하는 주체가 일본에서 한국으로 옮겨졌다는 것이 1965년 청구권협정의 해석이에요. 그것을 모두 무시하고 결국 일본 기업이나 경우에 따라서는 일본 정부가 구제해야 한다는 것은, 웬만한 사정의 변화가 없는 한 있을 수 없는 일이라고 생각합니다. '위안부' 문제는 어떤 의미에서는 특별합니다. 왜냐하면 한일 협상 당시 '위안부' 문제는 거의 논의되지 않았기 때문이에요. 그것은 저도 인정합니다. 그러므로 그 당시 논의되지 않았던 새로운 문제들은 한국 정부의 말대로 청구권협정 밖의 문제라고 생각합니다. 그래서 헌법재판소의 판결이 나오고, 한일 '위안부' 문제에 대한 정부간 합의가 이루어진 겁니다. 안타깝게도 한국은 그것을 인정하지 않지만 말이죠.

저는 '위안부' 문제가 예외라는 것은 인정하지만, 징용 문제는 이미 여러 번 논의된 바 있습니다. 따라서 그 문제가 청구권협정 밖의 문제라는 견해에 대하여 저는 적어도 당시 협정을 맺었던 한국 측 당사자들의 생각은 분명히 다를 것이라고 생각합니다. 미지불 임금과

정신적 위자료는 다르다고 대법원은 말하고 있지만, 그것은 좀 이상한 논리에요. 저는 적어도 당시 한국 지도자들에게는 문제가 해결되었다는 인식과, 앞으로 한국의 피해자 개인에 대한 보상은 한국 정부가 하겠다는 합의가 있었다고 생각합니다.

이명찬 다나카 히토시 선생님이 한국에서 발표하실 때 제가 이런 질문을 한 적이 있습니다. "1965년의 협정으로 모든 것이 마무리되었다고 생각하는데도 불구하고 이와 같이 한일 관계가 어려운 것은 아무래도 뭔가 부족한 부분이 있었던 것은 아닌가, 그렇다면 그 부족한 부분을 북일 국교정상화에 잘 반영하여 추진할 것인가?"라는 질문에 다나카 선생님은 "한국과의 관계에서 했던 것과 똑같이 하지 않으면 큰일난다"고 하셨습니다.

기미야 그것이 평양선언이었으니까요. 저는 조금 생각이 다른데, 1965년의 한일 관계와 똑같이 할 필요는 없다고 생각합니다. 제 생각에는 한일 관계가 1965년도에 모두 마무리 된 것이 아니라, 최근의 '위안부' 합의에 이르기까지 1965년을 기초로 하여 한일 간에 쌓아 올린 것들이 많다고 생각합니다. 그것을 북일 관계에 잘 살려나가야 합니다. 저는 문재인 대통령의 모순된 부분이 있다고 생각하는데, 북일 국교정상화는 한국 정부가 일본에 요청한 것입니다.

북일 간의 평양선언 당시 북한은 1965년의 한일 방식, 경제 협력의 방식에 합의했어요. 그런데 한국의 대법원 판결대로라면 북한도 한국과 동일하게 개인 청구권을 모두 인정받을 수 있다는 것이 되어, 북일 국교정상화 협상이 매우 어렵게 될 것입니다. 한국 정부는 조속한 북일 국교정상화를 원한다고 하지만, 결국 스스로 장애물을 놓은 것이나 다름 없는 것입니다.

그래서 저는 1965년 이후 양국 간에 여러 가지로 쌓아 올린 것들을 서로가 분명히 인식하는 것이 전제가 되어야 한다고 생각합니다. 하지만 한국은 1965년이 문제라고만 말하고 있어요. 1965년이 문제니까 50년간 노력해 온 것 아니겠습니까. 한국과 일본은 그 50년간 쌓아온 것까지 포함해서 평가해야 합니다. 그렇지 않고 1965년의 협정이 불충분했다고만 하는 것은 옳지 않다고 생각합니다.

그런 의미에서 저는 1965년뿐 아니라 1965년 이후 50년간 한일 관계가 이루어온 성과를 일본과 한국이 좀 더 자랑스럽게 여겨야 한다고 생각합니다. 그런데도 한국은 일본과의 관계가 별로 성공적이지 않았다, 실패였다는 식으로 말하고, 최근에는 일본에서도 그런 식의 견해가 상당히 많습니다. 상황이 이러하니 한일 관계는 역시 실패한 것 아니냐고요. 저는 그런 것들을 이해할 수 없습니다. 한일 관계에서 이렇게나 큰 성과를 이뤄내지 않았습니까.

이명찬 기미야 선생님께서는 전문가시니까 그간 쌓아온 것들에 대해 자세히 알고 계시겠지만 일반 국민들은 잘 몰라요. 예를 들면 한국에도 김대중·오부치 공동선언 같은 것을 전혀 모르는 사람들이 많습니다.

기미야 일본 사람들이 더 모를 겁니다.

이명찬 간 나오토 총리도 사죄를 했었는데, 지금 그것을 아는 사람은 거의 없어요. 한국의 현 정권은 김대중 대통령을 높이 평가하고 있기 때문에, 오부치 총리와의 공동선언을 더 많이 이야기하지만, 사실 간 총리가 한국인의 의사에 반한 강제병합이라고 명시적으로 사죄한 것이야말로 더 발전된 것이라고 생각합니다. 그런데 그런 것을 사람들이 잘 몰라요. 한일 관계에 어떤 일이 있었는지 일반 국민들에게 처음부터 설명하는 작업이 필요하다 생각합니다. 사실을 모르는 채로 논쟁만 하는 것은 의미가 없다고 생각하는데 선생님께서는 어떻게 생각하십니까?

기미야 결국 같은 이야기가 되겠습니다만, 문제는 그런 것들을 할 수 있고 해야만 하는 사람들이 매스컴 쪽에 어느 정도나 있느냐 하는 것입니다. 대법원 판결에 대한 한국 매스컴의 보도를 보고 저는 참 어렵겠다고 생각했는데요. 제가 보기에 한국에는 아무래도 "일본에 대해 강하게 나가는 것이 좋다, 관대하거나 유하게 굴어서는 안 된다"는 어떤 공감대가 형성되어 있는 것 같습니다. 일본에는 그것을 오해하여 "문재인 대통령은 좌파라서 안 된다, 보수가 정권을 잡아야 한일 관계가 나아질 것이다"라고 말하는 사람들이 있어요. 그것은 한일 관계에 대한 전적인 오해에서 비롯된 말입니다.

그런 말들이 나오게 된 경위는 이렇다고 생각합니다. 보수 세력의 역사적인 뿌리를 거슬러 올라가면 '친일'이 나옵니다. 그래서 진보측에서는 "보수의 역사적인 뿌리는 친일이다, 일본의 식민지 지배에 협력했던 자들이다"라고 비판하지요. 보수는 그와 같은 비판을 피하기 위해서라도 일본에 대해 더욱 강경한 자세를 취하게 됩니다.

그런 식으로 스스로를 지키기 위해 일본에 대해서는 강경하게 나가는 것이 좋다는 식의 태도를 취하다 보면 한국의 매스컴, 한국 사회 전체에 "일본에게 얕잡아 보여서는 안 된다, 강경하게 대응해야 한다"라는 경쟁 역학이 작용하게 됩니다.

제가 더 걱정하는 것은 한국에 대한 일본의 인식이 매우 나빠졌다는 점입니다. 비단 한국인이 걱정하고 비판하는 '혐한'의 문제뿐이 아닙니다. '혐한'은 일부 이상한 사람들이 하는 것이고요, 일반 사람들조차 "한국은 아무래도 좀 이상한 것 같다"는 인식을 가지고 있어요. 그런 사람들이 제 주변에도 상당히 많습니다.

교류가 깊어지면서 오히려 한국에 대한 일본의 인식이 나빠진 측면이 매우 강합니다. 예를 들어 예전에는 한국의 신문이나 뉴스에 무슨 내용이 써 있는지 일본인들이 알 수가 없었어요. 하지만 지금은 한국의 신문기사를 모두 일본어로 읽을 수 있습니다. 그렇게 되니 한국어를 모르는 일본인들도 '한국 신문이 일본을 이런 식으로 나쁘게 쓰고 있구나'하고 놀라게 되는 것입니다.

한국이 일본에 대해 강경하게 나갈 수밖에 없는 입장이라는 전제 하에, 서로 협력하는 것이 가장 합리적이라고 생각합니다. 왜냐하면 한국과 일본은 아마도 전 세계에서, 아니 아시아에서도 가장 가까운 나라일 테니까요. 물론 서로 간의 차이도 있지만, 미국이나 중국, 러시아와 같은 대국들과 비교하면 한국과 일본은 매우 가깝습니다. 한국이 일본에 대해 강경할 수밖에 없다는 것을 일본은 당연한 전제로 받아들이고, 어떻게 함께 갈 것인지를 생각해야 합니다. 한국이라는 나라가 좀더 친일본적으로 변하는 것을 바라지 말고, 한국은 원래 그런 나라지만 함께 잘해보려면 어떻게 해야 하는지를 고민해야 할 때라고 생각합니다.

중국에 대한 한일 간 인식의 차이

이명찬 이번에는 중국에 대해서 이야기를 좀 해보겠습니다. 중국에 대한 일본인의 인식과 한국인의 인식은 상당히 차이가 있는 것 같습니다.

기미야 제가 듣기로 한국인들은 중국을 별로 좋아하지 않는다고 하던데요.

이명찬 좋고 싫고의 문제가 아닙니다. 생존의 문제에요. 소에야 선생님께서는 "한반도 사람들의 DNA 속에는 중국에 대한 사대주의가 흐르고 있다"고 말씀하셨습니다. 일본은 전혀 그렇지 않다고요. 그것이 전형적인 인식입니다. 한국은 수 천 년간 중국과 관계를 맺어왔으며, 전쟁만 해도 천 번이 넘습니다. 일본은 그렇지 않았죠. 전혀 그런 것이 없었어요. 그래서 한국에 있어서 중국은 좋고 싫고의 문제가 아닙니다. 일본의 경우 "진정한 의미에서 중국을 알게 된 것은 만주사변 무렵부터이며, 그때 처음 중국에 진출해봤더니 중국이라는 나라가 너무 열악했다, 그래서 중국에 대해 별로 인상이 좋지 않다"고 말씀하시는 선생님도 있었습니다.

기미야 물론 그런 시대도 있었지만, 제2차 세계대전 후에는 중국에 대한 일본의 인식이 그다지 나쁘지 않았던 것 같습니다.

이명찬 한국의 경우는 수 천 년의 역사에 대한 이야기입니다. 한국은 전쟁을 빈번하게 겪었기 때문에 잘 알아요. 하지만 일본은 중국을 그렇게까지 알지는 못합니다. 처음으로 직접 접했던 그 시절에 중국이 매우 열악했다고 하니, 중국으로부터 위협을 느낄 일은 별로 없을 겁니다. 하지만 한국은 그렇지 않아요.

기미야 하지만 반대로 일본 측에서 보면 "한국이 정말로 중국의 무서운 점을 알까, 잘 모르는 것 아닌가"하는 견해가 강합니다. 일본은 중국을 침략했고 잔혹하게 대했습니다. 어떤 의미에서는 한국에 대해 저질렀던 것보다 더한 행위들을 했죠. 일본은 한국과 전쟁을 해서 의도적으로 사람을 죽이지는 않았다고 생각합니다. 물론 3·1운동 때는 죽였지만, 전쟁을 했던 것은 아니에요. 하지만 중국과는 전쟁과 침략으로 많은 사람들을 죽였습니다. 그럼에도 불구하고 배상을 하지 않았어요. 엔 차관뿐이었죠. 아무래도 상황이 그렇다 보니 중국이 이만큼 대국이 된 지금, 일본은 중국에 대해 두려운 부분도 있습니다. 일본이 그처럼 미일동맹 강화에 매진하는 것은 혼자 힘으로 중국에 대응하는 것이 도저히 무리이기 때문에, 어떻게든 미국을 붙잡아 미국과 함께 중국에 대응하기 위해서인데, 중미 관계가 잘 되면 곤란하겠지요. 반면에 한국은 중미 관계가 나쁘면 곤란합니다. 그런 면에서 차이가 있다고 생각합니다.

이명찬 그렇군요. 그렇다면 어떻게 하는 것이 좋을까요?

기미야 예를 들어 올해(2018년) 10월에 아베 총리가 중국에 가서 중일 관계의 개선에 대해 역설하고 돌아왔습니다. 트럼프 정권의 미국을 전적으로 신뢰하기는 어렵다고 판단한 것 같습니다. 그런 미국과 함께 죽을 수는 없으니, 아베 총리 입장에서는 중일 관계에 보험을 들어 두는 것입니다. 이제 일본도 미일동맹 강화의 일변도에서 벗어나, 미일과 중일의 균형을 잘 관리하는 것이 일본의 외교에 있어서 중요하다고 판단한 것이죠. 한국도 마찬가지일 것입니다. 사드 문제로 중국이 한국에 있어 얼마나 두려운 존재인가 하는 것을 잘 알았을 것입니다. 더 문제는 한국이 중미 관계를 관리할 수는 없다는 것입니다. 대국 간의 관계를 한국이 관리하는 것은 불가능하죠. 그것은 일본도 마찬가지입니다. 어쩌면 일본과 한국이 협력할 때 비로소 중미 관계를 관리할 수 있게 될지도 모릅니다. 그런 것들도 생각해봐야 할 문제가 아닐까요.

극단적인 예로, 중국이 한국에 대해 "미국과의 동맹 관계를 끊는다면 괴롭히지 않겠다, 한중 관계도 좋아질 것이다"라고 하면 한국은 어떤 선택을 하게 될까요? 저는 역시 한미동맹을 선택할 것 같습니다. 한미동맹이라는 것이 원래 북한에 대한 문제에서 시작된 것입니다만, 북한 문제가 어느 정도 해결된다고 해도 중국이라는 비대칭적인 존재가 있는 한, 한국 입장에서는 지금의 일본처럼 중국에 대응하기 위해 경우에 따라서는 한미동맹의 필요성이 더 커질 수도 있다고 생각합니다.

이명찬 새뮤얼 헌팅턴은 중국이 커지면 한국과 일본은 중국 쪽으로 붙을 것(bandwagon)이라고 말한 바 있습니다. 저도 한국이 그 예측대로 움직이게 될 것이라고 생각했던 때가 있었습니다. 왜냐하면 중국과의 무역액이 일본과 미국을 합한 것보다 컸기 때문이에요.

기미야 하지만 북한의 행동 양식을 보면 그렇지 않다는 것이 명백합니다. 북한은 중국에 일방적으로 의존하지 않기 위해 미국과의 관계 개선에 나서고 있는 것이에요. 북한 입장에서는 중국에게 목줄을 잡혀 옴짝달싹 못하게 되는 것보다 미국과의 관계를 개선함으로써, 나름대로 대중 관계와 대미 관계를 균형 있게 관리해 보겠다는 생각인 것 같습니다. 가능할지는 모르겠지만 말이죠.

이명찬 앞으로의 한일 관계를 위해 주변 사람들에게 하시고 싶은 말씀이 있으십니까?

일본의 국익을 위해 한일 관계를 잘 유지해야

기미야 물론 있습니다. 제가 특별히 한국 전문가라서 이런 말씀을 드리는 것은 아닙니다만, 일본은 한일 관계, 한국을 좀 더 이용하고 활용해야 합니다. 그래야 앞으로 살아나가는 데, 외교를 해나가는 데 있어서 가능성을 넓힐 수 있을 것입니다. 그러려면 한국과의 관계를 잘 풀어두는 것이 다른 누구도 아닌 스스로를 위해서 필요하다는 것을 강조하고 싶습니다. 한일 관계가 나쁘면 일본의 외교적 선택, 예를 들어 중국과의 관계, 미국과의 관계, 북한과의 관계에 있어서 상당한 제약을 받게 될 것입니다. 따라서 일본이 자국의 이익을 생각한다면 한국을 잘 이용해야 한다고 생각합니다. 그러려면 일본은 한일 관계를 잘 관리해야 한다는 발상이 필요하고, 그것은 한국도 마찬가지입니다.

이명찬 그 말씀은 저도 인정합니다. 단, 구체적으로 어떻게 해야 하느냐고 묻는다면, 역시 일본이 역사 문제에 대해 사죄하는 것이 필요합니다.

기미야 하지만 일본 입장에서는 사죄를 여러 번 했는데도 불구하고 한번도 인정을 받지 못했다고 생각하고 있습니다. 극단적인 표현일지 모르나, 한일 관계에서 역사 문제가 차지하는 비중을 더 줄여야 할 필요가 있어요. 제가 볼 때 한국에서는 역사 문제의 비중이 줄어들고 있는 것 같습니다. 하지만 반대로 일본 내에서는 역사 문제의 비중이 올라가고 있어요. 문재인 대통령은 투 트랙을 강조하고 있습니다. 예전에는 일본이 투 트랙을 강조하고 한국은 그렇지 않았는데, 지금은 문재인 정권이 투 트랙을 이야기하고 있어요. 그것에 대해 일본은 "한국이 자국에 유리할 것 같으니 이제 와서 그런 소리를 한다"는 입장이에요. 역사 문제도 한일 관계의 일부인 만큼 서로 노력할 필요는 있지만, 역사 문제가 해결되지 않으면 한 발짝도 나아갈 수 없을 정도의 문제는 아니라고 생각합니다. 따라서 우선 역사 문제를 가능한 한 최소화할 수 있도록 한일이 머리를 맞대야 합니다. 그러려면 역사 문제에 대해 서로 지나치게 민감한 반응을 보이지 말아야 합니다. 예를 들면 최근의 대법원 판결도 제가 보기에는 일본이 지나치게 반응하는 것 같습니다.

아베 총리를 이용하는 외교가 필요

이명찬   선생님께서는 아베 정권에 대해 어떻게 생각하십니까?

기미야   아베 총리는 본인의 본심(혼네)을 이야기한 적이 없는 것 같습니다. 저래 봬도 자기의 본심을 자제하고 있는 겁니다.

그의 본심에는 상당히 과격한 우익 성향이 있습니다. 그가 총리가 된 후의 발언과 젊은 정치가 시절의 발언을 비교해 보면 확연히 다릅니다. 한국에서는 '위안부' 문제와 같은 역사 문제에 대한 아베 총리의 태도에 진정성이 없는 것 같다는 비판도 합니다만, 본심을 바꾸는 것은 불가능하다고 생각합니다. 하지만 그가 본인의 본심과 다른 말과 행동을 해 온 것은 사실이에요.

그리고 '위안부' 문제도 그렇습니다. '위안부' 합의를 한국에서는 인정하지 않겠지만, 아베 총리는 사죄를 했어요. 그런 의미에서는 아베 총리의 본심이 어떻든 간에, 그의 언동에 대해 한국이 상당히 오해하고 있다고 생각합니다.

저래 봬도 그는 많이 자제하고 있습니다. 미국이나 한국 또는 중국 때문에 자제하고 있는 부분이 있는데, 그것을 제대로 봐야 합니다. 아베 총리는 자신에게 따지고 드는 것은 한국과 중국밖에 없다고, 다른 나라들은 모두 자신을 인정해 준다고 말합니다. 어찌 보면 틀린 말은 아니라고 생각합니다.

이명찬　한국 입장에서 보면 왜 아베 총리가 저만큼 오랫동안 자리를 지키고 있는지 의문이에요. 아베 총리가 하는 말들 중에는 한국이 받아들이기 힘든 부분이 많은데, 정말로 대부분의 일본인이 아베 총리를 지지하는 것일까요. 선생님께서 말씀하신 대로 일본의 일반 국민들도 예전과는 다르게 한국에 대해 좀 강하게 발언하는 것이 좋다는 생각을 가지게 되어서 아베 총리를 지지하는 것이 아닐지요.

기미야　그런 부분이 있다고 생각합니다. 딱히 한일 관계 때문에 아베 총리를 지지하는 사람은 그다지 많지 않겠지만 한 가지 확실히 말씀드릴 수 있는 것은, 외교에 있어서 만큼은 오래 하는 것이 유리하다는 사실입니다. 아베 총리 이전의 민주당 정권이나 그 전의 자민당 정권은 거의 1년만에 교체되었는데, 그에 비해 아베 정권은 장기 정권이기 때문에 외교적 지위가 올라간 것은 사실입니다. 일관성도 있고요. 그것은 어찌 보면 사람들이 믿고 있다는 뜻입니다. G7도 그렇고요. 아베 총리는 외교 퍼포먼스를 잘 하는 사람이기 때문에 그런 측면은 있다고 생각합니다.

그렇다면 한국도 아베 총리를 비판만 할 것이 아니라 이용하는 외교를 하면 어떨까요. 아베 총리의 눈치를 보거나 그를 치켜세우라는 말이 아니라, 그가 말하는 것들을 잘 담아두었다가 자기가 한 말을 지키도록 하는 것, 그런 외교를 하는 것이 중요하다고 생각합니다. 아무리 아베 총리가 마음에 들지 않는다 해도 일본의 정치 구조 속에서 그가 금방 교체되는 일은 없을 것입니다. 그렇다면 그것을 전제로 해서 생각해보자는 거에요. 게다가 한국 입장에서 보면 아베 총리는 이용할 가치가 있을 것입니다. 왜냐하면 아베 총리가 하는 말이나 행동에 대해서는 일본의 우익이 아무 말을 안 하기 때문입니다. 구조가 그래요. 일본의 우익은 아베 총리를 지지하기 때문에 그가 아무리 마음에 들지 않더라도 비판하지 않습니다.

이명찬 아베 총리가 '위안부' 합의에서 사죄를 한 것은 맞지만, 아베 총리가 본인의 말로 직접 한 것이 아니라 외무대신에게 대독을 시켰다는 점에서 "애초에 편지 같은 것은 보낼 생각도 없었던 것 아닌가. 아베는 사죄의 마음이 없다. 그러니까 편지를 대독시킨 것이다"라고 생각하는 사람들이 많습니다.

기미야 하지만 사죄의 표현은 기록으로 남아 있으니, 한국은 그것을 토대로 "정말로 미안하다면 행동으로 보여달라"고 계속 요구할 수 있습니다. 저는 박근혜 대통령이 합의 후 곧바로 나눔의 집을 방문하거나 당사자들을 청와대로 불러, 한 사람 한 사람의 손을 잡고 "한국 정부가 이만큼 노력했지만 결과가 이렇습니다. 이해해주시기 바랍니다"라고 말했어야 한다고 생각합니다.

이명찬 마지막 질문을 드리겠습니다. 저나 한국의 일반 독자들에게 마지막으로 하시고 싶은 말씀이 있다면 무엇입니까?

일본 시각의 급변에 대해 한국 사회의 관심 필요

기미야 한국에 대한 일본의 시각이 이와 같이 급변하고 있는 것에 대해 한국 사회는 너무 둔감한 것 같습니다. "한국을 보는 일본의 시각이 크게 달라졌다"는 것을 민감하게 인식하고, 양국의 정부, 지식인들, 경우에 따라서는 양국을 오가는 일반인들이 일본과의 관계에 대해 좀 더 생각해야 합니다. 일본을 찾는 한국인 관광객도 많지만, 최근에는 한국의 취업난 때문인지 일본 기업에 취업하려고 오는 사람들도 많습니다. 저는 그것이 매우 좋은 현상이라고 생각합니다. 일본에 와 보면 일본 사회의 여러 가지 면을 민감하게 느낄 수 있을 것입니다. 한국에서도 일본의 분위기가 이렇게 달라지고 있다는 것을 민감하게 인식하고 발언이나 보도, 정책과 같은 것들을 생각하는 것이 자국을 위해 필요한 일이라고 생각합니다.

2. 언론·문화 전문가 편

- 우에무라 다카시(植村隆)   164
- 마쓰바라 가즈유키(松原一征)   190

우에무라 다카시 植村隆

1958년 일본 고치현에서 태어났다. 와세다대학교 정경학부 정치학과를 졸업했다. 1982년 아사히신문사에 입사했고, 1987년 연세대학교에서 공부하였다. 1988년 8월 아사히신문사 도쿄 본사 외보부, 1989년 11월 오사카 본사 사회부에 근무하면서 민족문제 및 피차별 부락 문제를 담당하였으며, 테헤란, 베이징, 서울특파원 등을 역임했다. 1991년 8월 11일 《아사히신문》에 일본군'위안부' 문제를 최초로 보도했으며, 2013년 4월 부임한 홋카이도 하코다테 지국장을 마지막으로 2014년 3월 아사히신문사를 조기 퇴직했다. 이후 연변과학기술대학교 연구원, 와세다대학교 현대한국연구소 객원연구원, 호쿠세이 가쿠엔대학(北星學園) 강사를 역임하였다. 2016년부터 한국 가톨릭대학에서 초빙교수로 재직하고 있으며, 2018년 9월 26일 주식회사 금요일(《주간 금요일》 발행) 대표이사로 취임하였다. 2018년 제24회 김용근 민족교육상, 2019년 제7회 리영희상을 수상하였다. 저서로는 『나는 날조 기자가 아니다』(길윤형 역, 2016, 푸른역사) 등이 있다.

일본 지식인에게 듣는 **한일 관계와 역사 문제**

일시 2018년 12월 3일(월) 10:00~13:00
장소 서울 동북아역사재단 휴게실
진행 심규선, 이명찬

우에무라 다카시(좌)와 심규선(우)

심규선 선생님은 '위안부 최초 보도 기자'라는 수식어처럼 1991년 8월 11일 《아사히신문》에 '위안부' 피해자가 증언을 시작했다는 사실을 처음 기사화하셨습니다. 그 보도로 인해 우익 세력에게 부당한 공격을 당하셨고, 현재 그들을 상대로 명예훼손 소송을 하고 있는데 우선 소송의 개요에 대해 말씀해 주시기 바랍니다.

언론의 자유와 역사의 진실을 지키기 위한 투쟁

우에무라 상당히 긴 이야기라서 어디서부터 말씀드려야 될지 모르겠습니다.

우선 재판에 관한 상세한 내용은 한국어로 출간한 저의 책 『나는 날조 기자가 아니다』(길윤형 역, 2016, 푸른역사)를 참고하시기 바랍니다.

저는 1991년 8월 11일자 《아사히신문》에 "지금도 그때 생각을 하면 눈물이-조선인 종군'위안부' 전후 반세기의 무거운 침묵을 깨다"라는 제목으로 일본군'위안부' 문제에 대해 최초로 보도하였습니다. 한국정신대문제대책협의회(이하 정대협)가 전 일본군'위안부'의 인터뷰 조사를 하고 있다는 내용이었습니다.

저는 1990년부터 일본과 한국 사이에 '위안부' 문제가 있다는 것을 감지하고 있었고 '위안부' 피해 여성들의 증언을 인터뷰하려고 준비를 해 왔습니다. 그리고 1990년 여름에 2주 동안 인터뷰를 위해 한국을 방문했습니다. 그때 윤정옥 선생님(정대협 공동대표, 전 이화여대 영문과 교수)의 협조를 얻어서 증언해 줄 '위안부' 피해자들을 찾았지만 인터뷰를 전혀 할 수가 없었습니다. 당시 한국에서는 살아 돌아온 '위안부' 피해자들이 아무도 증언을 하지 않던 상태였습니다. 해방 후 45년이 지났는데도 자신들의 피해를 말하지 못하는 상황이 계속되었던 것입니다.

당시 한국에서는 '위안부'를 '정신대'라고 했는데 '정신대'였다고 말한 피해자가 몇 분 있긴 했습니다. 하지만 제가 인터뷰를 가면 그분들은 "나는 아니다"라고 대답했어요. 결국 어떤 증언도 듣지 못했기 때문에 1990년 여름 2주 동안의 조사는 아무런 성과 없이 끝났어요. 그러다가 다음 해인 1991년 여름에 당시 《아사히신문》 서울지국장이었던 오다가와 고(小田川興) 씨가 '위안부' 할머니들이 증언을 시작했다는 정보를 주어 다시 한국에 취재를 하러 가게 되었습니다. 윤정옥 선생님에게 조사 내용은 들었지만, 아직 할머니들을 만나게 해줄 수는 없는 상태라고 하였습니다. 정대협이 당사자가 말한 인터뷰 내용 담은 녹음테이프를 제공하였고, 그 녹음테이프 내용을 들은 저는 "인터뷰 조사가 시작되었다"라고만 기사를 썼습니다. 그래서인지 제 기사는 당시에 관심을 끌지 못했습니다. 신문이라는 것은 어떤 특종 기사가 나면 다른 언론사들이 그것을 따라서 후속 기사들이 많이 쓰게 되는데, 그때 당시에는 일본 언론은 물론이고 한국 언론들도 후속 보도를 하지 않았기 때문입니다.

그리고 그 기사가 나간 3일 후인 1991년 8월 14일에 김학순 할머니가 기자회견을 하면서 처음으로 한국에서 '위안부' 피해 사실을 증언한 여성이 된 겁니다. 제 기사는 김학순이라는 이름도 없이 단지 "전 '위안부'였던 여성이 증언을 시작했다"고 보도했을 뿐이에요. 하지만 일본의 우익들은 우에무라가 처음부터 다 한 것이라는 식으로 말하고 있습니다.

심규선 그렇다면 그 기사에 대해서 우익이 주장하는 내용을 간단히 설명해 주시고, 거기에 대한 선생님의 반론을 이야기해 주십시오. 그리고 재판 과정도 간단히 이야기해 주시기 바랍니다.

우에무라 제가 기사를 쓴 게 1991년 8월 11일인데 1994년 월간《문예춘추》 4월호에서 처음 니시오카 쓰토무(西岡力)가 저에 대한 비판을 시작했고, 그 후로 계속되었습니다. 하지만 제가《아사히신문》에 재직하는 동안은 큰 문제는 없었습니다. 원래《아사히신문》기자는 우익들의 공격에 익숙하고,《아사히신문》은 제 기사가 조작하였거나 틀리지 않았다는 것을 알고 있었기 때문입니다.

그러나 문제는 제가《아사히신문》을 그만두고 고베의 한 여자 대학 교수로 임용되면서부터였습니다. 저는 그곳에서 매스컴론을 가르칠 예정이었어요. 1982년《아사히신문》에 들어가면서부터 시작된 32년간의 기자 생활을 마감하고 이제 교수로 임용되어 학생들을 가르치려던 시기에 그 소식을 들은 주간《문예춘추》기자가 나를 취재하러 온 것입니다. 당시에는《문예춘추》와 같은 우파잡지들이《아사히신문》기자들을 여러 가지로 비판했기 때문에 제가 홍보창구를 통해 인터뷰 요청을 해 달라고 말하자 "우에무라가 도망쳤다"고 하며 다음과 같은 기사를 썼습니다.

> 우에무라 기자는 정신대라는 이름으로 전쟁터에 연행되었다고 기사에 쓰고 있지만, 정신대는 군수공장 등에 근로 동원된 조직으로 '위안부'와는 전혀 관계가 없다. 게다가 이때 신분을 밝힌 여성은 소장(訴狀)에서 부모가 자신을 팔아서 '위안부'로 보냈다고 했고, 한국 신문의 취재에도 그렇게 답하고 있다. 우에무라 기자는 그런 사실을 언급하지 않고 강제연행이 있었던 것처럼 기사를 쓰고 있어 날조 기사라 해도 과언이 아니다.

하지만 당시 한국에서는 '정신대'라는 말이 '위안부'를 지칭하는 말이었고, 공장에서 일하는 사람들은 '근로정신대'라고 구별하여 사용했어요. 겹치는 부분은 있었지만 '정신대'란 기본적으로 '위안부'를 말합니다. '여자 정신대'라고 불렀어요. 그러니까 그건 제가 처음 사용한 말이 아니고, 저뿐만이 아니라 1991년 《홋카이도신문》의 서울 지국장도 김학순 씨를 직접 인터뷰해서 저와 똑같은 기사를 썼어요. 그런데 저만 타깃이 되어 있었어요. 요컨대 "우에무라가 강제연행이라고 써서 전 세계에 일본의 강제연행 이미지가 퍼졌다"는 캠페인을 한 것이죠. 내가 (정신대에게) 속아서 '강제연행'된 '위안부'라고 썼다는 것이지요. 당시 '강제연행'이라고 보도한 신문은 오히려 우파인 《산케이신문》이나 《요미우리신문》이었어요. 그런데 우익들은 가장 진보적인 《아사히신문》의 기자인 저를 공격하고 싶어 한 것입니다. 그래서 이야기를 지어낸 것이죠. 그리고 또 하나 큰 문제는 제 아내가 한국인이라는 것입니다. 1990년 여름 2주간의 한국 취재 당시 방문했던 태평양전쟁희생자유족회(이하 유족회)에서 지금의 아내를 만나게 되었습니다. 제 아내는 유족회 간부인 양순임씨의 딸이었습니다. 일본 우익들은 제가 유족회 간부의 딸과 결혼했다는 것을 알고 제가 유족회를 돕기 위해서 한국이 시키는 대로 기사를 썼다고 이야기를 꾸며내어 공격을 해 왔습니다.

《문예춘추》는 2014년 2월 6일호에 "'위안부'를 날조한 《아사히신문》 기자가 명문 여대의 교수에"라는 제목으로 기사를 보도했습니다. 그 무렵은 일본에서 굉장한 혐한 붐이 일어나던 시기였습니다. 그래서 《문예춘추》의 기사는 대단히 큰 반향을 불러일으켰고, 대학 측은 "왜 날조기사를 쓴 사람을 여대 교수로 임용하느냐?"는 공격을 받게 되었습니다. 결국 대학 측에서는 이미 임용 계약까지 마친 저의 임용을 취소했습니다. 하지만 여기서 그치지 않고 제가 비상근 강사를 맡고 있던 삿포로의 호쿠세이 가쿠엔 대학교(北海学園大学校)까지 공격했습니다. 이 때 많은 일본 시민들과 변호사들이 나서서 '우에무라 지키기' 운동을 전개했고, 그 덕분에 2016년 3월까지는 고용 상태를 유지할 수 있었지만 우익들의 협박은 계속되었습니다. 저는 제 기사를 날조 기사라고 공격하고, 저와 제 가족을 위협하는 우익을 상대로 언론의 자유를 지키고 역사의 진실을 지키기 위해 손해배상 청구소송을 하게 되었습니다.

심규선 선생님이 일본 우익을 상대로 낸 소송이 도쿄와 삿포로 두 곳에서 진행 중입니다. 진행 상황은 어떻습니까?

우에무라 지난 2018년 11월 28일에 최종 변론을 마치고, 의견 진술도 다 했고, 2019년 3월 20일에 판결(2020년 3월에 패소했음 - 편집자)이 나온다고 합니다. 그리고 삿포로에서 진행되는 2건의 소송도 모두 명예훼손 관련입니다.

삿포로에서 열리는 재판은 니시오카 쓰토무를 상대로 한 것이에요. 북한의 일본인 납치 문제에 자주 등장하는 사람이지요. 그리고 사쿠라이 요시코(櫻井よしこ)도 마찬가지로 저를 비판합니다. 두 건 모두 마찬가지입니다만, 소장에도, 한국의 신문에도 "인신매매로 '위안부'가 되었다"는 내용은 나와 있지 않아요. 그런 말이 없는데도 불구하고 사쿠라이 씨가 같은 패턴으로 저를 공격했기 때문에 사쿠라이 씨에 대한 소송도 삿포로에 제기하였습니다. 그 사이 11월 9일에 판결이 있었는데, 아까 말씀드린 것처럼 사쿠라이 씨나 니시오카 씨는 똑같은 잘못을 했기 때문에 그것을 인정하고 신문에도 정정 기사를 내주었습니다. 또 한 가지 중요한 것은 《홋카이도신문》의 기자들이 증인이 되어 "우에무라가 공격을 당하는데 우리가 공격당하지 않는 것은 납득이 되지 않는다, 사쿠라이의 억지다"라고 증언해 주었다는 것입니다. 《홋카이도신문》도 나와 똑같은 기사를 썼거든

요. 그 증언들을 통해 사쿠라이 씨의 주장이 모두 부정되었습니다. 그래서 저희들은 이 소송에서 반드시 이길 것이라고 생각했는데, 결과적으로는 "우에무라는 명예훼손을 당했다. 그러나 사쿠라이가 직접 취재하여 날조라고 생각한 부분은 어쩔 수 없으므로 면책한다"는 판결이 내려졌습니다. 면책이라니 놀라운 판결 아닙니까? 사실관계를 무시했는데도 스스로 날조라고 믿은 것은 어쩔 수 없다는 겁니다. 그 이유 중 하나가 저의 배우자가 유족회 사람이기 때문이랍니다. 얼마나 엉터리 같은 판결입니까? 이것은 부당 판결이기 때문에 고등재판소에 2018년 11월 22일 항소했습니다.

심규선 1심 판결문의 제일 마지막에 "사쿠라이 요시코의 발언에 공공성이 있다"는 표현에 눈길이 갔습니다. 우에무라 씨도 개인의 욕심을 위해서가 아니라 공공의 목적을 위해 보도한 것 아닙니까. 그런데 재판부는 우에무라 씨의 공공성을 부정한 사쿠라이 씨의 공공성만 인정한 것 아닌가요.

우에무라 일본군 '위안부' 문제가 공공성 있는 문제라는 것이 아닐까요. 그것은 그리 중요한 부분이 아니에요. 즉 세계적인 관심이 집중되는 문제이기 때문에 우에무라의 단순한 사심(私心)으로 그런 기사를 쓴 것은 아니라는 부분만큼은 들어가야 합니다.

심규선 공공성이 부딪혔는데, 비판의 자유를 폭넓게 인정한 것이 아닌가 하는 생각이 들어서 한번쯤 묻고 싶었어요.

우에무라 누군가가 날조했다고 하려면 그것을 증명해야 하는데, 그것을 좀처럼 증명할 수 없는 경우에는 '진실 상당성'이라는 것이 있습니다. 진실 상당성이란, 예를 들어 신문기자가 쓴 기사가 실제로는 사실과 조금 다르더라도 열심히 취재했다고 인정되는 경우에는 그렇게 믿을 만큼의 상당성이 있어 면책이 되는 것입니다. 언론의 자유니까요. 하지만 사쿠라이 씨의 경우는 소장에 나온다든지 한겨레에 이런 내용이 있다며 거짓말을 하고 있어요. 소장을 제대로 보면 반대의 결과인데, 그것을 제대로 보지도 않고 믿었다는 것을 재판소가 인정한 것입니다. 그래서 우리는 매우 놀랐습니다. 그것은 조사하지 않고도 사람을 날조 기자라고 할 수 있다는 판결이기 때문에 언론의 자유에 굉장히 큰 위협이 될 수 있기 때문입니다.

심규선 선생님이 도쿄에서 이 소송을 2015년 1월 9일에 시작하셨으니, 벌써 4년 가까이 되어가고 있는데, 그 과정에서 일본 사회는 어떤 변화가 있었다고 보십니까?

우에무라 2014년 당시에는 보수 언론, 우익 언론이 '위안부' 문제를 엄청나게 공격했어요. 그 예로 2014년 1월 1일 《산케이신문》이 1면 톱으로 "고노 담화, 일한에서 합작"이라는 기사를 냅니다. 1993년 8월의 고노 담화를 일본이 한국을 배려해서 만든 것처럼 쓴 것이죠. 이를 계기로 '고노 담화를 취소하라'는 캠페인이 시작되었습니다. 그 와중에 1991년 8월의 제 기사 때문에 일본 정부가 고노 담화를 발표했다는 식의 이야기가 되었습니다. 그래서 저를 공격하는 사쿠라이나 니시오카도 '고노 담화를 없애 버리라'는 입장이었습니다. 2014년은 이와 같이 격렬한 분위기였는데도, 2015년 소송 당시 변호인단 수는 도쿄 170명, 삿포로 114명이었습니다. 이렇게 많은 변호인단이 참여하면서 '위안부'를 공격하거나 부정하는 분위기가 조금 가라앉았습니다.

하지만 제가 볼 때 아베 총리는 한일 관계를 개선해야겠다는 의사가 없는 것 같습니다. 물론 2015년 12월 28일에 '위안부' 합의가 있었지만 그것을 한국의 '위안부' 피해자들과 운동하는 사람들이 납득하지 못했어요. 또한 일본 내에서도 '위안부' 문제에 관여하는 사람들이 납득하지 못하는 상황에서 그것을 강행했기 때문에 한국에서는 학생들이 '위안부' 소녀상을 지키는 운동 같은 것들이 생겨났고요. 한일 관계는 여전히 나쁜 것 같습니다.

개인적으로도 일본 우익들의 공격이 가장 심했던 때는 2014년이었습니다. 그 때는 협박장도 받았고, 딸을 죽이겠다고 하여 경찰의 보호를 받기도 했었는데요. 그때에 비하면 직접 소송을 진행할 만큼 이제는 신변에 대한 위협은 많이 줄었습니다. 그러나 전국적으로는 지금도 한국에 대한 혐한 무드가 이어지고 있고, 혐한 관련 책들이 여전히 많이 팔리고 있으므로, 그런 의미에서는 신변 위협은 계속되고 있다고 생각합니다. 한국에 대한 반한 감정 또는 일본군'위안부' 문제로 대표되는 역사 인식 문제에 대한 일본인의 거부감은 여전히 계속되고 있다고 생각합니다.

심규선 소송의 승패와 관계없이 선생님이 소송의 과정에서 얻은 것이 있다면 무엇입니까?

4년간 이어진 소송의 성과

우에무라 긴 시간 소송을 하고 있는데 결국 판결에서는 졌습니다. 하지만 언론전(言論戰)에서는 이겼습니다. 재판을 통해 니시오카와 사쿠라이의 엉터리 논리가 전부 드러났습니다. 그 과정에서 우에무라가 날조 기자가 아니라는 점은 알릴 수 있었습니다. 당시 《아사히신문》 등은 위축되었습니다. 그래서 《아사히신문》의 기자였던 제가 날조 기자가 아니라고 발표하기는 했지만 적극적으로 지켜주지는 않았습니다. 다른 진보적인 미디어도 마찬가지였습니다. 저를 감싸주다가 우익의 공격을 당할까봐 두려워했습니다. 《산케이신문》이나 《요미우리신문》과 같이 재판의 당사자가 아닌 신문사들도 당시에 저를 공격했어요. 그런 가운데 소규모 진보 매체인 《주간 금요일》만은 저에 대해 사실대로 보도하고, 특집 기사도 자주 내주었습니다. 저를 공격하는 사람들의 엉터리 주장을 언론전으로 맞설 수 있는 기회를 제공해 준 것입니다.

그런 과정에서 잘못된 기사가 정정되기도 하였고, 또 《요미우리신문》은 저에 대한 공격을 그만두었습니다. 이런 과정을 통해 제가 날조 기자가 아니라는 것을 많은 사람들이 알게 되었습니다. 또한 제가 굴하지 않고 꿋꿋이 싸워왔다는 점에서 응원해 주는 사람들이 늘어났습니다. 도쿄의 변호인단이 170명, 삿포로의 변호인단이 114명이라는 것은 매우 의미 있는 일이라고 생각합니다. 일본의 언론역사상 매우 드문 일이었고요. 저의 문제에 유엔에서도 관심을 가졌고, 《뉴욕타임즈》에도 기사가 크게 났습니다. 그리고 유엔 표현의 자유 촉진에 관한 특별보고가 있는데, 제 경우가 일본의 언론자유 문제로 보고되었습니다. 그런 의미에서 이 4년간의 싸움이 매우 의미가 있었다고 생각합니다.

최근 일본 언론의 비판 정신 위축

심규선 최근 일본 언론의 자유와 관련해서 두 가지만 질문하겠습니다. 저는 20년 전쯤 일본 특파원을 할 때, 일본의 언론사가 가지고 있는 패러

다임이 무척 자유롭고 폭이 넓다는 것을 부러워했는데, 최근 들어서 그런 것들이 점점 좁아져서 특히 정부에 대해서 비판적인 정신을 잃어버린 듯한 느낌을 많이 받거든요. 거기에 대해서는 어떻게 생각하는지요. 예를 들어 《아사히신문》조차도 아까 위축되었다는 말씀을 하셨는데, 제가 볼 때도 사실 그런 느낌을 많이 받습니다. 여러 신문들이 정부에 대해서 할 말을 제대로 못하는 그런 느낌이 들어요. 옛날에는 정부비판을 많이 하던 신문들이 있었는데, 지금은 줄어들고 있습니다. 그래서 저는 한국 언론과 일본 언론이 지금 반대로 가고 있다, 한국 언론은 점점 정부에 대해서 왕성하게 비판하는 데 비해서, 일본 언론은 옛날에 왕성했던 비판정신이 점점 위축되고 있다는 느낌을 받는데 어떠십니까?

우에무라 저는 4년 전에 《아사히신문》을 그만둬서 지금의 분위기를 잘 모르겠습니다만, 독자의 눈으로 보면 '위안부' 문제, 특히 우에무라에 대한 공격, 《아사히신문》에 대한 공격 등을 겪으면서 역시 정부나 권력에 대한 비판적인 부분이 조금 약해진 것이 아닌가 하는 생각이 듭니다. 제 기사는 날조가 아니었지만, 요시다 세이지(吉田淸治) 관련 기사는 문제가 좀 큽니다. 《아사히신문》이 십여 차례나 요시다 세이지 관련 기사를 썼어요.*

심규선 《아사히신문》이 요시다 세이지 기사를 검증할 때 저도 청문회에 참

---

* 《아사히신문》은 1982~1990년대까지 요시다 세이지를 인터뷰하거나 그와 관련된 기사를 16차례 보도했다. 요시다 세이지는 1942년부터 패전 때까지 야마구치현 노무보국회 시모노세키지부 동원부장으로 일하면서 제주도에서 여성들을 2,000여 명이나 '위안부'로 강제동원했다고 증언했다. 《아사히신문》은 그의 증언을 여러 차례 보도했으나 증언 외에는 증거를 찾지 못하면서 우익의 비판을 받았다. 결국 《아사히신문》은 자체 검증을 통해 2014년 8월 최초 보도 32년 만에 모든 관련 기사를 취소하고 사과했다. 이 사건 이후 《아사히신문》의 과거사보도 태도가 상당히 위축됐다는 평가를 받고 있다.

석해 달라는 부탁을 받고 증언을 한 적이 있습니다.

우에무라 저는 요시다 세이지의 인터뷰도 하지 않았고, 기사도 쓰지 않았는데 혼란 속에서 저도 그에 대한 기사를 쓴 것으로 착각한 이들에게 공격받은 적도 있었습니다. 어쨌든 《아사히신문》은 굉장히 큰 타격을 입었지만 역시 역사 인식 문제라는 점에서 과거의 《아사히신문》은 피해자의 입장을 잘 듣고 썼던 것 같습니다. 국가 논리가 어떻든 간에 현장에 있었던 피해자들의 이야기를 들었던 거에요. '위안부' 문제가 처음 부상했던 시절에는 기자들이 '위안부' 할머니들의 이야기를 모두 들었습니다. 그건 《아사히신문》뿐만이 아니라 《마이니치신문》이나 《요미우리신문》도 마찬가지입니다. 모두 많은 기사를 썼어요. 하지만 지금은 전혀 일본군'위안부'를 문제 다루지 않습니다. 우에무라 공격의 효과입니다. 즉 역사 인식에서 이런 문제를 부정하고 싶은 세력에서 보면 저는 이기지 못했지만 주변이 일본군'위안부' 문제를 다루지 못하도록 하는 효과는 봤으니까요.

이와 같은 예는 단지 우에무라의 문제뿐만이 아니라 여러 곳에서 일어나고 있어요. 역사 인식의 문제에 대해서는 일본의 미디어, 특히 《아사히신문》 같은 데서도 피해자 입장에서 하는 보도가 줄어들고 있다는 생각이 듭니다. 외무성이 말하는 대로 쓰는 거에요. 왜냐하면, 정부가 발표한 대로 쓰면 공격 당하지 않거든요. 그런데, 그렇게까지 하면서 저널리스트 일을 할 가치가 있느냐는 생각이 드는군요.

심규선 덧붙여 우에무라 선생님의 재판을 포함해서 한국 사회와 매스컴에 대해서는 어떤 생각을 가지고 있는지요. 한국의 미디어나 한국 사회가 일본군'위안부' 문제를 비롯한 역사 문제에 대해 지금 어떤 입장을 가지고 있다고 생각하십니까? 예를 들어서 우에무라 씨에 대한 보도가 한국에서는 어떤 식으로 되고 있다고 생각하는지요?

전문 기자가 없는 한국 언론의 아쉬움

우에무라 제가 쓴 보도는 아까도 말씀드린 것처럼 처음에는 한국 기자들도 쓰지 않았습니다. 김학순 할머니가 등장하면서부터 썼지요.

심규선 김학순 할머니가 '위안부' 피해 사실을 공개한 것이 1991년 8월 14일입니다.

우에무라 그 작은 기자회견이 큰 영향을 미쳤습니다. 그래서 한국 기자들이 기사를 쓰게 된 것입니다. 그 때 취재한 한국 기자 3명을 제가 아는데, 모두 여성들로 《동아일보》 이영이 기자는 동아일보를 그만두고 지금은 의사가 되어 일본에 있고(최근에 귀국했다 – 편집자), 《한겨레신문》 김미경 기자는 화가가 되었고, 또 한 사람인 《경향신문》 기자는 외교관이 됐습니다. 결국 3명 모두 지금은 기자를 그만두었습니다.

심규선 《경향신문》 기자는 삿포로 총영사로 근무했던 분이지요?

우에무라 맞습니다. 일본군 '위안부' 문제는 여성 인권에 관한 매우 큰 주제이기 때문에 만일 일본이라면 계속 그 문제를 좇는 전문 기자가 있었을텐데 한국은 단 한 명도 없어요. 점점 지위가 높아져서 정치가가 되거나 하는 패턴이 많은 것 같습니다, 특히 남자 기자들은 말이죠. 물론 정치인이 되는 것도 필요하겠지만 하나의 주제를 계속 쫓아가는 전문 기자가 필요합니다. 그런데 한국에는 그런 전문 기자가 없다는 것이 매우 의아합니다.

심규선 좀 미래지향적인 질문을 하고 싶은데요. 한일 양국의 학생들을 가르쳐보셨잖아요? 학생들을 가르치면서 한일 관계에 대해서 희망같은 것을 느끼신 것이 있는지요?

우에무라 저는 서투른 한국말로 강의를 합니다. 지난번에는 저의 체험을 포함하여 '언론 인생, 젊은이들에게 전하고 싶은 이야기'라는 특강을 했는데, 가톨릭대학 1학년 전원이 듣는 수업이었어요. 3번에 걸쳐 총 300명 정도가 들었는데, 좋았다는 반응이 94~95% 정도였습니다. 제가 왜 한국에 관심을 가지게 되었는지 이야기하니까 역시 한국 학생들은 잘 들어주고 공감해 주었습니다. 그리고 일본군'위안부'에 대하여 부천여자고등학교에 가서 강연할 일이 있었는데, 100명 정도가 나에게 '너무 좋았다'고 사인해 달라고 한 일이 있습니다. 지난 2015년 한일 일본군'위안부' 합의 당시 한국의 젊은이들이 이에 반대하여 소녀상을 지키는 등 반대 운동을 하지 않습니까? 그래서인지 일본군'위안부' 문제에 굉장히 관심을 두고 있더군요.

그 학교에 갔을 때 깜짝 놀랐던 것은, 소녀상의 얼굴 부분에 본인의 얼굴만 넣은 포스터를 만들어서 붙여 놓은 것이었어요. 그것을 보고 저는 굉장히 감동을 받았습니다. 아마도 그 아이들은 자신과 나이가 같은 소녀가 그런 일을 당했다는 것을 이해하고, 만약 자신이라면 어땠을지도 생각하고 있는 겁니다. 그것은 매우 중요한 것이에요. 상당히 많은 한국 사람들이 일본군'위안부' 문제에 관심이 있고 '위안부' 피해자 할머니들이 만든 그림 작품을 사기도 해요.

얼마 전에 저의 일본인 지인이 한국에 왔을 때 남산 밑 유스호스텔 근처 '기억의 터'라고 '위안부'를 기리는 곳에 데려갔습니다. 여름쯤

가봤을 때는 별로 사람이 없었는데 얼마 전에 갔더니 사람들도 많고 학생들이 거기서 점토로 소녀상을 만들거나 여러 가지 활동을 하고 있었습니다. 역시 한일 일본군'위안부' 합의가 계기가 되어 젊은 이들이 그런 관심을 갖게 된 것은 대단한 겁니다. 일본은 반대로 전혀 관심이 없는 것 같아요. 그것은 조금 전에도 말했듯이 고노 담화를 통해 1990년대 후반에 모처럼 일본 교과서에도 '위안부' 기술이 나오게 되었던 것이 지금은 모두 없어졌어요. 그래서 아이들이 점점 더 모르는 겁니다. 2~3년 전에 일본의 중학교 역사 교과서 중에 하나가 '위안부' 문제를 실었습니다. 내용은 별것 없어요. 고노 담화에 관한 내용이 몇 줄 들어갔을 뿐이지만, 그것을 사용하고 있는 중학교는 반일 교과서를 사용한다는 이유로 공격을 받았습니다.

그런데 그 교과서의 수준이 높아서 일본의 중학교 중에서도 학력 수준이 높은 중학교밖에 사용하지 않았어요. 일본에서 도쿄대학에 많이 보내 입학이 가장 어렵다고 하는 효고현 고베시에 있는 나다(灘) 중학교에서 사용하고 있었는데 우익이 엽서 등을 보내어 "왜 그런 교과서를 사용하는가"라고 공격했습니다. 그러자 교장 선생님이 "이것은 문부성이 인정한 교과서이기 때문에 아무 문제가 없습니다"라고 일갈하고 끝이 났어요. 매우 훌륭한 대처였다고 생각합니다. 이처럼 일본 우익들은 중학교까지 공격을 하고 있습니다. 또는 WAM(Women's Active Museum on War and Peace)이라는 '위안부' 문제 전시 자료관을 폭파하겠다는 엽서를 보내기도 하고, 역사를 알리려고 하는 시도에 대해 여러 가지 공격을 하고 있습니다. 저에 대한 공격도 그 중 하나라고 생각하는데, 매우 유감스럽게도 일본의 젊은이들에게는 그것이 전해지지 않는 것 같아요. 그래서 공통의 역사 인식, 사실 인식이 없습니다. 그것이 일본군'위안부' 문제에 관해서 매우 안타까운 부분입니다.

이명찬 그와 같은 역사 인식의 부재는 일본군'위안부' 문제만은 아닌 것 같습니다.

우에무라 물론 일본군'위안부' 문제만은 아니지만 나중에 아시아를 이끌어갈 젊은이들이 기본 부분에서 지식의 차이가 있다는 것은 매우 안타까운 일이라고 생각합니다.

이명찬 그러면 일본 정부는 그 문제와 관련해서 어떻게 해야 한다고 생각하세요?

우에무라 정부 쪽은 그렇게 간단치 않다고 생각합니다. 왜냐하면 아베 총리 자신이 고노 담화를 재고하고 싶다고 하는 입장이고, 교과서에 아예 일본군'위안부' 문제를 싣지 말라고 운동했던 단체의 사무국장이었기 때문에 기본적으로 아베는 일본군'위안부' 문제를 젊은이들에게 전파하겠다거나 같이 배우겠다는 자세가 없습니다. 그래서 매우 위험한 상태라고 생각합니다. 하지만 20년 전인 1998년에 한국과 일본 정부는 김대중·오부치 선언을 했지요. 그때 오부치 총리가 식민지 지배를 사죄하고, 김대중 대통령은 전후 일본을 비판하지 않고 높이 평가하며 미래지향으로 가자고 했습니다. 그 후 일본 대중문화를 한국에서 개방하지 않았습니까? 결과적으로는 한국문화도 일본에 전해지게 되어 참 좋았지요. 그때 저는 서울특파원이었습니다.

지금도 기억하고 있는데, 오부치 씨는 외무장관에서 총리가 됐는데, 외무장관 때 서울에 와서 김대중 대통령을 만났어요. 그 때는 어업 문제 등 여러 가지에 관한 기자 회견이 있었는데 우리도 특파원이었기 때문에 참석했었습니다. 오부치 씨가 싱글벙글 좋아하길래 무슨 일이냐고 물었더니, 김대중 대통령이 '敬天愛人(경천애인)'이라고 쓴 휘호 족자를 주었다는 것이에요. 그는 조금 쑥스러워 했어요. 오부치 씨가 관방장관 시절에 '平成(헤이세이)'라고 쓴 글씨를 들고 찍은 유명한 사진이 있는데, 제가 '敬天愛人' 글씨를 들고 똑같이 그 포즈를 해달라고 했더니 정말 해 줬습니다. 그 후 오부치 씨는 김대중 대통령과 친하게 되었고, 김대중 대통령을 존경하기 시작한 것 같습니다.

오부치 씨의 평전에 그 내용이 나오는데, '범재전(凡宰伝)'이라는 평전 속에는 DJ가 여러 번 민주화운동을 하고 사형판결을 당하자 대단한 사람이라고 생각하여 존경하기 시작했다는 내용이 있어요. 오부치 씨는 진보적인 사람이 아니에요. 굳이 따지면 보수우파인데, 그가 김대중 대통령에게 받은 '敬天愛人'을 자랑하는 것을 보았을 때 역시 김 대통령에 대한 애정과 존경심을 느낄 수 있었습니다. 이것은 굉장히 중요한 것으로, 정상 간에 서로 존중하는 관계가 그때는 있었다는 겁니다. 김대중 대통령도 한일 관계 개선을 위해 여러 가지 궁리를 했었고 김대중 평전에도 나오지만, 역시 일본에 대한 경의가 있지 않았습니까? 그런 의미에서 지금은 상황이 너무 좋지 않아요. 저는 20년 전의 김대중·오부치 선언 그 자체가 너무 좋았어요. 그 후로 잘 안 되었지만, 저는 그 정신으로 다시 돌아가야 한다고 생각합니다.

이명찬 지금 아베 총리는 아까 말씀하신 것처럼 여러 역사 문제에 대해 우파이지 않습니까? 그래서 총리의 영향이 매우 클 것 같은데요. 만약 총리가 바뀐다면 한일 관계가 변할 것이라고 생각하십니까?

우에무라 그렇게 쉽지는 않다고 생각합니다. 아베 총리 지지자들이 일본의 우경화 추진 세력인 것은 확실합니다. 아베 총리가 그들을 저지하지 않기 때문에 전체가 그렇게 되는 거에요. 제가 정말로 일본이 약하다고 생각하는 것은 일본은 위축되어 있다는 점입니다. 자민당 의원들도 위축되어 있습니다. 정권이 바뀌어도 쉽게 좋아질 것 같지는 않지만, 역시 한번 더 고노 담화 정신이라든가 오부치 씨의 정신으로 돌아가지 않으면 안 된다는 생각이 듭니다.

진보잡지 《주간 금요일》 사장 취임

심규선 《주간 금요일》의 사장이 되셨는데, 잡지는 몇 만 부 정도 나가는지요.

우에무라 잡지 규모는 아주 작아요. 다 합쳐서 3만부 정도입니다. 아무튼 우리 《주간 금요일》은 정기구독자가 중요한데 그게 1만 3천부입니다. 이것은 최소한의 생명선인데 그것도 계속 줄어 들고 있어요. 창간 25주년 때는 5만부였다고 하는데 그것이 1만 3천부까지 줄어서 매우 어렵습니다. 우리는 베스트셀러를 내기도 했는데, 지금까지의 사장들은 모두 신문기자 출신으로 경영 감각이 없었던 것 같아요. 책을 내고 점점 적자를 내게 되어, 지금까지 베스트셀러로 모아둔 돈이 다 없어졌어요. 그래서 지금은 사원도 급여를 줄였습니다. 저는 사장을 맡을 때 가장 적은 급여를 받겠다고, 평사원보다 적게 해달라고 부탁했어요. 그래서 저는 평사장님이라고 해서 평사원과 같이 가장 아래 직급이라는 마음으로 전념하고 있습니다. 아무튼 활자의 시대가 아니라 어려운 상태에서 《주간 금요일》뿐 아니라 여러 잡지가 줄었지만 《주간 금요일》은 일본에서 유일하게 남아 있는 진보적인 잡지입니다. 광고가 거의 없고, 대기업에 대한 비판 등을 자유로운 입장에서 할 수 있는 잡지입니다. 어떻게든 진보적 미디어의 불씨를 지켜야 한다는 생각이 듭니다.

이명찬 여러 가지 어려운 상황으로 경영난을 겪고 계시는데, 유일하게 남은 진보 미디어인 《주간 금요일》을 지키기 위해서 일반 국민에게서 기부금 같은 것을 받는 방법은 어떨까요?

우에무라 그런 기부도 필요하다고 생각합니다만, 일단은 어떻게든 열심히 해 보려고 합니다.

제가 《주간 금요일》의 사장이 된 것은 아마 제가 우익을 상대로 싸우고 있는 사람이라서 전임자가 추천한 것 같습니다. 그래서 저의 운동을 지원해 주는 층과 독자층이 겹치는데 구독자 수를 늘리기 위해 《주간 금요일》이 한 개인의 문제가 아닌 여러 곳에서 일어나는 일들에 대해 제대로 보도하는 잡지라는 것을 캠페인으로 알려 나가려고 합니다.

심규선 지금 따님은 어떻게 지내고 있습니까? 예전에 굉장히 공격도 많이 받고, 얼굴 사진도 공개되고 그랬는데요.

우에무라 우리 딸은 잘 지내고 있습니다. 지금 대학생이고 20살입니다. 재판에 관해서는 응원하고 있고, 아빠를 비판하지 않습니다. 아빠 때문에 피해를 입었는데도 그 일에 대해 비판하지 않고 함께 응원해주어 힘이 됩니다. 딸이 위축되지 않았거든요.

심규선 이런 걸 물어봐도 될까요? 선생님은 소송을 제기하고, 재판을 진행하는 과정 중 몇 번이나 울었는지요?

우에무라 운 적은 거의 없는 것 같아요. 단, 딸이 울 때는 저도 눈물이 나서 몰래 나가 울기도 했어요.

뭔가 설명해 주거나 할 때. 특히 딸 이야기를 할 때는 자주 운다고 합니다. 그렇지만 의식해서 울지 않으니까 잘 모르겠어요. 딸에 대한 말을 하면 눈물이 나곤 하네요. 우익들의 공격에 딸이 당할 수도 있으니까요. 우익들은 여전히 공격하고 있어요. 그들이 하는 말은 팩트 아닌 페이크 뉴스인데 독자들은 그걸 검증하지 않아요. 요즘과 같은 시대에는 진보주의 《아사히신문》에 대한 공격이 전보다 더 심해졌습니다.

심규선 32년 동안 기자로서 잘 지내오다가 여자 대학으로 옮기기 직전에 이런 일을 당하면 사실 '이런 일이 왜 나한테 일어나지? 내가 잘못한 것이 뭐가 있다고 이런 시련을 당할까?'라며 남을 원망하는 생각도 있었을 겁니다. 4년 동안 그 심경은 어떠셨습니까?

시련을 통해 얻게 된 넓어진 세계

우에무라 물론 그런 마음은 언제나 느낍니다. 이번에 증인으로 나서준 전 《홋카이도신문》 서울지국장 기타 요시노리(喜多義憲) 씨도 저와 같은 기사를 썼어요. 그 사람은 김학순 씨를 만나서 김학순 씨가 정신대라고 말한 것을 확인하고 썼기 때문에 제 기사에 문제가 없다는 것을 알고 있어요. 그래서 저를 공격하는 것은 옳지 않다고 증언해 주었던 겁니다. 오히려 《요미우리신문》이나 《산케이신문》은 김학순 씨가 강제징용되었다고 본인이 말했던 것을 그대로 게재했기 때문에 내가 공격받을 일은 없지만 아무래도 희생양이 필요한 것 같아요. 그래서 처음에는 굉장히 억울했습니다. 본인을 직접 인터뷰한 것도 아니고 기자회견에 들어갈 수도 없었는데 이렇게까지 당한다는 것이 정말 속상했어요. 만일 아무 일도 없었다면 그냥 여자대학 교수가 되었겠지만, 그래도 생각해보니 저를 응원해 주는 시민들도 많고 재판을 응원하는 사람들도 많더군요. 최근에는 저를 응원하는 기자들이 북렛을 만들어 사쿠라이와 니시오카가 얼마나 사실을 날조했는지에 대해 알리고 있습니다. 기자들도 그렇게 응원해 줍니다. 일본 신문기자들의 노조인 신문노련에서는 항상 조직을 총동원하여 응원해 줍니다.

저널리스트협회와 일본 저널리스트 회의와 같은 저널리스트의 단체에서도 응원해 주고 있습니다. 그런 의미에서는 동료가 점점 늘고 있다는 생각이 들어요. 저는 제 자신이 만약 그런 희생양이 되지 않았더라면 나만을 위해 살았을 것이라고 생각합니다. 교수가 되고 나서 끝이죠. 하지만 저는 이와 같은 일을 경험했습니다. 사실 우에무라 공격은 작은 형태로 일본 사회 곳곳에서 일어나고 있어요. 역사 문제를 다룬다고 공격을 하거나 특정 교과서를 사용했다고 중학교를 공격하는 사람들을 보면, 그런 시대와 싸우기 위해 오히려 신이 내게 기회를 주시는 것이 아닌가 하는 생각을 최근에는 하게 되었습니다.

시련을 많이 겪었지만 만남이라는 혜택도 받았습니다. 주변에서는 4년 전에 비하면 인간의 폭이 커졌다고 모두 이야기합니다. 처음에는 참 힘들었지만, 점점 여유도 생겼고 《주간 금요일》의 사장이 되었으니 일본의 위축되는 미디어들 속에서 열심히 해보려고 합니다. 《주간 금요일》은 여러 기자들이 기사를 실을 수 있는 잡지입니다. 이런 저런 이유로 탄압받는 기자들의 기사를 우리 잡지에 싣고 있습니다. 비록 작은 회사지만 여러 사람에게 상징적인 의미가 있습니다. 이 이상한 시대에 조금이라도 항거하거나 싸울 수 있는 기회를 줄 수 있으면 좋겠다고 생각합니다.

심규선 원래 성격은 그렇게 투쟁적이지는 않으셨죠?

우에무라 네. 제가 저희 집사람과 한국인에 대해 대단하다고 생각하는 점이 하나 있는데, 저의 집사람은 저에게 "당신은 아무것도 안 하는데 우익 덕에 유명해졌네. 나중에 날조 기자가 아니라는 것이 밝혀지면 유명인으로 남게 될 것"이라고 말한 적이 있습니다.

심규선 "당신은 '위안부'보다는 당한 것이 적다"라는 말도 했잖아요.

우에무라 네. 그런 의미에서는 4년 반의 싸움이 있었지만 결과적으로 제가 고생한 것은 아무것도 아니었어요. 오히려 한국에 가면 모두가 응원해 주고, 아주 좋았다고 하고, 대단하다고 하고, TV프로에도 출연시켜 주고요. 한국 가톨릭대학교에 와서 학생들과 교류하고, 총장도 "아시아의 평화를 위해 힘써 달라"는 말을 했기 때문에 아주 좋았어요. 세계가 넓어졌죠. 20년 전의 김대중·오부치 선언에는 한일 교류에 관한 50개 정도의 플랜이 있습니다. 저도 하고 싶은 이야기가 많지만, 그 중에서 기자 교류라는 것을 제안하고 싶습니다. 일본의 젊은 기자 지망생, 저널리스트 지망생과 한국의 기자 지망생들을 교류시켜 함께 합숙하면서 낮에는 현장에 가서 취재하고, 밤에는 토론하도록 하는 것이죠.

2017년 11월부터 저널리스트를 지향하는 대학생을 대상으로 제1회 일한 학생포럼이라는 것을 만들어 제가 발기인이 되고, 사무국장은 좀 더 훌륭하고 유명한 교도통신(共同通信)의 외신부장이나 대학에서 강의하는 저널리스트 출신이나 교수에게 부탁했습니다. 지금은 이화여자대학교와 가톨릭대학교 학생들만 참여하고 있는데, 2017년 11월 1회 행사는 서울에서 열렸습니다. 학생들과 함께 서울시청에서 인터뷰도 하고 나눔의 집에도 갔습니다. 한국말로 할머니가 말하는 걸 듣고 일본학생들이 눈물을 흘리기도 했습니다. 이건 정말 중요하단 생각이 들어서 심규선 선배에게도 조언을 들으러 갔었습니다.

2018년 8월에는 히로시마에서 열렸습니다. 원자폭탄의 날인 8월 6일 전후로요. 거기서 히로시마 시장을 역임했던 히라오카 다카시(平岡敬) 씨를 만났습니다. 원래는 히로시마의 《주코쿠(中国)신문》 기자였고, 한국인 피폭자 문제를 계속 취재해 온 사람입니다. 그때까지 일본은 일본인들만 피폭된 것처럼 굴며 한국의 피폭자도 히로시마에 많이 있었지만 무시했어요. 그 사람들을 계속 추적한 기자가 바로 히라오카 씨였습니다. 이분은 언론계에서 시작하여 후에 주코쿠 방송 편집장과 사장을 거쳐 히로시마의 시장이 되는데, 그 전의 시장들은 아시아에 대한 가해 책임을 말하지 않았습니다. 일방적으로 자신들이 피해자라고 생각했어요.

하지만 아시아에서 보면 히로시마에 폭탄이 떨어졌기 때문에 해방된 것으로 생각하겠지요. 한국에서도 그렇지 않습니까? 그러니까 히로시마의 피해를 말할 때 아시아 침략에 대한 반성을 함께 하지 않으면 아시아 사람들한테는 통하지 않아요. 그것을 히라오카 씨가 처음 말한 겁니다. 그랬다가 역시나 우익에게 공격을 당했어요. 아무튼 그분을 만나러 일본과 한국의 학생을 데리고 가서 장시간 인터뷰를 했어요. 그것이 제2회였습니다. 그와 같은 것을 매년 하려고 합니다. 다음 번에는 오키나와에서 하거나 광주에서 하는 것을 생각하고 있습니다. 5월에 광주에서 행사를 하고, 문재인 대통령의 연설을 들으러 갈까 생각하고 있습니다. 그러면 역시 교육 효과가 높겠지요(3회는 2019년 2월 오키나와, 4회는 같은 해 5월 광주, 5회는 2020년 2월 후쿠오카 구마모토에서 개최했다 - 편집자).

학생들도 많이 친해져서 한국어나 일본어를 못하는 사람이라도 영어로 말해요. 젊은 세대라서 잘 통하잖아요. 우에무라 공격 사건으로 많은 언론이 위축되었지만, 위축되지 않는 젊은이를 키우고 싶어서 그 방법의 하나로 그런 일을 하고 있습니다. 앞으로 상당히 큰 성과를 거둘 수 있을 것 같아요. 심 선배께서 서울대에 계시니, 이번에는 서울대 학생들도 꼭 참여했으면 합니다. 우리들은 자원봉사로 하는 것이기 때문에 힘든 점도 많겠지만 꼭 협력해 주시길 바랍니다.

심규선 우에무라 선생은 일본을 비판하는 입장이잖아요? 그렇지만 한국에 대해서도 비판할 부분이 있을 것이고, 한국도 잘 아는 분이니까 한일 관계가 좋아지기 위해 한국은 좀 이랬으면 좋겠다는 부분을 이야기해 주면 좋겠습니다.

더 나은 한일 관계를 위한 바람

우에무라 꼭 한일 관계에 대한 것이 아닌 일반적인 것도 괜찮죠? 책에도 썼지만 1978년에 와세다대학교에 입학해서 지금 60살인데, 그러니까 1979년 박정희 암살, 1980년 5·18민주화운동 때 학생이었어요. 거기서부터 한국 현대사에 관심을 갖게 되었죠. 저는 김대중 씨가 사형선고를 받았을 때 도쿄에서 구명운동을 했습니다.

심규선 그때 《아사히신문》에 대학생이었던 우에무라 다카시의 '김대중 죽이지 말라'는 기고가 실렸지요.

우에무라 그러니까 저는 그 후로 쭉 한국과의 인연이 굉장히 깊습니다. 1987년 처음으로 한국에 왔다가 한국을 너무 좋아하게 되어 연세대학교 어학당에서 공부했고, 5·18민주화운동에 대해 《아사히신문》에서 '김대중 무죄'라고 쓰기도 했습니다. 1988년 어학당에서 공부할 당시 김대중 씨를 만나러 갔었는데, 1997년에 제가 서울특파원이었을 때 김대중 씨의 대통령 당선 기사를 썼습니다. '김대중을 죽이지 말라'고 운동했던 제가 당선 기사를 쓰게 되었으니 감동적인 일이었어요. 그 이후로도 저는 계속 한국에 관심이 있었고 지켜봤는데, 한국은 민주화를 스스로의 힘으로 달성했습니다. 저는 특히 민주화 운동을 하던 1987년 8월부터 1988년 올림픽 전까지 1년을 꼬박 지켜봤어요. 그때 한국은 '세상을 바꾸자, 좋은 사회를 만들자'는 분위기가 있었다고 생각합니다. 그때로부터 30년 지나 교수가 되어서 한국에 다시 왔는데, 시스템으로서의 민주화는 달성했을지 모르지만, 한국의 경제가 너무 어려워서 젊은 세대가 사회 전체를 생각하지 않고 자기만을 생각하는 것은 아닐까 하는 생각이 듭니다.

현대사를 보면 사회를 위해 모두가 떨쳐 일어나 좋은 나라를 만들려고 했었는데, 30년이 지난 지금도 뭔가 실현되지 않은 것 같습니다. 한국 내의 개인주의가 팽배해지고 사회를 위해 뭔가 하려는 의지가 점점 줄어들고 있는 것이 아닐까 하는 생각이 들어요.

이명찬 그때와 지금의 한국을 비교하면 굉장히 좋아졌으니까요. 어떤 의미에서는 자신의 삶의 방식만 생각해도 충분히 좋은 세상이 되었기 때문이 아닐까요? 그때는 너무 어려웠으니까요.

우에무라 다만 나라 전체에 희망 같은 것이 전보다 덜 느껴지는 것 같아요. 그다지 비판하는 것은 아니지만 그렇습니다. 그리고 수업에서 한국 통일에 대해 말하면, 역시 전에 비해 왜 통일이 되어야 하는지 의문을 가지는 학생이 많아요. 그것은 한국이 점점 경제 발전을 하고 풍요로워졌기 때문일 수도 있겠지만 시대가 많이 달라진 것 같습니다.

마쓰바라 가즈유키 松原一征

1934년 일본 나가사키현 쓰시마에서 태어났다. 다이슈해운(対州海運) 대표이사 회장, NPO법인 조선통신사연지연락협의회 이사장으로 있다. 한일 친선우호의 역사적 자산인 '조선통신사'의 정신을 세계에 널리 알리기 위해 일본 각지에 남아 있는 조선통신사 관련 역사 자료 등을 연구하고 각 지역에서 교육 홍보, 지역 축제, 관광, 학술문화 등의 활동을 했다. 조선통신사연지연락협의회와 부산문화재단은 2017년 조선통신사 기록물이 유네스코 세계기록유산에 등재하는 데 중추적인 역할을 했다. 2018년 제3회 한일포럼상(조선통신사연지연락협의회와 부산문화재단 공동 수상), 2010년 대한민국 수교훈장 숭례장을 수상했다. 저서로는 『해협을 이은 조선통신사』(시마무라 하쓰요시 대필, 2007), 『조선통신사, 유네스코를 향한 길』(2019), 『신문으로 보는 조선통신사, 유네스코를 향한 길』(2019) 등이 있다.

일본 지식인에게 듣는 **한일 관계와 역사 문제**

일시　2018년 12월 7일(금) 13:00~15:30
장소　일본 쓰시마 다이슈해운 사무실
진행　심규선, 이명찬

마쓰바라 가즈유키(우)와 심규선(좌)

이명찬 최근 조선통신사와 관련한 기록물이 유네스코 세계기록유산으로 등재되었습니다. 선생님의 노력이 열매를 맺었다고 해도 과언이 아닐 것입니다. 이와 관련하여 선생님의 말씀을 듣고 싶습니다.

심규선 먼저 조선통신사에 관심을 갖게 된 계기를 말씀해 주시기 바랍니다.

조선통신사에 관심을 갖게 된 계기

마쓰바라 조선통신사에 관심을 갖기 시작한 것은 1990년입니다. 첫 번째는 제가 태어나고 자란 쓰시마(對馬島)라는 곳이 아무래도 섬이기 때문에, 그것도 본토에서 한참 떨어진 국경의 섬이기 때문에 과소화 현상이 매우 심각하게 진행되고 있습니다. 어떻게든 이 섬을 활성화시키고 싶다는 생각을 항상 해 오다가 35세 무렵 당시 방일 중이던 노태우 대통령의 국회 연설, 궁중 만찬회 연설을 듣고 '바로 이거다' 싶었습니다. 저도 역사 모임을 하고 있었고 쓰시마에 매우 풍부한 역사가 있다는 것을 알고 있었습니다. 쓰시마를 공부하면 한국과 아시아를 알 수 있다는 점에서 일본의 역사학자들은 쓰시마를 이야기할 때 흔히 '군침이 돈다'는 표현을 쓰는데, 조선·일본관계사의 보고인 종씨(宗家) 가문 문서를 비롯해 많은 역사가 있습니다.

그렇게 역사를 조금씩 공부해나가는 과정에서 조선통신사나 아메노모리 호슈(雨森芳洲)*에 대한 이야기도 들었습니다. 당시에는 아주 자세하게 다루지는 않았었는데 노태우 대통령의 연설을 계기로 쓰

---

* 조선과 일본사이의 외교를 담당했던 외교관이자 유학자. 1990년 노태우 대통령이 방일 연설에서 아메노모리 호슈가 조선과 일본 사이의 선린우호를 위해 강조했던 '성신지교(誠信之交)'를 인용하면서 일약 유명해졌다.

시마의 역사, 조선통신사와 아메노모리 호슈에 대한 역사는 한 나라의 대통령이 궁중 만찬과 국회에서 언급할 정도로 대단한 역사라는 것을 깨닫게 되었습니다. 그것을 이용하여 쓰시마를 활성화시켜야 한다는 생각이 들었어요. 그런데 그 역사를 쓰시마에만 가둬놓는 것은 아까우니 국내에 더 많이 알리자는 뜻에서, 조선통신사에 대해 배우면서 일본 국내의 지역 간 교류 증진을 도모하는 '조선통신사의 땅, 연지(緣)연락협의회'를 만들었습니다. 이곳을 시작으로 문화 교류, 경제 교류까지 가능해지면 좋겠다고 생각했어요.

이명찬 쓰시마는 한국인 관광객이 많이 방문하는 곳이라서 경제 교류는 이미 활성화되지 않았습니까?

마쓰바라 그 덕분에 여기까지 올 수 있었던 것이기도 합니다. 그때는 젊었으니까 어찌됐든 해보려고 여기저기 호소했어요. 국내 조직을 만든다는 것은 쉬운 일이 아니었어요. 저는 18세에 후쿠오카(福岡)로 나가서 후쿠오카와 쓰시마를 오가며 살았기 때문에 거점이 두 곳이었습니다. 쓰시마와 후쿠오카를 거점으로 국내와 한국을 누빌 수 있었어요. 그런 면에서는 제게 상당히 유리했습니다.

그렇게 국내를 4~5년 다니면서 연지연락협의회를 만들었어요. 18~19개의 지자체가 가입했는데, 그 중에는 비교적 조선통신사의 인기가 높아서 이미 조선통신사라는 콘텐츠로 지역 활성화를 시도하고 있는 곳도 한두 군데 있었습니다. 저는 쓰시마가 본거지인데 열심히 하지 않으면 주도권을 빼앗길 것 같아 초조했어요. 어쨌든 열심히 돌아다녔어요. 그러면서 국내의 조선통신사 관련 유적지들이 "역사적으로는 조선통신사 하면 쓰시마인데, 쓰시마가 하겠다니 우리가 어떻게 이기겠는가, 17~19세기까지 모든 외교의 관문으로서 조선에 왜관까지 설치했던 쓰시마를 따를 수밖에 없다"는 쪽으로 의견이 모아졌고, 지금까지 활발히 활동해 오고 있습니다.

이명찬   역시 파워 오브 원이네요. 언제나 계기가 되는 것은 한 사람의 힘이죠.

조선통신사 유네스코 세계기록유산 등록의 원동력

마쓰바라   저 역시도 그 말을 즐겨 씁니다. 국가와 국가의 친분 관계라는 것도 처음에는 한 사람 한 사람에게서 시작된다는 것이죠. 저는 25년 전에 부경대의 강남주 총장님을 만나서 조선통신사에 대해 이야기를 하게 되었는데, 강 선생님은 그때 아직 인문대 교수였습니다. 나중에 정부 파견으로 후쿠오카대학에서 객원교수를 지내셨죠. 그렇게 저와 만나게 되었고 조선통신사에 대한 이야기를 나눴습니다. "선생님이 살고 있는 부산은 쓰시마의 왜관이 있어서 무역과 외교가 이루어졌던 땅입니다. 그러니까 부산이 중심이 되어 한국쪽 내용을 정리하여 일본과 조선통신사에 관한 교류를 합시다. 일본은 지금 제가 국내를 돌아다니며 일단 조직을 만들어 놨으니 선생님도 같이 합시다"라고 제안했는데, 강 선생님은 "전공이 아니라서 잘 모른다"고 하셨습니다.

강 선생님은 남해 다도해의 샤머니즘 연구를 전문으로 하시는 분이었으니까요. 저는 "잘 모르셔도 괜찮습니다. 저도 학자나 전문가는 아니니까요. 그저 조선통신사는 당시 일본과 조선의 평화우호를 이룬 큰 사절단이요, 국가사절이자 문화사절이었다는 것을 알기 때문에 그것을 살리기 위해 우리가 사업을 하는 것입니다"라고 말했어요. 저는 포기하지 않았어요. 왜냐하면 강남주 선생님은 "언젠가 총장이 되실 분"이라는 말을 어느 높은 분으로부터 들었을 정도로 부산에서 평판이 좋은 분이었기 때문입니다. 저는 후쿠오카에서 만난 강남주 선생님을 절대 놓치면 안 된다고 생각했고 그래서 계속 부탁을 드렸습니다. 결국 '그럼 해보자'며 결심을 해 주셨고요. 강 선생님은 신문기자 출신이기 때문에 정치력도 있는 분이었습니다. '조선통신사문화사업회'라는 것을 만들어 부산시와 정부로부터 예산을 유치했고, 해협을 넘어 손을 맞잡고 2인 3각으로 지금까지 왔습니다.

심규선 그렇군요. 강남주 선생님이 큰 역할을 하셨네요.

마쓰바라 그렇습니다. 거기 마침 강남주 선생님이 계셨고, 강 선생님과 저는 운명의 만남이었던 것이지요. 둘 중 하나가 없었더라면 좀 힘들었을지도 몰라요. 그러니까 우리는 정말 신기한 인연입니다.

심규선 저도 두 분이 안 계셨다면 지금처럼 조선통신사가 각광을 받는데 시간이 더 걸렸을지도 모른다고 제 책(『조선통신사, 한국 속 오늘』, 2017, 월인)에 썼습니다.

이명찬 심 선생님이 쓰신 책 속에 마쓰바라 선생님의 사진도 있네요.

심규선 제가 강남주 선생님을 인터뷰한 기사인데 사진은 《동아일보》 도쿄 특파원이 찍은 것입니다.

마쓰바라 지금은 강남주 선생님이 부산문화재단을 떠나신 지 7~8년 됐는데, 초대 이사장이셨던 강남주 선생님이 조선통신사문화사업회를 만들어 부산문화재단에 넣으셨습니다. 당초 문화재단 이사장은 부산시장이 하기로 되어 있었는데 민간에 맡겨야 한다는 의견에 따라 초대 이사장을 1년 정도 강남주 선생님이 맡으셨습니다. 2, 3대 이사장은 강 선생님의 대학 후배인 남송우 씨가 맡으셨고요. 제4대는 이문섭 씨, 제4대부터는 부산시가 공모하고 응모한 분들 중에서 선임했지요. 5대째가 유종목 씨고요. 그 유종목 씨가 지난 달 11월 20일에 그만둔다며 연락을 해 왔습니다. 아쉬웠어요. 동갑이기도 한 관계로 1년 반 동안 사귀어오면서 꽤 마음도 통했고 함께 유네스코 세계기록유산에 등재할 수 있었으니까요. 지금부터 더 많은 활동을 해야 하는데 어쩌죠. 저는 30년 이상 변하지 않고 있는데 한국은 다섯 번째예요.(지금은 강동수 씨가 6대 이사장을 맡고 있다. - 편집자)

심규선   유네스코 세계기록유산에 등재되었을 때의 소감을 이야기해 주십시오.

유네스코 세계기록유산 등재, 올림픽에서 금메달을 딴 기분

마쓰바라   30년 전인 1990년으로 거슬러 올라갑니다. 한국의 노태우 대통령이 방일하여 국회 연설과 궁중 만찬 연설을 통해 조선통신사, 아메노모리 호슈, 쓰시마번에 대한 이야기를 언급하는 것을 듣고 몸에 굉장한 전기충격이 흐르는 듯한 느낌을 받았습니다. 쓰시마는 지금부터 38, 39년 전 조선통신사 행렬을 일본에서 처음으로 재현한 바 있습니다. (쓰시마는 1980년 '아리랑 축제'라는 이름으로 조선통신사 행렬을 처음으로 재현했다. - 편집자) 그래서 노태우 대통령의 연설이 남다르게 와 닿았고, 이것을 국내뿐 아니라 한국과 손잡고 세계에 널리 알리기 위해 약 30년 정도 활동해 오고 있습니다.

그 도중에 조선통신사는 세계에서도 매우 보편적인 가치가 있는 평화 우호의 역사이니 이를 유네스코 세계기록유산으로 등재할 수 있으면 좋겠다는 생각을 하게 되었습니다. 등재가 결정되었을 때의 기쁨은 이루 말로 표현할 수가 없었습니다. 저는 "올림픽에서 금메달을 딴 것 같은 기분이었다"고 말하곤 합니다.

심규선 방금 말씀하신 내용 중에도 있습니다만, 유네스코 세계기록유산 등재라는 것은 어떤 의미가 있습니까?

마쓰바라 조선통신사가 갖고 있는 역사적 의미는 현대에 비추어 보더라도 보편적인 가치가 있습니다. 그 가치를 일본, 한국, 또는 한일만이 아니라 아시아에서 세계로 발신하는 것이라는 점에서 세계적인 가치와 의의가 있어요. 그런 면에서 이번에 유네스코에 등재되었다는 것은 일본만이 아닌 세계의 유산이 되었다는 의미입니다. 세계의 유산이 된다는 것은 가치가 높아지는 것이기 때문에 더욱 기쁩니다.

심규선 등재된 후 여러 곳에서 축하를 받았을 텐데요, 등재 후 눈에 띄게 달라진 점, 또는 보이지 않게 달라진 것이 있다면 무엇인가요?

조선통신사의 역사적 의미를 현대에 되살리는 활동

마쓰바라 2017년 10월 31일 등재 결정으로부터 1년 정도 지난 지금 일본 각지에서 유네스코 등재 1주년 기념사업으로 각 지자체가 다양한 강연회나 심포지엄을 개최하고 있습니다. 조선통신사를 검증하는 활동이 증가하고 있기 때문입니다. 등재 후 우리가 지금부터 해야 하는 과제는 조선통신사의 역사적 의미나 역할을 어떻게 현대에 되살

릴지에 관한 것입니다. 요컨대 21세기를 살아나갈 청소년에게 이것을 잘 전달하는 것이 큰 과제입니다. 그런 면에서 지금 청소년과 함께하는 통신사 관련 활동이 조금씩 확대되고 있어요.

예를 들어 쓰시마의 경우는 2018년 8월에 신 조선통신사, 일한 고교생 통신사 등 조선통신사에 관한 고교생 교류를 진행했습니다. 한국의 부산 백양고등학교, 쓰시마에서는 조선통신사와 관련 있는 고등학교의 학생을 대상으로 25, 26명을 모집하여 쓰시마에서 만나, 조선통신사에 대해 배우면서 한일 학생들 간의 우정을 키워나가는 기획입니다. 그것을 매년 쓰시마에서 후쿠오카, 후쿠오카에서 시모노세키(下関), 그리고 히로시마(広島)로 계속 넓혀나간다는 기획도 세우고 있습니다.

심규선 2018년이 처음이었나요? 며칠 동안 진행했습니까?

마쓰바라 쓰시마에서 3일간 진행했습니다.

심규선 행사의 경비는 어떻게 마련하고 있나요?

마쓰바라 경비는 나가사키현이 부담했습니다. 일부는 참가자 부담으로 각 고교생이 약간 부담을 했지만 거의 나가사키현이 부담했습니다. 그런 식으로 지방의 시정촌(市町村)이 보조하면서 고교생이나 대학생 간의 교류를 확대하여, 역사를 공부하고 그 의의를 배우면서 한일 학생 간의 우정을 쌓는 것이 가장 큰 활동이라고 생각합니다.

이명찬 그걸 대학생으로까지 확대하면 어떨까요?

마쓰바라 물론입니다. 대학생에 관한 기획도 있고, 2019년에는 부산이 기획하고 있는 큰 행사가 있어요(국립해양문화재연구소가 2018년 10월에 복원한 조선통신사 정사선(正使船)에 청소년을 태우고 부산에서 쓰시마로 운항하려던 계획. 그러나 양국의 규제와 안전 문제로 연기했다. -편집자).

이명찬 역시 그 계기가 된 것은 유네스코 세계기록유산 등재로군요.

마쓰바라 등재를 계기로 활동의 싹이 튼 것입니다. 활동에 탄력이 붙었다고나 할까요.

심규선 앞으로 어떻게 하면 그 효과를 더 살릴 수 있을까요? 역시 회장님께서는 젊은 세대 간의 교류를 말씀하셨는데, 그 외에도 이렇게 등재되었으니 그것을 살릴 기획이나 생각이 있다면 말씀해 주기 바랍니다.

유네스코 세계기록유산인 조선통신사를 알리는 방법

마쓰바라 우리 측에는 조선통신사연지연락협의회가 있습니다. 제가 이사장을 맡고 있는데 전국 조직입니다. 1도 2부 12현에 걸쳐 각 지자체의 민간단체가 가입되어 있습니다. 그리고 그 안에 유네스코 부회(部會)를 만들었습니다. 그리고 이번에 등재된 기록의 실물을 보유하고 있는 자치체나 민간단체가 모두 참여하는 국내 네트워크를 조직하고 있고요. 한국에도 그와 똑같은 것을 만들어 달라고 요청하고 있어요.

그렇게 해서 이번 유네스코 세계기록유산 등재에 참가한 일본 측의 각 지자체 민간단체와 한국에서 새롭게 만들어질 조직을 하나의 큰 한일 네트워크로 펼쳐 가고자 합니다. 거기서 역사 기록물인 이 자료들을 어떻게 보관·관리하고 전시·활용할지, 그리고 양국의 국민과 전세계에 어떻게 알릴 수 있을지에 대한 활동을 전개해 나가고자 합니다.

그 다음에 유네스코 부회에서 지금 진행하고 있는 것은 등재기록물 333점에 대한 도록 제작입니다.(2020년 8월에 출간했다. – 편집자) 한국 측은 이미 다 되었습니다.

심규선 네, 본 적이 있습니다.

마쓰바라 일본 측도 지금 제작하려고 하고 있기 때문에, 일본어판과 한국어판 도록을 하나의 상자 안에 넣어 각지로 보급하면 그것을 보고 더 배울 수 있을 것입니다. 그리고 디지털화도 생각하고 있습니다. 이런 것들을 지금부터 진행하려고 합니다.

심규선 전시 이야기가 나왔는데 기록물을 보유하고 있는 지자체나 개인은 전시회에 대해 어떤 생각을 가지고 있습니까?

마쓰바라 이제 유네스코 세계기록유산에 등재되어 세계의 유산이 되지 않았습니까? 그렇게 되기 전까지는 마을의 보물로 소중히 다루느라 밖에 내놓는 것을 좀 꺼리는 부분도 있었을 것입니다. 유네스코 세계기록유산 등재는 자료의 전시 활용, 세계를 향해 가르치고 공개하는 것이 원칙이기 때문에 이제는 그렇게 할 수 없습니다. 그것은 유네스코가 요구하는 조건이기도 합니다. 전세계 사람들이 더 많이 접할 수 있도록 말이죠. 그러자고 유네스코 세계기록유산으로 등재한 것입니다. 막아두고 넣어둘 수는 없어요. 국가의 중요 문화재에 관해서는 여러 가지 규제가 있는 것이 사실입니다. 한번 전시하면 1년 정도는 쉬게 해야 해요.

한국과 일본이 다소의 차이는 있지만 규제가 있습니다. 예를 들면 모조품 같은 것이 만들어질 수도 있으니까요. 한일의 박물관, 미술관 등이 가지고 있는 것들을 서로 대여하거나 경우에 따라 몇 년에 한번씩 두 나라가 가지고 있는 모든 소장품을 모아 전시회를 개최하는 등, 그런 부분에 대해 지금부터 서로 논의해야 할 것 같습니다. 한국 측과도 논의 중입니다.

후계자 양성 문제

심규선 회장님께서는 올해 연세가 어떻게 되십니까?

마쓰바라 저는 올해 74세입니다. 아직 젊으니까 더 열심히 해야죠.

아무래도 후계자를 키우기가 어렵습니다. 제가 물러날 경우, 제 자리는 쓰시마 시장님이나 쓰시마 부시장님이 맡아달라고 부탁했습니다. 그것은 일본 전국, 세계로 발신하는 역할을 쓰시마가 해야 하기 때문입니다. 민간인인 제가 30년간 시로부터 위임 받아 해오다 보니 이제 절반은 내 것인 듯한 느낌이 듭니다. 수많은 도움이 있었지만 제가 발안하고, 제가 국내를 돌면서 조직하고, 강 선생님께 이야기해서 한국에도 조직하고, 그리고 유네스코 세계기록유산 등재에 이르기까지 계속하고 있기 때문입니다.

그런데 민간에서 제 후임역할을 해낼 사람을 5년, 10년 전부터 계속 찾고 있지만 좀처럼 찾을 수가 없네요. 국내를 돌아다녀야 하기 때문에 자비도 꽤 듭니다. 조선통신사로는 돈이 별로 안 되거든요. 그래서 자비로 돌아다닐 만한 봉사정신이 필요합니다.

이명찬 지금 하신 말씀을 들으니 기금을 만드는 게 우선일 것 같은데요.

마쓰바라 조선통신사연지연락협의회가 너무 돈이 없어서 자비로 '마쓰바라 기금'이라는 것을 만들었어요. 조선통신사연지연락협의회 내에 있습니다. 연지연락협의회는 훗날 쓰시마시가 맡아줄 것이고 절반은 제가 키운 자식과도 같아서 돈이 아깝지가 않아요. 5년 전에 500만 엔을 들여 기금을 만들었고, 유네스코 세계기록유산 등재를 위해 필요할 때 그것을 쓰도록 했습니다.

이명찬 본질적인 질문이 되겠습니다만, 조선통신사의 어떤 점에 매력을 느끼셨습니까? 어떤 매력이 있었기에 30년 동안 이 일을 하게 되셨는지.

세계에 유례없는 한일 평화우호의 역사, 조선통신사

마쓰바라 통신사의 매력이 어떤 것인지를 한마디로 말하기는 어려울 것입니다. 통신사의 여러 가지 역사를 보면 그와 같은 사례는 세계에서 유례를 찾아볼 수 없을 정도입니다. 국가 사절이자 문화 사절인 이런 시스템은 독일도 깜짝 놀란 것처럼 그 어디에도 없는 것이기 때문입니다. 이런 것은 어쩌면 과거에도 없었고 앞으로도 없을지 모릅니다. 저는 거기서 아주 장대한 로망과 매력을 느꼈습니다. 그 당시 한일의 선인들은 어떻게 이런 일을 할 수 있었을까? 500명 정도의 대규모로 말이지요. 1년여에 걸친 여행 중 바다를 건너 오사카(大阪)까지 가는데, 도중에 난파되거나 죽을 수도 있는 가혹한 여행이에요. 그것을 조선과 일본이 평화 우호를 위해서 했다는 것은 세계에 다시없는 역사이기 때문에, 거기에 매력을 느껴 빠져들게 되었습니다. 공부를 해도 해도 아직 부족합니다.

심규선 연지연락협의회를 만든 이유는 무엇입니까?

조선통신사를 널리 알리기 위해 만든 연지연락협의회

마쓰바라 그것은 조금 전에도 말씀드렸지만, 쓰시마는 통신사 역사의 중심으로서 통신사를 영접하고 경호 감독을 했기 때문에 가장 큰 역할을 했지만, 쓰시마에만 국한되지 않고 일본 여러 도시에 교류의 흔적이 남아 있습니다. 히로시마의 어떤 지역에는 30년 전부터 조선통신사 거리를 조성한 곳이 있으니까요. 따라서 일본 전국에 이런 위대한 역사를 더 많이 알려야 한다고 생각했어요. 요컨대 에도(도쿄)와 도치기현(栃木県) 닛코(日光)까지 올라갔던 위대한 역사적 사실을 일본 사람들은 잘 몰라요. 이것이 문제입니다. 그 원인이 저는 17~19세기의 에도 시대에 있다고 생각합니다.

에도 시대에, 한일 우호의 역사가 있었다는 것을 역사 속에 묻어버린 것이 누구일까요? 저는 메이지 정부라고 생각합니다. 메이지 정부가 조선-일본의 역사를 역사 속에 묻어버렸어요. 그래서 교과서에 실려도 기껏해야 한 줄 정도라서 일본 국민들이 잘 모르는 것입니다. 일본에 이런 멋진 평화 우호의 시대가 있었고, 그때 쓰시마가 조선통신사를 경호하거나 창구의 역할을 했습니다. 그와 관련하여 쓰시마를 부각시키고 클로즈업시켜 조선통신사를 국민에게 널리 알리자는 생각에 연지연락협의회를 만들게 되었습니다.

심규선 제가 조사해보니 지자체도 가입되어 있고 개인도 가입되어 있던데, 그 수는 얼마나 됩니까?

마쓰바라 현재 20개 지자체가 가입되어 있는데 계속 늘어나고 있습니다. 요약하자면 이곳 나가사키현, 그 다음으로는 후쿠오카현을 포함하여 통신사가 지나간 길을 따라 1도(도쿄도), 2부(교토부와 오사카부), 그리고 12개현(나가사키현, 후쿠오카현, 야마구치현, 히로시마현, 오카야마현, 효고현 등)으로 이어지는 20개 시와 지역입니다. 그리고 시가현 등이 옵저버(observer)로 참여하고 있고, 한국의 민단중앙본부 등 23개 민간단체가 가입되어 있습니다. 단체로는 일본 단체가 60개 정도, 개인이 105명 정도입니다. 그러니까 20개 지자체와 80여 개 민간단체를 합하면 수만 명까지 늘어납니다.

심규선 지금까지 이 연지연락협의회는 어떤 활동을 해 왔습니까?

마쓰바라 조선통신사연지연락협의회의 활동으로는 연간 회보 발간을 비롯하여 매년 각 지자체가 돌아가면서 전국 대회를 개최하고 있습니다. 대단히 자랑스럽게 여기고 있습니다. 2018년이 제25회 대회였습니다.(2019년은 나가하마시에서 열렸고 2020년은 5월에 부산에서 열릴 예정이었으나 코로나로 연기됐다. - 편집자) 저는 1~25회까지의 개최지를 다 말할 수 있어요. 처음에는 쓰시마시와 시모노세키시, 후쿠야마시(福山市), 나가하마시(長浜市) 등 각 시에서 맡아 주었습니다. 전국이사회에서 이듬해의 전국 대회 개최지를 결정하는데, 서로 하겠다고 적극적으로 경쟁을 하는 경우도 있어요. 기쁨의 비명이지요.

심규선   기록유산 등재의 선두에 서서 일을 하시는 가운데 마쓰바라 회장님의 역할은 무엇이었습니까?

마쓰바라   처음에 유네스코 세계기록유산에 등재를 하려고 했을 때는 일본 측 책임자를 가능하면 일본 정부가 해 주었으면 좋겠다고 생각했어요. 아니면 나가사키현이요. 이것은 그만한 가치가 있으니까요. 국가 사절이니까 국서가 있지 않겠습니까? 국서는 당연히 일본 외무성의 외교 문서관에도 있고, 교토 대학이나 종합박물관에 가도 있어요. 국서가 있으니 정부가 해도 좋고, 기록물을 각 현, 각 시정촌이 갖고 있으니 정부가 예산을 댄다고 하면 통솔하기도 쉬울 것이라고 생각했어요. 한일 정부 간의 관계가 지난 5~10년간 좋지 않았던 것은 사실이지만, 정치는 안 좋아도 이런 문화적인 분야는 적극적으로 해야 한다는 것이 문재인 대통령의 투 트랙 아니겠습니까?

마쓰바라   그런데 최근에 쓰시마 불상 도난 사건*도 있었지요? 그래서 문화재청에서는 아무래도 정부 간에 좀처럼 손을 잡기 어려운 부분이 있으니 민간에서 해보는 것이 어떻겠냐고 했어요. 그렇다면 우리가 할 수밖에 없었고 그렇게 선두에 서게 되었습니다. 이 일은 연지연락협의회를 처음 만들 때보다 더 힘이 많이 드는 일이었어요. 선두에 서서 국내를 하나로 모아서 끌고 가야 하니까요. 한국 측은 강남주 선생님이 학술위원장을 맡아 주셨습니다.

이명찬   지금도 활발히 하고 계십니까?

---

* 2012년 한국인이 쓰시마에서 불상 2점을 훔친 사건. 1점을 돌려줬으나 1점은 소유권을 주장하는 부석사 대전지법과 대전고법에서 반환 여부를 놓고 재판 중이다. 이 문제로 2013년과 2014년에 쓰시마의 조선통신사 축제가 열리지 않았다.

쓰시마의 이즈하라에 있는 조선통신사 관련 표지석(1811년 마지막 조선통신사(12회)가 쓰시마에 왔을 때 막부의 관리가 와서 접대한 곳이라고 쓰여 있다.)

마쓰바라 강남주 선생님은 유네스코 세계기록유산 등재 때까지는 학술위원장이었지만, 지금은 고문의 형태로 남아 계시니 별로 뵐 일이 없어서 좀 서운합니다. 무슨 일이 있을 때마다 강 선생님께 말씀드렸고, 강 선생님이 또 문화재단 대표이사인 유정목 씨와 친했거든요. 정권이 바뀌니 강 선생님도 좀 밀려나신 것 같아요. 부산시가 어떤 분을 선임할지는 모르겠지만 강 선생님께서 잘 지내실지 걱정입니다. 그 점이 제가 좀 유감이긴 합니다만 저는 어떻게든 일본 측을 한데 모으고 한국과의 연결 역할도 해야 하지 않습니까? 일본만 해서 될 일이 아니에요. 일본을 대표해서 한국 측과의 연락 조정을 하는 것이 의외로 중요합니다. 표면적인 회의에서는 여러 가지 체면이나 권한 문제가 있기 때문에, 역시 마지막에는 강남주 선생님과 이야기해서 여러모로 조정하는 작업도 필요합니다.

심규선 회장님께서는 지금까지의 연지연락협의회 활동에 대해 어떻게 평가하고 계시나요?

마쓰바라 글쎄요. 점수로 치면 80점 정도는 줘도 되지 않을까요? 70~80점 정도요. 아무래도 아직 100점에는 못 미칩니다. 연지연락협의회는 일본의 1도 2부 12현에 걸쳐 처음에는 점을 찍었고, 점을 찍은 후에는 선으로 묶었습니다. 점은 선으로 연결하잖아요. 선으로 한국까지 이어주었어요. 그래서 한국 국내에도 일본과 같은 연지연락협의회를 만들었으면 했는데 그건 강남주 선생님도 못 하셨어요. 아무래도 국가적인 차이 때문이라고 생각합니다. 어렵더라고요. 그렇게 연결한 선을 이번에는 면으로 만들 겁니다. 우리는 이제 면까지는 만든 것 같아요. 면 다음에는 입체적인 구(球)를 만드는 겁니다. 한국 측에도 조직이 생기고 양쪽이 같아졌을 때 비로소 공 모양이 될 것입니다. 지금 면까지 만들었고 유네스코 등재도 이루었으니 80점 정도는 줘도 괜찮지 않을까 싶습니다.

심규선 연지연락협의회 활동을 하는 과정에서 한국에 대해 좀 아쉽다고 생각하셨거나, 이 정도는 해 줬으면 좋겠다 하는 부분이 있으면 말씀해주시기 바랍니다.

연지연락협의회 활동 과정에서 한국에 아쉬웠던 점

마쓰바라 제가 한국 측에 바라는 것은 일본과 같은 광역 조직을 한국 국내에 빨리 만들어 주셨으면 하는 것입니다. 조선통신사에 관한 국내 분위기를 좀 더 띄워 주셨으면 합니다. 일본은 분위기가 많이 고조되어 있는데, 그에 비하면 한국은 중심이 부산에 국한되어 있어요. 한국은 왕복 루트가 좀 다릅니다만 조선통신사와 관련이 있는 곳이 세어보면 50곳이나 됩니다. 일본은 7곳 정도 있고요.

이명찬   안동과 경주 등이 있네요.

마쓰바라   더 있습니다. 50곳 정도 세어본 적이 있습니다. 왕복 루트가 조금 다르지만 50개 정도나 되니 그와 관련하여 하나하나 문서를 만들고 사람들에게 소개하고 알리면서 동참하도록 하는 활동을 해야 합니다. 필요하다면 어떻게 만들어가야 할지 제가 가서 협력하겠다고 몇 번이나 말했어요. 좀 전에 국가적인 차이라고 했지만, 일본의 경우는 수평적인 조직으로 창구를 넓게 열고 우호 친목을 중심으로 많은 사람들이 평등하게 참여할 수 있는 조직으로 운영하고 있습니다. 그런데 한국의 경우는 아무래도 수직적인 면이 강해요.

심규선   대도시인 부산이 소규모 시군과 무엇인가를 함께 하고 싶지 않을 것이라는 말씀이지요?

마쓰바라   서울과 부산의 관계도 있다고 생각합니다. 중앙인 서울이 하게 되면 지방의 넘버원인 부산은 고집을 부리고, 부산이 하게 되면 서울이 "왜 거기가 하느냐"라는 식으로 딴지를 겁니다. 제가 몇 번이나 그런 말을 하니까 부산도 밀양이나 영천 등과 같이 해보자고 합니다. 하지만 '돈을 댈 테니 오라'는 식으로는 오래갈 수 없어요. 모두에게 폭넓고 평등하게 하고, 회비도 저렴해야지요. 일본의 경우 지자체 회비는 1년에 1만 엔입니다. 민간은 5천 엔이고요. 개인은 3천 엔이 연간 회비에요. 그리고 쓰시마시가 연간 100만 엔 정도 내놓아 하나로 모으는 것입니다. 그래서 돈이 없어요. 연간 예산이 150만 엔밖에 안돼요. 제가 사비를 털지 않으면 어려워요. 이제는 일본 정부로부터 보조를 받았으면 좋겠습니다. 이렇게 광역적인 문화 진흥을 도모하고 있잖아요. 정부의 유관기관에서 200~500만 엔 정도의 지원을 받는 것이 저의 과제입니다.

조선통신사에 대한 저의 최종 목표는 일본 정부와 한국 정부 양측에서 '조선통신사의 날'이라든가 '조선통신사의 해', '조선통신사 주간' 등을 설정하여 한일 양국의 국민들이 어우러져 축제를 할 수 있는 환경을 만드는 것입니다.

이명찬 선생님의 그러한 행동은 지금의 한일 관계에 아주 좋은 영향을 줄 것 같습니다.

마쓰바라 정부끼리 아무리 사이가 나빠도 우리 민간에서는 조선통신사를 통해 우호의 강이 이어지고 있어요. 그렇다고 해서 지금의 일본 정부는 민간이 잘 하고 있으니 그것으로 됐다고 생각하면 곤란합니다. 정부 간에도 하루 빨리 그런 관계가 되었으면 좋겠습니다.

심규선 지금까지의 내용에서도 조금 나왔습니다만 그 옛날의 소선통신사가 지금도 주목 받고 있는 이유가 뭐라고 생각하십니까?

조선통신사가 지금도 주목 받고 있는 이유

마쓰바라 저는 조선통신사가 21세기에 세계유산이 되었다는 것은 결국 21세기가 되어도 여전히 지구 어딘가에서 테러나 전쟁 같은 것이 끊임없이 일어나고 있는 가운데 조선통신사의 사례를 참고로 평화를 구축하여 민족의 공존공영을 도모할 수 있기 때문이라고 생각합니다. 조선통신사에 그 지혜와 방법이 응축되어 있다고 생각합니다.

이명찬 그것을 현재에도 활용할 수 있다는 말씀이시군요.

마쓰바라 그것을 현대에 활용하는 것, 통신사를 배운다는 것은 어디까지나 무력을 사용하지 않고 서로 대화를 통해 평화를 구축했던 것을 현대에도 적용한다는 것입니다. 지금도 사람 대 사람의 인간 관계나 부부 사이처럼, 금방 폭력을 쓰기보다는 충분히 대화를 통해 쌓아 올리는 우호와 평화가 도움이 되지 않습니까? 사회 대 사회든, 단체 대 단체든, 국가 대 국가든 저는 그 점을 배웠으면 합니다. 조선통신사가 주장하는 것은 세계 평화입니다. 그래서 유네스코도 조선통신사가 매우 좋은 프로그램이라고 했던 것이죠. 세계 평화를 추구하는 것이 유엔이니까요. 유엔의 본보기와도 같은 사례입니다. 그렇기 때문에, 그런 면에서 저는 현대에도 통용된다고 생각해요. 과거의 유산을 다룬 신문기사는 많이 있어요. 하지만 조선통신사만큼 신문 지면을 많이 할애한 경우는 없습니다. 이것은 신문사에서 들은 말이에요.

신문사가 이렇게 열심히 기사를 쓰는 글감이 또 있을까요? 신문사도 물론 보도의 자유는 있습니다만 지금과 같이 각박하여 싸움이 끊이지 않는 세계 속에서 조선통신사의 평화 우호 사례를 소개함으로써 조선통신사가 평화의 사절로서 어떤 역할을 했었는지 신문이 직접 조명해 준다는 것은, 역시 신문사도 평화 우호를 바라고 있다는 뜻입니다. 분쟁에 대한 보도보다 평화에 대한 보도를 쓰고 싶어 하는 경향이 거기서 나타난다고 생각합니다.

심규선 이 일을 하시면서 느낀 보람은 무엇입니까? 그리고 곤란했던 일, 이건 좀 실패했다고 생각했던 일은 무엇이었습니까?

마쓰바라 아무래도 통신사에 관련된 일을 하면서 이해를 조금씩 넓혀 가다 보면 통신사를 이해하는 사람들도 있지만, 그렇지 못한 분들에게 조

조선통신사가 무엇인지 설명하고 이해를 얻기까지 많은 시간이 걸렸습니다. 조선통신사에 대한 인식이 국내에 정착될 때까지 "통신사라는 게 뭐지? 한국 정부와 사이가 나쁜데, 그런 것은 해서 뭐해?"라는 말을 꽤 자주 들었습니다. 그래서 하는 거에요. 정부 간에 사이가 안 좋으니 우리가 열심히 하는 겁니다. "조선통신사라는 것이 도대체 뭐냐"는 사람들에게 "조선통신사라고 하는 것은 이런 거지요"라고 말할 수 있게 되는 단계까지 가는 속도가 너무 느리다는 것이 답답했습니다.

심규선 하지만 보람도 있으셨을 겁니다. 지금은 노고에 대해서 말씀하셨는데, 회장님께 있어서는 라이프 워크를 발견하셨다는 생각도 듭니다. 그 보람에 대해 말씀해 주시겠습니까?

마쓰바라 역시 아까 말했던 것처럼 씨를 찾아 씨를 뿌리고, 그 씨앗이 자라면서 조금씩 커가는 보람은 있지만 저는 본업이 따로 있습니다. 하지만 하다 보니 본업보다는 이쪽이 중심이 되었습니다. 대체로 제가 하고 있는 일의 7~8할은 조선통신사와 관련된 일입니다. 고생하면서 여기까지 크게 키우고, 유네스코로 열매를 맺을 수 있었으니까요. 30년 가까이 했거든요. 세월이 길었던 만큼 제 삶의 보람과 일의 보람이 완벽하게 일치되어 있습니다.

이명찬 쓰시마의 기쁨이기도 하다고 생각합니다. 회장님 덕분에 쓰시마가 유명해진 부분도 있을 텐데요.

마쓰바라 쓰시마 주민들은 우리 섬에 이런 유명한 역사가 있다는 것에 대해 어려워하고 잘 몰라요. 한 10% 정도의 사람들은 "축하한다, 수고했다, 대단하다"고 말해 주지만, 많은 주민들에게는 크게 와 닿지 않는 것 같습니다. 앞으로 조금씩 알게 되겠지요. 역사를 배운 사람들도 축하한다, 잘했다고 말해 줍니다. 조금씩 주민 여러분에게 알려지고 있고, 쓰시마시로부터 표창도 받았습니다. 잘 해 왔구나 싶어요. 이것은 역사에 남는 일이니까요.

심규선 한국 정부로부터 훈장을 받기도 했는데 그때의 기분은 어떠셨나요?

마쓰바라 2010년 후쿠오카 총영사관에서 이명박 대통령으로부터 수교훈장 숭례장을 받았는데, 감사한 마음과 동시에 큰 책임감을 느꼈습니다. 훈장까지 받았으니 한일 우호를 위해 더욱 노력해야죠. 그래서 저는 쓰시마 지역에서 하고 있는 일을 많이 줄이고 오히려 한국 쪽의 일을 조금씩 늘리고 있습니다.

저는 조선통신사에 관한 일한 문화의 평화 교류를 앞으로 더 추진하여 쓰시마를 비롯한 여러 곳에서 개최하는 것이 저의 본분이라고 생각합니다.

조선통신사의 '성신(誠信)'의 정신으로 한일 관계 이어나가길

심규선 한일 관계가 지금 별로 좋지 않습니다. 조선통신사에 관한 일을 하시는 회장님으로서 양국에 하실 말씀이 있다면 부탁드립니다.

마쓰바라 통신사의 이념은 '성신(誠信)'입니다. 아메노모리 호슈 선생도 오가는 성신에 대해 말씀하셨고, 또한 조선의 근본인 유교의 정신이기도 합니다. 조선통신사 교류 당시에 양국의 외무 담당자들이 성신을 다해 교류하자고 쓴 문서도 남아 있습니다. 즉, 성신을 다하는 것, 진심으로 만나는 것, 거짓과 싸움을 배제하는 것이 중요합니다. 조선통신사는 200년 이상 평화 우호를 흔들림 없이 지켰습니다. 그 이념이 성신이었기 때문에 가능했습니다. 진심으로 만나야 한다는 것은 현대의 정치, 외교에도 물론 통하는 이야기입니다. 신의에 바탕을 둔 외교를 해야죠.

국가의 체면 등 여러 가지가 있겠습니다만 역사를 토대로 하는 진심 어린 만남을 정부 간에도 해 주었으면 좋겠습니다. 성신을 잇는 것이죠. 개인 대 개인, 그룹 대 그룹, 사회 대 사회 나아가서는 국가 대 국가도 그렇게 해야 한다고 생각합니다. 17세기, 19세기에도 성신이라는 두 글자를 가지고 서로 평등하게 교류를 했으니까요. 양국의 정부도 그런 부분을 다시 한번 생각해 주시고 교류해 주시기를 바랍니다.

심규선 그 밖에 하시고 싶은 말씀이 있다면 마지막으로 부탁드립니다.

마쓰바라 앞으로 민간 교류를 더욱 넓혀 조선통신사의 성신의 정신을 한일 양국 국민이 널리 알 수 있도록 하고 싶습니다. 그러려면 여러 과제가 있겠지요. 한국에서도 일본의 연지연락협의회 같은 조직을 만들 때 제가 필요한 일이라면 무엇이든 돕겠습니다. 한일이 협력하여 성신 사상과 조선통신사의 사상을 아시아로, 아시아에서 세계로 널리 알리면 좋겠습니다. 이번에 유네스코 세계기록유산에 등재됨으로써 세계 각국에서 조선통신사가 도대체 뭔지 궁금해 할 테니 성신의 교류라는 것을 널리 알리고 세계 평화에 기여할 수 있겠지요. 조선통신사가 유네스코의 마스코트가 되었으면 좋겠습니다.

3. 역사 문제 전문가 편

- 나카쓰카 아키라(中塚明)   216
- 우쓰미 아이코(内海愛子)   242
- 다와라 요시후미(俵義文)   276
- 와다 하루키(和田春樹)   308
- 기미지마 가즈히코(君島和彦)   350
- 미쓰하시 히로오(三橋広夫)   376

나카쓰카 아키라 中塚明

1929년 일본 오사카에서 태어나 1953년 3월 교토대학 문학부 사학과를 졸업하고 1958년 나라여자대학교 문학부 부속고등학교 교사, 1965~1993년까지 나라여자대학 교수를 지냈다. 1962년 패전 후 처음 출판된 『이와나미 강좌 일본역사』의 청일전쟁 부분 집필을 계기로 청일전쟁 및 당시 외무대신이었던 무쓰 무네미쓰(陸奧宗光)와 그의 저서인 『건건록』 등을 주요 연구 대상으로 하여 일본의 근대사와 조선 침략의 역사에 대하여 연구하였다. 2001년 일본의 역사교과서 왜곡 사건 때 한중일 3개국 학자들을 대표하여 이를 규탄하는 성명을 발표하기도 한 일본의 대표적인 양심적 역사학자다. 저서로는 『근대 한국과 일본(김승일 역)』(범우사, 1995), 『일본인이 본 역사 속의 한국(이규수 역)』(소화, 2003), 『근대 일본의 조선인식(성해준 역)』(청어람미디어, 2005) 등 다수가 있다.

일본 지식인에게 듣는 **한일 관계와 역사 문제**

일시   2018년 11월 9일(금) 15:00~18:30
장소   일본 교토 시내 카페
진행   정재정

나카쓰카 아키라(좌)와 정재정(우)

정재정   저는 학생 시절에 선생님이 쓰신 청일전쟁에 대한 논문이나 책을 읽으면서 공부했습니다. 선생님은 일본의 근대사를 전공하셨고, 그 후 조선 관련 논문과 책을 많이 저술하셨는데요. 선생님의 주요 연구 분야를 한국의 독자들에게 소개해 주시기 바랍니다.

청일전쟁(1894~95)과 외무대신 무쓰 무네미쓰(陸奧宗光)에 대한 연구

나카쓰카   저는 일본 근대사 연구자입니다. 주로 청일전쟁(1894~1895)과 당시 외무대신이었던 무쓰 무네미쓰(陸奧宗光)에 대한 연구, 특히 그가 청일전쟁의 외교 지도에 대해서 남긴 『건건록(蹇蹇錄)』에 대해서 연구해 왔습니다. 저는 일본의 근대를 이해하기 위해서는 조선에 대한 일본의 침략 사실을 반드시 밝혀야 한다고 생각합니다. 그런 입장을 일관되게 고수하면서 연구하고 있습니다.

제가 청일전쟁에 관해 학술논문을 쓴 것은 제2차 세계대전 후 이와나미서점에서 발행된 『이와나미 강좌 일본역사 17·근대4』(1962년 11월)에 청일전쟁 부분을 쓴 것이 최초입니다. 400자 원고지 90장 분량의 논문이었습니다. 당시 저는 나라여자대학 문학부 부속고등학교에 근무했었는데, 이 논문이 제 연구의 출발점이 되었습니다. 그 논문을 쓸 때, 도쿄 국립국회도서관의 헌정자료실에 공개되었던 『무쓰 무네미쓰 관계 문서』을 열람하고, 편찬자의 의도가 들어간 편찬사료가 아니라 청일전쟁 당시 일본 정부 내 조선 정책 입안 과정에서 쓰여져 일본 정부의 정책 의도를 직접 밝히는 데 반드시 필요한 제1차 사료를 처음으로 세상에 소개할 수 있었습니다. 예를 들면, 「일한조약초안」이나 「대일본국대조선국비밀조약」의 초안 등 일본이 조선의 철도·통신을 지배하고 비밀조약을 체결하여 조선을 일본의 세력하에 두려고 했다는 것을 일본 정부가 작성한 문서의 원안을 보고 밝혀 낼 수 있었습니다.

이와 같은 사료는 제2차 세계대전에서 일본이 패망할 때까지 최고의 국가기밀에 속하는 것이었기 때문에 역사 연구자들도 이용할 수가 없었습니다. 패전 후, 메이지 이후의 정치가나 군인들이 개인적으로 가지고 있던 이런 문서들을 새로 생긴 국립국회도서관의 헌정자료실이라는 아카이브에 모아 공개하게 된 것이죠.

이렇게 해서 일본제국의 조선 침략정책을 제1차 사료로 밝혀 내는 연구가 시작되었습니다. 이 국립국회도서관 헌정자료실의 개설과 사료 공개에 크게 힘쓰신 분이 오쿠보 토시아키(大久保利謙) 선생님입니다. 이분은 '메이지유신 3걸' 중 한 사람으로 일컬어지는 오쿠보 토시미치(大久保利通)의 손자입니다. 오쿠보 토시아키 선생님과 같은 분들의 노력 덕분에 패전 후 일본에서 생생한 제1차 사료를 기초로 한 일본 근대사 연구가 처음으로 가능해졌습니다. 저는 그 이후, 국회도서관의 『무쓰 무네미쓰 관련 문서』 중에서 무쓰 무네미쓰가 외무대신으로서 청일전쟁 때 일본 외교를 어떻게 이끌었는지 쓴 『건건록』에 대하여 연구하기 시작했습니다.

『건건록』은 현재 이와나미문고 중 한 권으로 공개 발행되어 있습니다. 이와나미문고의 『건건록』은 1933년에 제1쇄가 발행되었는데, 이와나미문고 편집부에서 저에게 읽기 쉽도록 해설을 덧붙이는 일을 의뢰하였습니다. 헌정자료실의 『무쓰 무네미쓰 관계 문서』에는 『건건록』의 수기 초고와 외무성에서 최초로 인쇄된 제1차 출간본, 그리고 현재 시중에 유포된 제2차 출간본 등 『건건록』에 관한 사료가 보존되어 있습니다. 저는 초고부터 제1차 출간본, 제2차 출간본(현재 알려진 것)에 대한 본문의 이동을 상세히 조사하였을 뿐 아니라, 그 밖에 아직 보지 않았던 사료까지 모두 조사하여 『건건록 간행사정(刊行事情)』이라는 해설을 덧붙이는 작업을 하였습니다. 그 결과, 1983년에 이와나미문고에서 『신정(新訂) 건건록』이 발행되었습니다. 또한, 그 연구와 함께 1992년에는 『건건록의 세계』라는 책을 미스즈서방에서 발행할 수 있었습니다. 현재 이와나미문고의 『건건록』은 국제적으로도 높이 평가받고 있으며, 중국의 유명 서점인 생활·독서·신지·삼련서점(生活·讀書·新知·三聯書店)에서도 해설을 포함한 이와나미문고의 『신정 건건록』 전문이 2018년에 발행되었습니다. 이러한 연구를 통해 일본의 근대가 조선 침략과 얼마나 깊은 관련이 있는지 밝혀내지 않고는 일본의 근대사에 대하여 바로 알 수 없다고 생각하게 되었습니다. 따라서 저는 조선사 연구자가 아니라 일본 근대사 연구자입니다.

정재정 1차 사료를 사용한 연구의 효과는 무엇이었습니까?

나카쓰카 일본제국이 숨겨온 역사를 현재의 일본인들과 세계 학계에 밝힐 수 있었다는 것이 가장 큰 의미가 있다고 생각합니다. 한국에서도 저의 『청일전쟁 연구』(1968, 아오키서점)가 번역되어 있다고 들었는데요, 그와 같이 제1차 사료를 통한 연구를 모아 나라여대를 정년퇴임하기 전 해에 앞서 잠깐 말씀드린 『건건록의 세계』(1992, 미스즈서방, 개정신장판, 2006)를 출판했습니다. 이 책은 무쓰 무네미쓰가 어떤 인물이었는지, 왜 『건건록』을 출판했는지, '무쓰 외교'란 어떤 것이었는지 등을 제가 발견한 여러 가지 새로운 사료를 토대로 저술한 것입니다. 전문적인 책이라서 서평은 별로 나온 것이 없습니다만, 좌파 역사학자 스즈키 마사시(鈴木正四) 선생님은 이 책에 대해 대단히 호평을 하셨습니다. 실증적으로도 매우 훌륭하다고요. 1992년에 이 책을 쓰고 그 다음 해, 나라여대를 정년퇴임하고 이제 더 할 일이 없나 하고 생각하던 차에 후쿠시마현립도서관의 사토문고에 소장되어 있는 일본 육군 참모본부에서 쓴 청일전쟁의 전사(戰史) 초안으로부터 청일전쟁 당시 일본군의 첫 공격이 조선의 왕궁 점령이었다는 것을 일본군이 자세히 기록하고 있다는 사실을 밝혀 냈습니다. 발견이었죠. 청일전쟁으로부터 정확히 100년 되는 해였습니다. 그렇게 해서 갑작스럽게 제 연구가 새로운 방향으로 가게 되었습니다.

그 다음해인 1995년에 홋카이도대학교 문학부의 연구실에서 '한국 동학당수괴의 수급'이라고 쓰여진 유골이 발견되어 대단한 충격을 주었습니다. 이 유골 문제를 해명하기 위해 앞장서서 노력하신 분이 당시 홋카이도대학교 문학부의 교수였던 이노우에 가쓰오(井上勝生) 선생님입니다. 지금은 명예교수로 계시며 일본 근대사, 특히 메이지 유신사·아이누 문제에 관한 연구가이십니다. 이 유골을 한국으로 봉환하기 위해 한국의 동학농민전쟁 연구자 박맹수 선생님이 일본을 방문했는데 그분은 그 후 일본의 동학농민전쟁 관련 사료를 조사하기 위해 홋카이도대학교로 유학을 왔습니다. 1997년에 저는 이노우에 가쓰오, 박맹수 이 두분을 삿포로에서 처음으로 만났습니다. 그렇게 해서 한국 선생님들과 교류를 하기 시작했고 2001년 전주에서 개최된 "동학혁명의 21세기적 의미"라는 국제회의에 초대되었습니다.

정재정   그 이야기는 나중에 자세하게 듣도록 하겠습니다. 선생님께서 쓰신 『역사의 위조를 밝힌다』(1997, 고분켄)라는 책이 한국에서도 번역되었습니다(한글판은 『1894년, 경복궁을 점령하라』 박맹수 역, 2002, 푸른역사). 저도 이 책을 읽고 공부했습니다. 선생님은 '경복궁 점령이 청일전쟁의 시작이다. 따라서 청일전쟁은 조선 침략을 위한 것이었다'

라고 쓰고 계신데요. 그 이야기를 좀 들려주시기 바랍니다.

청일전쟁은 조선 침략을 위한 것

나카쓰카 제가 후쿠시마 도서관에 청일전쟁사 초안을 보러 간 계기는 다음과 같습니다.

청일전쟁시 청국군과의 첫 육상 전투인 성환 전투를 위해 일본군이 서울에서 남하합니다. 1894년 7월 23일 왕궁을 점령한 후 25일부터 성환을 향해 진군합니다. 굉장히 더운 시기였는데, 물자 운반을 위해 서울에서 많은 조선인 인력과 말을 붙잡아서 데리고 갔어요. 그런데 조선인 인력과 말이 도중에 도망을 갑니다. 특히 일본군 전위부대였던 제21연대 제3대대에 속하는 조선인은 모두 도망을 갔어요. 전쟁을 목전에 두고 물자를 운반할 수 없게 된 것이죠. 그 책임을 지고 대대장이 7월 27일에 청국군과의 교전을 앞둔 1894년 7월 27일 오전 5시에 자살합니다.

이것은 청일전쟁 직전에 일본군 간부가 자살을 할 정도로 고립되어 있었다는 상황을 말해 줍니다. 이 내용은 시중에 출판된 『일청전사(日淸戰史)』에도 나와 있습니다. (참모본부편집 『메이지칠십팔년일청전사』제1권, 132쪽) 후쿠시마현립도서관의 사토문고에 만일 일청전사의 초안이 있다면, 이 대대장의 자살에 대해 더 자세하게 기술되어 있을 가능성이 있다고 생각하고 후쿠시마현립도서관에 갔던 것이죠.

저에게 후쿠시마현립도서관의 사토문고에 일청전사의 초안이 있다고 알려 준 것은 센슈대학(專修大學)의 일본사 교수인 오타니 다다시

(大谷正) 선생님입니다. 그분은 청일전쟁 당시 일본군이 동원한 도호쿠 지방의 일본인 노동자(軍夫)에 대해 조사하고 있었는데 후쿠오카 현립도서관에 일청전사의 초안이 있다는 것을 알게 되어 저에게 알려 준 것이죠.

그 곳에서 본 일청전사의 초안에도 대대장의 자살에 대해서는 공개 간행된 일청전사와 같은 정도로밖에 기술되어 있지 않았습니다. 하지만 그 전사의 초안에 '조선왕궁에 대한 위협적 운동'이라는 지금까지 본 적 없는 표현의 기록이 있었습니다. 읽어보니 왕궁 점령에 대한 상세한 기록이었습니다. 일본의 참모본부가 공개 간행한 전사에는 아무것도 써 있지 않았는데, 그런 내용을 발견한 것이죠. 그 전문을 미스즈서방의《미스즈》라는 잡지에 공개했습니다. 그것이 갑자기 높은 평가를 받으면서 1997년에 『역사의 위조를 밝힌다』라는 제목의 책을 출판하게 되었습니다. 이 책은 박맹수 선생님의 번역으로 『1894년, 경복궁을 점령하라!』(2002, 푸른역사)라는 제목으로 한국에서 출판되었습니다.

정재정 선생님께서 말씀하신 대로 청일전쟁이라고 하면 보통 한국에서도 중국과 일본의 전쟁이라고 생각하는데요. 전쟁의 현장이 한국이지 않습니까? 그래서 한국에서도 많은 연구가 진행되었지만 일본이 남긴 원사료, 제1차 사료에 의거하여 상세히 연구한 경우는 선생님이 처음이셨고, 그 후 젊은 학자들이 선생님께서 사용하신 자료 등을 인용하여 일본군이 한국에서 어떤 전쟁을 했는지에 대해 연구하게 되었습니다. 저는 이것이 획기적인 일이라고 생각합니다. 그리고 선생님의 청일전쟁 연구에는 반드시 동학이 등장하죠? 동학과의 관계에 대하여 말씀해 주시기 바랍니다.

청일전쟁과 동학전쟁

나카쓰카 저는 태평양전쟁 때 군대에서 운영하는 학교에 다녔었는데, 패전 후에는 일본의 구제고등학교(오사카부립 나니와고등학교)에 들어가 학생운동도 시작했고 재일 조선인 친구도 있었습니다. 그래서 일본의 침략 전쟁에 대해 조선과 중국에 민족운동이 존재한다는 것을 알고 있었습니다. 청일전쟁에 대하여 논문을 썼을 때부터 관념적이긴 하지만 동학농민전쟁을 머릿속으로는 이해하고 있었습니다. 동학 관련 기사는 청일전쟁 시대에 출판된 잡지 등에서 본 적이 있었습니다. 하지만 본격적으로 더 공부해야겠다고 생각한 것은 조선왕궁 점령의 역사나 『역사의 위조를 밝힌다』를 쓸 당시 한국의 『매천야록』 등을 읽고, 왕궁 점령으로 드러난 일본의 침략에 반대하는 동학의 제2차 봉기까지 공부하게 된 이후입니다.

그런 점에서 이노우에 가쓰오 선생님이나 박맹수 선생님으로부터 많은 영향을 받았습니다. 특히 2001년에 전주에서 열린 "동학혁명의 21세기적 의미"라는 필드워크를 통해 전라북도 정읍에서 '무명동학농민군위령탑'을 보았을 때의 충격이 매우 컸습니다.

정재정 동학의 발상지인 정읍이나 전라북도에 가보면 여러 곳에 기념비나 동상이 세워져 있습니다. 홋카이도대학에서 동학농민의 유골이 발견되어 한국에서도 많이 놀랐는데요, 그것에 관한 반환운동도 있었죠?

나카쓰카 『노자』에 '天網恢恢疎而不失'이라는 말이 나옵니다. '하늘이 악인을 잡기 위해 쳐놓은 그물은 구멍이 커서 성글어 보이지만, 결국 그곳을 빠져나갈 자는 없다'는 뜻이죠. 저는 홋카이도대학 문학부에서 동학당 수괴라고 쓰여진 유골이 발견된 것의 의미를 이 말이 잘 표현해 주고 있다고 생각합니다. 동학농민전쟁의 진압 사실에 대해 일본 정부나 일본군은 당연히 전혀 밝히지 않았습니다. 숨겼던 것이죠. 그 이후에도 일본에서는 오랫동안 밝혀지지 않은 채로 있었습니다. 그러다가 1995년에 유골이 발견되면서 숨겨져 있던 역사가 점점 드러나게 된 것입니다.

홋카이도대학 농학부의 전신은 메이지 당시에 설립된 삿포로농학교입니다. 이 유골은 삿포로농학교의 졸업생이 러일전쟁 후 한국의 진도에서 가져온 것인데, 어떤 연유에서인지 문학부의 연구실에서 발견되었습니다. 참신하고 자유로운 분위기에 양심적인 교원들도 많이 있었죠. 그리고 이노우에 가쓰오라고 하는 매우 훌륭하고 실증적인 역사학자가 홋카이도대학의 문학부에 있었습니다. 이노우에 선생님 덕분에 동학농민전쟁에 대해 그야말로 여러 가지가 규명되었습니다. 우연이 겹쳐서 생긴 일이었겠습니다만, 저는 '天網恢恢疎而不失'라는 말이 진리라고 생각합니다.

정재정 어떤 의미에서는 홋카이도대학이 식민지 연구, 식민지 정책에 관여했기 때문에 유골 같은 것이 그곳에 있지 않았을까요?

나카쓰카 그것은 홋카이도대학의 전신인 삿포로농학교의 졸업생이 목포에서 면화 재배를 실시할 당시에 진도에서 채집해 온 것입니다. 저는 진도의 현장까지 가서 유골이 묻혀 있던 곳을 보고 돌아왔습니다. 세상이 돌고 돌아 일본 제국주의의 나쁜 유산이 전후에 이런 모습으로 드러나게 된 것이죠. 시대의 흐름, 변천 같은 것을 생각하게 하는 대목입니다. 아까 국회도서관 헌정자료실이 생기고 제1차 사료가 공개된 것에 대해 말씀드렸는데요. 헌정자료실의 창설, 사료 수집,

공개의 원칙을 세운 오쿠보 토시아키 선생님은 '메이지유신 3걸'이라고 일컬어지는 오쿠보 토시미치의 손자입니다. 그 분은 헌정자료실을 본인의 연구실 삼아 일본의 조선 침략사를 연구하였습니다. 또 사료 발굴에 힘쓰신 야마베 켄타로(山辺健太郎)라는 재야 학자도 있었는데, 야마베 선생님과 저는 일본의 조선 문제 역사 연구를 통해 오랫동안 알고 지낸 사이입니다.

야마베 켄타로는 1930년대부터 일본 공산당원으로, 제2차 세계대전 중에도 비전향으로 일관했고, 태평양전쟁 중에는 천황제의 지배에 굴복하지 않는 이른바 비전향 인사를 영구히 구속하는 '예방구금소'에 투옥되었습니다. 그리고 그곳에서 재일 조선인인 김천해와 함께 생활하면서 김천해에게 일본과 조선의 관계라든지 산미 증식 계획하에 곤궁에 처한 조선의 실정 등 여러 이야기를 듣게 됩니다. 패전 후, 야마베 켄타로가 일본제국주의의 조선 침략 역사를 연구하게 된 배경 중 하나가 바로 '예방구금소'에서 김천해와 함께 생활했던 경험이었어요.

2014년, 저는 3·1운동 기념 집회 때문에 서울로 초대되었습니다. 그때 신문기자의 취재가 있었는데, 제 연구 역사 등에 대해 꽤 길게 이야기를 했었습니다. 그 기자회견을 한국의 지인이 듣고, "야마베 켄타로에 대한 책을 써보면 어떻겠냐, 한국에서 출판하고 싶다"고 이야기를 꺼냈습니다. 그래서 제가 『일본의 조선 침략사 연구의 선구자 야마베 겐타로와 현대』(2015, 고분켄)라는 책을 쓰게 되었고, 그것을 2016년에 김성순이라는 분이 번역해서 한국에도 출판되었습니다. 김성순 씨는 식민지 시대에 대구의 사범학교를 졸업하고 저와 동갑인 인물로, 해방 후 갖은 고생 끝에 포도 재배에 성공하여 한국포도회의 회장을 지낸 분입니다.

현재 일본은 매우 반동적인 시대를 맞이하고 있습니다. 1945년의 패전은 그 나름대로 현대 사회에 영향을 주고 있어, 패전으로 인해 크게 달라진 면도 있습니다. 패전 전의 '일본제국' 시대에는 비밀이라서 절대 볼 수 없었던 사료를 볼 수 있게 되었습니다. 이렇게 시대가 바뀌고 그 변화를 적극적으로 활용하여 일본제국의 역사적 사실을 밝히려는 연구자들이 등장하게 되었고, 그 연구 성과를 지금 우리들이 공유할 수 있게 된 것입니다.

그렇지만 그러한 연구 성과를 일본의 모든 역사 연구자들이 이해하고 자신들의 연구에 담아내려고 하느냐 하면 그렇지는 않습니다. 그런 것을 이해하는 연구자는 극소수입니다. 그래서 좌파 역사학자를 비롯하여 군사사(軍事史)를 연구한 사람들은 후쿠시마현립도서관 사토문고에 참모본부가 쓴 청일전쟁의 전사 초안이 있다는 것에 대해 알고 있었으면서도 내용까지 읽어보지는 않았던 것이죠.

정재정 선생님의 연구 성과가 일본의 조선사를 연구하는 학자들이나 학생들에게 어떤 영향을 미쳤다고 생각하십니까?

나카쓰카 사료를 중시해야 한다는 것과 역사 연구에서 제1차 사료가 중요하다는 것을 학생들에게 알렸다고 생각합니다. 저는 조선사 그 자체에 대해 깊이 연구했던 사람은 아니라서, 조선사 연구회의 연구자들에게 영향을 미친 것은 별로 없다고 생각합니다. 일본 근대사를 연구하는 전문가들은 제가 조선과의 관계만 다룬다고 생각해서 별 관심이 없을지도 모르겠습니다.

그런 상황 가운데 특필할만한 것은 '고분켄'이라는 출판사의 대표입니다. 그분은 훌륭한 편집자이자 저널리스트이며 저술가인 우메다 마사키(梅田正己)라는 분인데, 제 연구에 주목하여 세간에 널리 알리기 위해 많은 노력을 해 주셨기 때문에 제가 잊을 수 없는 분입니다. 후쿠시마현립도서관 사토문고의 일청전사 초안에서 조선왕궁 점령에 대한 기록을 발견했을 때, 단행본을 만들어 그 연구 성과를 세간에 알리는 것의 중요성을 역설한 것도 우메다 마사키 씨였습니다. 그것이 1997년에 『역사의 위조를 밝힌다』는 책의 출판으로 실현된 것이죠. 또한 일본 정부의 역사 교과서 검정 문제가 때때로 국제적인 비판을 받는 상황 속에서 일본 시민에게 널리 조선 문제의 중요성을 인식시키기 위해 전문서적이 아니라 일반 시민이 쉽게 읽을 수 있는 일본과 한국·조선의 관계사를 출판해보면 어떻겠냐고 제안한 것도 우메다 씨였습니다. 그렇게 해서 『이것만은 알아야 할 일본과 한국·조선의 역사』(고분켄, 2002)을 제가 쓰게 된 것입니다. 이 책은 일반 시민들에게도 좋은 평가를 받아 지금까지 11쇄, 약 2만부가 출판되어 많은 독자들에게 읽혀지고 있습니다.

이 책을 한국에서도 주목하여, 출판 직후 한국의 지명관 선생님으로부터 번역하고 싶다는 연락이 와서 한국에서도 출판되었습니다. 『역사가 야마베 켄타로와 현대』를 한국어판으로 번역했던 김성순 씨도 이 책의 한국어 번역판을 읽고 저와 교류를 시작하게 된 것이었습니다. 그러니까 학계에서는 그다지 평가받지 못했지만, 일반 시민들 가운데 일본 근대사, 특히 조선 문제에 관심이 있는 사람들 중에는 "나카쓰카 아키라라는 사람이 이런 일을 하고 있고, 매년 한국에 가서 동학농민전쟁의 전적지를 둘러본다"는 것을 알고 있는 사람들이 꽤 있는 것 같습니다.

정재정 대단하십니다. 전문 연구와 일반인 대상의 역사 교육에 모두 전념한다는 것은 매우 어려운 일이지요.

나카쓰카 결국 일본 시민이 자신들의 나라가 어떻게 조선을 침략했는지, 조선의 자주적 발전을 얼마나 방해했는지, 그리고 그것이 일본인에게도 얼마나 마이너스로 작용했는지에 대해 자각하지 않으면, 일본 사회는 달라지기 어려울 것입니다. 그래서 제가 이 일을 계속 하는 것이고, 그것에 공감해 주는 일본인이 조금씩 늘고 있습니다.

정재정 좀 전에 한국과의 교류에서 매년 동학농민전쟁의 전적지를 돌아보신다고 했는데요. 그것에 대해서 말씀해 주시기 바랍니다.

동학농민전쟁 전적지 탐방

나카쓰카 저는 2001년 전주에서 열린 동학농민전쟁에 대한 학회에 참가했습니다. 귀국 후에 그 이야기를 나라 지역의 교사들에게 했더니 그 분들도 가보고 싶다고 해서 2002년에 처음으로 나라현의 초·중학교 역사 교사와 퇴직 교사 등 19명이 전주에 갔습니다. 전주에 있는 동학농민전쟁의 전적지를 일본인이 방문하는 것은 그때가 처음이라 《전북일보》 등 한국 신문에도 크게 보도되면서 지역 분들과 성황리에 교류회를 가지게 되었습니다. 다음 해에는 박맹수 선생님을 단장으로 한국에서 동학농민혁명에 대한 연구 및 현창운동을 하시는 분들과 한살림 관계자들이 나라와 고베를 방문하셨습니다. 그 여행을 계기로 한일 간의 시민 교류가 시작된 것이죠.

저는 아까 말씀드린 것처럼, 정읍의 무명동학농민군위령탑을 보고 크게 감명을 받았습니다. 보조탑에 새겨진 많은 얼굴들을 보고 많은 생각이 들었습니다. 이 기념탑이 만들어진 것은 동학혁명 100주년을 기념하는 1994년이었습니다. '동학당수괴의 유골'이 홋카이도

대학에서 발견된 것은 1995년이었고요. 그러니까 정읍의 무명동학 농민군위령탑이 지어졌을 때는 아직 홋카이도대학의 이야기가 한국에 알려지기 전이었습니다. 하지만 동학농민이 일본과 싸우다가 최후에는 일본군에게 목이 잘려 효수를 당했다는 기억이 한국인들에게 잘 전달되고 있었고, 그것이 형상화되어 비석이 되었다고 생각합니다. 그런 것들을 알고 보니까 감명이 컸고, 그 이야기를 일본에 돌아가서 했더니 가보고 싶다는 사람들이 많아서 2006년부터 매년 가게 되었습니다.

2006년부터 매년 한국을 방문하게 된 데는 또 하나의 계기가 있었습니다. 1960년대부터 친분이 있는 요시오카 요시노리(吉岡吉典)라는 분이 있는데, 그는 일본 공산당의 참의원 의원까지 지냈던 사람으로, 일본 공산당 기관지인《붉은깃발》의 편집국장이자 역사 연구자였고, 조선 문제 등에 대해서는 전국적으로 유명할 정도로 활약했던 분입니다. 그가 국회의원을 그만 두고 시간이 조금 생겨 2005년에 둘이 한국으로 건너가 박맹수 선생님의 안내로 진도까지 갔었습니다.

그리고 돌아와서 진도까지 갔었던 이야기를 나라에서 했더니, 일본 공산당의 기관지《붉은깃발》로부터 그 여행에 대한 기사를 써달라고 의뢰가 들어왔습니다. 그래서 동학농민전쟁의 전적지와 홋카이도대학 문학부의「동학당수괴의 유골」이야기 등을 3회 연속으로《붉은깃발》에 썼습니다. 그렇게 해서 동학농민전쟁이 전국적으로 많이 알려지게 되었습니다. 이를 계기로 후지국제여행사의 기획으로 견학자를 모집하는 패키지가 구성되어 '동학농민군의 역사를 찾아가는 여행'이 2006년부터 시작해 올해로 13회째 계속되고 있습니다.

정재정 저는 2017년에 선생님이 배포하신 자료집을 보았는데요. 대단히 훌

류한 자료집이었습니다. 그냥 여행만 하는 것이 아니라 자료집을 보고 공부하면서 둘러보는 것이 참 의미 있는 것 같습니다.

나카쓰카 그 자료집은 박맹수 선생님이 만드셨습니다. 올해도 박맹수 선생님이 만들어 주신 자료집을 보면서 성환 전투의 현장부터 태안까지 다녀왔습니다.

정재정 선생님이 그와 같은 활약을 해 오신 입장에서 한일 관계가 역사 문제로 인해 마찰을 빚고 더 악화되는 것을 보면 어떤 느낌이 드시나요.

한일 역사 문제의 근원은 일본의 역사 인식

나카쓰카 정치적인 문제에는 그다지 깊이 관여하고 싶지 않습니다만, 일본인의 한 사람으로서 또한 일본 근대사 연구자로서 말씀드리면, 한일·북일 간 역사 인식에 대해 다투게 되는 가장 큰 문제점은 일본 측의 역사 인식에 있다고 생각합니다. 처음에도 말씀드렸지만, 메이지 이후의 일본 정부는 자신들이 조선에 대하여 했던 일을 처음부터 속이고, 진실을 숨겨왔습니다. 그것은 바로 강화도사건 이후부터였습니다. 그리고 청일전쟁이 발발하면서 역사 위조가 본격적으로 이루어졌습니다. 일본인은 서구 여러 나라로부터 불평등조약을 강요당했어요. 서구 나라들과 엎치락뒤치락하는 힘의 관계 속에서 일본은 조선을 침략했습니다. 조선을 일본의 종속하에 둠으로써 아시아의 민족 운동을 억압할 수 있는 군사력을 지닌 국가로 서구 제국주의 국가들의 인정을 받아 일본의 국제적 지위가 올라가게 됩니다. '한국 강제병합' 다음 해인 1911년에 일본은 관세자주권을 회복하고 최종적으로 서구 열강의 불평등조약으로부터 해방되었습니다. 근대 일본의 역사를 생각했을 때, 일본인이 꼭 자각해야 하는 상징적인 사건입니다.

일본인은 조선을 압박하여 스스로 제국주의 국가의 대열에 들어섰습니다. 그러나 결국, 조선이나 중국에 대한 멸시감만이 남았고 일본인은 자신들이 어떻게 해서 '제국주의 대국'에 올라섰는지 그 과정에 대해 거의 모릅니다. 일본의 정부와 군부가 전부 은폐한 것입니다.

그리고 1945년 패전 후에도 일본 정부는 숨겨진 역사를 밝히려는 자세를 보이지 않았습니다. 그것이 지금의 일본 정부뿐만 아니라 일본 매스컴, 일본 출판 업계에서 보여 주는 근대 일본과 한국·조선을 비롯한 아시아 각국과의 관계에 대한 부족한 역사적 인식의 근본적인 원인이 되었다고 생각합니다.

정재정 일본의 책임과 사죄, 어두운 면 등을 파헤치는 일을 하시다 보면 주변으로부터 말이 많지는 않습니까?

나카쓰카 다소 그런 소리를 듣기는 합니다만, 전혀 신경 쓰지 않으려고 합니다. 저의 주장을 이해해 주는 사람들도 많으니까요. 저는 대학교 때 학생운동을 하다가 무기정학 처분을 받아 졸업을 한해 늦게 했습니다. 그래서 대학 졸업 후에도 취업하기가 어려웠어요.

정재정 교토대학을 졸업하셨죠? 그 후에는 계속 나라여자대학에서 재직하신 것으로 알고 있습니다.

나카쓰카 네 그렇습니다. 패전 직후였어요. 당시 대학원생들 중에는 전쟁에 갔다 와서 전후 새로운 역사학의 풍조에 눈뜬, 저보다 4~5살 위의 형님 같은 진보적인 분들이 많이 있었는데, 그분들이 도와주셨어요.

그 후 나라여자대학에 들어갔습니다. 처음에는 나라여자대학 문학부의 부속 고등학교에 취직했습니다. 1958년이었죠. 그것이 첫 정규직이었는데 대학을 졸업한 지 6년째 되던 해의 일이었어요. 그때도 선배들이나 진보적인 선생님들의 도움이 있어서 취업할 수 있었죠.

정재정 2018년은 메이지유신 150년째 되는 해입니다. 선생님의 전문 분야이신 만큼 메이지유신에 관해서도 의견이 있으실 텐데요.

빈약했던 메이지유신 150주년 기념식

나카쓰카 지금 일본 정부나 지방 자치단체가 '메이지유신 150년'을 내걸고 다양한 기획을 진행 중에 있는데, 전쟁 이야기는 전혀 없다는 것이 큰 특징입니다. 교토에서도 '메이지 150년, 교토 창생'이라는 캐치프레이즈를 걸고 이벤트를 기획하고 있는 것 같은데, 전쟁에 대한 이야기는 전혀 없어요. 저도 교토부의 주민이기 때문에 집으로 《부민신문》이 배달되는데, 거기 보면 '메이지 150년의 연표'가 나와 있지만 전쟁에 대한 언급이 전혀 없습니다.

정재정 메이지 이후에는 계속 전쟁을 했지 않습니까?

나카쓰카 전쟁에 관한 것들을 다 숨기고 '메이지 150년'이라고 떠든들 무슨 의미가 있겠습니까. 하지만 1968년의 '메이지 100년' 때와는 다르게 이번 메이지 150년 기획은 반응이 좀 시들합니다. 정부가 주최하는 세레모니도 있었지만 20분만에 끝나더군요. 굉장히 빈약한 '메이지

150년 기념식'이었습니다.

정재정 제가 메이지유신 기념일에 대해서 조사를 해봤는데, 한국 측에서 보면 메이지유신 50주년은 조선 총독이었던 데라우치 마사다케(寺內正毅)가 수상이었고 100주년은 사토 에이사쿠(佐藤榮作), 150주년은 아베 신조(安倍晋三), 모두 초슈(長州) 군벌 출신의 인사들이더군요.

나카쓰카 메이지유신의 변혁기에 사쓰마번(지금의 가고시마현), 초슈번(지금의 야마구치현), 도사번(지금의 코치현), 히젠번(지금의 사가현)의 무사들이 활약했는데, 메이지 이후에도 그와 같은 번 출신의 정치가가 세력을 잡았기 때문에 근대 일본의 정치를 논할 때 이른바 '번벌(藩閥)'이라는 말을 씁니다. 그 중에서도 초슈 출신의 총리가 많아요. 1868년(메이지 원년)부터 보면 50년, 100년, 150년째에 우연히 초슈 출신의 군인·정치가가 수상이었던 것이죠. 한국의 선생님들 중에는 초슈 파벌, 즉 야마가타 아리토모(山縣有朋)나 데라우치 마사다케와 같은 초슈 출신 정치가나 군인들이 조선 침략의 중심이 되었다고 주장하시는 분들도 있는데요. 그 말씀을 듣고 보면 그럴 듯 하긴 하지만, 저는 반드시 그렇지만은 않다고 생각합니다. 메이지 이후 일본에서 메이지의 변혁을 추진한 세력 가운데 사쓰마·초슈 출신이 많았던 것은 사실이지만, 메이지 이후 일본의 대외정책, 조선 침략정책도 사쓰마·초슈 출신들이 주도했다는 식의 주장은 역사를 오해하고 일본이라는 나라를 정확하게 인식하지 못했기 때문이라고 생각합니다.

메이지 이후의 일본을 보면, 사쓰마·초슈의 정치가나 군인들이 많은 것이 눈에 띄는데, 일본은 고대 신화에 나오는 개국의 신 아마데라스오미카미(天照大神)의 후손이라 불리는 천황을 기축으로 하여,

신이 통치한다는 개념의 전제 천황제를 펼쳐왔어요. 그것을 떠받치는 군인이나 관료들이 중앙집권적 천황제 국가의 정책으로서 일본의 내외 정책을 추진했다는 것이 중요합니다.

일본에서도 '메이지 150년'의 기획을 '사쓰마·초슈 사관에 근거한 것'이라고 비판하는 의견이 많은 것은 사실입니다. 하지만 3·1운동 후에 조선 총독이 된 것은 이와테현(岩手縣) 출신의 사이토 마코토(齋藤實)였고, 청일전쟁 때 대본영의 젊은 참모로서 조선왕궁 점령 등을 추진한 도조 히데키(東條英機)도 이와테현 출신이었습니다. 특히 주목해야 할 것이 있는데, 조선 식민지화에 일본 제국의 외교관으로서 현지에서 분주히 움직이며 러일전쟁 전후 일본의 대조선 정책 추진에 중심이 되어 한국강제병합의 기초를 만들었다고 일컬어지는 하야시 곤스케(林權助)는 아이즈번(會津藩) 출신입니다. 메이지유신 때는 아이즈성에서 버티면서 천황의 신정부군과 싸웠던 경험이 있는 인물이죠. 메이지유신 후에는 사쓰마의 군인에 의해 길러지게 되고요.

따라서 메이지 이후 일본의 조선 정책을 말할 때 초슈 군벌만 언급하는 것은 시야 협착에 빠질 우려가 있어 주의해야 합니다.

정재정   이번 인터뷰는 선생님께서 지금까지 해 오신 것들을 모두 정리하는 의미도 있을 것 같은데, 더 하시고 싶은 말씀이나 전하고 싶은 말씀이 있다면 무엇인지요. 주변의 연구자들이나 후배들에게 한 말씀 부탁 드립니다.

일본의 제국주의화와 조선 침략은 동전의 양면

나카쓰카 저는 일본인으로서 일본의 제국주의화와 조선 침략이 동전의 양면 같은 관계에 있다고 이해하고 있습니다. 그것은 우리가 살고 있는 일본의 근대를, 그리고 근대를 살아가고 있는 일본인을 이해하는 열쇠라고 생각합니다. 근대 일본 그 자체를 이해하기 위해서는 일본이 조선에 대해 어떤 일을 했는지, 그 사실에 바탕을 두고 제대로 이해해야 하며, 그렇지 않으면 일본의 근대를 알 수 없다는 것이 제 연구의 결론입니다.

그러나 그런 사실을 대부분의 일본인이 아직 잘 모른다는 것이 일본의 현실입니다. 진보적인 문필업자에서 유명 배우에 이르기까지 청일전쟁이나 러일전쟁의 실태를 정확하게 알지 못하면서 말을 하지요.

예를 들면 NHK가 2009~2011년까지 '한국병합' 100주년을 의식이라도 하듯 시마 료타로(司馬遼太郎)의 「언덕 위의 구름(坂の上の雲)」을 스페셜 드라마로 만들어서 방영했습니다. 거기에는 일본의 일류 배우들이 다수 출연했어요. 조선 침략에 대한 내용은 쏙 빼놓고 청일전쟁과 러일전쟁을 그렸더군요. 게다가 저자인 시마 료타로가 "TV 방영이나 영화화는 절대 하지 말라"고 했는데도 불구하고, 저자의 유언과도 같은 말을 무시한 채 TV드라마로 만들어, 다수의 진보적인 배우들을 출연시켰습니다. 그리고 메이지 이후 일본이 조선에 대해 어떤 일을 해 왔는지 모르는 채 구태의연한 스토리를 전개하죠. 이 스페셜 드라마 「언덕 위의 구름」의 선전 출판물도 나왔습니다. 이런 것들이 일본 시민들에게 미치는 영향이란 매우 큰 크죠. 저는 그와 같은 일본의 경향에 경종을 울리는 일을 하고 있습니다.

정재정   잘 들었습니다. 작금의 문제에 대해 여쭤보는 것이 어떨지 모르겠습니다만, 2018년 10월 30일에 한국의 대법원이 징용에 대하여 일본 기업에게 위자료를 지불하라는 판결을 내렸는데요. 그것 때문에 한국과 일본이 다시 마찰을 빚게 되었고, 아베 총리를 비롯한 일본이 한국을 공격하고 있습니다. 그 점에 대해서는 어떻게 생각하십니까?

나카쓰카   저는 일본이 지금과 같은 반응을 보이는 것이, 일본 정부와 일본의 매스컴이 제2차 세계대전 중 일본인의 조선인 강제 연행에 대하여 얼마나 무지한지 잘 나타내주는 것이라고 생각합니다. 저는 1975년에 도호쿠 지방으로 강제 연행에 관한 조사를 하러 간 적이 있습니다. 일본 패전 후 30년째 되는 해였죠. 일본의 변호사, 조총련 사회국 담당자, 그리고 일본의 조선 문제 연구가들이 하나의 조사단을 결성하여 도호쿠 지방 6개 현을 조사했었습니다.

이 조사는 그 전끼지 규슈, 오키나와, 홋카이도에서도 진행되었는데, 제가 참가한 것은 도호쿠 지방의 조사였습니다. 여름방학 2주 동안 미야기현과 이와테현에 1주일씩 머무르면서 조선인 연행 체험자나 강제노동 현장을 목격한 일본인 등을 인터뷰했습니다. 논란에 자주 등장하는 미쓰비시금속의 호소쿠라(細倉) 광산에도 갔습니다. 그곳에서 연행되어 온 후 한국으로 돌아가지 못하고 그대로 일본에 살게 되어버린 강제 연행 체험자의 이야기를 들을 수 있었습니다.

이 조사를 통해 만난 조선인 강제 연행 체험자 중 한 사람은 자신을 '상갓집 개보다 못한 처지였다'고 회상했습니다. 사람이 죽어서 장례를 치르느라 돌볼 겨를이 없는 상갓집 개와 같은 처지였다고요. 즉 강제 연행 당한 식민지 시대의 조선인은 어떤 부당한 취급을 받더라고 하소연할 데가 없고, 보호를 요구해도 받아주는 데가 없었다는 이야기였습니다.

앞에서도 잠깐 말씀드렸습니다만, 도호쿠 지방은 메이지유신 때 천황의 신정권에 저항했었습니다. '오우에쓰 열번 동맹(奧羽越列藩同盟)'을 결성하여 지금의 도호쿠 6현과 니가타현의 다이묘들이 메이지의 신정권과 싸워서 패하게 되는데, 메이지 이후의 시대에 오우에쓰 열번 동맹에 참가했던 지역은 일본에서도 차별을 당했습니다. 따라서 도호쿠 지방은 일본이라는 나라 중에서도, 거대 지주의 지배가 존재하는 한편 농민의 생활이 상대적으로 빈곤한 상태였습니다.

그것은 연행되어 온 조선인의 처우에도 영향을 미쳤습니다. 예를 들면 규슈의 탄광에서는 임금을 지급하지 않는 경우는 없었다고 조사단이 말하고 있지만, 도호쿠 지방에서는 강제 연행되어 온 조선인에게 임금을 지급하지 않는 일본 기업이 많았던 것이죠.

이 조사 도중에 마침 일본의 패전일인 8월 15일이 되었는데, 이와테현의 유명한 가마이시(釜石) 광산에 연행되어 강제 노동을 강요 당한 조선인의 체험을 들을 기회가 있어서 TV 취재도 함께 진행하게 되었습니다. 그 강제 연행 체험자의 말에 따르면, 일본은 패전 당일인 8월 15일에도 평소대로 일을 시켰고, 5시가 넘어 막장에서 나와 보니 강제 연행 당한 중국인, 미국군 포로 등이 일본이 전쟁에서 졌다며 기뻐 날뛰고 있었다고 합니다. 하지만 조선인들에게는 일본이 전쟁에서 졌다는 것을 전혀 알려주지 않았어요. 감독하던 일본인은 모두 달아나 아무도 없고, 임금도 받지 못해 돈도 없는 상태였죠. 귀국하고 싶었지만 어떻게 가야 할지도 모르겠고, 그런 상태에서 방치되었다고 합니다. 그분은 결국 도호쿠의 산리쿠 연안에서 재일 조선인의 공사현장을 전전하면서 30년이라는 세월을 보내게 되었다고 했습니다.

일본 정부는 당시 조선이 일본의 통치하에 있었고, '강제 연행'이 아니라 일본인과 동일한 '징용'이었다고 말합니다. 강제로 끌고 간 것은 아니라고요. 하지만 실제로 강제 연행을 당한 당사자들의 이야기는 전혀 다릅니다. 강제 연행에도 다양한 형태가 있었다고 하는데, 제가 도호쿠에 연행된 조선인으로부터 들은 이야기는 이렇습니다. 조선의 농촌에 먹고 살기 힘든 농민들이 많이 있었는데 일본에 가면 흰 쌀밥을 실컷 먹게 해 주겠다며 "모집 희망자는 마을 사무소로 모이라"고 했답니다. 그러고는 마을 사무소에 모인 그 순간부터 조선인들을 구속해서 그대로 끌고 갔다고요. 그런 사정으로 일본에 연행된 조선인이 많았습니다.

또 한 가지 도호쿠 지방의 '조선인 강제 연행 조사'에서 지금도 기억하고 있는 것은, 그와 같은 강제 연행 조사에 대하여 당시 현지에서 열린 신문기자 보고회였습니다. 저희는 도호쿠 조사 당시에 몇 번인가 기자회견을 갖고 조사 결과를 보고했습니다. 그러던 어느 날 일본인 신문기자의 반응을 지금도 선명하게 기억하고 있는데, 그 일본인 기자가 뭐라고 했는지 아십니까? "그런 이야기는 전혀 새로울 것이 없다. 홋카이도의 타코베야(蛸部屋, 강제 수용소)에서도 똑같은 일이 있었다. 그 곳에서 일했던 일본인도 모두 그런 경우다"라고 하는 겁니다. '타코베야'라는 것은 "홋카이도나 사할린의 탄광 등지에서 감금과 다름없는 상태로 사람을 부리던 곳으로 그곳에 구속된 노동자들을 '타코'라고 불렀다"라고 사전에도 실려 있습니다.

그때 그 일본인 신문기자는 태평양전쟁 때 조선인의 강제 연행의 사실을 전혀 모르고 있었습니다. 가장 기본적인 '식민지에서 끌고 온 노동자'라는 것을 전혀 모른다는 것입니다. 일본인으로서 부끄러운 일입니다만, 일본의 신문기자들 중에는 그 정도의 인식밖에 갖지 못한 사람들이 지금도 많은 것 같습니다.

'식민지 지배'하에서 무권리 상태에 처해 있던 조선인을 강제·반강제적으로, 얼핏 보기에는 강제가 아닌 것 같이 보이지만 마을 사무소 또는 연락선 안에서 구속 연행했어요. 일본에 가면 흰 쌀밥을 배불리 먹여 주겠노라, 임금도 받을 수 있노라는 말에 넘어간 조선인이 많았습니다. 하지만 일본에 왔더니 이야기가 완전히 달랐죠. 당시는 일본 통치하에 있었기 때문에 강제 연행이 아니라 징용이었다고 일본 정부는 말하고 있지만, 21세기가 된 지금까지도 그런 소리를 하고 있는 것은 일본 정부밖에 없을 것입니다. 세계 여러 나라들이 도대체 무슨 소리를 하느냐며 비웃고 있을지도 몰라요. 그런 말을 계속 하다가는 일본은 세계 속에서 고립되고 말 것입니다.

정재정 앞으로 한국과 북한, 또는 동북 아시아의 국제 사정이 격동할 것으로 생각됩니다. 지금 남북 대화나 북한 핵실험, 핵미사일 등의 이슈가 있는 가운데, 일본과 북한의 국교 수립도 생각하지 않을 수 없는데요. 그 점에 대해서는 어떻게 생각하십니까?

나카쓰카 저는 일본 정부가 북한과의 국교를 회복해야 한다고 생각합니다. 계속해서 납치 문제만 거론하고 있는데, 납치 문제를 진지하게 해결하기 위해서라도 역시 국교 회복을 해야 한다고 봅니다. 메이지 시대 이후 근대 일본이 조선 침략 정책에 대해 기본적으로 반성하지 않는 것과 관련해서 생각해보면 "일본 입장에서는 남북이 하나가 되면 힘이 생기고 주변 대국의 영향이 한반도 전체에 미칠 가능성이 있으니, 조선은 분열되어 있는 편이 낫다"는 의견 또는 관념이 정치가들 사이에 견고히 존재하는 것 같습니다. 따라서 북한을 적대시하는 편이 일본인의 여러 가지 편견, 조선에 대한 뒤처진 의식을 부추기는 데 쓸모가 있는 것이죠. 저는 안타깝게도 근대의 조선 침략 역사를 청산하지 않는 일본을 보며 그런 것들을 느낄 수밖에 없습니다.

그만큼, 일본 정부가 동북아시아에서 평화를 실천하고자 한다면 한반도에 대한 케케묵은 관념을 쇄신하고 현실 정치의 문제로서 북한과의 국교 수립을 진지하게 생각해 보아야 한다고 봅니다.

지금 한국 정부가 조선민주주의인민공화국 정부와 회담을 갖고 있는 것은 매우 중요한 일입니다. 한국의 국민들에게 제가 가장 기대하고 싶은 것은 조선이 하나의 나라가 되는 것입니다. 통일을 앞당기는 것이 역시 가장 중요합니다. 그러지 않으면 주변국들의 간섭이 커질 우려가 있다고 생각합니다.

부산에서 유럽까지 환승 없이 갈 수 있는 열차에 오르는 그날을 저도 진심으로 기대하겠습니다.

정재정 마지막으로 더 하실 말씀이 있으시면 해 주세요.

나카쓰카 저는 2018년 9월 17일에 89세가 되었습니다. 일본에는 소쓰주(卒寿)라고 해서 90세를 축하하는 관습이 있는데 한국에도 있는지요. 제가 이제 90세를 맞습니다. 너무 오래 산 것 같아요.

마지막 일이라고 생각하고 새로운 책을 집필하고 있습니다. 『일본인의 메이지관 바로잡기(日本人の明治観をただす)』(2019, 고분켄)라는 제목의 책입니다. 오늘 이야기한 내용이 모두 쓰여 있어요. 이 책을 출판함으로써 저의 학술적인 일은 마무리하려고 생각하고 있습니다.

저의 학술 인생의 마지막 시기에 한국의 동북아역사재단과 인터뷰를 하게 되어 기뻤습니다.

우쓰미 아이코 内海愛子

1941년 일본 도쿄에서 태어나 와세다대학교 대학원에서 사회학 박사학위를 받았다. 일본조선연구소 연구원, 인도네시아 국립파자자란대학교 문학부 강사, 게이센여학원과 대학원 교수를 지냈으며, 현재 오사카경제법과대학 아시아태평양연구센터 특임교수다. 조선인 B.C급 전범에 관한 연구 등 일본과 아시아 관계, 전후보상 문제에 관심을 가지고 아시아의 역사 및 평화에 관해 연구하고 있다. 2017년 제6회 일본평화학회 평화상을 오누마 야스아키(大沼保昭), 다나카 히로시(田中博)와 공동 수상하였다. 저서로는 『조선인 BC급 전범, 해방되지 못한 영혼』(이호경 역, 2007, 동아시아), 『전후 보상으로 생각하는 일본과 아시아』(김경남 역, 2010, 논형), 『적도에 묻히다-독립영웅, 또는 전범이 된 조선인들 이야기』(김종익 역, 2012, 역사비평사) 등 다수가 있다.

일본 지식인에게 듣는 **한일 관계와 역사 문제**

일시 2018년 10월 5일(금) 17:00~20:30
장소 일본 도쿄 우쓰미 아이코 사무실
진행 정재정

우쓰미 아이코(좌)와 정재정(우)

3. 역사 문제 전문가 편 _ 우쓰미 아이코   243

정재정   저는 우쓰미 선생님이 하시는 일에 크게 감동하였습니다. BC급 전범에 대해 한국인들은 거의 잘 모르고, 일본 측에서 볼 때도 어떤 의미에서는 버려진 사람들이라고 할 수 있는데요. 그런 분들에 대해서 계속 찾고 연구하시고, 그분들에 대하여 보상을 요구하는 운동을 계속해 오셨다는 것에 큰 감동을 받았고, 또 어떤 의미에서는 대단히 놀랐습니다. 선생님께서는 원래 전공이 역사가 아니라 영문학이라고 들었는데요, 어떻게 이런 일에 관심을 가지게 되셨는지요.

BC급 전범과 재일조선인 차별 문제

우쓰미   저는 선생님보다 10살이 많습니다. 제가 대학에 입학하던 1960년의 일본은 미일안보조약의 개정(개악)에 반대하는 안보투쟁이 한창이었어요. 저는 딱히 영문학이 좋아서 영문학과 들어갔던 것은 아니었어요. 한국도 마찬가지였겠습니다만 일본의 경우는 여성들이 일할 수 있는 분야가 매우 제한적이었어요. 그리고 평생 일하고 싶었기 때문에 일과 결혼했다고 생각하고 살 생각이었어요. 그 정도의 각오가 아니면 4년제 대학은 아예 갈 생각도 하지 말라던 시절이었으니까요.

그래서 일단 대학에는 가야겠고, 부모님도 설득해야 해서 생각해 낸 것이 먹고 사는 수단으로서 영어 한 가지만 잘 해놓으면 좋겠다는 것이었어요. 다니던 고등학교 선생님께 말씀드려서 진학하게 된 것이죠. 사실 저는 정경학부로 진학하거나 좀더 큰 대학의 법학부로 진학해서 변호사가 되고 싶었어요. 하지만 그렇게 해서 일단 영문과에 진학하게 되었죠.

대학에 다니는 4년 동안 수업은 영문과에서 들었지만 역사 동아리에서 활동했어요. 와세다대학의 역사학연구회(歷研)라는 동아리였는데 저는 그 중에서 현대사 소모임의 멤버였죠. 선배들에게서 여러 가지를 배웠는데, 그때 조선 식민지 지배 문제를 지식으로 접하게 되었어요. 뭔가 깨달음이 있어서 행동하지는 않았지만 머리로는 이해할 수 있었죠. 대학 4년을 졸업한 후 취직은 해야 할 것 같아서 교사가 되긴 했는데, 뭔가 만족스럽지도 않고 내 길이 아닌 것 같아 그만두게 되었어요. 지금도 생각나는 에피소드가 있는데, 교장선생님께서 사표를 돌려주시면서 "교원이 학기 중에 그만두면 곤란하다"고 말씀하시기에 1년만 더 다니고 그만뒀던 일이 있었어요.

그 후 역사를 공부할까 망설이고 있는데, 마침 그때 재일 조선인 차별 문제가 일본 사회에서 부각되기 시작했고, 제가 평소에 자주 언급하는『다큐멘트 조선인(ドキュメント朝鮮人)』이라는 책이 일본독서신문사에서 출판되었어요. 저는 그것을 읽고 굉장히 놀랐어요. 이게 뭐지? 라는 느낌이었다고 할까요. 머리로는 이해하고 있는 줄 알았는데 전혀 그렇지 못한 제 자신을 발견하게 되었고, 그것이 사회학을 공부해야겠다고 결심한 계기가 되었어요. 사회학과에 들어간 후에는 '코리안 마이너리티 인 재팬', 즉 일본 속의 재일 조선인 차별에 대한 문제를 다뤄보려고 했는데, 선생님께서는 "그런 것은 논문의 테마가 되지 않는다"고 말씀하시더군요. 그때는 그런 시절이었어요. "그래도 꼭 해보겠다면 미국의 마이너리티 이론을 제대로 공부한 후에 코리안 마이너리티를 한번 다뤄 봐라"라고 말씀하셔서, 관련 책을 정말 열심히 공부했어요. 그래서 제 석사논문은 2부 구성으로 되어 있는데, 전반부는 미국의 마이너리티에 관한 내용으로 되어 있고, 후반부는 재일 조선인에 관한 내용이에요. 어떤 재일 조선인은 저에게 "왜 일본인이 그런 걸 하느냐"고 말하기도 했고, 어떤 조총련계 인사는 "우리는 마이너리티가 아니라 재외공민이다"라고 했어요. 저는 설 자리가 없는 듯한 느낌을 받았어요. 그래도 그때는 "뭐

어때, 혼자 하면 되지" 그런 생각이 들더군요.

일본의 전공투운동(全共鬪運動)을 아시죠? 전공투운동을 겪으면서 우리 안에 있는 차별 의식에 대해 되돌아보는 시각이 생기게 되었어요. 그러다 보니 제가 재일 조선인 차별 문제를 다루는 것에 대해 점점 주변에서도 이해하는 분위기가 형성되었죠. 그때 당시 일본에는 조선어를 가르치는 곳이 하나 둘 생겨나기 시작했는데, 저는 카지무라 히데키(梶村秀樹)의 일본조선연구소라는 곳에 조선어 강좌를 들으러 다녔어요. 그 때는 아직 일본인이 조선어를 가르치던 시절이라 "안녕하시무니까"(웃음), 발음이 정말 엉망이었죠. 게다가 교과서도 없어서 조총련계 민족학교의 조선어 교과서를 교재로 사용했어요.

그렇게 조금씩 조선어를 공부하던 중에 출입국관리령 개정(개악) 문제가 이슈화 되었는데, 출입국관리령 개정에 관한 반대운동을 오오누마라는 분이 도쿄대에서 진행했어요. 그때 저는 일본조선연구소의 카지무라 선생님과 오자와 유사쿠(小澤有作) 선생님, 사토 가쓰미(佐藤勝巳) 선생님과 함께 그 법률이 도대체 무엇인지, 재일 조선인들에게 어떤 의미가 있는지, 일본이라는 국가에는 어떤 의미가 있는지, 왜 출입국관리령이 문제가 되고 있는지에 대해 토론했고, 논문을 쓰거나 책을 내기도 했어요. 그때 우리를 포함해서 특히 그 시절 문제 의식에 눈뜬 사람들은 정말 열심히 운동했어요.

그보다 앞서 재일교포 박경식 씨가 책을 냈는데, 그걸 읽고 저는 또 다시 많이 놀랐어요. 머리로는 이해한다고 생각했는데, 모르는 부분이 너무나 많더군요. 그래서 다시 한번 재일 조선인에 대해 연구하기 시작했고, 그렇게 해서 내게 된 첫 책이 『신세타령 재일조선여성의 반생』이라는 책이에요. 재일 조선인 여성이 키워드죠. 히라바야시 선생님과 많은 여성들이 "재일 조선인이 차별 받는다고는 하지만 남자들은 할 말도 하고 글도 쓰니 그나마 사정이 낫다. 집안에서 남자들을 뒷바라지하며 차별 받는 여성들의 목소리는 전혀 밖으로 드러나지 않는다. 남자들도 물론 관심을 받아야 하지만, 이번에는 남자들 말고 여성들의 말을 듣자"는 취지에서 만든 책이었습니다.

정재정 한국도 마찬가지입니다만, 1960년대에 고등학교 교사라면 여성으로서는 가장 좋은 직업이었을 텐데요. 그 좋은 직업을 버리면서까지 연구에 투신하셨다는 것은 대단히 용기 있고 주관 있는 일이었다고 생각합니다. 말씀 중에 등장하는 카지무라 선생님 같은 분들은 저도 개인적으로 친분이 있는 분들이라 더욱 반갑네요. 선생님께서는 인도네시아에도 계셨었죠? 어떻게 가게 되신 건가요?

우쓰미 그 이후였어요. 결국 일본조선연구소에 1970년 경부터 들어가서 활동하게 되었고, 카지무라 선생님이니 오자와 선생님과 함께『조선연구』라는 잡지도 발간했었는데, 입에 풀칠하기도 빠듯할 지경이었어요. 일본조선연구소는 무급이었으니까요. 돈이 없어서 이것저것 아르바이트도 많이 했어요. 그때 저는 결혼한 몸이었는데, 남편도 대학원생이라 돈이 없기는 피차 일반이었죠. 남편은 인도네시아, 막스 베버를 공부하는 사람이었어요. 어느 날 남편이 필드워크(field work)는 인도네시아에 가서 하자더군요. 별 뾰족한 수도 없는데다 남편이 문부성 파견유학생으로 선발된 덕분에 인도네시아에 가게 되었어요. 원래는 남편을 인도네시아에 보내고 저는 한국에 가고 싶었어요. 그런데 그때 마침 서승 사건(1971년 재일교포유학생 간첩 조작 사건)이 터진 거에요. 서승이라는 사람은 저희 집에도 드나들던 사람이에요. 제가 한국에 유학갈 생각으로 서울대 사회학과의 고모 교수님께 편지를 쓴 적이 있었는데, 서승 그분이 저희 집까지 답장을 갖다 줬었죠. 이제 서울대 사회학과로 유학을 가겠구나 하고 생각하고 있었는데 그런 일이 생긴 거예요. 그때는 한국 유학이 굉장히 어려울 때라 할 수 없이 포기하고 일본어 교사 자격을 따서 인도네시아로 건너갔어요. 거기서는 파자자란대학이라는 곳에서 일본어를 가르쳤고요.

그 전에 재일 조선인 문제를 연구했을 때도 제가 처음이 아니었어요. 오카모토 요시히코(岡本義彦)라는 분을 아세요? 〈나는 조개가 되고 싶다〉라는 영화를 만든 분인데, 그분이 〈재일 조선인 전범에 대한 고발〉이라는 TV다큐멘터리를 찍으셨어요. 그걸 우연히 보고 많이 놀랐어요. 그러다 훗날 생전 처음으로 비행기를 타고 인도네시아에 가게 되었을 때, 조선인과 관련된 뭔가가 없을까 하고 생각하니 전범 문제가 있더라고요. 데이터가 전혀 없었기 때문에 일단 있는 것들만 두 세 장 챙겨서 인도네시아로 건너갔고, 2년간 일본어를 가르치면서 그 문제에 대해 파고 들었습니다.

정재정 아무래도 일본에 계실 때부터 한국·조선 문제에 관심을 가지고 연구를 하셨기 때문에 인도네시아에 가셔서도 한국·조선 문제가 눈에 보이셨던 것이겠죠.

인도네시아의 고려독립청년당과 양칠성

우쓰미 싱가폴과 자카르타는 BC급 전범이 처형된 곳이에요. 그래서 반드시 뭔가 있을 거라고 생각했어요. 혹시 고려독립청년당을 아시나요? 저희가 있었을 때 마침 양칠성이 인도네시아의 독립영웅으로 추대됐어요. 2명의 일본인과 양칠성이었죠. 그런데, 일본 대사관은 3명 모두 일본인이라고 하면서 매장해 놓고, 양칠성의 유족에게는 연락을 하지 않았어요. 일본인들의 유족은 인도네시아에 와서 독립영웅 행사에 출석도 했지만, 양칠성은 야나카와 시치세이(梁川七星)라는 이름으로 행사가 진행되었죠. 그런데, 어떤 일본인 교사가 "저 이상한 이름은 조선인일거야"라고 하는 거예요. 저는 너무 화가 나서 "자카르타에 한국 대사관도 있고 북한 대사관도 있는데 왜 연락을 하지 않느냐?"고 문의했더니 "번거로워서"라는 대답이 돌아왔어요. 정말 화가 나더라고요.

저와 같이 있던 무라이라는 분이 양칠성과 함께 팡에란바팍(왕자)이라는 게릴라 부대에서 활동했던 인도네시아인을 계속 찾다가, 양칠성의 부인을 인터뷰하기도 했었는데, 그때 양칠성 이외에도 인도네시아 독립군에 들어갔던 한국인이 더 있었다는 이야기를 들었고, 그중 8명의 이름을 알게 되었어요. 그리고 일본으로 돌아와서 유족을 찾아보려고 했지만 찾을 길이 없더군요. 그래서 당시 《산천리》라는 잡지에 유족을 찾는다는 내용의 작은 칼럼을 내게 되었어요. 그것을 본 재일교포 중 한 사람이 "내가 찾는 사람인 것 같다"며 연락을 해 왔어요. 사진을 보여 주니 맞다고 하더군요.

정재정 그러셨군요. 양칠성 씨와 현지에서 결성된 항일비밀결사체 고려독립청년당에 대한 이야기를 쓴 『적도하의 조선인 반란』이라는 책이 『적도에 묻히다』(김종익 역, 2012, 역사비평사)라는 제목으로 한국에서도 출판되었는데요.

우쓰미 1982년에 초판이 나왔어요.

정재정 그런 일이 있었는지 몰랐기 때문에 책을 읽고 많이 놀랐습니다. 대단한 발견을 하신 겁니다.

우쓰미   저희들도 인도네시아에 갔었기 때문에 알게 된 일들이에요. 양칠성의 행적을 추적하다가 처음으로 한국에 간 것이 1978년이었어요. 양칠성을 알고 있다는 사람이 안내를 해 주었죠.

정재정   그곳이 제주도였나요?

우쓰미   제주도는 아니고 전라남도였어요. 거기서 양칠성이 처형되기 전에 그를 보았다는 사람을 만났어요. BC급 전범 동진회의 회장을 지냈던 이학래 씨입니다. 그분이 양칠성의 처형 전 모습을 봤다고 했어요. 그런 이야기를 하면서 얼핏 "인도네시아에서 조선의 독립운동을 했던 사람들도 있다"고 이야기 하더군요. 좀 더 자세히 이야기해 달라고 하니 고려독립청년당에 대해서 알려주었어요. 박창원이나 이상문같은 사람들이 고려독립청년당에 있었다고요. 왜 전후에 바로 이야기하지 않았냐고 물었더니, 우두머리가 좌파였기 때문에 공산주의자라는 낙인이 찍히면 자신들의 운동도 제대로 평가받지 못할 것을 우려해서 발표하지 못했다고 하더군요. 그럼 일본에 가서 공개해도 되겠냐고 물었더니 이제는 괜찮다고 했어요. 그렇게 해서 많은 이야기들을 듣게 되었고 『적도하의 조선인 반란』이라는 책에 고려독립청년당의 이야기를 쓰게 되었습니다.

정재정   앞으로 이야기하게 될 주제인 BC급 전범과도 통하는 이야기가 되겠습니다만, 저도 그 책을 보고, 일본의 포로 감시원에 지원했던 사람들 중에 조선 독립을 위해서 싸웠던 사람들도 있다는 것을 알게 되었습니다. 그렇다면 그들은 단순히 민족의 배신자가 아니라 뭔가 복잡한 사연이 있었다는 이야기가 아닌가요?

우쓰미   물론 전범이 된 사람들도 있고 독립운동을 한 사람들도 있어요. 그럼 어떤 차이가 있느냐, 그것이 문제인데요. 고려독립청년당 당원들 중에는 중국어도 할 줄 알고 영어도 할 줄 아는 등 상당히 깨어 있는 사람들이 많았어요. 어떤 사람은 그대로 조선에 있다가는 징병된다는 것을 알고 중국으로 도망쳤다가 되돌아와서 남쪽으로 간다는 이야기를 듣고, 일부러 자원해서 들어온 경우도 있었고요. 우두머리였던 이활이라는 사람은 공부도 잘하는 데다 집단에서도 최고로 꼽힐 만큼 뛰어났다고 해요. 또한 이상문이라는 사람도 굉장히 똑똑했기 때문에 사무실에서 근무했다고 합니다. 하지만 대부분의 사람들은 모두 현장에 파견되었겠죠.

정재정 그렇다면 일반 독자들이 알기 쉽게 조선인이 왜 BC급 전범이 되었는지, BC급 전범으로 될만한 포로 감시원이란 무엇이었는지, 그리고 조선인이 그 일에 왜 자원을 했는지 말씀해 주시기 바랍니다.

조선인이 왜 BC급 전범이 되었는가?

우쓰미 이 지도는 일본이 남진(南進)할 당시의 '대동아공영권'이에요. 이 지도에 보시면 한반도에 빗금이 쳐져 있죠.

정재정 빗금 친 부분이 일본의 식민지와 점령지네요, 그렇죠?

우쓰미 이것이 리얼한 현실이었어요. 일본이 남진할 당시, 그곳은 서구의 식민

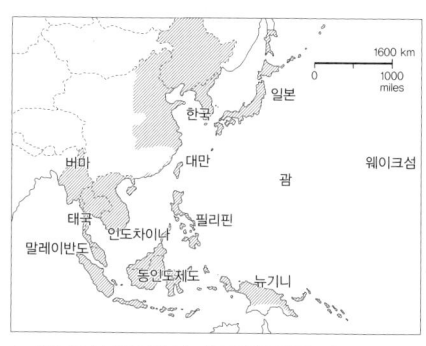

▲ 일본의 남진 당시 대동아공영전 지도

지였어요. 필리핀에서는 미군이 아니라 미국-필리핀군과 싸웠어요. 그리고 말레이반도에서 싸울 때는 인도군이 많았고 영국군, 호주군이 조금씩 있었어요. 1942년 3월 1일의 자바상륙작전으로 네덜란드를 항복시킴으로써 남방작전이 일단락되자, 포로만 30만 명이었어요. 도대체 30만 명이나 되는 포로를 어떻게 관리하겠어요, 관리가 불가능하죠. 그래서 급하게 포로 감시원을 모집하게 되었던 겁니다. 일본은 이미 중국 전선으로 남자들을 많이 징집해갔어요. 그래도 모자라니까 나중에는 조선에서까지 지원병 제도를 실시했었죠. 그런데 이번에는 30만 명의 포로를 감시할 사람이 또 필요한 거예요. 그래서 두 가지 방침을 세웠죠. 하나는 포로 감시원을 충원하기 위해 아직 징병 전의 우수한 인재들이 남아 있던 조선과 타이완에 주목하여, 그들을 군속으로 모집했던 것이에요. 그래도 30만 명을 감시하는 것은 역시 무리인지라 연합군 포로들 중에서 아시아인들은 석방합니다. 예를 들어 미국-필리핀군 중에서 필리핀 쪽의 군인들만 석방하는 식이죠. 그리고 아까 말씀드린 것처럼 말레이반도에서 싱가폴과 싸울 때 인도군이 많았는데, 그들을 석방해서 자유인도 정부를 만들어요. 그리고 또 한 가지 인도국민군을 만듭니다. 당시 선전선동에 쓰인 그림들을 보면 "서양 백인들의 사슬을 끊고 일본군과 함께 일어나라!"는 선전문구가 있는데, 그런 맥락에서 인도군을 석방한 것입니다.

정재정 그렇게 석방한 인도군을 군대로 만든 것인가요?

우쓰미 그렇습니다. 그렇게 해서 만든 인도인 군대가 인도국민군이에요. 이 인도국민군을 이끌고 버마를 공격합니다. 일본은 스스로도 식민지를 보유하고 있으면서 서구 열강으로부터 아시아를 해방시킨다는 슬로건을 내걸었어요. 그래서 제가 당시의 군인에게 "본인들도 식민지를 갖고 있는 제국이면서 아무 생각이 안 들던가요?"라고 물었더니 "우리는 조선을 형제이자 하나라고 생각했다. 식민지라는 의식이 없었다"고 하더군요. 그렇게 자기들 편한 대로 말하는 사람들이 있었어요, 일선동조론이죠. 지배층은 더 현실을 직시하고 있었겠지만요.

징병할 때 일본은 천황이 맨 위, 그리고 일본인이 있고, 그 다음에 조선인, 타이완인, 아시아 민중들이 있다고 선전선동을 했어요. 그렇게 아시아에서 전쟁을 했고 백인 포로와 아시아인 포로 중에 다수를 차지했던 아시아인 포로를 석방시켜서 아까 말씀드린 인도국민군 등을 만들었던 것입니다. 하지만 아무리 포로라고 해도 국제법상 함부로 부려먹을 수 없어요. 그런데 인도인들을 노무자로 만들어 버마 철도 건설에 이용합니다. 그리고 13만 명의 백인 포로들도 있었는데 "단 하루라도 공짜 밥을 먹어서는 안 된다"는 도조 히데키(東條英機)이 훈시에 따라 "증인이 될 포로들은 노동을 시킬 수 없다"는 제네바 조약의 규정에도 불구하고 그들에게 강제노동을 시켜요. 지금 그와 관련된 자료를 정리하고 있습니다.

포츠담 선언에서는 "포로를 학대한 자를 포함한 일본의 전쟁 범죄를 엄중히 처벌한다"고 했어요. 일본이 전쟁 범죄를 저질렀다고 막연히 말하지만, 연합군이 수많은 일본의 전쟁 범죄 중에서 가장 비중 있게 생각하는 것은 포로 학대였어요.

정재정 그때 연합군이 특히 그 부분에 중점을 두었고 조사를 했죠. 일본 측에도 학대하지 못하도록 요청을 했었죠?

우쓰미 전쟁 중에도 여러 번 항의도 하고 문의도 하는데, 일본은 "그런 적 없다, 모른다"로 일관해요. 나중에 도쿄 전범 재판에도 나옵니다만,

그렇게 해서 포로들 중 27%가 사망합니다. 포로였던 미국인, 영국인, 호주인, 네덜란드인 100명 중 27명이 사망한 셈이에요. 호주인의 경우는 사망률이 30% 이상이었다고 합니다. 살아남은 사람들도 후유증이 매우 컸죠. 그래서 연합군이 볼 때는 포로 학대가 가장 용납할 수 없는 전쟁 범죄였던 것입니다.

정재정 그때 감시원 역할을 조선인이 했던 것이군요.

우쓰미 네. 아까 말씀드린 것처럼 조선인을 모아서 포로 수용소를 만들었을 때 감시원으로 쓴 것이죠.

정재정 그 수가 3천 명 이상인 것으로 알고 있는데, 몇 명이나 됩니까?

우쓰미 조선인이 3016명이었어요. 필리핀과 보르네오의 포로 감시는 타이완인들이 담당했고요. 일본 국내의 포로 감시는 상이군인과 군속들이 담당했어요. 일본 국내 사건에 대한 전범 재판은 요코하마에서 열렸는데, 절반 이상이 포로 관련이었어요. 가장 먼저 처형된 사람은 '유리 케이'였는데, 도쿄 재판이 시작되기 전에 BC급 전범으로 처형당했죠. 그는 오무라 포로수용소 분소의 소장이었는데 포로들을 미이케 탄광으로 끌고 갔어요. 그리고 2번째로 처형된 후쿠하라도 마찬가지로 포로수용소의 분소장이었어요. 전범이라고 하면 나이든 높은 사람들일 것 같지만 모두 30대, 40대의 젊은 현장 책임자들이었어요.

정재정 그냥 관리만 한 것은 아니었겠지요.

우쓰미 관리라고 하는 것이 그냥 감시만 하는 것이 아니라, 노동에 동원될 포로들을 관리하는 역할이었어요. 예를 들어 철도연대에서 "내일 철도 건설에 ○○명을 보내라"고 했을 때 콜레라나 이질 때문에 인원을 맞추지 못하는 경우가 있어요. 철도연대에서는 이만큼 보내라고 하는데, 군의(軍醫) 소견에 따라 그만큼 못 보내는 것이죠. 던롭(E. E. Dunlop)이라는 유명한 군의가 그런 상황에 대해 증언한 내용도 있어요. 그 사이에서 협상하며 조금이라도 움직일 수 있는 사람, 증상이 가벼운 사람을 가려내어 노동에 동원될 인원을 맞춰 주는 것이 군속의 역할이었습니다.

정재정 포로들 입장에서 볼 때는 제일 미운 사람이 조선인이었겠네요.

우쓰미 조선인뿐만이 아니라 포로수용소 소장까지 함께 처형되었어요. 포로수용소라는 곳은 특수한 부대로, 상부에 소장이나 하사관 등 소수의 일본인이 있고 나머지 80%는 조선인 군속이었어요. 어떻게 보면 조선인 부대였지요.

포로수용소는 소수의 일본인과 80%의 조선인 군속

정재정 이야기가 되돌아갑니다만, 조선에서는 1939년부터 육군 지원병을 모집하고 그 후 1942년부터는 포로 감시원을 모집합니다. 수십 대 일 이상으로 경쟁률이 매우 높았다고 하는데, 그것은 아마도 지원병을 면할 방법이기도 하고, 가난했기 때문이기도 하겠지요.

우쓰미 군속이라서 급여가 좋았어요. 군인은 급여가 적지만 군속은 당시 급여가 50엔 정도로 장교 수준이었어요. 그리고 무엇보다 계약 기간인 2년이 지나면 집으로 돌아갈 수 있었죠. 당시 한반도의 상황은 전시 체제와 황민화 정책으로 인해 매우 피폐하고 폐색감이 짙었기 때문에 이상문 씨 같은 사람들은 일부러 자원하기도 했어요. 그리고 남진해 가는 수송선 안에서 조직을 만들어요. 우두머리였던 이활 같은 사람들은 척 보기만 해도 패기 넘치는 젊은이들을 알아볼 수 있었겠죠. 그런 사람들이 있다는 것을 알고, 단체를 만들어서 뭔가 해보자는 뜻이 있었을 겁니다.

정재정 아까 말씀하신 고려독립청년당 같은 조직을 만들었군요. 그렇다면 선생님께서는 인도네시아에 계실 때 거기서 BC급 전범을 직접 만나셨는지요?

우쓰미 가기 전에도 BC급 전범에 대해서는 알고 있었지만 만나지는 않았어요. 당시에는 전범이라고 하면 뭔가 잔인할 것 같은 선입견이 있어서, 갑자기 동진회를 찾아가 "당신들 무슨 전쟁 범죄를 저질렀느냐"고 물을 수가 없더라고요. 그렇게 연구를 진행하다가 양칠성에 대해 알게 된 거예요. 양칠성도 포로 감시원이었죠. 숨지 않았기 때문에 전범이 되었는지도 몰라요. 그는 반둥 근처의 치마히라는 수용소에서 2명의 일본인과 함께 도주하여 인도네시아 독립군에 들어갑니다. 전범이 되지 않으려고 그랬다기보다는 부인이 인도네시아 사람이었기 때문으로 볼 수 있어요. 자바섬은 전투도 없고 식량 사정도 좋아서 결혼하는 사람들이 많았어요. 양칠성 말고도 네덜란드인과 정식으로 결혼한 군속도 있었죠. 그렇게 해서 가족이 생기고, 나중에 가족이 숨겨 준 사람들도 있어요. 네덜란드가 들어온 이후에는 그래도 잡히니까 산으로 들어가서 게릴라가 된 것이죠.

그런 것들을 알아가다 보니 전범과 인도네시아 독립영웅이 결국 별개가 아니더군요. 네덜란드가 재판하면 전범이 되는 것이고 인도네시아가 재판하면 독립영웅이 되는 거예요. 양칠성의 경우는 네덜란드에 잡혀서 심판을 받고 처형되었던 것이죠. 그렇게 민중 묘지에 묻혀 있는 것을 인도네시아인들이 인도네시아의 독립을 위해 싸워 준 사람이라고 하여 정부에 서류를 내 주었고, 그것을 인도네시아 정부가 인정하여 독립영웅으로 추대한 것입니다. 네덜란드 측에서 보면 처형된 전범이니 평가가 엇갈릴 수 있겠지만, 결국 같은 사람인 거예요.

정재정 그 후 선생님께서는 그 문제에 대해 연구와 지원활동을 하셨는데요. 그것은 일본으로 돌아온 이후였습니까?

우쓰미 네, 일본으로 돌아온 후 동진회를 찾아갔어요. 동진회는 1955년에 이미 한국에 결성되어 있었어요. 양칠성이 포로 감시원이었다는 것을 알고 찾아갔더니 이것저것 알려주시고, 고려독립청년당 이야기도 그때 들었어요. 그때 처음으로 그들이 왜 전범이 되었는지에 대해 들을 수 있었습니다. 그리고 1978년에 그분들을 처음 만났습니다. 그분들과의 인터뷰에서 고려독립청년당에 군속들뿐만 아니라 문화인들도 있었다는 것을 알게 되었어요. 영화 〈너와 나〉를 연출했고 히나츠 에이타로(日夏英太郞)라는 이름으로도 불렸던 감독 허영 씨도 자바에 있었다고요.

정재정 그분도 감시원에 자원하신 건가요?

우쓰미 그건 아니에요. 그분은 일본에서 영화인으로서 성공했기 때문에 장교 신분으로 문화선전, 문화부대에 들어갔어요. 그곳에서도 그는 포로 문제에 관한 〈Calling Australia〉라는 영화를 만들었는데, 그 영화가 도쿄 전범 재판 때 상영되기도 했어요. 일본이 고려독립청년당 당원들을 잡아서 감옥에 넣고 패전 후에도 석방해 주지 않자, 히나츠 에이타로 즉 허영 씨가 중심이 되어 '재자바 조선인민회'를 만들었습니다. 그곳에 조선인들이 모두 모여서 그분들의 힘으로 고려독립청년당 당원들을 석방시켰어요. 그러니까 그곳은 독립운동을 했던 사람, 친일 영화를 만들었던 사람, 그리고 아직 전범 재판 전이었기 때문에 군속들까지 모인 자바 안의 해방구였다고 할 수 있죠. "자바에 있는 조선인은 모두 모이라"고 조선어로 방송까지 했다고 해요. 학도병, 지원병, 일본군'위안부'였던 사람들이 모두 모여 자바에서 몇 개월간 함께 했었습니다.

정재정   그 내용이 선생님 책의 소재가 되었나요?

『조선인 BC급 전범의 기록』

우쓰미   네, 『적도하의 조선인 반란』에 소개하였습니다. 마지막으로 철수하기 전에 네덜란드가 들어와서 사실 확인을 위한 대질 신문을 하였습니다. 고려독립청년당의 이상문 씨도 심문을 받는데 그는 사무실에서 근무하였기 때문에 아무도 알아보는 사람이 없어서 전범이 되지 않아요. 인도네시아의 네덜란드 재판에서 2번째로 처형된 박성근은 여자와 어린아이들을 수용하는 구류소의 감시원이었는데, 수용자는 많고 감시원은 적으니 강압적으로 할 수밖에 없었겠죠. 그러다가 원한을 사서 처형된 경우에요. 그런 식으로 BC급 전범 문제를 조사하다 보니 일본의 포로 정책, 포로나 구류자를 일본이 어떻게 취급했는지, 국제법과 국내법 간의 격차와 모순이 보이기 시작하더군요.

정재정   선생님께서 최근에 개정판을 내신 이와나미의 『조선인 BC급 전범의 기록』을 보면, 사실도 매우 자세히 기록되어 있지만, 선생님의 문장이 굉장히 문학적이라는 느낌이 듭니다. 역시 영문학을 전공하신 만큼 문장력이 훌륭하신 것 같아요. 정말 좋은 글이었습니다. 슬프고 무거운 내용인데도 재미있을 뿐 아니라 표현이 정말 좋아요.

우쓰미 30대 후반에 열심히 쓴 책이에요. 그때는 다 손으로 썼죠. 가능한 한 당사자들의 말을 그대로 전하고 싶었어요.

정재정 그분들이 동진회를 만든 것이 1955년이었죠? 그중에는 결국 전범으로 몰려서 처형된 사람들도 있지만, 그렇지 않은 사람들은 일본으로 송환되어 '스가모 형무소'에 수감되는데요. 나중에 일본 사회로 나오게 되나요?

우쓰미 일본 사회로 나왔으면 좋았겠지만 석방이 허가되어 나오려고 해도 일본에 주소가 없잖아요?

정재정 그렇네요. 그들은 전장에서 곧바로 감옥에 갔으니.

우쓰미 그런 이유로 출소 증명을 내주지 않았어요. 주소가 없으니 나갈 수 없다면서요. 그 일로 인해 다들 분노합니다. 나가려고 해도 나갈 수 없으니 당연하죠. 그래서 그분들이 출소 후의 주소를 확보해 달라고 일본 측에 요청하는데 들어주지 않아요. 그때부터 동진회가 여러 가지 운동을 하기 시작한 겁니다.

정재정 일본의 포로 정책이나 감시원이었던 조선인의 처우에 대해서 아까 잠시 말씀하셨는데. 그들은 일본인으로서 감시원에 뽑혀 일본인으로서 일하다가 전범으로 몰려 사형을 당하거나 감옥에 갑니다. 하지만 그들이 출소할 때 일본은 샌프란시스코 평화조약을 맺고 미국의 점령이 종결된 상태였지요. 그들은 일본인이 아니라는 이유로 일본인 군인들이 받는 '전상병자전몰자유족등원호법(戰傷病者戰沒者遺族等援護法)'의 적용도 전혀 받지 못했어요. 그 부분의 설명을 부탁드립니다.

우쓰미 일본인 군속으로서 모집되어 아시아로 보내지고 거기서 전범이 되었을 때, GHQ가 조선인의 자유 왕래를 금지했었지요? 한국인은 일본을 떠날 수는 있지만 되돌아올 수 없고, 일본인도 마찬가지였어요. 하지만 전범은 외국에 있었지 않습니까? 그곳에서 나올 때는 특별 조치가 적용돼요. 전쟁 범죄에 관한 한 일본으로 데리고 올 수 있다는 것이죠. 그래서 일본으로 데리고 옵니다. 그런데 여기서 문제가 있는 것은 연합국이에요. 저는 일본도 문제가 있다고 생각하지만, 연합국 역시 제국주의적이었다고 봅니다. 전쟁 범죄에 관한 한 조선인, 타이완인을 일본인으로서 재판할 수 있다고 합의한 것이죠. 그렇기 때문에 그들을 일본인으로서 재판하고 처형했던 겁니다. 그래서 일본으로 보내진 이후에도 "전쟁 재판에서 연합국이 판결한 일본 국민의 형 집행을 일본 정부가 인수한다"는 샌프란시스코 평화조약 제11조에 따라 그들을 일본 국민으로 취급한 거예요.

우리 측에서는 그들은 더 이상 일본 국민이 아니며, 독립하면서 일본 국적을 떠났으니 석방하라고 요구했어요. 그랬더니 최고재판소에서 "범죄를 저질렀을 때 일본인이었다면 그대로 형을 집행하라"는 판결이 나왔어요. 일본 정부는 문제를 인식하고 한국 정부에 문의합니다. 그리고 재판받은 미국인, 영국인, 호주인, 네덜란드인에 대해서도 석방해야 하는지의 문제를 놓고 연합국에 문의했는데, "최고재판소의 판결대로 범죄를 저질렀을 때 일본인이었다면 그대로 형을 집행하라"는 것이 연합국의 대답이었어요.

정재정 최고재판소가 "범죄를 저질렀을 때 일본인이었으니 일본인으로서 형을 집행하라"라고 판결했다면, 후에 원호법이나 군인은급(軍人恩給)과 같은 혜택도 일본인과 동일하게 해 줬어야 옳지 않습니까? 하지만 그때가 되니 일본은 그들이 조선인이라서 대상이 되지 않는다고 했지요. 그 점에 대해서 말씀해 주시기 바랍니다.

우쓰미 1952년 4월 28일에 일본이 독립하고, 30일에 원호법이 제정되어 4월 1일자로 소급적용됩니다. 거기에는 "조선인은 해당하지 않음"이라고 되어 있지 않고, "부속 호적법의 적용을 받는 자에 한함"이라고 되어 있어요. 조선인은 조선의 호적을 가지고 있고, 타이완인은 타이완의 호적을 가지고 있죠? 호적법이라는 말 자체가 이미 대상에서 제외한다는 뜻이에요. 군인은급의 경우에는 국적법의 적용을 받아 "일본 국적자에 한함"이라고 되어 있고요. 그렇게 호적과 국적으로 그들을 배제시킨 겁니다.

〈나는 조개가 되고 싶다(私は貝になりたい)〉라는 작품으로 유명한 영화감독 오카모토 요시히코 씨가 조선인 전범과 동진회의 운동에 대해 알고 난 후 방송용 프로그램을 제작하는 등 여러모로 지원하였습니다. 그리고 '스가모 형무소' 전범에 대한 지원 활동을 했던 이마이라는 분도 조선인 전범이 있다는 것을 안 후에 많은 도움을 주셨습니다.

정재정 선생님께서도 동진회의 이학래 씨와 함께 국회를 상대로 하신 일이 있으시죠?

우쓰미   제가 동진회를 찾아갔었을 때 그분들은 택시회사를 운영하고 계셨어요. 택시 면허를 따고, 택시 구입 자금은 이마이 씨가 무담보로 빌려줬어요. 나중에 모두 갚았지만, 그분이 빌려준 돈은 지금 시세로 환산해서 2억 정도가 된다고 해요. 다행이었죠. 그런데 이번에는 또 다른 문제에 직면하게 됩니다. 그것은 바로 유골 문제였어요. 싱가포르나 인도네시아에서 사형당한 사람들의 유골을 일본으로 가지고 오게 되는데, 일본인 전범의 유골은 모두 유족에게 연락해서 돌려줬지만, 조선인의 경우에는 유족이 없어서 후쿠오카 같은 지방의 동사무소 창고 등에 보관했어요.

정재정   유텐지(祐天寺) 말씀이신가요?

우쓰미   그건 좀 더 나중의 일이에요. 어느 날 변강수라는 사람이 부모의 유골을 가지러 왔다가 먼지투성이 창고에 넣어둔 사실을 알고 무척 화를 냈던 일을 계기로 동진회가 움직여서 유텐지로 옮겼습니다. 유텐지로 옮긴 후 동진회에서 유족을 모두 찾기 시작했어요. 유족들 중에는 "우린 전범의 유골 따위 필요 없다"고 하는 사람들도 있었다고 합니다. 그만큼 한국에서는 이해가 부족했던 것이죠.

정재정   보상이라는 말이 적절할지 모르겠습니다만, 일본 정부가 그렇게까지 완고하게 전범에 대해 어떠한 보상도 하지 않는 이유는 무엇입니까? 그 이후의 경위에 대해서도 설명 부탁드립니다.

우쓰미   보상을 전혀 하지 않는 것은 아니에요. 당사자들이 보상을 요구하는 좌식농성 같은 것을 하면 돈을 조금 주기도 했어요. 또 전범들을 위해 당시 500만 엔 정도의 기숙사를 제공하기도 했어요. 일본 정부가 알아서 그런 것들을 해 주었으면 좋았겠지만 그렇지는 않았어요. 아까 말씀드린 것처럼 주소가 없어서 출소를 못 하는 사람들이나 출소 후 생활이 막막한 사람들에게 도움을 주었던 것은 재일교포들이었어요. 하지만 가석방이나 가출소로 나온 사람들은 한국에 돌아갈 수도 없었죠. 일정 거리 이상은 벗어날 수조차 없었어요. 그럴 때마다 시위를 하면 정부가 돈도 조금 주고 택시 면허도 내주고 그랬어요. 그러니까 운동을 해야 조금씩 얻어낼 수 있었지, 정부가 적극적으로 뭔가를 해 준 적은 없어요.

정재정 재판을 몇 번이나 하셨지만 결국은 다 지셨죠?

상황이 좋을 때는 일본인, 상황이 나빠지니 한국인

우쓰미 최고재판소까지 가서 졌어요. 유골 반환 때도 동진회가 유골의 주인을 모두 찾아서 돌려주려고 하는데 정부가 돈을 조금도 내주지 않았어요. 애들 장난도 아니고 2만 엔인가 3만 엔쯤 주더군요. 그 일로 동진회가 분노하여 유골을 반환할 때 제대로 보상하라는 국회 청원을 냈어요. 하지만 '보상'이라는 말이 들어갔다고 해서 결국 모두 무산되었죠. 한일기본조약에 의해 보상은 모두 끝났다고요. 그래서 이번에는 "성의 있게 반환하라"고 했더니 그럴듯하게 반환식까지 해주었지만, 그때도 2만 엔이나 3만엔 이상은 주지 않았어요.

그러다가 한번은 협상 장면을 NHK가 촬영해간 적이 있었는데, 누가 어떻게 말실수를 했는지는 몰라도 수백만 엔을 지급하겠다는 이야기가 방송에 나간 적이 있어요. 결국, 후생 대신의 쌈짓돈 수십만 엔과 국민으로부터의 기금, 동진회 부담금을 더해 1인당 백만 엔에 가까운 돈과 함께 유골을 반환했어요. 그때도 국회 청원 활동은 계속하고 있었고요.

그렇게 해서 일단락 된 것이 1991년이었어요. 이상문 씨는 일본이 자신들을 '쓰던 걸레처럼 버렸다'고 말했어요. 상황이 좋을 때는 일본인, 상황이 나빠지고 나니 한국인이라고요. 그와 같은 정부의 대처에 화가 납니다. 돈 문제가 아니에요. 일본인으로서 전범 재판을 받고 사형을 당한 사람이 23명이나 됩니다. 그 사람들에게 일본 정부가 진심으로 사과하고 보상하라는 것이 동진회의 활동이었어요.

정재정 일본인은 친절한 이미지로 유명한데, 일본 정부는 왜 그렇게까지 냉담하다고 생각하시나요?

우쓰미 전쟁 중에도 그랬어요. 일본은 공습 피해자들에게 보상금을 지급하지 않았어요. 그리고 군인은급도 계급이 높을수록 액수가 많고 낮을수록 액수가 적었어요. 천황과 높은 사람들이 나라를 다스린다는 것이 일본인의 막연한 질서 의식이었습니다. 관료나 군인 군속은 천황을 위해 움직이는 사람들이었고요. 관존민비(官尊民卑)라는 말이 있듯이, 관료들은 높은 사람들이고 백성들은 공습을 당해 죽어도 보상 한 푼 받지 못했어요. 도조 히데키의 부인도 연금을 받았는데 말이죠.

정재정 BC급 전범에 대한 한국 정부의 태도는 어땠는지요?

BC급 전범에 대해 주목해 주었으면

우쓰미 너무나 냉담했어요. 저는 한국 정부도 문제라고 생각합니다. 최고

재판소의 판결이 나오기 전에 샌프란시스코 평화조약으로 인해 국적 문제가 제기되었을 때 한국 정부에 문의했지만 결국 답을 해주지 않았어요.

정재정   아무래도 본인들의 의지로 감시원이 되었다가 전범이 되었기 때문인가요?

우쓰미   그것도 있었겠죠. 그때가 1952년이었는데 아무런 도움을 주지 않았어요.

정재정   당시 한국의 상황이 힘들었을 겁니다. 전쟁 중이라 전혀 여유가 없었을 거예요.

우쓰미   그런 사정이 있어서 한국이 대응할 수 없었던 것은 어쩔 수 없다 하더라도, 1965년 한일기본조약을 맺을 때도 '위안부' 문제와 BC급 전범 문제는 제외되었어요. 그 문제는 일본 측에서 알아서 하라는 것이 한국 정부의 대응이었습니다. 하지만 일본은 그런 설명을 전혀 하지 않고 한일기본조약으로 모든 것이 해결되었다고 했어요. 한일기본조약 문서가 공개되지 않았을 때는 뭐라고 반박할 여지가 없었죠. 그런데 한국 측에서 공개된 한일기본조약 문서를 보니 이 문제는 다루지 않는 것으로 명시되어 있더군요. 그런데도 일본 정부는 모든 것이 이미 해결되었다고 했어요.

정재정   동진회나 감시원 본인들도 죄책감을 느꼈던 것 같습니다. 자원했을 당시에는 그럴 의도가 아니었을지 몰라도 결과적으로는 일본과 한 통속이 되어 연합군 포로를 감시했으니까요. 그래서 한국 정부에 도움을 요청하기는 어려웠을 거예요. 최근까지도 그렇게 하지 않았죠.

우쓰미   그것은 그분들이 옳게 처신하신 겁니다. 본인들이 조국을 위해서 아무것도 한 것이 없으니 전범이라는 오명을 뒤집어쓰더라도 조국 정부에는 아무것도 요청할 수 없다는 생각이었죠.

정재정   어떤 의미에서는 의식 있는 행동이라고 할 수 있겠군요.

우쓰미   그렇습니다. 이학래 씨 같은 분들은 '스가모 형무소' 내의 학교에 다니면서 공부를 했어요. 역시 처신을 굉장히 잘하신 거죠. 그들은 항상 "우리는 한국 정부가 아니라 일본 정부에 할 말이 많다. 한국에 대해 우리는 죄책감을 느끼고 있다"고 말했어요.

정재정   최근에 한국 정부도 그들을 강제 연행의 피해자라고 인정했지요? 이제 어느 정도 이 문제에 대해서 인식을 공유한 부분도 있겠군요.

우쓰미   그 소식을 듣고 매우 기뻐했어요. 본인들이 조국에 지은 죄가 있는데, 동원의 과정을 불문하고 넓은 의미에서 강제 연행으로 인정해주었다고요. 목에 줄을 매어 끌고 간 것은 아니지만 자원할 수밖에 없도록 몰아가지 않았습니까? 당시의 젊은이들처럼 선택지가 없는 상황에서 나 같으면 어땠을까? 한번 상상해봤어요. 저는 지원했을 것 같아요. 시험에 떨어진 사람들도 많았을 정도로 특히 똑똑한 사람들이 많이 지원했다고 합니다.

정재정   선생님의 책을 읽어보면 포로 감시원에 대한 내용과 함께 '위안부'들이 그곳에 있었다는 이야기가 종종 등장하는데요. 그것에 대해서도 말씀해 주시기 바랍니다.

우쓰미   자바섬과 버마 철도 현장에도 '위안부'가 있었다고 합니다. 일본 군대가 있는 곳이면 어디든 '위안부'가 있었다는 것이죠. 반둥에도 인도네시아인, 일본인, 조선인 '위안부'들이 동원되었어요. 처음에 그분들(전 감시원)은 저와의 인터뷰에서 위안소에 갔었다는 이야기를 해 주지는 않았지만, 마지막에는 사실 본인들도 위안소에 갔었다고 고백했어요. 수라바야에는 조선인 '위안부'가 있었는데 서로 조선인이라는 것을 알고 조선어로 반갑게 이야기도 나누었다고 해요. 먼 타국 땅에서 조선인들끼리 그렇게 만나게 되는 경우도 있었던 것 같습니다. 그 부분의 이야기는 많이 듣지 못했지만, 김왕근(김완근)이라는 사람은 수라바야에서 그런 일이 있었다고 저에게 말해 주었습니다.

정재정 그때의 기분이 어땠을까요?

우쓰미 서로 피해자라는 생각을 했겠죠. 죄책감도 있었겠지만 모두 많이 외로웠을 텐데 그 먼 인도네시아에서 같은 동포를 만난다는 것이 얼마나 기뻤겠습니까. 아무리 이야기를 하고 또 해도 끝이 없고, 아무리 울고 또 울어도 끝이 없는 그런 만남이었을 겁니다.

정재정 포로 문제를 다룬 영화 〈콰이강의 다리〉가 한국인에게도 잘 알려져 있는데요. 버마 철도 부설 당시의 이야기를 그리고 있습니다. 그 영화에 보면 일본이 포로를 어떻게 취급했는지 잘 알 수 있어요.

우쓰미 그건 소설이에요. 사실과는 상당히 거리가 있습니다.

정재정 물론 다르겠죠. 선생님의 책을 보면 포로들이 굉장히 야위어 있었다고 하는데 영화에는 살집이 있게 나와요.

우쓰미 병에 걸려 야윈 사람들도 많았고 무엇보다 절대적으로 식량이 부족했어요. 학대하려고 일부러 안 준 것이 아니라 도로가 없어서 공급이 안 된 거예요. 물길로도 운반이 안 되는 곳에 사람들만 보낸 것이죠. 그래서 일본이 머리를 짜낸 것이 살아있는 소를 보내는 거였어요. 사람과 소를 함께 걸어서 가도록 했죠. 식량이 부족해지면 소를 잡아먹으라는 의도였는데, 너무 열악하다 보니 소도 야위어서 뼈와 가죽만 남았었다고 해요.

정재정   일본이 조선에서 러일전쟁 때 경의선을 부설하고, 40년 후에 그 경험을 살려 부설한 것이 버마 철도입니다. 전쟁이란 것은 그런 비참한 역사까지 돌고 도는군요. 조선에 철도를 부설할 당시에도 일본군은 무력으로 토지를 접수하고 강제노동을 시켰어요. 소를 훔쳐다 잡아먹기도 해서 반발이 대단했다고 합니다. 그런데 그로부터 40년 후에는 버마 철도 현장에 소를 보내는군요. 그것을 읽고 저도 대단히 놀랐습니다.

우쓰미   그 철도가 압록강을 가로질러 부설되었죠. 결국, 철도는 전쟁과 떼려야 뗄 수 없는 관계에요.

정재정   그러면 이제 이야기를 정리해 보겠습니다. 지금까지 선생님께서 해 오신 연구와 지원 활동들의 과정을 되돌아보면 어떻게 평가할 수 있을까요? 이룬 것도 많고 남아 있는 과제도 있을 것 같습니다.

우쓰미   이뤄낸 것은 별로 없지만 할 일은 남아 있습니다. 그것은 일본의 젊은이들에게 조선 식민지 지배에 대해 구체적으로 알기 쉽게 전하는 일이에요. 리얼리티가 없으면 왜 한국에서 저런 운동을 하고, 저런 요구를 하는지 일본인은 이해하지 못해요. 미디어의 보도를 잘못 받아들이면 "왜 한국은 항상 저 모양인가"라는 식이 되어버리기 때문에 일본이 조선에 어떻게 했는지 구체적이고 알기 쉽게 현실적인 방법들로 알려나가는 것이 중요합니다.

22살의 호세(法政)대학 학생이 조선인 BC급 전범에 대해 20분짜리 다큐멘터리를 만든 것이 있는데 혹시 보셨는지요? 그는 어느 날 신문에서 BC급 전범에 관한 기사를 읽고 이학래 씨를 직접 취재하면서 전후 보상의 부조리에 대해 알게 되어 그 다큐멘터리를 만들었다고 합니다. 굉장히 쉽게 이해할 수 있게 되어 있어요. 물론 프로의 솜씨는 아닙니다. 영상과 내레이션이 있을 뿐 배경 음악도 전혀 없어요. 학교 발표용으로 만들었다고 하는데, 아무튼 새로운 시도였어요. 그런 책이나 영상을 보면 누구나 "옳지 않은 일"이라는 것을 자연히 느낄 수 있어요. 젊은 친구들이 그런 자료들을 보고 몰랐던 사실에 대해 알게 되는 거예요. '위안부' 문제에 대해서는 많이 알려졌지만, BC급 전범에 대해서는 아직 모르는 사람들이 많아요. 그래서 저희가 BC급 전범과 전후 보상 문제를 다뤄야 한다고 생각합니다.

정재정 동진회 회원분들은 이제 90세가 넘어서 거의 다 돌아가셨죠? 그분들이 다 돌아가시면 이 운동은 어떻게 될까요?

우쓰미 동진회 2세들의 운동도 있어요. 40대, 50대의 한창 바쁠 나이라 많은 활동은 못 하지만 조금씩 시작하고 있어요. 부모 세대의 운동을 이어받으려는 생각이 있는 것 같습니다.

정재정 한국과 일본의 정부 관계자에게 제언하고 싶은 것이 있습니까?

우쓰미 전후 보상에 대한 미해결 문제, 전후 처리 문제에 대해 언급할 일이 있으면 '위안부'와 강제징용, BC급 전범에 관한 내용을 꼭 포함해

주시기 바랍니다. 지금 일본에서도 법안을 준비하고 있는데 만장일치가 아니면 통과가 안 돼요. 총리 관저 쪽에 강경하게 반대하는 사람이 한두 명 있어요. 거기서 움직이지 않으니 법이 통과되지를 않지요. 이학래 씨도 일본 정부에 대해서는 고개를 저어요. 그러니 자국의 이해를 받았을 때 얼마나 기뻤겠습니까. 가장 잘된 것은 강제 동원의 피해자로 인정받은 일이에요. 나아가서는 문재인 대통령 같은 분들이 미해결 상태의 전후 처리 문제 중 BC급 전범에 대한 것에 주목해준다면 더 바랄 것이 없을 것 같습니다. 꿈쩍도 하지 않는 일본 정부를 상대로 언제까지 싸워야 할지는 모르겠지만 그들은 싸움을 멈추지 않을 것입니다.

정재정 그분들도 참 대단하십니다. 60년이 넘게 계속해 오신 것이니까요.

우쓰미 요즘 '스가모 형무소'에 대한 자료를 읽고 있는데, 그분들은 1953년, 1954년경부터 스가모 당국에 대해서도 활발히 활동을 해 왔습니다.

정재정 어떻게 보면 그분들은 1940년대 조선의 청년 엘리트였다고 할 수 있겠네요.

우쓰미 네. 영어를 할 줄 아는 사람도 있고 글을 잘 쓰는 사람도 있어요. 아시아의 근무지로 보내질 때 어디로 가는지도 모르면서 직감 하나로 말레이어 책을 준비해 온 사람도 있었다고 합니다. 인도네시아에 도착할 때는 이미 말레이어를 할 줄 알았다는군요. 가만히 있다가 언제 죽을지 모르는 지원병으로는 가고 싶지는 않다고 자원한 대학생이나 대학 졸업자들도 많았어요.

정재정 그러니까, 본인들이 자원한 것은 분명하지만 그럴 수밖에 없는 상황이었기 때문에 피해자라는 말이군요.

우쓰미 저는 최근 고려독립청년당 중 한 사람인 박창원 씨가 스가모 형무소 안에서 쓴 최초의 '고려독립청년당의 노래(시)'를 입수했습니다. 옛날 한국어로 쓰여졌는데 글씨도 훌륭하고 이렇게 노래까지 만든 것을 보면 역시 엘리트가 많았던 것 같아요.

정재정 선생님께서 지금까지 해 오신 연구에 비추어 볼 때, 앞으로 한국과 일본의 연구자들이 해야 할 일은 무엇일까요?

한국과 일본의 연구자들의 과제

우쓰미 이제서야 국사편찬위원회도 전범 재판에 대한 자료를 수집하겠다고 합니다. 정부나 미국, 영국, 네덜란드에 재판 기록들이 있겠지만 재판 기록만 봐서는 안 돼요. 당사자들의 자료를 통해 어떻게 재판이 이루어졌는지 알지 못하는 상태에서 재판 기록만 본다면 전범은 그냥 범죄자일 뿐이에요. 날조된 것들도 있고 학대 사실도 있어요. 그와 같은 자료들은 한국에도 많이 있을 겁니다. 한국으로 돌아간 전범들은 이미 많이 사망했지만 그 유족들이 가지고 있는 자료들을 귀중히 모으는 것이 중요하다고 생각합니다.

정재정 북한과 한국은 지금 화해 무드를 타고 있습니다. 언제 어떻게 될지는 알 수 없지만, 일본과 북한도 협상을 시작하겠지요. 그때 선생님께서 바라는 것이 있다면 무엇인가요?

우쓰미 BC급 전범 중에는 북쪽 사람들도 있었습니다. 그리고 북쪽의 경우는 같은 식민지라도 치안 관계로 상당히 탄압이 심했어요. 실제로 북쪽에서 조선인을 탄압했다는 일본 사람이 있습니다. 자기 부하가 피의자를 물고문하고 사망하게 했다고 합니다. 그것에 대해 계속 후회하다가 제가 쓴 『조선인 BC급 전범의 기록』을 보고 저를 찾아와서 자신들이 저지른 악행에 대해 사죄하고 싶다고 했어요. 그는 공산주의 운동을 그냥 두면 폭동으로 번질 것이라는 날조된 정보를 듣고 지역의 엘리트들을 수백 명이나 붙잡아다가 고문했던 사람이에요. 공산주의자들은 증거를 남기지 않기 때문에 고문할 수밖에 없다는 이유로요. 고문 방식은 물고문이었다고 합니다.

어쩌면 요코하마 사건을 모방한 것인지도 몰라요. 그 물고문이 1987년의 박종철 사건으로 이어져요. 그는 박정희 시절의 서승 사건으로 상징되는 고문 사건들을 일본의 신문에서 읽고, 그것은 분명히 자기가 부하들에게 가르쳐 준 고문 기술이었다는 것을 확신했다고 합니다. 그냥 고문이 아니라 일본 식민지 지배의 유산이라고요. 북은 남과 달라서 만주가 가까웠기 때문에 치안 탄압이 심했다고 해요. 일본은 그런 사실들도 식민지 지배에 포함해서 조사해야 할 의무가 있습니다. 북한하면 항상 납치 문제가 먼저 나오죠. 납치도 문제지만 그 전에 일본도 과거에 그런 짓을 저질렀으니 청산해야 합니다. 그렇지 않고 언제까지나 납치 문제만 물고 늘어지는 것은 좋지 않아요.

정재정 저희가 이번에 이런 인터뷰를 하는 목적 중 하나도 선생님께서 말씀하신 것처럼 일반인들에게 역사 문제를 널리 알리고, 그것을 극복하기 위해 노력한 사람들이 있다는 사실도 알리기 위해서입니다. 한국과 일본이 연대하여 이런 것들을 널리 전파한다면 앞으로의 연구와 운동에 매우 큰 도움이 될 것입니다. 선생님께서도 꼭 하시고 싶은 말씀이 있다면 해 주세요.

우쓰미 일본의 젊은이들은 식민지 지배에 대해 모르지만, 그 대신 한국에 관해 관심이 있어요. 노래나 영화 같은 것들이요. 요즘 젊은 사람들은 어학 능력도 뛰어나고 마음먹은 일이 있으면 열심히 공부합니다. 한국, 일본, 재일교포들이 여러 가지로 마찰을 겪고 있지만 저는 요즘 젊은 사람들이 꽤 제대로 보고 있다는 느낌이 들어요. 아까 1층에서 만난 젊은 여성은 한국에서 유학 생활도 했고 한국어도 굉장히 잘해요. 또 국제 결혼도 늘고 있고요. 그래서 젊은 사람들에게는 서로의 과거 사실을 바로 아는 것이 더욱 중요해요. 역사를 제대로 인식한 다음에 새로운 관계를 만들어 가자는 일을 지금 하고 있는데, 예를 들면 오늘 단체로 영화 〈1987〉을 보러 갔어요. 얼마 전에는 〈택시 운전사〉도 봤고요. 그런 것들을 통해 무엇이 문제인지 논의할 수 있게 되죠. 우리의 역할은 그런 자료들이 있으면 발굴해서 알기 쉬운 형태로 제시하는 것, 일반적으로 널리 읽을 수 있도록 만드는 것이라고 생각합니다. 영화도 좋고 예전의 선전·선동 포스터도 좋아요. 그런 것들을 찾아내서 사용하면 좋을 것 같습니다.

정재정 그 이외에 선생님께서는 최근에 바다경계(海境)에 대한 연구를 하고 계시죠? 그것에 대해 조금 설명해 주시기 바랍니다.

바다경계(海境)에 대한 연구

우쓰미 매우 단순합니다. 한국도 마찬가지겠지만 일본의 경우에는 식생활이 많이 달라졌어요. 제가 어렸을 때는 새우나 바나나 같은 것들은 비싸서 못 먹었어요. 하지만 지금은 넘치게 먹을 수 있죠. 처음에는 단순히 "왜 그럴까" 하는 질문에서 출발했어요. 알아봤더니 새우를 바다에서 잡는 것이 아니라 양식하기 때문이래요. 인도네시아의 맹

그로브 나무를 잘라서 양식을 해요. 그런 것을 조사하는 거예요. 지인들과 함께 새우 연구회를 만들어서 배를 타고 인도네시아를 도는 식이죠. 그러다 보면 육지가 아니라 바다에서 바라본 아시아 문제가 눈에 들어옵니다. 지금은 멸치 연구회를 하고 있어요. 왜 멸치인지 의아하시죠? 중요한 것은 구체적으로 눈에 보이는 것부터 연구하자는 거예요.

한국의 경우에는 어떤 것을 예로 들 수 있을지 모르겠지만, 그런 식으로 바다에 나가서 연구를 하다 보니 국경을 전제로 하지 않기 때문에 여러 가지가 보이기 시작하더군요. 국경이라는 것은 인위적으로 그어 놓은 것이에요. 그리고 외국으로 돈벌이에 나선 사람들이 많았다는 것도 알게 되었어요. 여기 아라푸라해(海)가 보이시죠? 이곳에는 일본인들이 진주를 채취하러 많이 갔어요. 그리고 여기 팔라우에는 많은 조선인이 일하러 와 있었어요. 이처럼 한일 문제, 일본의 식민지 지배 문제를 한반도와 일본에 국한하지 말고, 일본이 이런 식으로 확대해 나갔고, 대동아공영권 전역에 조선인이 동원되었다는 관점에서 보면, 또 다른 것들이 많이 시야에 들어오게 될 것입니다.

호주 캔버라 근처에 있는 '카우라'라는 곳은 탈주했다가 죽음을 맞이한 많은 일본군 포로들의 묘지가 있는 곳이에요. 그 묘지 중에 조선인과 타이완인의 묘지가 있다고 합니다. 그것을 좀 알아봐 달라는 문의가 들어와서 조사해봤더니, 그 사람들은 원래 거기서 살던 사람들이 아니라, 전쟁 전에 다이빙하러 갔거나 돈을 벌러 갔던 타이완인, 조선인들이었어요. 그 사람들이 같이 묻혀 있는 것이죠. 그런 것들을 누군가는 조사해보자, 그런 생각으로 하는 것이 바다 연구입니다. 이 바다 연구 또한 심도있게 이어져야 할 것입니다.

다와라 요시후미 俵義文

　1941년 일본 후쿠오카현에서 태어나 주오대학 법학부 법률학과를 졸업했다. 신흥출판사 게이린칸 도쿄지사에 근무하면서 노조 부위원장, 교과서공투회의 부의장, 출판노련 서기차장, 출판노련 교과서대책부장, 교과서대책부 사무국장을 역임하였다. 이에나가 교과서검정 소송을 지원하는 전국연락회 상임위원을 맡아 일하였으며, 2018년 6월까지 '어린이와 교과서 전국네트21' 사무국장을 역임하였다. 2016년 3월 릿쇼대학 심리학부 비상근강사로 정년퇴직하였고, 현재 '어린이와 교과서 전국네트21' 대표위원, 출판노련 교과서대책부 부부장, '역사인식과 동아시아 평화' 포럼 실행위원회 사무국장, 일중한 3국 공동 역사편찬위원회 공동대표, 동아시아 청소년 역사체험캠프 실행위원회 대표를 맡아 일하고 있다. 저서로는 『어린이들을 노리고 있다-교과서는 어떻게 달라졌는가』, 『검정 15년 전쟁과 중고교 역사교과서』, 『다큐먼트 '위안부' 문제와 교과서 공격』, 『교과서 공격의 심층』, 『철저 검증 위험한 교과서』, 『위험한 교과서는 NO!』, 『'새 역사교과서를 만드는 모임'의 분열과 역사위조의 심층』, 『일본회의의 전모-알려지지 않은 거대조직의 실태』, 『일본회의의 야망-극우조직이 꾀하는 '이 나라의 모습'』 등 다수가 있다.

일본 지식인에게 듣는 **한일 관계와 역사 문제**

일시   2018년 10월 7일(일) 11:00~14:00
장소   일본 도쿄 어린이와 교과서 전국네트21 사무실
진행   정재정

다와라 요시후미(우)와 정재정(좌)

정재정　선생님은 한일 역사 문제에 대하여 여러 가지 활동을 해 오셨는데요. 지금까지 선생님의 활동 내용과 그 가운데서 느끼신 점을 말씀해 주시기 바랍니다. 선생님께서는 원래 출판사에서 편집 일을 하셨지요?

다와라　편집이 아니라 영업이었습니다. 대학을 졸업하고 교과서 출판사에 입사하여 처음에는 총무과에 배속되어 경리를 맡아보았는데, 영업으로 옮겨진 이후부터는 퇴직할 때까지 영업을 했었습니다.

정재정　출판사의 노조운동도 하셨습니까?

다와라　2000년 3월에 정년퇴임하기 전까지 계속 노조운동을 했습니다.

정재정　그런데 어떻게 해서 교과서 문제에 관심을 갖게 되셨습니까?

교과서 검증 관련 '이에나가 재판'과 '스기모토 판결'

다와라　잘 아시는 당시 도쿄교육대학 교수였던 고(故) 이에나가 사부로(家永三郎) 선생님의 교과서 재판 때문이었습니다. 제가 대학을 졸업하고 교과서 회사에 들어간 것이 1964년이었습니다. 그 이듬해인 1965년 6월에 이에나가 선생님이 교과서검정 위헌 소송을 일으켰습니다. 당시 출판사 노조의 전국 조직으로 출판노협이라는 것이 있었는데, 제가 소속된 조합도 그 출판노협에 가맹되어 있었습니다. 지금은 출판노련이 되었고요. 이에나가 교과서 재판 소식에 교과서 회사뿐 아니라 출판사에서 일하는 사람들, 주로 출판노협에서 활동하는 사람들이 노조나 회사의 경계를 초월하여 이에나가 선생님의 교과서 재판을 지원하기 위한 지원 조직을 만들자는 이야기가 나오게 되었습니다. 그리고 '교과서검정 소송을 지원하는 출판노동자의 모임'이 1965년 10월에 결성되었습니다. 이에나가 교과서 재판을 지지해 온 것은 '교과서검정 소송을 지원하는 전국연합회'(약칭 전국연)이었는데, 그 전국연이 생기기 2주 전에 '출판노동자의 모임'이 생겼습니다.

또 하나, 거의 같은 시기에 '교과서검정 소송을 지원하는 역사학 연구자의 모임'도 생겼습니다. 이 두 모임이 먼저 생기고, 그 다음에 전국연합회가 생기게 된 것이죠. 제가 있던 회사의 본사는 오사카에 있었기 때문에 노조의 집행부도 오사카에 있었는데, 저는 도쿄 지사 근무였기 때문에 노조에는 가입해 있었지만 활동이 별로 없었습니다. 그래서 출판노동자의 모임을 만들었을 때 산세이도 출판사에서 일하는 선배가 '자네가 시간이 많으니 한번 해보게'라고 권유하셔서 출판노동자의 모임 출범 준비에 참가했고, 결성 후에는 간사가 되었습니다. 그때부터 이에나가 교과서 재판 32년간의 싸움에 계속 관여해 왔습니다. 하지만 본격적으로 관여하게 된 것은 조금 더 지난 후인 1988년부터였습니다.

그때까지는 노조 임원으로서의 활동이 중심이었습니다. 1960년대 말경에 도쿄 지사에서도 집행위원을 선출하자고 요구한 것이 받아들여졌고, 각 회사의 단일 노조를 단조(單組)라고 하는데, 회사를 상대로 임금 및 노동조건에 대해 협상을 할 때, 단조와 해당 회사의 협상이 아닌, 교과서 회사 전체와 교과서 회사 전체의 노동조합 협상으로 결정하는 통일 협상이라는 것을 1970년부터 시작했습니다. 그것을 위해 '교과서노동조합 공투(共鬪)회의'라는 것을 결성했는데, 그 투쟁위원회의 집행부를 맡아서 했습니다. 저는 1970년대 중반에 단조의 임원, 부위원장이 되었고, 교과서공투 투쟁위원회 부의장이 되어 1987년까지 그 직책으로 활동을 해 왔습니다. 그 사이에는 이에나가 교과서 재판도 직접 방청에 참여하기보다는 다른 노조원을 방청에 참여시키는 활동을 했습니다.

이에나가 선생님은 1984년에 1980년대 최초로 검정의 위헌성을 놓고 싸우는 제3차 소송을 일으키셨습니다. 이 3차 소송은 식민지 지배와 중일전쟁·아시아태평양전쟁의 교과서 기술에 대한 검정을 놓고 싸우는 재판이었습니다. 제가 이에나가 교과서 재판에 본격적으로 관여하게 된 것은 이 3차 소송부터였습니다. 3차 소송의 쟁점 중 하나는 오키나와 전투 '집단 자결(강제 집단사)'의 검정 문제였는데, 변호인 측의 요구로 1988년 2월에 오키나와 나하의 재판소에서 출장 법정이 열리게 되었습니다. 이 때 본토에서 많은 서포터가 재판을 지원하기 위해 오키나와로 갔습니다. 저는 그때 처음으로 오키나와에 갔었는데, 부위원장·부의장에서 퇴임하여 노조원의 신분이었기 때문에 비교적 움직이기가 수월해서 갈 수 있었던 것 같습니다. 그때부터 이에나가 교과서 재판에 더 깊이 관여하게 되었습니다.

또 한 가지는 교과서 공투 활동을 하고 있을 당시 교과서 문제가 큰 계기가 되었습니다. 1980년에 자민당과 민사당이 교과서가 편향되어 있다며 제2차 교과서 편향 공격을 시작했습니다. 그 배경을 조금 설명하자면, 1970년에 이에나가 교과서 재판의 제2차 소송에서 도쿄 지방 재판소가 '스기모토 판결'이라는 것을 내려 이에나가 선생님이 전면 승소합니다. 이에나가 교과서에 대한 검정은 위헌, 위법이라는 판결이 나와서 문부성이 전처럼 강권적으로 검정을 할 수가 없게 된 것입니다. 그 결과, 1970년대 전체에 걸쳐 일본의 교원과 출판사의 편집자, 저자들의 노력으로 일본의 교과서는 점차 개선되었습니다.

예를 들면 난징학살사건이 종전 직후의 교과서에는 실려 있었습니다. 최후의 교과서검정이라고 불리는 1946년에 문부성이 발간한 소학교 역사 교과서『쿠니노아유미(国の歩み, 나라의 발걸음)』에는 일본군이『난징을 침범했다(南京をあらし)』고 되어 있습니다. 이것은 난징학살사건을 가리키는 기술입니다. 또한 중학교의『일본의 역사』나 고등학교의『일본의 역사』에는『난징을 점령했을 때 그곳에서 자행된 잔혹행위』라고 되어 있고, 사범대학의 교과서『일본의 역사』에는『난징에서의 일본군의 잔혹행위』라고 기술되어 있습니다. 이와 같은 내용은 자세하지는 않지만 난징사건에 대한 내용이 실려 있었다는 것입니다. 일본의 교과서는 1948년부터 검정제도가 시작되는데, 그 검정하에서도 몇몇 중학교와 고등학교 교과서에는 난징사건이 실려 있었습니다.

그러나 한국전쟁을 계기로 강화된 동서 냉전 가운데 '이케다·로버트슨 회담'에서 일본은 미국에 재군비를 약속하고, 그것을 추진하기 위한 교육정책을 강행합니다. '역코스'라고 불리며 교육 반동화의 폭풍이 불어 닥치게 된 것이죠. 그러한 가운데 1955년에 제1차 교과서 편향 공격, 즉 교과서가 편향되어 있다며 당시 민주당에서 공격을 해 왔고, 그것을 배경으로 1956년에 교육 이법(二法)이라는 것이 국회에 상정됩니다. 하나는 공선제였던 교육위원을 임명제로 바꾸는 법안이고, 또 하나는 교과서를 통제하기 위한 교과서 법안이었습니다. 전자는 국회에 다수의 경찰관이 투입되어 강행 체결로 통과되었습니다. 교과서 법안은 많은 반대운동으로 폐기되었습니다.

그러나 교과서 법안이 폐기되었는데도 불구하고 문부성은 그 법률에서 하고자 했던 것들을 문부성령(令)이라는 형식으로 1956년 가을부터 차례로 실시하였습니다. 그러면서 검정이 크게 강화되어 검열에 가까워졌고, 그로 인해 많은 교과서가 불합격되고 난징사건

같은 것들은 교과서에 쓸 수가 없게 되었습니다. 쓰면 불합격이 되었으니까요. 일본에서는 1950년대 중반부터 1960년을 '교과서의 겨울'이라고 부릅니다. 이 겨울을 끝낸 것이 이에나가 재판의 제소와 1970년 '스기모토 판결'이었습니다. 아까 말씀드린 것처럼 1970년대를 통틀어 일본의 교과서는 조금씩 개선되었는데, 그것을 역행시키는 움직임이 1980년부터 시작된 자민당·민사당의 제2차 교과서 편향 공격입니다. 그것을 이용하여 문부성은 더욱 검정을 강화하여 일본의 침략·가해 및 식민지 지배에 관한 기술을 삭제·수정하였습니다. 이것이 나중에 말씀드릴 1982년의 교과서검정에 관한 국제문제를 일으키게 되는 원인입니다.

정재정 원래는 출판사 사원이었다가 이에나가 재판을 계기로 교과서 문제에 관여하게 되셨고, 그 후에는 교과서 제도나 교과서 내용, 검정 등에 관한 자세한 연구를 하셨습니다. 한국과 일본뿐 아니라 일본의 교과서 문제를 거론할 때는 반드시 다와라 선생님의 연구를 인용하게 되는데요. 그와 같은 운동을 하시면서 교과서 연구를 병행하신 것입니까?

다와라 네, 그렇습니다. 교과서라는 것은 정부의 문제가 반드시 관련되어 있기 때문에, 이에나가 재판을 통해 교과서 검정이라는 것은 위헌이며 폐지해야 한다고 계속 주장해 왔습니다. 교과서 검정 제도를 없애라고 주장하려면 아무래도 일본의 교과서 제도가 어떻게 되어 있는지, 예를 들어 외국과 비교하면 어떻게 되어 있는지 등을 연구해야 했습니다.

정재정 이에나가 선생님과는 학교 때 가르침을 받았다거나 하는 등의 직접 관계가 있으신가요?

다와라　아니오. 없습니다. 저는 주오대학(中央大學)을 졸업했는데, 이에나가 선생님이 주오대학에서 가르치긴 하셨지만 제가 졸업한 이후였습니다. 이에나가 선생님은 국립대학인 도쿄교육대학의 교수였어요. 도쿄교육대학은 지금의 쓰쿠바대학(筑波大學)입니다. 지금은 교원을 양성하는 대학은 아닙니다.

정재정　그렇게 해서 다와라 선생님께서는 일본 교과서의 내용이나 교과서 제도, 이에나가 재판 등에 관여하신 거군요? 한국과는 어떻게 관계를 맺게 되셨습니까?

다와라　그것은 '새로운 역사교과서를 만드는 모임'(이하 새역모)이 생긴 이후입니다.

정재정　일본의 교과서 검정이 국제 문제화되었던 1982년에는 아직 한국과 관계가 없었다는 말씀입니까?

다와라　제가 처음으로 한국에 갔던 것은 1993년이었습니다. 1982년 당시에는 관계가 없었습니다. 그 무렵 저는 일본 국내에서만 활동했었습니다. 우선 한국은 군사 정권 시절이었기 때문에 무서워서 갈 수가 없었어요. 게다가 1982년 교과서 검정 문제가 발생하기 전까지는 한국도 중국도 일본의 교과서 문제에 거의 관심을 보이지 않았습니다.

정재정　1986년에 일본회의의 전신인 '일본을 지키는 국민회의'에서 편집 발행한 고등학교 일본사 교과서 『신편 일본사』의 검정 문제 때는 별로 관여하지 않았지만, 그 이후 한국과 직접 관계를 맺게 된 것이 2001년에 새역모가 생겼을 때부터였다는 말씀이신데요. 그 부분에 대해서 말씀해 주시기 바랍니다.

| 다와라 | 『최신 일본사』가 검정에 합격했을 때는 중국·한국에서 항의가 있었는데, 그때 저도 관여를 했었지만 어디까지나 국내 활동이었고, 한국이나 중국의 항의에 직접 관여하지는 않았습니다. 2001년 새역모 교과서 문제 이전 한국과의 관계는 1993년에 한국에 갔던 때로 거슬러 올라갑니다. 출판노련은 5년마다 해외 시찰 여행을 했는데, 1980년대 후반 일본에는 노조의 내셔널센터 문제가 있었습니다. 그래서 1988년 9월에 출판노련은 영국과 스페인의 내셔널센터를 시찰하는 여행을 계획하였고, 저는 중앙집행위원이 된 직후였지만 거기에 참가하게 되어 처음으로 해외여행을 하게 되었습니다. 그로부터 5년 후인 1993년에는 처음으로 아시아 시찰을 기획하게 되었습니다. 원래 출판노련의 시찰은 항상 유럽으로 갔었는데 말이죠. |

| 정재정 | 항상 유럽쪽으로만 시찰을 기획한 이유는 무엇인가요? 한국과 아시아에는 관심이 없었나요? |

| 다와라 | 그 때까지 한국과 아시아에는 없었습니다. 그런데 당시 이마이 가즈오(今井和夫) 중앙집행위원장이 '이제부터는 인접국이 중요하다'면서 유럽이 아닌 한국 시찰을 기획하였습니다. 하지만 출판노련 중에서도 쇼가쿠칸(小學館)이나 고단샤(講談社)와 같이 돈이 많은 큰 회사, 이른바 종합출판사에서 일하는 사람들은 아무래도 유럽 쪽으로 가고 싶어 했기 때문에 그해에는 유럽과 한국 2팀으로 나누어져서 시찰 여행을 했습니다. 한국 팀에는 거의 모두가 교과서 회사의 사원 등 돈이 없는 사람들이 많았습니다. 유럽에 비하면 매우 저렴했으니까요. 처음 한국에 가서 한국의 역사를 접하고 매우 여러 가지 생각을 하게 되면서 관심이 높아졌습니다. 그리고 2년 후인 1995년에는 제가 기획하고 교과서 회사의 노조원을 7명 정도 모집하여 한국에 갔습니다. 그 후, 1990년대에는 출판노련이 가맹한 일본 언론문화 |

정보노조회의(MIC)와 한국 언론노련이 협상을 시작했습니다. MIC와 언론노련도 일본과 한국에서 교대로 심포지엄을 개최했었기 때문에 1990년대에는 그 후에도 몇 번인가 한국을 방문했었습니다.

본래 주제로 돌아가서, 2000년에 '새역모'의 교과서가 검정을 신청했습니다. 검정 신청을 할 때 사용하는 책을 일본에서는 '백표지본'이라고 하는데, 우리는 그 백표지본의 복사본을 6월에 입수하였습니다. 새역모 교과서를 발행하는 후소샤 직원이 책의 내용을 선전하기 위해 학교를 돌다가 일부 교원들에게 빌려준 것을 그 교원들이 복사하여 보내 준 것이었습니다. 여러 명의 교원이 복사본을 보내 주었습니다.

천황 중심의 '새역모' 교과서

다와라 새역모가 검정에 제출한 것은 알고 있었습니다. 새역모는 1997년에 출범하여 1999년 9월 총회에서는 회원이 1만 명을 넘어 전국 도도부현에 지부가 생겼습니다. 10월에는 역사 교과서의 파일럿 버전인 『국민의 역사』가 발행된다는 발표가 있었습니다. 저는 그것을 보고 큰일이라고 느꼈습니다. 검정에 합격한다면 2001년에 채택 대상이 됩니다. 새역모 교과서의 채택을 저지할 수 있는 전국적인 시민조직은 '어린이와 교과서 전국네트21'밖에 없습니다. 그런 조직의 사무국장이 본업은 따로 있고 잠깐씩 자원봉사 하는 수준으로 일을 해서는 검정교과서 채택을 저지하는 전국적인 활동은 절대로 불가능할 것이라고 생각했습니다. 그래서 제가 큰 결심을 하고, 2000년 봄에 회사를 그만두고 '어린이와 교과서 전국네트21'의 사무국장직에 전념하기로 했습니다. 그렇지 않으면 '새역모' 교과서의 채택을 저지

할 수 없을 것 같았어요.

정재정   그 백표지본을 보고 무엇을 느끼셨는지, 무엇이 문제였는지 일반 독자들이 알기 쉽게 설명을 부탁드립니다.

다와라   백표지본은 저만 본 것이 아니라 역사 교과서는 '역사교육자협의회'(역교협)에, 그리고 공민 교과서는 '전국민주주의교육연구회'(전민연)에 부탁하여, 몇 명씩 프로젝트 팀을 만들어 '새역모'의 역사 교과서와 공민 교과서를 분석하였습니다.

정재정   저도 그때 백표지본의 복사본을 봤습니다.

다와라   정재정 선생님이 백표지본의 복사본을 본 것은 그 이후입니다. 그렇게 여름방학 중에 분석을 해서 그 검토 결과를 정리했습니다. 그것을 보면 가장 큰 문제는 역시 일본의 역사를 어떻게 기술하고 있느냐 하는 것입니다. 특히 식민지 지배나 전쟁의 역사가 어떻게 쓰여 있느냐 하는 것이 문제였습니다. 전후의 일본 교과서는 천황 중심의 교과서가 아니라 민중이 주인공이 되는 교과서로 바뀌어왔습니다. 그런데 '새역모'의 교과서는 여전히 천황 중심, 위정자 중심의 교과서라는 것이 문제였고, 일본이 행한 중일전쟁과 아시아태평양전쟁을 정당화하고 있었습니다. 중일전쟁은 중국이 일본의 권익을 침해하여 반일 운동을 강화한 것이 원인이라고 쓰여 있었고, 아시아태평양전쟁은 '대동아전쟁'이라고 표기되어 아시아 해방의 성전이었다고 쓰여 있었습니다. 한국 식민지 지배에 대해서도 정당화하는 내용으로 되어 있었습니다. 일본이 아시아에서 행한 가해 행위에 대해서는 거의 다뤄지지 않았습니다. 그런 의미에서 역사를 왜곡하는 내용이 곳곳에 있었습니다. 역사교과서의 문제는 주로 그런 것들이었습니다.

공민 교과서도 일본국헌법을 적시하고 대일본헌법이 일본국헌법보다 우수한 헌법이라고 되어 있었으며, 기본적 인권 및 권리보다도 의무를 강조하고 국민주권보다도 '천황주권'을 강조하는 내용이었습니다. 평화주의에 관한 설명에서는 자위대나 미·일 안보조약을 크게 다루는 등 많은 문제가 있었습니다. 그런 의미에서 지금의 역사 교육 및 공민 교육의 도달점을 크게 퇴보시킬 수 있고, 그런 교과서로 배운 어린이들이 제대로 된 역사 인식과 사회 인식을 가질 수 없겠다고 판단했습니다.

이와 같은 내용과 문제점을 밝힌 '정리'가 완성되어 그것을 바탕으로 자료를 작성하였고, 2000년 9월 10일경에 제가 기자회견을 했습니다. 이 기자회견을 통해 새역모 교과서에 어떤 문제가 있는지 모두 발표했습니다. 그 회견에 한국의 언론도 모두 와 있었고, 다음날 일제히 보도되면서 한국에서도 큰 반향을 불러일으키게 된 것입니다.

그러던 어느 날 한국의 역사학회가 2000년 10월 첫 토요일에 이 문제에 관하여 심포지엄을 한다며 저와 기미지마 가즈히코(君島和彦, 도쿄가쿠게이대학) 교수에게 발표를 부탁해 왔습니다. 단, 한국의 역사학회는 항공 경비를 지원해줄 돈이 없으니 토요일에 심포지엄을 하고 그 다음날 일요일은 쉰 뒤, 월요일 오전에 서울시립대학교에서 강연하고, 오후에는 국립한국정신문화연구원(현 한국학중앙연구원)에서 강연하고, 저녁에는 정신대문제대책협의회(정대협)에서 강연을 해서 그 사례비를 항공경비에 충당하기로 하였습니다. 숙박은 서울시립대학교 소유의 아파트에서 둘이 지내기로 했고요. 그렇게 해서 기미지마 선생님과 제가 서울에 가게 되었습니다. 원래는 그날 저녁에 한국 역사 학계의 중진 이원순 선생님과 정재정 선생님, 그리고 서울시립대학교의 선생님 한 분이 우리를 위해서 저녁을 준비해 주셨는데, 비행기가 1시간 연착되면서 김포공항에서 택시를 타고 갔더니 이미 세 분은 많이 취하신 상태였습니다. 그렇게 술을 한잔하고, 다음날 심포지엄이 열렸습니다. 그때 사회 겸 통역을 하신 것이 정재정 선생님이고, 상당히 많은 분이 모이셨던 것으로 기억합니다. 그것이 한국과의 역사 교과서 문제에 대한 첫 인연이었습니다.

정재정   그때는 '어린이와 교과서 전국네트21'이 생긴 이후였습니까?

어린이와 교과서 전국네트21 결성

다와라   물론입니다. '어린이와 교과서 전국네트21'은 1998년 6월 13일에 결성되었습니다.

정재정   그때는 이미 출판노련을 그만 두시고 사무국장이 되신 건가요.

다와라   출판노련은 아직 그만두지 않았을 때입니다. 2000년에 회사를 그만둘 때까지 단조(케이린칸 노조)와 출판노련의 노조원이었어요. 중앙집행위원과 서기차장을 3년간 지낸 뒤 퇴임한 후에는 출판노련의 전문부인 교과서대책부의 사무국장을 계속했습니다. 교과서대책부라는 것은 제가 서기차장이었을 때 만들어졌는데, 제가 부장이 된 이후부터는 출판노련의 부위원장이 역대 부장을 계속 맡게 되었습니다. 그렇게 해서 제가 '어린이와 교과서 전국네트21'의 사무국장에 취임할 때까지 교과서대책부의 사무국장으로 있었습니다.

1997년 8월 29일에 이에나가 교과서 재판 제3소송의 최고재판소 최후 판결이 나왔습니다. 판결에서는 8가지 쟁점 중 50%가 승소했습니다. 그 판결로 이에나가 교과서 재판은 끝났고, 그것을 지원하기 위해 모였던 전국연락회는 그로부터 1년 후에 해산하게 되었습니다. 하지만 앞으로도 그 운동을 이어받아 교육, 교과서에 관한 시민 조직이 필요하다는 판단에서 1997년 12월에 4백여 명의 제청자에 의해 새로운 조직을 설립하는 준비 모임이 만들어졌습니다. 원래 사무국장 후보로 거론되던 사람은 따로 있었는데 "그 사람이 사무국장이 된다면 우리는 그만두겠다"는 여성 준비위원들이 몇 명 있었습니다. 당시 역교협의 사무국장을 지냈던 이시야마 히사오 선생님과 제가 여러모로 상의하여 몇 명의 사무국장 섭외를 해보았으나, 아무도 수락해 주지 않았습니다. 어쩔 수 없이 이시야마 선생님이 저에게 권유를 하셨고, 제가 사무국장을 맡게 된 것입니다. 이에나가 재판 때부터 교사 노조가 분열되면서 전교조와 일교조로 나뉘게 되어 어린이와 교과서 전국네트21도 양쪽 모두와 관계를 맺을 필요가 있었는데, 그러려면 전노련에도 연합에도 가입되어 있지 않은 중립 노조 상태의 출판노련 노조원인 제가 사무국장을 맡는 것이 좋겠다는 의견도 있었기 때문입니다.

어린이와 교과서 전국네트21일 결성했을 때 이에나가 사부로 선생님께서 "이에나가 교과서 재판 운동은 무당파 운동이니 어린이와 전국네트21도 무당파 운동에 중점을 두고 활동해 주시기 바랍니다. 이것이 저의 유언입니다"라는 메시지를 보내 주셨습니다. 저는 사무국장으로서 그 말씀을 항상 명심하면서 활동해 왔습니다.

6월에 '어린이와 교과서 전국네트21'(이하, 교과서네트)이 발족했을 때 저는 아직 교과서 회사에 근무하고 있는 자원봉사 사무국장이었습니다. 교과서네트의 사무실에 상주한 것이 아니라 일이 끝난 후 저녁에 들러 여러 가지 작업도 하고, 아르바이트 여직원이 받아놓은 연락을 보고 받는 식으로 일을 했습니다. 아까도 말씀드렸지만, 새 역모에서는 2001년에 10%의 채택을 위해 대대적인 활동을 시작했고 그것을 저지할 수 있는 것은 우리 '교과서네트'밖에 없었기 때문에 부업으로 해서는 안 되겠다고 판단하여 회사를 그만두고 그쪽에 전념하게 되었습니다. 그리고 그 무렵에 한국에서도 일본의 교과서 문제에 대한 관심이 높아지기 시작했습니다.

정재정　'일본교과서 바로잡기 운동본부'를 말씀하시는 것이죠?

다와라　제가 전임 사무국장이 된 다음 해인 2001년 2월에 한국에서 '일본교과서 바로잡기 운동본부'가 결성되었습니다.

정재정　지금은 '아시아평화와 역사교육연대'가 되었습니다.

어린이와 교과서 전국네트21의 성과

다와라　그렇습니다. '일본교과서 바로잡기 운동본부'라는 것은 일본인이 듣기에 별로 좋은 인상을 주는 명칭이 아니기 때문에 명칭을 변경하는 것이 좋겠다고 제안하여 현재의 '아시아평화와 역사교육연대'가 되었습니다. 당시 운동본부에서 3월 23일에 처음으로 일본의 '새역모' 교과서 문제로 집회를 여니 와달라는 요청이 와서 서울에 가게 되었습니다. 탑골공원 앞의 넓은 보도에서 열린 집회에는 할머니들을 비롯한 여러분들이 앉아 계셨습니다. 그곳에 참가하게 된 저도 함께 앉아서 인사하고 보고했습니다. 그때부터 지금의 아시아역사교육연대 분들과 교류를 시작하게 된 것입니다.

정재정　한국과의 교류에 대해서는 나중에 좀 더 자세히 말씀해 주시기 바랍니다. 우선 '어린이와 교과서 전국네트21'의 여정에 대해서 들려 주세요. 지금까지 주로 해 오신 일과 성과, 한국과의 관계에 대하여 말씀해 주시기 바랍니다.

다와라   '어린이와 교과서 전국네트21'은 기본적으로 일본의 교육과 교과서를 발전시키는 것이 가장 큰 목적입니다. 발전시키려면 당연히 일본의 교과서 제도 또는 교육제도에 대항하고 개선해 나가는 일을 해야 하죠. 정권이 바뀌면 교육정책이나 교과서 제도가 개정(거의 개악)되는데, 그것에 대항하는 활동을 계속해 왔습니다. 일본의 경우는 10년마다 학습지도요령이 개정되는데, 그때 검정제도도 개편(대체로 개악)됩니다. 저희가 하는 일은 그것에 대하여 여러모로 비판하고 정보를 제공하는 활동이었습니다. '어린이와 교과서 전국네트21'에는 현재 3,500명의 회원이 있는데, 그중 단체회원이 260명 정도입니다.

저희 조직은 중앙집권적인 단체가 아니라 각각의 회원이 기초가 되는 단체입니다. 지역에서 활동하는 것이 중요하므로 '지역네트'라는 지역 네트워크 조직이 만들어져 있습니다. 아직 전국의 모든 지역에 다 있는 것은 아니지만, 그런 개인회원, 단체회원, 지역네트에 대하여 집행기관인 상임운영위원회가 매월 1회 개최됩니다. 거기서 정세에 대해 논의하고 여러 활동 방침 등을 결정합니다. 하지만 상임운영위원회는 회원의 '지역네트'에 대하여 어떤 지령을 내리지는 않습니다. 중앙집권적인 조직이 아니기 때문입니다. 상임위원회는 정세 등의 정보를 제공하고 '지금 이런 운동이 필요할 것 같다'는 제안을 합니다. 그것을 보고 단체회원인 지역네트 또는 개인회원들이 "그렇다면 우리는 이렇게 하자"는 식으로 자주적인 활동을 하는 조직입니다.

정재정   강연회나 연구회도 매우 활발하다고 들었습니다.

| 다와라 | 교과서네트 자체는 그다지 집회나 강연회를 하지 않습니다. 제가 강연을 다니는 것은 여러 지역의 조직, 지역네트나 단체회원 또는 여러 시민조직에서 제 이야기를 듣겠다고 기획을 하기 때문입니다. 특히 2000~2001년 무렵에는 새역모의 교과서를 어떻게든 저지해야 했기 때문에 교과서네트의 제청으로 각 지역에 많은 학습회가 기획되었습니다. 그 해 1년간 저는 홋카이도에서 규슈까지 두루 돌며 150회 이상의 강연을 했습니다. |

| 정재정 | 20년이 지난 지금과 비교하면 당시의 열기는 아직 그대로입니까? 아니면 좀 변화가 있는지요? |

| 다와라 | 아무래도 그때의 열기가 가장 뜨거웠던 것 같습니다. 단, 그때는 교과서네트의 회원들이 그렇게 많지 않았어요. 그 후에 점점 늘어난 것이죠. 교과서네트는 아무래도 중학교 교과서 채택이 있는 해인 2001년, 2005년, 2009년, 2011년, 2015년에 회원이 많이 늘었습니다. 그런 해에는 새역모 교과서를 저지해야 하기 때문에 관심이 높아지고, 전국적으로도 다양한 활동이 생기게 됩니다. 2017년부터는 아베 정권이 도덕을 정규 교과에 넣어, 소학교와 중학교의 도덕 교과서가 만들어졌는데, 2017년이 소학교, 2019년이 중학교 교과서 채택이 있는 해입니다. 거기에도 새역모 계열의 도덕 교과서가 나온다고 하여 그것을 저지하는 운동을 했습니다. 교과서네트가 지금까지 해 온 활동에는 그런 운동들이 있습니다.

일본의 공립 소학교와 중학교 교과서는 교육위원회가 지역별로 교과서를 채택(선정)하는 방식입니다. 일본은 OECD 가입국 중에서 유일하게 교과서를 사용하는 교원이 스스로 교과서를 선택할 수 없다는 점에서 후진적인 교과서 제도를 가진 나라입니다. 말씀드린 것 |

처럼 학습지도요령이 개정되면 교과서 제도가 개악됩니다. 또 한 가지는 새역모가 생김으로써 교과서 채택 제도가 개악되었습니다. 그 결과 반드시 교육 전문가가 아니더라도 투표를 통해 결정할 수 있게 되었습니다. 교육위원회의 활동이 비공개적으로 이루어지는 부분에 대해서는 교원의 의견을 존중하는 형태로 채택하라든지, 좀 더 공개적으로 채택하라는 촉구 활동을 해 왔고, 그와 관련하여 방청 제도를 도입하라든지 방청 인원을 늘리는 활동을 계속해 온 결과, 올해 채택에서는 상당히 많이 개선되었습니다.

또 한 가지, 이 사무실의 책장에도 꽂혀 있지만 '교과서네트'는 때때로 필요한 서적을 많이 출판해 왔습니다. 또한 10엔, 20엔, 30엔짜리 팸플릿을 수십만 부 제작했는데, 특히 교과서 채택이 있는 해에는 '새역모' 계열의 교과서를 비판하는 내용의 10엔짜리 팸플릿을 만들어서 그것을 지역 활동에 활용해 왔습니다. 그런 방법으로 점점 정착시키고 있는데, 예를 들어 새역모 계열의 교과서가 채택된 요코하마에서는 2015년의 채택에서 이쿠호샤(育鵬社)의 교과서를 저지했고, 도쿄의 오타구에서는 교과서네트가 제작한 팸플릿을 참고로 독자적인 팸플릿을 만들어 활동하는 등 각지에서 활동이 확대되고 있습니다.

정재정 2001년은 새역모의 채택률이 0.04%였는데 15년 정도 지난 후에는 7~8%까지 늘었습니다. 그 이유는 무엇이라고 볼 수 있을까요? 지금은 어느 정도입니까?

다와라 지금은 6%가 조금 넘습니다. 새역모 교과서는 2009년 채택 때보다 조금 늘었습니다. 2005년 채택 때는 새역모가 10%를 확실하게 점유할 것이라고 했지만 저희가 열심히 활동해서 결국 공민 교과서를 채택한 지구가 도치기현의 오다와라시와 도쿄의 스기나미구 2곳에 그쳤습니다. 그 이외에는 사립 중학교에서 조금 채택이 되어 0.4%였습니다. 지금은 공립 채택 지구 584곳 중 21지구(3.6%)에서 채택하고 있습니다. 지구 수로는 4%를 넘지 않지만 6% 전후의 숫자가 되는 이유는 요코하마나 오사카처럼 학생이 많은 곳에서 채택되었기 때문입니다. 요코하마시는 전국에서 중학생 수가 가장 많습니다. 그 2개 시를 제외하면 3~4% 정도입니다.

정재정   그렇다면 일본 사회가 달라졌다는 의미인가요?

다와라   그것은 '새역모'의 영향을 받은 자민당과 문부과학성이 채택 방법을 새역모에게 유리하게 바꾼 것이 크게 작용했습니다. 즉, 교육위원의 투표로 결정되는 채택 방식으로 바뀌었는데, 그 결과 오사카시나 요코하마시처럼 시장이 새역모를 지지하는 지역에서는 시장이 임명한 교육위원들이 과반수를 차지하게 되어 채택되는 것입니다. 그런 교과서가 일정 부분 채택되고 있다는 것은 아베 정권을 탄생시킬 정도로 일본 사회가 '우경화'되었다는 점이 하나의 배경이 되어, 채택 제도가 그들에게 유리하도록 만들어져 있기 때문입니다.

아베 총리는 2005년의 채택 당시 자민당 간사장으로서 '새역모'의 교과서를 채택시키기 위해 자민당의 지방조직과 지방의원을 움직이는 데 진두 지휘를 하였습니다. 또한 2011년의 채택 때는 새역모에서 분열되어 나온 '일본역사재생기구', '교과서개선의 모임'의 이쿠호샤 교과서가 가장 좋은 교과서라고 심포지엄 및 집회에서 강조했습니다.

정재정   '어린이와 교과서 전국네트21'의 활동에 대하여 자민당이나 우익의 반발, 탄압 같은 것들은 없었습니까?

교과서 운동에 대한 우익의 협박

다와라 직접적으로는 별로 없습니다. 하지만, 예를 들어 2001년과 2005년에 저희가 새역모 교과서에 반대하는 의견 광고를 신문에 실었을 때, 우익이 우리 사무실에 침묵 전화를 5분에 한 번씩 걸어온 적이 있었습니다. 또한 '당신들이 하는 일은 틀렸다'는 내용의 항의 전화도 받았습니다. 침묵 전화는 일을 방해합니다. 전화가 계속 울리면 수화기를 들어야 하니까 엄청난 공격입니다.

개인적으로는 '죽이겠다'는 협박도 있었습니다. 2001년이었는데 우익이 '여성국제범죄법정(VAWW-NET)'의 공동대표인 고(故) 마쓰이 야요리(松井やより) 씨와 저를 죽이려고 한다는 정보를 듣게 되었습니다. 마쓰이 씨는 위협을 느끼고 집에 돌아가지 않고 호텔에서 지냈습니다. 아마도 그것 때문에 지병이 악화되어 2002년 12월 68세라는 아까운 나이에 돌아가신 것으로 생각합니다. 저는 호텔에서 지낼만한 돈이 없어서 신변에 주의를 기울였습니다. 예를 들어 역의 플랫폼에서 전차를 기다릴 때 앞에 서지 않는다거나, 집으로 돌아갈 때도 전차에서 내리면 전후좌우를 살피며 수상한 사람이 없는지 경계하면서 걸었습니다. 1년 정도 그렇게 했는데 다행히도 별일은 없었습니다.

정재정 어린이와 교과서 전국네트21의 운영 등은 어떻게 하고 계시나요?

다와라 '어린이와 교과서 전국네트21'의 재정은 회비와 모금 그리고 서적 출판 등의 이익금으로 충당하고 있습니다.

그런데 실은 요즘 적자가 이어지고 있는 데다 회원도 줄고 있습니다. 이에나가 교과서 재판 때부터 함께했던 회원도 있을 정도로 모두 고령화되어 돌아가시기도 하고, 병에 걸려 탈퇴하는 분들도 있습니다. 연금생활자 중에는 회비가 밀리는 사람들도 있어서 최근에 매년 적자를 보고 있는데, 누적 적자가 300만 엔을 조금 넘습니다. 그것을 이제 해결하기 위해 전임 사무국 직원을 줄이고 사무국장만 전임으로 하고 있습니다. 저는 2018년 6월을 끝으로 교과서네트의 사무국장을 정년퇴임하고 대표위원에 취임했습니다. 후임 사무국장에 대한 인수인계 등이 있어서 지금은 아직 사무실에 매일 출근하고 있지만, 이 일도 12월까지이고 그 후에는 매일 출근하지 않게 됩니다. 지금 저는 아르바이트 상태입니다. 이렇게 해서 인건비를 줄이고 그것으로 적자의 구멍을 메우고 있습니다.

교과서네트의 직접 사업은 아니지만 제가 사무국장을 맡은 '역사인식과 동아시아의 평화'라는 포럼이 있습니다. 이것은 일본, 한국, 중국에서 매년 주최자를 바꿔가면 개최하고 있습니다. 2018년의 주최국은 일본이고 2017년은 중국, 2016년이 한국이었습니다. 2018년에는 히로시마에서 개최되는데 거기도 자금이 많이 부족해요. 전액 모금으로 충당하는 상황인데 동시통역 같은 것을 하게 되면 500만 엔 이상이 소요되므로 모금만으로는 부족합니다. 그래서 2018년 일본 개최를 위해 동북아역사재단에서 지원하는 해외시민단체 지원금을 신청해서 받았습니다. 일본에는 그런 활동에 보조금을 주는 재단이 없어요. 연말과 여름에 회원들의 모금으로 운영하고 있습니다.

정재정 이번에는 한국과의 관계에 대해 여쭤보고 싶은데요. 2001년에 아까 말씀하신 대로 여러 방면에서 활발한 교류가 이루어져 제가 알기로는 교과서 문제가 있을 때마다 도쿄에 있는 한국 특파원들이 다와라 선생님의 이야기를 듣고 기사를 쓴 일도 많았습니다. 그 후 한국과의 활동을 정리하여 주요 성과나 경위에 대해 말씀해 주시겠습니까?

한국과의 관계

다와라 제가 한국과의 관계에서 가장 기억에 남는 것 중 하나는 2001년 9월에 한국 국회의원연맹의 초청을 받아 국회에 가서 의원연맹 분들과 이야기했던 일입니다. 그때 국회의장인 이만섭 씨도 만났습니다.

정재정 표창도 받으셨지요?

다와라 표창장도 받았습니다. 그 후 10월에 고이즈미 준이치로(小泉純一郎) 총리가 한국에 갔는데, 이만섭 의장님은 교과서 문제 때문에 고이즈미 총리를 만나지 않았어요. 또한, 그때 《동아일보》의 〈사람〉 코너에 실리기도 했습니다. 나중에 들은 말로는 그 코너에 외국인이 게재된 것은 제가 처음이었다고 하더군요. 또한 KBS 저녁 뉴스에도 저의 인터뷰가 방영되었습니다.

당시 한국에서 가장 유명했던 인기 앵커가 진행하는 저녁 뉴스 프로그램이었습니다. 제 인터뷰를 낮에 녹화해서 그날 밤에 방영했습니다. 그 방송을 정재정 선생님과 둘이 호텔에서 캔맥주를 마시면서 보고 있는데 방송사고가 있었습니다. 저의 인터뷰가 한국어 자막 없이 일본어로만 방송이 된 것입니다. 그날 다른 큰 사건이 있어서 원래 10분간 방송될 예정이었던 것이 4분으로 줄었습니다. 그것을 둘이 보는데 처음에는 방송사고인지도 몰랐습니다. 우리는 둘 다 일본어를 하니까 자막이 없다는 것을 보다가 알았던 거예요. 정재정 선생님이 KBS에 문의했더니 준비한 테이프가 방송 직전에 없어져서 그랬다는 겁니다. 그 대신 다음날 10분간 전체 재방송을 해 주었고, 그것을 정 선생님이 녹화하여 저에게 보내 주셨습니다. 그런 '사건'들도 저에게는 잊지 못할 추억입니다.

한중일공동역사편찬위원회 결성

그리고 또 하나, 기본은 물론 교과서 문제입니다만 한국과의 관계에서는 '역사 인식과 동아시아의 평화' 포럼도 중요합니다. 2001년에 북경에서 중국사회과학원 일본연구소가 국제 심포지엄을 개최했습니다. '일본의 군국주의 연구'라는 주제의 심포지엄이었습니다. 거기에 일본에서 저와 역사학자인 아라이 신이치(荒井信一) 선생님이 초대되어 참가했습니다. 한국에서는 강창일 선생님(당시 배재대학 교수)이 참가했고 북한에서도 6명의 학자가 참가했습니다. 그때 저와 아라이 선생님이 의논하여 '일본의 교과서 문제를 해결하기 위해서는 역사 인식에 대한 동아시아의 계속적인 검토가 필요한데, 그런 것을 한번 해보지 않겠나'라는 판단에서, 한국의 강창일 선생님과 중국의 보평 선생님, 송유목 선생님, 그리고 북한의 학자들에게 제안하였습니다.

그랬더니 모두 찬성해 주셔서 심포지엄이 끝나고 다음날 사회과학원 근대사연구소의 회의실에서 아라이 선생님과 저, 강창일 선생님, 중국의 보평 선생님, 송유목 선생님이 모여 이야기를 했습니다. 북한의 학자들은 귀국 스케줄이 있어서 참가하지 못했고요. 이렇게 3국의 협의로 포럼을 추진하게 되었고, 역사 인식 문제의 가장 큰 쟁점·원점은 아무래도 난징대학살이므로 제1회는 난징에서 하기로 결정했습니다. 이듬해 2002년 3월에 난징에서 개최하기로 하고 그 전 1월에 서울에서 준비 모임을 하기로 했습니다.

2002년 1월에 서울대학교의 회의실을 빌려서 3국의 대표자들이 준비 회의를 했는데, 진행 방식이라든지 일정, 테마 같은 것들을 모두 정했습니다. 그리고 포럼의 세션 중에 강창일 선생님과 제가 중국 측에 공동역사 교재를 만드는 것에 대해 논의하는 것이 어떻겠냐고 제안했습니다. 그런데 지금은 사임한 난징대학살기념관 관장이었던 주성산(朱成山) 씨와 또 한 명의 중국 대표가 "중국은 그런 것에 관심이 없으니 역사부교재 공동 편찬은 한일 간에 하라"고 하여 포럼의 주제가 되지는 못했습니다. 그런데 중국 대표들은 귀국 후 "부교재 편찬은 중요하니 중국도 참여하는 것이 좋겠다"라며 태도를 바꿨습니다. 하지만 이미 포럼의 테마가 모두 정해진 후라서 바꿀 수가 없었기 때문에 난징 포럼 전날 밤에 대표자 회의에서 논의하여 석식을 마친 후 8시경부터 희망자들만 모여서 논의하는 '특별 세션'을 진행하기로 하였습니다.

저와 강창일 선생님이 공동의장을 맡고, 한중일 3국에서 공동역사 부교재를 만드는 것이 좋을지 어떨지 논의하였습니다. 50명 정도가 모였는데 의견이 분분했습니다. 그런 것은 가능할 것 같지 않으니 그만두는 것이 좋겠다는 의견과 중요하니 반드시 해야 한다는 의견 등이 있었습니다. 그중에서 하자는 의견이 조금 우세하여 결론적으로 다음날 낮에 각국 대표자들의 의견을 정하여 점심 식사 시간에 대표 2명씩 모여서 식사하면서 논의하기로 했습니다. 다음날 점심 시간에 모인 3국의 대표들이 모두 하자는 쪽으로 의견을 모았기 때문에 일을 진행하기로 하였고, 귀국 후 각국이 편집위원회를 조직하여 그 해 8월에 서울에서 제1회 준비 모임을 가지게 되었습니다. 그렇게 해서 시작된 것이 '한중일 3국 공동역사 편찬위원회'의 활동입니다.

정재정 『미래를 여는 역사』(한중일 3국 공동역사 편찬위원회, 2006, 한겨레신문사)의 발간이지요.

다와라 그렇습니다. 2006년에 3국 공동으로 발간된 『미래를 여는 역사』가

제1탄이었습니다. 그와 거의 비슷한 시기에 '동아시아 청소년 역사 체험캠프'가 시작되었습니다. 한국의 양미강 씨가 2002년 봄에 그 건에 대해 논의하러 일본에 왔었습니다. 2002년은 한일 월드컵이 개최되는 해였기 때문에 한일 공동의 시민운동으로서 무엇을 할 것인가를 논의하기 위해서였습니다. 그때 한국과 일본 사이에는 성인들 간의 교류가 2건 있었는데 젊은이들 간의 교류, 고등학생들도 역사문제에 대해 교류하면 어떨까 하여 '한일 고교생 역사체험캠프'를 해 보자는 제안이 있었고, 일본에서는 저와 피스보트의 히라노 씨가 찬성하여 캠프를 시작하게 되었습니다.

2002년 8월에 서울에서 한일 고교생 역사체험캠프를 하게 되어 모집을 시작했더니 고등학생뿐 아니라 중학생 참가 희망자들이 한국에도 중국에도 있었습니다. 그래서 한일이 논의하여 중학생도 참가시키게 되었고, 결국 고등학생이나 중학생이라는 말 대신에 청소년이라는 말을 넣어 '한일 청소년 역사체험캠프'가 개최되었습니다. 원래는 1회로 끝낼 생각이었는데, 이듬해 한국이 독자적으로 기획하여 일본을 찾아왔습니다. 교토와 나라, 히로시마에서 캠프를 진행한다고 하여 교토의 교직원 조합, '교토네트' 등 각 지역에서 맞이할 준비를 했습니다.

그리고 2004년 8월에는 3회째 포럼이 한국의 안양에서 개최되었습니다. 포럼과 부교재 회의가 진행되는 한편 캠프도 같은 일정으로 같은 안양시의 리조트에서 진행되었습니다. 그때는 중국이 참가 의사를 밝혀 와서 함께하게 되었습니다. 그렇게 한중일 3국의 캠프를 진행하게 된 것이 지금까지 이어지고 있는 '동아시아 청소년 역사체험캠프'입니다. 새역모 교과서로부터 시작된 교류지만, 그 교류가 일본과 한국뿐 아니라 중국을 포함하는 3국 간 교류가 되어 그와 같은 활동들을 계속 활발하게 해 오고 있습니다.

정재정   『미래를 여는 역사』의 초판이 2006년에 출판되었는데, 그 후에도 그 것을 계승하여 몇몇 책이 나왔었지요? 그 후에는 어떻게 되었습니까?

다와라   제2탄 『한중일이 함께 쓴 동아시아 근현대사 1,2』(한중일3국공동역사 편찬위원회, 휴머니스트)가 출판된 것이 2012년이었습니다. 그리고 이번에 제3탄을 준비하고 있습니다.

정재정   출판 준비와 함께 새 교과서 채택 저지 운동을 계속 하시는 거군요. 그런 노력에도 불구하고 거의 매년 3월부터 4월에는 일본 교과서 검정 문제가 불거집니다.

다와라   문부과학성은 3월 말에 검정 공개를 합니다. 2018년에는 중학교 도덕 교과서의 검정 결과가 나오는데 그럴 때는 한국 언론들이 조용합니다. 그러다가 중학교 역사 교과서, 고등학교 역사 교과서의 검정 결과가 나오는 해에는 한국 언론들과 한국 대사관의 담당자들이 우리 사무소에 자주 오셔서 정보를 듣고 갑니다.

정재정   2001년이나 2005년 단계에서는 한국이 가장 먼저 그 정보를 듣고 대응했었는데 지금은 조금 어려워진 것 같습니다. 그 이유는 무엇일까요?

다와라   지금 상황은 시작에 불과합니다. 아베 정권이 들어서면서 특히 검정 제도가 개악되어 교과서 회사가 굉장히 엄격하게 자율규제와 자숙을 할 수밖에 없게 되었습니다. 2014년에 아베 총리의 심복인 시모무라 하쿠분(下村博文) 문부과학성 대신이 제도를 대폭 개악했기 때문입니다. 당시 시모무라 대신은 검정과 채택으로 교과서를 관리해 왔다고 말했지만 우리가 볼 때는 통제였습니다. 그래서는 교과서가 좋아질 수 없어요. 그들 마음에 드는 교과서, '새역모' 계열의 교과서처럼 될 수는 없지요. 아베 총리나 시모무라 대신으로서는 모두 새역모 계열의 교과서처럼 만들고 싶은 겁니다. 하지만 그렇게 되지 않는 것은 지금까지의 검정과 채택으로는 규제와 통제를 할 수가 없다는 것이니, 이제는 편집 단계에서부터 정부가 요구하는 내용을 넣도록 교과서 제도를 바꾸자고 했고 2014년에 개악되었습니다. 당시 시모무라 대신이 기자회견에서 설명한 그림에 따르면 편집 때부터 규제한다는 것이 분명하게 나타나 있습니다. 그렇게 해서 조금씩 교과서가 나빠지고 있습니다. 앞으로 새로운 학습지도요령에 따른 교과서가 검정의 대상이 됩니다. 2018년에는 소학교 검정이 있고, 2019년에는 중학교 검정이 있습니다. 학습지도요령도 개악되었고 2018년 여름에 검정제도도 개악되었습니다. 결과적으로 다음 교과서는 우리 측에게 불리하게 작용할 것이 우려됩니다.

정재정 교사들이 중심이 되어 만든 마나비샤(学び舎) 출판사의 교과서는 채택에서 어떤 영향을 받고 있습니까?

다와라 아까도 말씀드린 것처럼 교육위원회에서 채택하는 제도로 되어 있는 이상, 마나비샤의 역사 교과서가 채택되기는 어렵습니다. 이 교과서는 우익들이 공격하기 때문에 교육위원회가 이 교과서를 채택하면 반드시 국회에서 문제시됩니다. 일본 국회에는 어느 의회에나 우익 의원들이 있기 때문입니다. 그래서 공립학교 채택 지구에서는 이런 교과서들을 현 제도하에서는 채택하지 않습니다. 지금 마나비샤의 교과서가 사용되고 있는 것은 학교별로 채택하는 국립과 사립 학교들입니다. 상당히 좋은 교과서이기 때문에 진학률이 높은 이른바 엘리트 학교에서 많이 사용하고 있습니다.

정재정 일본회의에 대해서도 조금 말씀해 주시기 바랍니다.

일본 우경화와 한일 역사 문제의 근원인 우익단체 일본회의

다와라 일본회의는 '니혼카이기'라고 하지 않고 '닛폰카이기'라고 읽습니다. 로마자로 'NIPPONKAIGI'라고 씁니다. 이 모임의 전신은 '일본을 지키는 국민회의'였습니다. 일본을 지키는 국민회의는 1981년에 결성되었습니다. 이 국민회의가 생기기 전의 우익조직이 '원호법제화 실현 국민회의'입니다. 일본에는 원호가 있는데 반드시 사용해야 한다고 법으로 정해져 있습니다. 원호는 전쟁 이전의 천황제·군국주의와 관련 있는 것으로 전후에 GHQ가 황실전범을 개정할 때 사용의 법적 근거가 없어졌습니다. 샌프란시스코 평화조약으로 일본이 독립한 이후 자민당과 우익은 원호를 부활시키려 했습니다. 하지만 국민의 반대가 강해서 실현되지 못했습니다. 그런데 우익 조직에 의해 원호법제화운동이라는 것이 1970년대에 전개됩니다. 그 우익운동이 '성공'하면서 원호법이 1979년에 국회를 통과합니다. 그것은 우익의 운동과 자민당 의원의 연계에 의한 것이었습니다. 원호법 제정을 위해 우익 조직이 만들어진 것이었죠. 그것이 바로 '원호법제화 실현 국민회의'라는 것인데 1978년 7월에 결성됩니다. 그리고 성공을 거두죠.

이 우익 조직의 계보를 잇는 형태로 '일본을 지키는 국민회의'가 1981년 10월에 결성됩니다. 결성되었을 때 운동 방침으로서 그들이 내건 것은 헌법·방위·교육, 이 세 가지입니다. 이것을 '일본을 지키는 국민회의'의 중점 과제로 추구하겠다는 것이었어요. 또 하나는 천황제입니다. 앞의 세 가지를 추구함으로써 천황제, 즉 천황을 원수로 하는 천황 중심의 국가를 만들겠다는 것입니다. 그것을 위해 자신들의 교과서도 만들어야 한다며 1986년에 쇼와 천황 즉위 60주년을 봉축하는 의미에서 고등학교 일본역사 교과서를 출판합니다. 그것이 당시『신편 일본사』라고 불리던 것으로, 지금은『최신 일본사』라는 이름으로 나오고 있습니다.

1981년은 제2차 교과서 편향 공격이 한창이던 때였습니다. 그리고 일본을 지키는 국민회의도 그 중심 세력으로 교과서 편향 공격에 가담했습니다. 제2차 교과서 편향 공격 당시 저는 교과서공투 투쟁위원회의 부위장으로 교과서 문제를 담당했었기 때문에 그때부터 일본을 지키는 국민회의를 주시하기 시작했습니다. 1986년에는 그들이 교과서를 제작하는데, 당시의『신편 일본사』는 '천황의 교과서' 또는 '복고조 교과서'라고 비판받았고, 중국, 한국으로부터 항의를 받았으며, 특히 중국의 항의는 난징사건에 관한 기술 등에 대해서 매우 격렬했습니다. 당시 나카소네 야스히로(中曽根康弘) 총리가 가이후 도시키(海部俊樹) 문부성 대신에게 검정 합격 후 이례적으로 재검정을 시켜서 겨우 합격한 교과서입니다.

또 하나 '일본을 지키는 모임'이라는 종교계의 우익 조직이 있었습니다. 이것은 1974년에 생긴 조직으로 원호법제화운동 때 중심적으로 활약했습니다. '일본을 지키는 국민회의'와 '일본을 지키는 모임'이 1997년 5월 30일에 조직 통합을 하면서 일본회의가 출범한 것입니다. 일본회의는 그런 식으로 만들어졌습니다. 일본회의가 생기기 전날 '일본회의 국회의원간담회'라는 의원연맹(의련)이 먼저 생겼습니다. 이것은 일본의 민간 단체와 정치가 의련이 만들어지는 형태로 볼 때 이례적이었습니다. 일반적으로는 민간 조직이 먼저 생기고 그 후에 그것을 지원하거나 연계하기 위한 의련이 생기는데, 일본회의의 경우에는 일본회의 국회의원간담회라는 의련이 먼저 생기고 그 다음 날 일본회의가 출범했어요.

제가 이해하기로는 일본회의와 일본회의 의련이 만들어짐으로써 우익과 정치가의 관계가 실질적으로 변모했다고 생각합니다. 또한, 일본의 국회의원 의련이라는 것은 그다지 일상활동을 많이 하는 편이 아닌데, 이 일본회의 의련은 매우 활발히 일상활동을 하고 있습니다. 스터디도 하고 일본회의와 공동임원회도 합니다. 일본회의가 내놓은 정책이나 요구를 의련의 멤버들이 국회나 정부에 요구함으로써 정치의 장으로 끌어들여, 그것을 국가의 정책으로 만듭니다. 즉, 우익의 요구가 그들과 연계된 국회의원들에 의해 국가 정책으로 실현되는 것이죠. 거슬러 올라가면 원호법 제정도 그렇습니다. 일본회의가 생긴 이후를 보면 우선 일본국헌법과 동일체의 법으로 만들어진 교육기본법을 개악했습니다. 이것도 일본회의가 계속 운동을 한 결과 실현되었습니다. 국기·국가법은 히노마루·기미가요를 국기·국가로 하는 법률인데 이것이 생김으로써 학교 현장에서 히노마루(日の丸)·기미가요(が代)를 매우 강요하게 되었고, 예를 들어 졸업식에서 일어나지 않거나 국가를 부르지 않으면 처벌받는 경우가 발생하게 되었습니다. 이것도 일본회의가 요구하고 운동하여 실현한 법률입니다.

천황제의 문제점으로 꼽히던 여계·여성 천황제가 고이즈미 내각 때 황실전범 개정을 통해 가능할 뻔했는데 일본회의가 결사반대하여 일본회의 의련이 '열심히' 무산시켜버렸습니다. 부부별성 법안이라는 것도 국회에서 통과될 뻔했는데 그것도 일본회의가 일본회의 의련과 연계하여 무산시켰습니다. 더 중요한 역사 문제, 일본군'위안부' 문제를 부정하는 활동에 전력을 쏟고 있는 것이 바로 일본의회와 의련입니다. 한국인들과도 관계가 깊은 내용으로는 재일 코리안들의 지방참정권 요구 운동이 있습니다. 정주 외국인의 지방참정권을 요구하는 것이죠. 실제로 일본에 살고 있는 재일교포들은 일본에 세금을 내고 있습니다. 그렇다면 적어도 지방참정권을 부여해 달라고 요구하는 것입니다. 이것도 민주당 정권 때 실현될 뻔했으나 그것을 일본회의와 의련이 무산시켰습니다. 지금 일본에서 큰 문제가 되고 있는 도덕 교과서도 일본회의가 요구하고 의련의 멤버가 국회에 제출하여 실현된 것입니다. 이런 식의 일들이 많이 있습니다.

당시 일본회의의 전신인 '일본을 지키는 국민회의'가 중심이 되고 '영령에 보답하는 모임' 등의 우익 조직이 정전 50년 국회 결의에 반대하여 1994년 4월에 '종전 50주년 국민운동위원회'를 만들었습니다. 이것과 연계하기 위해 그해 12월에 국회의원 의련인 '종전50주년국회의원연맹'이 만들어집니다. 이 조직의 회장은 오쿠노 세이스케(奥野誠亮)가, 사무국장은 이타가키 다다시(板垣正)가 맡았는데, 아직 초선 국회의원 1년 차가 겨우 지난 아베 신조가 무려 사무국장 대리로 발탁되었습니다.

그런 식으로 일본회의는 일본 사회 속의 우경화에 다방면으로 역할을 하게 되었고, 그 영향 속에서 지금 일본 사회의 우경화라는 것이 만들어졌다고 생각합니다. 일본의 저널리스트인 야스다 고이치(安田浩一) 씨가 올해(2018년) 7월에 『우익의 전후사』라는 책을 발간했습니다. 야스다 씨는 자신의 책에서 "혐한 발언을 하는 '재특회 등 배외주의 단체' 등에 의해 차별과 편견을 조장하는 일본의 '극우화'가 점점 가속화되고 있다. 아니 끝이 보이지 않는 상태다"라고 지적하고 있습니다. 야스다 씨는 "차별 시위에 동참하는 지방의원이 있다. 응원하는 국회의원이 있다. 차별 발언을 거듭하는 의원이 있다"라고 했고, "2018년 4월, 내각부 정부홍보실이 개설한 '국정모니터' 사이트에 '재외한국인을 몰아내자', '재일 코리안을 강제 퇴거시켜야 한다', '오키나와에 있는 조선인을 내란죄로 다스리자' 등 타민족을 중상 모략하는 '국민의 의견'이 게재된 사실이 있었다"라며 실태를 지적하고 있습니다. 그리고 "가장 심각한 것은 자신의 블로그에 외국인을 '구더기, 바퀴벌레'라고 쓰는 어떤 신사의 신관이 낸 책에 아베 총리가 추천의 말을 써 준 것"이라며, 결론적으로 "우리는 우익의 바닷속에서 살고 있다"라고 말하고 있습니다.

야스다 씨가 말하는 '우익의 바다'의 중심이 되는 것이 바로 일본회의입니다. 따라서 지금의 일본 사회를 알려면, 아베 정권이 이렇게까지 개악을 하면서도 붕괴되지 않는 이유를 이해하려면, 일본회의와 '일본회의 의련'에 대해 알 필요가 있습니다. 그런 의미에서 제가 발간한 『일본회의의 전모-알려지지 않은 거대 조직의 실태』(2016)와 『일본회의의 야망-극우 조직이 노리는 이 나라의 모습』(2008)을 꼭 읽어보시기 바랍니다.

정재정 일본 사회의 변화 속에서 지금까지 활동해 오신 다와라 선생님의 네트워크나 교과서 문제, 한국과의 관계, 중국과의 관계 등을 스스로는 어떻게 평가하십니까?

다와라 저희는 일본이 평화의 국가가 되기를 바랍니다. 일본뿐 아니라 한국과 중국을 포함한 동북아시아가 평화로운 지역이 되길 바랍니다. 언젠가 동북아시아 평화공동체를 확립해야 한다는 생각으로 활동해 오고 있습니다. 그런 점에서는 아직 갈 길이 멀지만, 예를 들어 아까 소개한 한중일 3국의 교류를 2000년대부터 18년간 계속해 오고 있는 가운데 여러 가지 성과가 있었다고 생각합니다. 공동역사부교재를 만들었던 것도 그렇고, '역사 인식과 동아시아의 평화' 포럼을 올해로 17회, 17년간 계속 하고 있는 것도 그렇고, 동아시아 역사체험캠프도 그렇습니다. 이런 활동을 해 왔다는 것은 의미가 있는 일이고, 거기에 제가 중심이 되어 계속 해 왔다는 것을 저는 자랑스럽게 여길 만하다고 생각합니다.

정재정 앞으로의 전망과 주변 사람들, 한국인들에게 기대하는 바가 있다면 한 말씀 부탁 드리겠습니다.

다와라 한국과 일본은 매우 가까워서 매년 천만 명 정도가 오가고 있습니다. 몇 년 전만 해도 400만 명 정도였는데 말이죠. 그만큼 가까운 나라인만큼 더욱 교류하고 우호를 증진시켜야 합니다. 가장 큰 장애물은 역시 일본 정부라고 생각합니다. 일본 정부의 경직된, 특히 '위안부' 문제라든가 역사 문제에 대한 경직된 대응, 미국 일변도의 외교 정책이 장애물이라고 생각합니다. 그런 점에서 한국인들이 지금의 일본 정부, 아베 정권의 실태에 대해 실망할지 모르겠지만 일본 내에도 끈기 있게 우리와 같은 운동을 하는 사람들이 있다는 것을 알아주었으면 합니다.

와다 하루키 和田春樹

    1938년 일본 오사카에서 태어나 1960년 도쿄대학교 서양사학과를 졸업했다. 러시아사 및 남북한 현대사에 대해 연구했으며 1966~1998년까지 도쿄대학교 사회과학연구소 교수로 재직하였고, 현재 도쿄대학교 명예교수로 있다. 1968년 베트남 전쟁에 반대하는 오이즈미 시민의 모임, 1974년 일한연대연락회의 사무국장, 1995년 여성을 위한 아시아 평화국민 기금의 재청인으로 참여하여 2005~2007년까지 이사, 전무이사를 역임하였다. 2002년부터 현재까지 북일국교촉진국민협회 사무국장을 역임하는 등 동북아시아 평화를 위해 많은 활동을 하고 있다. 2010년 제4회 후광 김대중 학술상, 2012년 제8회 DMZ 평화상, 2013년 제2회 파주북어워드 저작상, 2019년 제3회 만해평화대상을 수상했다. 저서로는 『동북아시아 영토문제 어떻게 해결할 것인가』(임경택 역, 2013, 사계절), 『러일전쟁과 대한제국』(이경희 역, 2011, 제이앤씨), 『와다 하루끼의 북한 현대사』(남기정 역, 2014, 창작과비평사), 『일본군 '위안부' 문제의 해결을 위하여』(정재정 역, 2016, 역사공간), 『위안부 합의 이후 한일 관계』(양지영 역, 2017, 제이앤씨), 『러일전쟁 – 기원과 개전』(이웅현 역, 2019, 한길사) 등 다수가 있다.

일본 지식인에게 듣는 **한일 관계와 역사 문제**

일시 2018년 10월 22일(월) 17:00~20:30
장소 서울 동북아역사재단 휴게실
진행 정재정

와다 하루키(좌)와 정재정(우)

정재정   선생님은 일본을 대표하는 행동하는 지식으로 오랜 기간 한국과 관계를 맺으며 다양한 활동을 해 오셨습니다. 어떤 계기로 한국과의 문제에 관심을 갖게 되셨습니까? 또, 선생님이 지금까지 주로 활약하신 분야는 무엇입니까?

사회적, 역사적 문제에 관심을 두게 된 계기

와다   제가 소년기에 사회적 문제, 역사적 문제에 관심을 갖게 된 계기는 다케우치 요시미(竹内好)의 『현대중국론』(1951, 카와데시민문고)을 읽고 나서입니다. 중학교를 졸업하고 고등학교에 들어갈 때였어요. 그 책은 근대 이후 태평양전쟁까지 일본과 중국의 관계에 대해 성찰한 책입니다. 정치적인 입장, 당파적 입장에서 중국과 일본의 관계를 보는 것이 아니라 민족, 국민의 입장에서 일본과 중국의 관계를 살펴보는 것이었습니다. 일본이 중국을 상대로 행한 침략의 역사를 어떻게 생각하는지, 그리고 전쟁과 사회 변혁에 대한 일본과 중국의 견해차를 어떻게 보느냐는 것입니다. 그 책에 감명을 받아 역사, 사회에 대한 기본적인 시각을 갖추게 되었습니다. 그런 생각을 바탕으로 고등학교 동아리 활동을 하거나 헌법 옹호 운동 등에 참여하곤 했습니다. 그리고 고등학교에 입학한 후에는 다케우치 요시미가 좋은 책이라고 추천한 역사가 이시모타 쇼(石母田正)의 『역사와 민족의 발견』을 읽었습니다.

정재정   이시모타 쇼, 전전(戰前)역사연구회에서 활동한 마르크스주의 일본 역사가 말씀이시죠.

와다   그렇습니다. 그 책 속에 '단단한 얼음을 깨는 것'이라는 3·1 운동에 대한 이야기가 담겨 있었는데, 그것을 읽고 일본과 조선의 관계가 큰 문제라는 것을 알 수 있었습니다.

정재정 선생님의 모교는 시즈오카(静岡市)의 시미즈히가시(清水東) 고등학교 지요. 시골에서 그런 지적인 성장이 있었나요(웃음).

와다 전쟁이 끝난 지 10년이 채 안된 시기였기 때문에 선생님들이 모두 진지하셨어요. 일반사회 수업에서 마르크스 경제학을 가르치는 선생님도 있었고, 스즈키 야스조(鈴木安蔵)의 『헌법원론』에 대해 강의하는 선생님도 있었습니다. 자기들끼리 독일어로 마르크스의 자본론을 읽기도 했고요. 그러다가 1학년 가을, 저는 구보타(久保田) 발언에 의한 한일회담 결렬이라는 사태를 보았습니다. 1953년 10월 15일이었습니다. 구보다 발언에 반발하여 한국 대표가 자리를 뜨자 《아사히신문》과 사회당은 한국 대표의 태도가 좋지 않고 작은 언사를 문제 삼아 협상을 중단하는 듯한 태도를 취한다며 이승만 정부의 대표라 할 수 없다는 식의 말을 했습니다. 저는 그게 이상하다고 생각했습니다. 일본 사회의 의견과 저 자신의 생각이 확연히 다르다는 것을 인식하는 순간이었어요. 한일회담의 기초이자 근본은 일본 측이 '옛 것은 흘려 보내고 사죄하는 마음'을 갖는 것이라고 한국 대표가 말하는 것은 당연하며, 그것은 '다년간 일본의 침략에 저항해 온 조선민중의 소리'라고 생각했습니다. 그런 생각은 역시 다케우치와 이시모타의 영향이었습니다.

다케우치의 관점은 공산당과 국민당의 문제가 아닌 일본인과 중국인의 문제이니, 일본인에 대한 중국인의 반성 요구를 직시하라는 것입니다. 이것을 조선에 대입하면 한국의 대표, 이승만 정부의 대표이기 때문에 제대로 귀를 기울이지 않는다는 것이에요. 당시에는 이승만 라인 때문에 이승만의 평판이 나빴습니다. 이승만이 억지를 쓰고 있으며, 대표의 행동 역시 같은 수법이라고 반발했습니다. 일본의 식민지 지배에 대해 한국인들이 사죄를 요구했던 거에요. 그것을 조선인 전체의 소리라고 받아들여야 하는데, 일본 측의 반응은 말이 되지 않는다고 생각했습니다. 그렇게 생각했던 것이 현상에 대해 사고하는 한 인간으로서 사회와 역사에 직면한 순간이었습니다. 그로 인해 역사를 배우게 된 것입니다.

조선어를 공부한다거나 중국어를 공부할 기회가 있었다면 중국사나 조선사를 공부했을지 모르겠지만, 마침 러시아어 학습 잡지가 창간되었는데 매월 사서 읽으면 1년만에 러시아어를 어느 정도 익힐 수 있게 된다고 해서 러시아어를 공부하게 되었고 역사에 관한 관심도 러시아사로 향했습니다. 고3을 마치고 나니 대학에 가서 러시아의 역사를 공부해야 겠다는 생각이 들었습니다. 러시아사 이전에 일본과 중국의 관계, 일본과 조선의 관계라는 문제가 있었고, 저는 거기서부터 시작했습니다.

정재정   남들보다 굉장히 조숙한 편이네요. 고등학교 때 자신의 인생을 생각하다니 멋있습니다.

와다   그 이후 러시아사 하나만 파고들었습니다. 1956년에 대학에 들어가 1960년에 졸업하고 러시아사 연구자로 취업한 것이죠. 러시아사 중에서는 러시아 혁명을 연구했습니다. 1968년에 조교수가 되었을 때 베트남전 반대 시민운동을 시작하게 되었습니다. 1967년은 러시아 혁명 50주년의 해로, 제가 소속해 있는 러시아사 연구회의 공동연구로 러시아 혁명에 관한 책을 내게 되었습니다. 제가 맡은 주제는 2월 혁명이었습니다. 2월 혁명이란 제1차 세계대전 중에 일어난 혁명으로, 전쟁에 반대하고 황제 정치에 반대하는 혁명입니다. 1967년에 논문을 쓰고 있는데, 뭔가 웅웅 소리가 나기에 봤더니, 미군 헬기가 우리 집 위로 베트남에서 부상 당한 병사를 실어 나르고 있었습니다.

정재정 1967년 당시 선생님의 집은 도쿄 부근이었나요?

와다 저는 도쿄 북서부의 변두리에 있는 네리마구(練馬區) 오이즈미가쿠엔쵸(大泉字園町)에 살고 있었습니다. 그 북쪽에 있는 사이타마현(埼玉県) 아사카시(朝霞市)에 1000병상 규모의 미군 병원이 만들어져 그곳으로 부상당한 병사들이 옮겨졌습니다. 저는 책상에 앉아 50년 전 러시아 병사들이 전쟁에 반대하고 공격 명령에 저항하다가 체포되어 군법회의에 회부되어 총살된 것에 대해 쓰고 있는데, 머리 위로 지금 베트남 전쟁에 나가서 상처 입은 미군을 실어 나르는 헬리콥터가 날아간 것이죠. 그런 상태로 1년 정도 더 시간을 보내고 이대로는 안 되겠다 싶어, 현실의 전쟁에 반대하며 전장으로 돌아가지 말라고 촉구하는 운동을 시작했습니다. 러시아 혁명의 지식을 통해 병사들이 전쟁에 반대한다는 것에 대한 중대한 의미를 알고 있었기 때문에 베트남전 반대 시민운동에서 반전적인 미국 병사와 함께 운동하는 방향으로 나아갔습니다. 그러다가 1973년의 김대중 피랍사건으로 새로운 충격을 받았습니다. 구보타 발언 이후 한참 만에 한국에 관심을 보이게 된 것은 아닙니다. 1965년 한일기본조약에 반대하는 운동에 참여했었으니, 어찌 보면 다시 돌아온 것이었죠.

정재정 1965년 한일기본조약 때에도 활약하셨습니까?

1965년 한일기본조약과 역사학연구회

와다 그렇습니다. 저는 당시 역사학연구회의 위원을 맡고 있었습니다. 1965년에 한일기본조약 문제가 발생하여 역사학연구회에서 관여하게 되었습니다. 당시는 카지무라 히데키(梶村秀樹) 씨도 같은 위원이었는데, 그의 도움을 받아 한일조약 문제의 담당위원이 되어 운동을 일으켰습니다. 한일기본조약에 반대하는 역사가들의 모임을 갖고 제가 원안을 쓴 성명을 채택해 발표했습니다. 그 성명의 특징은, 한일기본조약을 추진하는 일본 정부가 일본 제국주의의 조선 지배를 긍정하고 있으므로 이 조약도 제국주의적 성격을 띠고 있다고 주장하는 데 있었습니다.

정재정 한일기본조약 반대 운동을 하신 것은 당시에는 드문 일이었겠네요. 그 당시 그런 관점을 가진 사람들이 별로 없지 않았습니까?

와다 그것은 당시 일본의 반대 운동 중에서도 분명 소수자의 의견이었습니다. 또 그 때 좌익적인 사람들은 모두 한국에 괄호를 붙였습니다. 대한민국을 인정하지 않는다는 북한의 입장에 입각한 것이었습니다. 저는 한국에 괄호를 붙이면 안 된다는 입장에서 성명도 냈어요. 그리고 위원회는 제 의견을 받아들여 주었습니다.

그 후 1968년에 베트남전 반대 운동을 하게 되어 한국 문제에 관해서는 관심을 갖지 않게 되었습니다. 한국군이 5만 명이나 베트남전에 참전했는데 그 점은 보이지 않았어요. 그러다가 김대중 납치 사건이 일어난 후, 한일기본조약 이후의 한일 관계의 흐름에 대해 충격을 받게 된 것이죠. 그렇게 베트남전 반대 운동은 1973년에 일단락되었고, 한일 관계에 관여해 보기로 했습니다. 1974년에는 '한일

연대연락회의'라는 운동 단체가 생겨나는데, 그곳의 사무국장이 되었습니다. 이 단체의 정식 명칭은 '일본의 대한 정책을 바로잡고 한국민주화운동에 연대하는 일본연락회의'였습니다.

정재정 선생님의 경우는 러시아사 연구를 하면서 한일기본조약 반대, 베트남전 반대, 김대중 납치사건 반대 등 많은 운동을 하셨는데요. 선생님의 연구활동에 대해 이야기해 주십시오.

와다 많은 운동을 하는 중에 연구도 했습니다. 제 첫 책은 서른두 살 때 아내와 함께 쓴 『피의 일요일』(1970, 중앙공론사 신서)입니다. '피의 일요일'이란 러일전쟁이 한창이던 1905년 1월 22일(러시아력 9일) 러시아 정교회 사제 가폰 신부의 주도로 이루어진 청원 행진입니다. 이들은 '프라우다(진실과 정의의 세상)의 실현을 요구한다'는 슬로건을 내걸고, 노동자의 법적 보호, 러일전쟁의 중지, 헌법의 제정, 기본 인권의 확립 등을 요구하는 청원서를 들고 황제가 있는 겨울궁전으로 평화행진을 했습니다. 그런데 군대가 비무장 시위대에 발포를 하여 수많은 사람들이 희생되었습니다. 이 사건으로 인해 러시아 제1차 혁명이 시작되었습니다. 우리가 매달 미군 기지 주변에서 시민 시위를 하고 있다는 것을 생각하며 쓴 책이었어요.

그 다음에는 1973년에 『니콜라이 러셀-국경을 넘는 나로드니키』(중앙공론사)를 썼어요. 그 책을 제 첫 번째 책이라고 하는 것이 옳을지도 모릅니다. 『피의 일요일』은 작은 책이고, 게다가 아내와 공저이니까요. 『니콜라이』는 상하 2권, 2000장짜리 대작이었습니다. 당시 저는 35살이었어요. 무명의 러시아 혁명가로 젊은 나이에 망명해 평생 조국으로 돌아가지 않았던 니콜라이 러셀이라는 사람에 대한 전기입니다. 제가 그에 대해 알아보게 된 것은 러일전쟁 때의 포로 문제와 관련이 있습니다. 니콜라이 러셀은 베트남 전쟁 때 일본에 있는 미군에게 반전을 선전하기 위해 미국에서 공작원이 왔었는데, 그 사람의 도움을 받아 같이 운동을 했었기 때문입니다. 그때의 경험으로부터 러일전쟁 때 미국에서 온 공작원에 주목한 것입니다. 그렇게 해서 저의 운동과 연구의 테마가 서로 섞이게 되었습니다.

정재정 어떤 의미에서는 닮은 부분이 많았으니까요. 연구자로서 보람이 있으셨겠습니다.

1974년부터 한일연대운동

와다 러시아혁명에 관한 연구도 운동 쪽에서부터 문제를 제기하여 연구를 진행하는 형태가 되었습니다. 1974년부터는 한일연대운동을 계속했고 그와 관련하여 조선사를 연구했습니다. 《전망》 1976년 9월호에 쓴 논문 '비폭력 혁명과 억압민족'은 한일연대회의 3·1운동 세미나에서 보고한 내용이었습니다. 한일연대운동은 1978년 10월까지 이어졌는데, 그 조직을 지식인 위원회로 바꾸었습니다. 왜냐하면 러시아에 장기 연구를 갈 수 있는 기회가 주어졌기 때문에 그렇게 할 수밖에 없었기 때문입니다. 그리고 1979년 10월에 돌아와 운동을 재개하기로 했습니다. 제가 소련에서 돌아온 지 나흘 후에 박정희 대통령이 사망했는데, 이제 어떻게 운동을 재건할까 생각하던 중 1980년 5월 전두환 쿠데타, 김대중 체포, 5·18민주화운동이라는 큰 사건들이 일어나면서 '김대중을 죽이지 말라'는 운동에 뛰어들게 되었습니다.

정재정 1973년 김대중 납치 사건 이후 한일연대운동을 할 때 일본 측의 주요 인사는 누구였나요?

와다 일본 조직의 대표는 아오치 신(靑地晨) 씨였습니다. 전쟁 이전의 저 널리스트로 언론 탄압 사건인 요코하마 사건으로 체포되었던 사람입니다. 그는 대표를 맡는 조건으로 제가 사무국장이 될 것을 요구했습니다. 그래서 둘이서 하게 되었습니다. 발족 당시의 위원은 '베트남에 평화를! 시민연합'의 고나카 요타로(小中陽太) 씨, '오이즈미 시민의 모임'의 시미즈 토모히사(淸水智久) 씨 등이었습니다. '베트남에 평화를! 시민연합'에서 많은 젊은이들이 참여해 주었습니다. 고문격으로 응원해 준 사람은 쓰루미 슌스케(鶴見俊輔) 씨, 미야타 마리에(宮田毬榮) 씨, 히다카 로쿠로(日高六郎) 씨 등입니다.《세계》지의 편집장이었고 나중에 이와나미서점의 사장이 되는 야스에 료스케(安江良介) 씨는 1980년부터 관계가 깊어지면서 많은 도움을 주셨습니다. 1980년에는《세계》지에 매월 글을 싣는 상태였습니다.

정재정 그때 한국 측의 주요 상대는 누구였습니까?

와다 한국의 상대는 없었습니다. 아오치 씨는 한국에 가서 김대중 씨를 만난 적이 있었습니다. 저는 운동을 시작할 때부터 한국에 가는 것은 포기했었습니다. 원래 한국과는 거의 교제가 없었으니까요. 그래서 한국의 뉴스를 듣고 책을 읽으면서 "훌륭한 분이 있나 보구나" 하고 생각했을 뿐입니다. 백낙청 씨는 저와 같은 해 같은 달에 태어난 분이었는데 "나와는 다르게 훌륭한 분이구나"라고 생각하면서 운동을 하고 있었습니다. 그리고 당시 저는 한국 지식인의 논문도 번역하게 되었습니다.《창작과 비평》지의 복각판을 사서 그 중에서 좋은 논문을 골라 번역판을 내기도 했습니다. 백낙청 씨의 창간호 권두 논문도 제가 번역했습니다. 그리고《월간대화》논문선도 냈습니다.

정재정 여기서 어려운 이야기를 하나 하겠습니다. 저는 1979년에 유학을 했는데 그 때의 지도 교관이 다나카 마사토시(田中正俊) 씨였습니다. 그분이 우연히 도쿄대 혼고 캠퍼스에서 와다 선생님이 종합도서관으로 걸어가시는 것을 보고 저에게 "저분이 와다 하루키 선생님이야. 저분이랑 친해지면 어려워질 거야"라고 말했어요. 왜냐하면 한때 와다 씨는 반한운동을 하고 있는 분으로서 알려져 있었기 때문에 와다 선생님과 친해진 뒤 한국에 돌아가면 큰일 날지도 모르니 주의하라는 이야기였습니다. 그 점에 대해서는 어떻게 생각하세요?

와다는 반한분자라는 평판

와다 그것은 당연하다고 생각합니다. 내가 '김대중을 죽이지 말라' 운동을 할 때 외국인 기자 클럽에 불려가서 이야기를 나누었습니다. 저는 "대한민국 국민에게 깊은 경의를 갖고 있고, 그 위대한 미래를 믿고 있다"고 전제한 뒤, 김대중 씨를 죽이려 하는 이 재판을 "대한민국을 위해 유감스럽게 생각한다"고 말했습니다. 그것을 가지고 한 조선일보 기자가 "와다의 이야기를 듣는 것은 총련 관계자들뿐이었다"고 기사를 썼습니다. 이미 와다는 반한분자라는 평판을 갖고 있었던 것입니다. 유학생들도 내 지도를 받으면 위험하다고 생각하여 지도는 다른 교수에게 받고 세미나는 내 세미나에 나오는 식이었습니다. 처음에는 쭉 그랬어요.

1980년대에 들어서면서 한국에서 새로운 사람이 오게 되었습니다. 김대중 재판의 피고인이 되어 유죄판결을 받은 조성우 씨가 처음부터 저의 연구생이 되고 싶다고 말해 왔습니다. 그리고 서동만 씨가 왔습니다. 그때부터 달라지게 되었어요. 그 전에는 학생 운동을 하다가 도망친 것 같은 사람들도 모두 저와의 관계를 조심했습니다. 그래서 한국에 간 적도 없고, 한국인과 교제도 없었습니다. 1970년에는 그런 상태였어요. 한국에 갈 수 없는 상태는 1980년대에도 계속되었습니다.

《세계》지 연재되었던 TK생의 『한국으로부터의 통신』

정재정 제가 1979년 일본에 갔을 때 이와나미서점에서 나온 『한국으로부터의 통신』이라고 하는 신서를 처음 보았습니다. TK생 이야기죠. 그것을 열심히 읽고 TK생이 쓴 《세계》지의 글을 매월 읽은 것 같습니다. 그래서 한국의 민주화 운동에 저도 공감했지만, 그때 솔직한 감정으로는 절반 정도는 지나치게 과장된 이야기도 있는 것 같았습니다. 너무 기가 막히는 내용도 있었어요. 그 후 김일성의 전집을 보니 그 중에는 《세계》지의 야스에 씨와 김일성의 대담 기사가 몇 개나 있었습니다. 직접 평양에서 나눈 대담이죠. 그것을 보고 참 힘들었겠다고 생각했는데, 선생님의 생각은 어떠십니까?

와다 물론 운동하는 동안 《세계》에 연재되었던 TK생의 글은 문장도 능숙하고 거기에 그려진 정경도 모두 감동적인 것이었기 때문에 말씀하시는 대로 큰 영향을 받았습니다. 그 중에 어느 정도 과장이 섞여 있는지 저는 전혀 알 수 없습니다. 어쨌든 매달 그것을 읽었어요. 물론 저도 한국의 정보를 직접 접할 기회가 있었습니다. 쓰루미 슌스케 씨와 미야타 마리에 씨가 중심이 된 '김지하를 돕는 모임'을 도왔는데, 거기 들어오는 자료를 보게 되었습니다. 그리고 천주교 정의와 평화협의회 송영순 씨의 부탁을 받고 그곳으로 들어오는 자료의 번역문을 고치기도 했기 때문에 그쪽 관련 자료도 보았습니다. 그런 자료들을 보면서 TK생이 쓴 것과는 조금 차이가 있다고 생각하기도 했습니다.

5·18민주화운동에 대한 원래 자료에 과장이 있다고 느낀 적이 있었지만 당시 우리로서는 그런 사정을 받아들이고 한국에서 들어온 정보에 따라 운동했던 것입니다. TK생은 누구인가 하는 추측은 있었습니다. 누군가의 추측대로 지명관 선생님이었어요. 우리들은 때때로 그분과 만나서 이야기를 듣곤 했습니다. 우리는 어디 가서 이야기를 할 때 TK생에 대한 이야기를 꺼내지 않기로 했어요. 우리가 지명관 선생님과 만나는 것 자체가 그분을 위험에 빠뜨릴 수 있기 때문에 몰래 만났습니다.

또 이런 일도 있었습니다. TK생의 글에는 반한국적인 정신이 있다고 한국의 어떤 목사가 쓴 적이 있었는데, 그것을 보고 우리 운동의 동료였던 한국 기독교계의 사람들이 화를 냈어요. 그 목사는 미국에 가서 북한에 관한 자료를 보고 와서 자기 연구에 사용하는 사람으로 저와는 지인 관계였는데, 어느 날 그 사람이 책을 낸다며 저의 추천사를 부탁해 왔습니다. 그래서 추천사를 써 주었는데, 이번에는 일본의 기독교계 사람들이 그 사람의 책에 추천사를 써 줘서는 안 된다고 말했어요. 저는 별개의 문제로 생각하고 싶었지만 동료들이 하는 말이었기 때문에 추천사는 철회하기로 했습니다. 그런 일도 있었지만, 전체적으로 보면 지명관 씨의 TK생 한국통신은 훌륭한 일이었다고 생각합니다. 한국 민주화 운동에 대한 지지를 얻는 데 큰 도움이 되었기 때문입니다.

정재정 선생님이 처음 한국에 오신 것은 언제입니까?

와다 1990년입니다. 1980년대 들어 전두환의 쿠데타 정치가 완화 국면에 접어들자 한국에 많은 단체들이 생겨나면서 '무크'가 많이 만들어졌습니다. 카지무라 히데키(梶村秀樹) 씨가 한국의 새로운 움직임에 대해 소개하는 무크를 일본에서도 내자고 제안하여 처음으로 카지무라 씨와 함께 활동하게 되었습니다. 무크는 총 세 권을 냈어요. 정세 분석은 모두 제가 썼습니다. 그러다 1987년이 되었습니다. 1987년의 민주 혁명으로 큰 승리를 거두었기 때문에 제 운동도 끝이 났어요. 1990년에 《동아일보》와 《아사히신문》의 공동개최로, 서울에서 '21세기의 한일 관계'라는 심포지엄을 열게 되어, 제가 정치 분야의 일본 측 발표자로 선정되었습니다. 저는 크게는 동북아 인류 공생의 집을 목표로 한국이 주도권을 잡아야 한다는 발표를 준비했는데 비자가 없는 것이 문제였습니다. 그래서 힘든 협상이 있었던 것 같아요. 《동아일보》 도쿄 특파원이었던 이낙연 씨가 나중에 저에게 비자를 얻는 데 많이 힘들었다고 말했습니다. 그렇게 해서 처음 한국에 오게 되어 가장 만나보고 싶은 사람들을 만났습니다. 호텔에서 리영희 씨, 백낙청 씨, 김지하 씨, 고은 씨 등 4명을 만났습니다. 그분들이 서울을 안내해 주셔서 너무 좋았습니다.

정재정　북한 연구는 언제부터 하셨는지요?

브루스 커밍스와 북한 연구

와다　1980년대 초에 접어들면서, 전두환 씨가 한국은 태평양의 방파제이니 50억 달러를 원조해 달라고 했고, 나카소네 야스히로(中曽根康弘) 총리가 거기에 응하겠다는 자세를 보이게 되었습니다. 그렇게 되면 그때까지 우리는 한국만을 생각하고 운동을 해 왔지만, 한반도에는 2개의 나라가 있다는 것, 즉 북한을 생각하지 않으면, 한국을 어떻게 대하면 좋을지 모르겠다는 생각이 들었습니다. 1970년대에는 한국을 전혀 몰랐었고, 1980년대가 되면 북한을 다 알 것 같았는데 결국 아는 것이 없었습니다. 그래서 저는 러시아 연구자였기 때문에 소련의 점령부터 시작하며 북한의 역사를 연구하는 것이 내가 할 일이라고 생각했습니다.

1980년대 초에 어떤 계기를 통해 한 연구소의 매거진에 「소련의 대북정책-1945년 8월부터 1946년 2월까지」라는 논문을 실었습니다. 소련에서 나온 점령 관계자들의 증언, 회상, 자료집을 사용하여 논문을 썼습니다. 그리고 한국어 자료, 미국 자료, 일본 자료도 사용했습니다. 그 논문은 곧 한국에서도 번역되었습니다. 그것을 읽은 한국의 젊은 연구자들이, 북한을 연구하려면 소련의 자료를 연구해야 한다고 생각하게 되었습니다. 제 빈약한 논문이 그런 공헌을 한 것에 대해 기쁘게 생각합니다. 한국이 민주화된 후, 한국인들은 소련으로 건너가서 미공개 문서를 읽으며 눈부신 연구를 합니다. 그렇게 해서 북한 연구가 시작되었는데요, 제가 논문을 낸 직후 미국인 브루스 커밍스(Bruce Cumings)가 미군 문서를 이용하여 해방 후 한국의 정치 상황을 밝혀낸 방대한 책을 냅니다. 그것이 『한국전쟁의 기원』입니다.

그 책은 미국의 자료, 미군 자료와 함께 미군이 한국전쟁 당시 북한에서 수집한 자료를 사용했습니다. 커밍스가 사용했기 때문에 그런 자료가 있다는 것을 처음 알았어요. 그러자 그런 자료가 있는데도 그것을 보지 않고 논문을 쓴 것에 대해 학자로서 부끄럽다는 생각이 들었습니다. 저도 미국에 가서 그 자료를 봐야겠다고 생각했습니다. 처음에는 그 자료를 볼 수 있으면 논문을 다시 써야겠다는 심정이었는데, 1983년 미국에 있는 커밍스에게 가서 그런 이야기를 했더니 "좋은 연구다, 연구비를 낼 테니 내 대학에 와서 연구하지 않겠나"라고 하더군요.

그래서 이듬해 미국 워싱턴 대학교에서 북한사를 본격적으로 연구하게 되었습니다. 방대한 북한 자료를 이용하여 소련 점령하의 북한을 연구한 것인데, 그 과정에서 역시 김일성의 만주 빨치산 활동에 대해 확실한 인식을 가져야 하며, 북한에서 쓰여진 것들의 어디까지가 진실인지, 어디에서부터가 신화인지를 확인해야 한다는 생각이 강해졌습니다. 당시에는 김일성 가짜설이 있었으니까요. 그래서 저는 1980년대 중반에 김일성의 만주시절 무장투쟁을 연구하게 됐죠.

정재정   북한에도 몇 번 가셨죠?

와다   1985년에 《사상》지에 '김일성과 만주항일무장투쟁'이라는 논문을 썼더니, 바로 한국어로 번역되었습니다. 이 연구는 중국의 조선족 역사가들이 새로운 상황에서 진지하게 연구한 성과를 바탕으로 하고 있습니다. 1980년대 후반에 젊은 연구원들을 만나 중국에서 열린 세계조선학대회에 참가하였고, 연변 조선족자치주를 방문하였습니다. 그곳에서 여러 조선족 학자를 만났습니다. 그 연구자들이 제 논문을 보고 도와줬어요. 본인들이 발굴한 자료를 제공해 주면서 자신들은 쓸 수 없으니 써 달라고 했어요. 거기서 새로운 경지가 눈앞에 펼쳐지게 되어 《사상》에 발표한 논문을 수정하여 책으로 만들었습니다.

그것을 이와나미서점에서 내줄 수 없겠냐고 했는데 야스에 씨가 거절했습니다. 만주에 있는 김일성의 사적은 북한 국가의 신화가 많으므로 그 신화를 비판적으로 검증하는 책들의 출간을 북한에서는 싫어할 수 있다는 것이었습니다. 일본과 북한의 관계 개선을 원하는 야스에 씨의 입장에서는 북한을 화나게 하고 싶지 않았을 겁니다.

그래서 도쿄대학 출판회로 들고 갔습니다. 거기서는 출판할 수 있다고 했지만 책 제목에서 김일성이라는 이름을 빼달라고 하더군요. 그래서 결국 헤이본샤(平凡社)에서 출판하게 되었습니다.

정재정 거기서는 김일성의 이름을 넣어서 출판하신 건가요? 일본에도 그런 자율 규제가 있었군요. 그 원고를 가지고 북한에 가신 건가요?

와다 원고를 가져간 곳은 옌지(延吉)이었습니다. 거기서 여러 가지 이야기를 듣고 돌아왔어요. 책은 1992년에 나왔습니다. 그보다 훨씬 전에 황장엽 씨가 일본에 와서 유엔대학교 요코하마 심포지엄에 나온 적이 있었습니다. 사카모토 요시카즈(坂本義和) 선생님이 초빙한 것입니다. 그래서 제가 황장엽 씨와의 토론을 의뢰받았습니다. 대한항공기 폭파사건 직후라 황장엽 씨는 일본에 왔는데도 호텔에서 한 발짝도 나갈 수 없는 상태였어요.

정재정 소련이 아니라 북한에 의한 폭파사건이었다면 1987년이네요.

와다 그래서 저는 당연히 그때 황장엽 씨에게 《사상》에 실린 「김일성의 만주항일투쟁」 논문을 전해드렸습니다. 그러자 황씨가 북한에 돌아가서 편지를 보내왔어요. "당신의 논문을 읽고 감복했다. 가까운 시일 내에 방문해 주었으면 한다"라는 내용이었습니다. 그런 말을 들으니 곤란하더군요. 저는 한국에도 전혀 가보지 못했으니까요. 한국에 가기 전에 북한에 먼저 가는 것은 한국 사람들과의 인의에 어긋나요. 그래서 "한국에 동료가 있다. 존경하는 사람들이 있어서 계속 운동을 해 왔다. 아직 그 사람들을 만나러 가 본 적도 없는데 북으로 먼저 갈 수는 없다"고 답장을 썼더니 이해해 주었습니다. 그러다가 문익환 씨가 북한에 갔잖아요? 그 후에 또 편지가 와서 "문익환 씨가 우리나라를 방문했으니까 당신도 구애받지 말고 우리나라에 오면 어떠냐"고 하는 거에요. 하지만 문익환 씨와 저는 다르니까 갈 수 없다고 하는 사이에 1990년에 《동아일보》와 《아사히신문》이 주최하는 심포지엄이 서울에서 열리게 되어 서울에 갈 수 있게 되었습니다. 그래서 이번에는 제가 먼저 북한에 가겠다고 제의하고 1991년에 처음 북한으로 갔던 것입니다.

정재정 1990년대 역사 문제에서 중요한 것이 일본군 '위안부' 문제와 '무라야마 담화'잖아요? 그 사이에 '고노 담화'가 있고요. 그 일에 당시 선생님도 관여하셨나요?

일본군 '위안부' 문제와 고노 담화, 무라야마 담화

와다 1980년대에 들어서 교과서 문제가 발생했습니다. 당시 한국 민주화 운동을 하면서 우리는 한국인의 마음을 깊이 알게 되었습니다. 한일기본조약에 대한 비판도 다시 한번 잘 알게 되었습니다. 일본의 식민지 지배를 반성하지 않으면 한국인과 사귀지 못할 것이라는 마음을 읽을 수 있었습니다. 한편으로는 북한에 대해서도 생각하기 시작했고 그 부분에서도 조선 식민지 지배의 반성이라는 것이 중요하다고 생각하기 시작했을 때, 전두환 대통령이 방일하게 되었습니다. 전두환 대통령 방일에는 반대한다는 의견도 있었어요. 전두환 대통령이 오면 궁중 만찬이 열리는데, 거기서 천황은 어떻게 인사를 할지 궁금했습니다. 일본 정부의 태도는 한일기본조약 체결 때부터 변한 게 없기 때문에 같은 일이 반복되는 상황이었습니다. 민주화운동 10년을 경험한 한국인들에게 같은 일을 반복하면 안 되는데, 그러자면 조선 식민 지배를 반성하고 사죄한다는 국회 결의를 해야만 했습니다. "국회 결의를 하고 그 국회 결의에 근거하여 천황이 궁중 만찬회에서 말해야 한다. 그래야 새로운 한일 관계가 열린다"는 토론을 벌였어요. 그렇게 되면 "그 사실을 북한에 알려 북한과 새로운 관계를 만들 수 있다"는 것이 1983년, 1984년경에 생각한 구상입니다.

정재정 그렇군요. 1982년에 교과서 문제가 있었고, 전 대통령의 방일이 1984년입니다. 1983년에는 나카소네 씨가 한국에 왔었고요.

일본군 '위안부' 문제와 아시아여성기금

와다 아까 말씀드린 생각을 담은 문서를 만들어 성명을 냈습니다. 기독교계 인사들과 한일연대운동을 하고 있는 시민운동가와 지식인들의 성명이었습니다. 그 성명을 국회 정당에 보냈더니, 사회당은 찬성한다고 해 왔지만, 사회당의 위원장인 이시바시 마사시(石橋政嗣) 씨는 "이런 결의를 국회에서 하는 것은 꿈같은 이야기입니다"라고 말했습니다. 그러다가 1988년이 되어 한반도에 2개의 국가가 건국된 지 40년이 되는 기념으로 사민당의 도이 다카코(土井多賀子) 위원장이 성명을 내게 되었는데, 이를 기초한 야스에 씨가 제게 "당신들이 제안했던 제안인 국회 결의를 넣었다"고 했습니다. 도이 위원장의 성명은 조선 식민지 지배에 대해 반성하는 국회 결의를 내놓아야 한다는 두 정당의 첫 성명이 되었습니다. 그러고 나서도 여러 가지 일이 있습니다.

1989년에 쇼와 천황이 사망했습니다. 우리는 끝내 조선 식민지 지배를 사죄하지 않은 채 천황이 죽었으니, 이 시점에서 조선 식민지 지배를 반성하는 국회 결의가 필요하다는 성명을 냈습니다. 1991년에는 태평양전쟁 개전 50년의 국회 결의에 대한 이야기가 나왔지만 무산되었어요. 그렇다면 1995년의 종전 50년 국회 결의 모든 내용을 싣자는 이야기가 나와, 거기에 조선 식민지 지배에 대한 반성과 침략전쟁 반대 국회 결의를 해야 한다는 식으로 논의를 해 갔습니다. 그 이전인 1989년에는 '조선 식민지 지배를 반성하는 국회 결의를 촉구하는 국민운동'이라는 것이 조직되었습니다. 이름은 국민운동이지만 작은 운동에 지나지 않았어요. 거기서 5만 명 정도의 서명을 모았습니다.

그러다가 1995년 전후 50년 국회 결의의 일정이 나왔을 때, 우리의 안이 담긴 글을 사회당으로 가져가 사회당 제1안으로 자민당과 논의했습니다. 그것은 바로 거부되었지만 식민지 지배와 전쟁에 대한 반성은 분명히 들어갔고, 일본군 '위안부' 존재도 언급한 결의안이 만들어졌습니다. 하지만 실제로 채택된 것은 매우 빈약한 결의였습니다. 그때 무슨 일이 있었느냐 하면, 자민당 내에 전쟁 사과에 대한 국회 결의에 반대하는 오쿠노 세이스케(奧野誠亮) 회장의 의련이 결성되어 당 의원의 3분의 2를 입회시켰습니다. 그곳의 사무국장 대리가 아베 신조라는 젊은 의원이었습니다. 사회당과 자민당은 연정을 조직하고 국회 결의를 한다는 쪽으로 합의했는데 자민당이 그런 상태이니 참 큰일이 났다고 생각했습니다.

의련 간부들은 결의문 채택 본회의에는 참석하지 않았지만 결국 그들의 존재 때문에 빈약한 결의가 된 것이죠. 하지만 우리는 몰랐지만 이렇게는 안 된다며 이가라시 고조(五十嵐廣三) 관방장관과 그 주변 사람들이 움직여 무라야마 담화를 하기에 이르렀습니다. 이와 같은 과정을 거치는 가운데, 1990년부터 일본군 '위안부' 문제가 발생했습니다. 우리가 국회 결의에 몰두하고 있을 때, 저쪽에서는 일본군'위안부' 문제를 놓고 정부에 대해 맹렬한 공세를 폈습니다. 물론 일본군'위안부' 문제도 중요하다고 생각했지만 저는 직접적으로 관여하고 있지 않았습니다.

그런데 일본군'위안부' 문제 쪽도 이야기가 진척되어 정부는 결국 아시아여성기금을 만드는 쪽으로 가게 되었습니다. 저도 그 준비로 여당 3당의 태스크포스에 불려가서 의견을 정리하게 되었습니다. 저는 새 기금을 만드는 것은 좋지만 거기에는 정부의 돈과 국민의 돈을 모두 넣어야 한다는 의견을 밝혔고, 그렇게 해서 기금이 생기게 되었는데 위로금(속죄금)에는 정부 돈은 넣지 않고 국민들로부터의 모금으로만 충당하게 되었고, 저는 제청인으로 참여해 달라는 부탁을 받았습니다. 그때 저는 국회 결의의 전말에 대해 생각했습니다. 전쟁 사과에 대한 국회 결의에는 자민당 의원의 3분의 2가 결의 반대 의련에 소속되어 있어 그 힘을 잃게 되었습니다. 사회당인 총리가 뭔가를 하려고 해도 후퇴하게 되었습니다. 그렇게 되면 일본군'위안부' 문제에 대해 아무것도 할 수 없게 될 것이니, 그렇다면 이 기금으로는 충분하지 않겠지만, 일단 시작하고 되돌리지 못하도록 한 다음, 더욱 발전시키는 방법을 찾아봐야겠다는 생각에 저도 참여하기로 했습니다.

저는 참여하는 조건으로 두 가지를 요구했습니다. 하나는 아시아여성기금 출범 시에 신문의 전면 광고를 내달라는 것이었습니다. 신문에 광고를 내고 방침을 발표하고 되돌릴 수 없게 만들어 정부가 도망치지 못하도록 하겠다는 것이 제 생각이었습니다. 그랬더니, 부탁하러 온 외정 심의 실장 타니노 씨가 그것은 가능하다고 했습니다. 타니노 씨는 전 아시아 국장으로, 무라야마 담화에도 관여했던 사람입니다. 그런 사람이 저에게 와서 부탁을 했기 때문에 제가 조건을 걸었던 것입니다. 또 하나의 조건은 여성 외무성의 관료를 기금의 사무국장으로 삼아달라는 것이었습니다. 그 사람이 눈물을 흘리기도 하고 화도 내면서 전력으로 노력함으로써 국가의 자세를 보여주었으면 한다는 것이었는데, 그것은 불가능하다는 대답을 들었습니다.

정재정 여성이 없었습니까?

와다 있었습니다만, 외무성의 관료들은 그때 아무도 참여하지 않았었습니다. 이것이 민간 단체라는 것이지요. 그렇다면 어쩔 수 없지만, 신문 광고만큼은 꼭 해야 한다고 관철시켰습니다. 기금이 만들어지고 8월 15일에 전국의 6개 신문에 전면 광고가 실렸습니다. 처음에는 반 쪽짜리 광고로 하면 어떻겠냐는 이야기가 있었지만, 우리들은 전면 광고로 하지 않으면 안 된다고 했고, 거기에 총리대신의 사진과 싸인도 넣었습니다. 이 사업은 정부의 방침이며 이 사업을 통해 정부가 책임지고 피해자가 나서는 한 사죄문과 위로금(속죄금)을 계속 내겠다고 서약을 받은 것입니다.

정재정 그 내용은 어떤 것이었습니까?

와다 내용은 총리의 인사와 아시아여성기금의 제청인 전원이 서명한 모금 요청에 관한 것이었습니다. 저의 전략은 피해자가 계속 나타나면 모금된 돈이 모자랄 테니 그때쯤엔 정부가 돈을 넣도록 하자는 것이었습니다. 그렇게 해서 아시아여성기금에 깊이 관여하게 되었습니다. 1995~2007년까지 했습니다.

정재정 아시아여성기금 이야기를 좀 더 하자면, 그 후 전무이사가 되셨는데요.

와다   처음에는 제청인이었습니다. 기금 정관에는 제청인에 대해서는 아무런 규정도 없어요. 이사회가 있고, 그 아래에 운영심의회가 있는데, 이 둘은 정관으로 정해져 있는 조직입니다. 제청인은 안에 대해 제청하는 존재에 지나지 않아요. 하지만 제청인 중에 오오누마 야스아키(大沼保昭)라고 하는 중심 인물이 있었습니다. 오오누마 씨와 제가 의견을 좀 많이 말하는 편이었어요. 그러면 결국 의견을 열심히 말하는 사람을 존중하게 되는데, 그것은 시민 운동의 원리입니다. 그래서 제청인의 글을 처음에는 오오누마 씨가 썼습니다. 그리고 나중의 글은 거의 다 제가 썼습니다. 팜플렛도 그렇고 보고서도 그렇구요. 그리고 총리의 사과 편지 초안도 제가 썼어요. 저는 아무것도 아닌 존재입니다. 어떤 직책도 없는 제가 글을 썼던 것이에요.

정재정   지금 외무성 홈페이지에 실려 있는 총리의 편지도 선생님이 쓰셨습니까?

와다   아니오. 제가 쓴 안은 채택되지 않았어요. 총리대신의 편지는 외정심의실에서 쓴 것입니다. 그런데 그 편지가 너무 간단해서 불만을 살 수도 있다는 이유로, 기금 이사장의 편지는 제가 쓰게 되었습니다. 제가 쓴 총리대신의 편지 내용을 조금 고쳐서 이사장님의 편지로 한 것입니다. 그러다가 1996년부터 현재 근무하고 있는 도쿄대학 연구소의 소장이 되었기 때문에, 낮에는 소장직을 하고 밤에는 아시아여성기금에서 활동하는 생활을 하게 되었습니다. 어려운 일이었지만 기금이 난항을 겪고 있었기 때문에 어쩔 수가 없었습니다. 상당히 열심히 했어요. 그래서 제 머리털이 빠졌나봐요. 힘들었죠. 처음에는 제청인, 그 다음에는 운영 심의회 위원이 되었고 운영 심의회 위원장도 했습니다. 그때 한국은 이미 김대중 대통령의 시대가 되어 있었습니다. 김대중 대통령에게 이사장이 편지를 쓴다고 하기에 제가 초안을 썼습니다.

그러다가 하라 분베이(原文兵衛) 이사장이 돌아가신 후 다음 이사장을 결정하지 못하고 있었습니다. 그래서 오랫동안 논의를 했는데, 외부 인물에게 부탁하는 건 어렵다는 것이었어요. 고토다씨 등 여러 사람에게 부탁해보았는데 잘 되지 않았습니다. 그러면 내부에서 뽑자는 이야기가 나왔는데, 그게 저였어요. 저는 벌써 도쿄대학교를 정년 퇴임했기 때문에 오오누마 씨가 저를 추천했습니다. 제가 되면 큰일이었어요. 저는 정부 내의 평판이 나쁜 사람이기 때문에 저를 이사장으로 세우면 기금이 어려워질 거라고 생각했습니다. 그래서 그 전부터 후보로 꼽히던 되었던 무라야마 도미이치(村山富市) 씨에게 다시 부탁하기로 하고 저도 열심히 무라야마 씨를 설득했습니다.

무라야마 씨는 사회당 위원장이었기 때문에 사회당 여성 지지자들로부터 아시아여성기금 이사장은 절대 하지 말라, 그렇게 되면 다음 선서에서는 사회당에 투표하지 않겠다는 말까지 들었지만, 우여곡절 끝에 설득했습니다. 무라야마 씨는 그 직전에 북일국교촉진 국민협회의 회장이 맡고 있었습니다. 그것은 무라야마 씨를 회장으로 하여 우리가 만든 단체였습니다. 그리고 제가 사무국장이었습니다. 그런 조직이 먼저 있었어요. 그래서 무라야마 씨가 저에게 "이번에는 당신도 이사가 되어 나를 도와주지 않으면 나도 안 하겠다"라고 말해서 저도 이사를 맡게 되었습니다. 2000년 12월에 국민협회의 대표단을 만들어 북한에 갔더니, 북한은 무라야마 씨도 나도 빨리 아시아여성기금을 그만두고, 북일국교촉진 국민협회에 전념해 주었으면 좋겠다고 하더군요.

정재정 선생님도 2000년 12월에 북한에 가셨습니까? 북한에서는 아시아여성기금 활동을 왜 그만두라는 것이었죠?

와다   북한은 아시아여성기금에 반대했기 때문이에요. 그런데 2004년이 되면서 이번에는 기금 사무국장이 그만두게 됩니다. 2007년에 해산하기로 결정된 직후였어요. 다방면으로 후임을 물색했지만 구하지 못했습니다. 그래서 마지막엔 좀 옥신각신하게 되었는데, 결국엔 저에게 해달라고 해서 제가 싫다고 대답했습니다. 전무이사는 유급직이에요. 재단법인의 전무이사라고 하는 것은 매우 고액의 보수를 받는다는 이미지 때문에 문제가 되고 있는 자리입니다. 우익 반대자들이 저를 두고 "기금에 갉아먹는 흰개미"라고 말했습니다. 흰개미가 이번에는 기금을 갉아먹으려 한다는 것이었어요. 해체 직전이라 일도 없는데 전무이사가 돼서 세금만 도둑질하는 것 아니냐고요. 그런 말을 듣자고 일해 온 것이 아니라 시민 운동의 연장선상에서 자발적인 운동을 했는데 이제 와서 대가를 받는다는 것은 견딜 수 없는 일이었어요. 그래서 극구 사양을 했는데, 어쩔 수 없이 떠맡게 되었습니다. 그 대신 아시아여성기금 직원의 최저 급여와 비슷한 월급을 받는 것을 조건으로 주 3일 근무를 했습니다.

정재정   선생님이 아시아여성기금 사무국장을 맡으신 것이 2005년 무렵이죠?

와다   2005년 4월부터 2007년 3월에 해산할 때까지 했습니다.

정재정   그때 한국과의 협상은 어땠습니까? 누구와 어떤 협상을 했습니까?

한국과의 협상과 정대협

와다   그 전부터 저는 어쨌든 정대협과 이야기를 하고 싶다고 생각했습니다. 그 동안 줄곧 대립해 왔는데 이것으로 좋은지 정대협과 이야기를 나누고 싶었습니다. 한국에서의 사업은 1998년에 김대중 대통령이 사업을 그만두라고 한 이후 중단되어 있었습니다. 하지만 이제 해산될 것이니 이미 신청을 한 사람에게는 돈을 지불하게 해 달라고 간 겁니다. 1997년 제가 소장을 맡고 있을 때 도쿄여자대학교의 학장인 스미야 미키오(隅谷三喜男) 선생님이 저에게 와서 "와다 군, '위안부' 문제, 아시아여성기금은 어떻게 되어 가나"라고 물어보셨어요. 스미야 선생님께서는 기독교인이고, 아시아여성기금을 반대했습니다. 스미야 선생님께서는 훗날 저와 함께 북일국교촉진 국민협회를 만든 분입니다.

선생님께서는 제가 아시아여성기금을 하고 있다고 해서 기독교계에서 평판이 매우 나빠졌지만, 제가 하려고 하는 일이 의미 있는 일이라면 함께 하는 것을 주저하지 않겠다는 입장을 갖고 계시는 분입니다. 저는 매우 고마웠습니다. 저는 선생님께 "우리들은 방법이 없습니다. 어려운 상황이에요. 어떻게는 정대협과 이야기하고 싶습니다"라고 이야기했습니다. 선생님께서는 그것을 지명관 선생님과 오재식 씨에게 이야기해 주셔서, 결국 정대협과 대화를 이어주셨습니다. 스미야 선생님은 산리즈카(三里塚) 운동과 공항공단 간의 중재를 했던 분입니다. 노동 문제 전문가이니까 노사 갈등을 중재하지요. 선생님께서는 중재를 위해서는 대화를 3번을 해야 한다고 하시며, 그러니까 정대협과 우리쪽의 대화도 3번 해야 한다고 하셨습니다. 처음에는 우리가 한국에 가서 정대협과 이야기하고 2번째는 정대협이 일본에 와서 이야기했는데, 더 이상 해도 소용 없으니 안 되겠다고 해서 3번째는 못 했습니다.

정재정 누가 소용 없다고 하던가요?

와다   정대협입니다.

정재정   그 전까지는 정대협과 대화가 없었습니까?

와다   없었습니다. 전혀요. 대립 상태였으니까요.

정재정   한국에도 비판하는 글들이 많더군요.

와다   대립 상태였으니까요. 이미 그 단계에서 "예전에 와다는 양심 있는 사람이었는데 지금은 정부의 앞잡이가 되었다"는 분위기가 된 것입니다. 그래서 기금이 시작되기 전에는 저와 대화를 하려고 했는데, 기금이 시작되고 나서는 마치 적군처럼 되어버렸습니다.

정재정   정대협과 만날 때 분위기는 어땠나요?

와다   저는 그들을 딱히 적으로 보지 않기 때문에 기금을 반대하는 입장을 잘 알고 있었습니다. 가장 큰 충돌이 있었던 것은 기독교계 사람들이 중심이 된 '동아시아에서 지식인의 연대는 가능한가'라는 심포지엄에 세 번째 참가했을 때였습니다. 3·1운동 시기, 그리고 전후(戰後)와 현재의 3기로 나누어 동아시아 지식인의 연대에 어떠한 가능성이 있었는가를 살펴보는 심포지엄이었습니다. 작고하신 안병무 선생님과 지명관 씨가 중심이 되었고, 일본에서는 도미사카 기독교센터가 중심이 되었습니다. 한일, 중국, 러시아, 북한으로부터 참가자들이 모여 심포지엄을 진행했습니다. 두번째 심포지엄의 일본 측 발표자는 야스에 료스케 씨였습니다. 세번째는 저에게 부탁한다는 이야기가 나온 상태였고요. 그런데 아마하라의 한국신학연구소에서 진행된 제3차 회의 때 저는 이미 아시아여성기금의 제청인이 되어 있었습니다. 저는 아시아여성기금을 포함하는 새로운 가능성을 만들어가고 싶다고 발표하였습니다.

그런데 야스에 씨나 일본 기독교계의 사람들은 모두 아시아여성기금을 반대하는 입장이었기 때문에, 일본의 대표로 제가 발표한다고 하니까 쇼지 쓰토무(東海林勤) 목사를 대항 발표자로 세우기로 했습니다. 또한 제가 발표한다는 말을 듣고 정대협의 윤정옥 선생님과 윤미향 씨가 와서 저의 발표를 비판했습니다. 그때 사회자였던 리영희 씨는 심포지엄이 끝나고 저에게 와서 "와다 씨, 당신은 열심히 하는데 이건 무리에요. 당신은 일본군'위안부' 문제에서 손을 떼는 것이 좋겠습니다"라고 말했습니다. 당시 저는 머리카락을 잃고 가발을 쓰고 있었는데 그날 모두 그것을 보고 아마 "와다 하루키가 고생하고 있나 보다"라고 생각했을 것입니다. 하지만 원칙적 대립이므로 어쩔 수가 없습니다.

회의 마지막에 "일본이 모금을 통해 꽤 많은 돈을 모은 것 같으니, 한국에서도 돈을 모으자"라는 이야기가 나왔습니다. 즉 아시아여성기금은 돈 200만 엔+의료복지 지원 300만 엔을 더해 합계 500만 엔을 내기로 되어 있었는데, 정대협의 모금에는 별로 돈이 모이지 않았습니다. 한국은 IMF의 위기 상황이었으니까요. 그래서 기독교계 사람들이 모금을 하자는 말을 했습니다. 저는 좋은 생각이라고 말했죠. 그랬더니 한 기독교인이 제게 다가와 일본 측에서 모금한 돈과 한국에서 모금한 돈을 합쳐서 주면 어떻겠냐고 했어요. 그렇게 해주시면 우리야 너무 감사하죠. 그때는 한국에서 사업을 하지 않았었기 때문에 오재식 씨, 김성재 씨와 얘기를 나눴고, 어쨌든 아시아여성기금이 한국에서 사업을 하게 된다면 그들에게 상담하기로 한 후 헤어졌습니다.

하지만 기독교계 사람들이 모금을 시작한 후 시민연대가 조직이 되어 아시아여성기금은 잘못된 조직이니 아시아여성기금의 돈은 받지 않기로 되어버렸습니다. 저로서도 더 이상의 대화는 무리인 것 같아 아시아여성기금에서 7명에게 지급한다는 것을 기독교계 사람들에게 통지하지 않았습니다. 그 일로 기독교계의 사람들은 와다라는 사람은 약속을 해놓고도 어긴다며 불신을 가지게 된 것 같아요. 시민연대는 아시아여성기금에서 받은 최초 7명에게는 한 푼도 주지 않고 지급활동을 하다가 얼마 지나지 않아 해산했습니다. 저는 그 7명에게 시민연대가 돈을 지급하지 않았다는 것에 대해 납득할 수가 없습니다.

아시아여성기금으로부터 지급받은 사람에게는 조금 감액해도 상관없어요, 하지만 얼마가 되었든 지급하는 것이 옳지 않겠습니까? "그렇게 고생한 할머니들을 위한 국민 모금이라면 왜 그렇게 차별하느냐"는 편지를 보냈어요. 그 후 해산해 버렸죠. "아직 문제가 다 해결되지 않았는데 그것을 방치하고 해산하면 버리면 어떻게 하느냐"는 편지를 또 보냈어요. 답장이 바로 오지는 않았습니다. 나중에 받은 답장에는 "와다 씨의 노력은 인정하고 동정하지만, 아시아여성기금은 받아들일 수가 없다. 아시아여성기금은 옳지 않기 때문에 인정할 수 없다"라는 내용이 쓰여져 있었습니다.

그 다음이 아까 말씀드린 스미야 씨가 노력해 준 회담입니다. 아마도 1990년대 말이나 2000년대 초였던 것 같아요. 그때는 무난하게 이야기가 잘 되었습니다. 하지만 합의는 이루어지지 않았습니다. 결정적으로 정대협은 "법적 책임을 인정해야 한다, 도의적인 책임이라는 형태는 받아들일 수 없다"고 했습니다. 우리로서는 도의적 책임을 인정한다는 것에도 의미가 있다고 주장했습니다. 법적 책임은 인정되지 않지만, 도의적 책임을 인정하는 형태로 속죄의 사업을 하는 것을 인정받고 싶다고 말했는데, 그것을 끝으로 결별하게 되었습니다.

정재정   마지막에는 기금을 개조할 생각이셨다고 들었는데, 무슨 뜻인가요?

아시아여성기금의 실패

와다   마지막으로 저의 전무이사직이 끝나가던 때 기금으로는 위로금(속죄금)을 위한 모금액이 부족할지 모르는 상황이 되었습니다. 필리핀에서도 많은 사람이 받을 것으로 예상되어 돈이 부족해질 것 같았어요. 저는 "기회는 이때다"라고 생각했습니다. 모금액이 모자라서 정부의 돈을 받게 되는 것이니까요. 그래서 이 참에 한국 측과 이야기를 해서 정부의 돈으로 속죄금을 지불한다면 받아줄 것인지 묻고 싶었어요. 한국에서는 60명이 받았고, 이제 50명만 더 받겠다고 하면 기금은 완전히 바닥이 날 것이니 그것을 정부 돈으로 고스란히 지급하도록 기금을 개조해야 기금 사업을 계속할 수 있는데, 그렇게 해서 정부가 위로금을 지급한다면 받아줄 것인지 정대협에게 묻고 싶었습니다.

그래서 저는 오재식 씨와 지명관 씨를 만났습니다만 잘 되지 않았습니다. 정부의 돈과 국민모금을 합해 위로금을 많이 지급하는 식으로 개조하면 할머니들의 마음을 다소나마 위로할 수 있을 것이라고 생각했지만 결국엔 그렇게 하지 못하고 기금은 결국 그 상태로 끝났습니다. 실제로 어떤 상태가 되었느냐 하면 기금의 본래 형태의 사업은 한국과 타이완과 필리핀에서만 전개되었습니다. 필리핀은 신청자 전원이 승인을 받아 211명이 받았는데 한국과 타이완에서는

60명과 13명으로 공식 등록된 피해자의 3분의 1 정도입니다. 그러니까 한국, 타이완에서도 다 받게 된다면 기금의 당초 방식으로는 실행할 수 없게 되는 것이죠. 네덜란드에는 의료복지 지원의 명목으로 정부 자금으로부터 79명에게 300만 엔을 지급했습니다. 하지만 이 사람들에게는 위로금은 지급하지 않았습니다. 그 79명에게 위로금을 지급하려면 모금액이 부족하니까, 전액 정부의 돈으로 해야 합니다. 그것은 절대 곤란하다는 것이 외무성의 방침이에요. 그러니까 처음 방침을 지킨다는 의미에서 본래의 사업도 축소해 버린 것입니다. 그 문제가 마지막에 불거졌습니다.

네덜란드 사업위원회 대표가 기금 회의에 와서 "왜 우리한테는 위로금을 지급하지 않느냐"고 했습니다. 제가 깜짝 놀라서 알아봤더니 결국 그런 문제였습니다. 즉 네덜란드 희생자들에게 위로금을 지불하면 인도네시아 희생자에게도 위로금을 지불해야 하기 때문에 큰 일이 난다는 것입니다. 네덜란드인은 인도네시아에서 위안소로 보내진 희생자들이기 때문에 네덜란드인에게는 위로금을 주면서 인도네시아인에게는 주지 않는다는 것은 앞뒤가 맞지 않는 다는 것이었습니다. 그래서 아시아여성기금이 근본적으로 결함이 있는 사업이라는 것입니다. 기금을 개조하여 정부 돈과 국민모금을 합해 위로금을 넉넉히 지급하는 것이 제 바람이었지만 그렇게 하지 못했습니다. 그런 의미에서 저는 실패한 셈입니다.

정재정 선생님께서 2007년까지 일본군'위안부' 문제에 관여하셨을 때, 일본군'위안부' 문제 이외에도 한국과의 교류가 있었습니까?

와다 한국과의 교류는 물론 있었습니다. 한국 민주화 운동과의 연대 면에서도 교류가 있었고, 김대중, 김지하 씨의 기획에도 참가했습니다. 리영희 씨, 백낙청 씨와도 교류가 있었습니다. 북한에 관한 책인 『김일성과 만주항일전쟁』의 번역판(이종석 역, 1992, 창비)도 냈습니다. 『한국전쟁』(서동만 역, 1999, 창비), 『유격대 국가에서 정규군 국가로』(서동만 역, 2002, 돌베개)라는 책도 나왔습니다.

정재정 일본군'위안부' 문제에 대해 비판을 받으면서도 계속 관여하신 이유는 무엇입니까? 일단 아시아여성기금은 끝났지 않습니까?

와다 아시아여성기금이 끝났다고 해도 결국 문제는 남아 있는 것이니까요. 그것은 관계했던 자의 책임이고 노력이 불충분했기 때문입니다. 게다가 일본은 노력할 필요가 있는데 그렇게 하고 있지 않기 때문에, 어떻게든 노력을 하는 방향으로 사람들의 마음을 모아나가야 한다고 생각합니다.

정재정 예를 들어 오오누마 씨는 최근에 상당히 한국에 대해 비판적이었는데, 선생님은 한국이 싫어진 적은 없습니까?

와다 오오누마 씨도 열심히 했다고 생각해요. 하지만, 오오누마 씨는 한국의 운동을 비판하기도 합니다. 저는 여러 가지 의미에서 비판은 하지 않기로 해 왔습니다. 저는 한국이 싫어진 적이 없어요. 1970년대부터 한국 국민은 위대한 국민이라고 생각했어요. 그래서 비판도 받았죠. 그러나 《중앙일보》 여기자가 고맙게도 '파이팅! 와다 하루키'라는 칼럼을 써서 격려해 주었고(2001. 5. 17자) 2000~2005년까지는 《한겨레신문》, 2010~2012년까지는 《경향신문》에 매달 칼럼을 썼습니다. 특히나 《한겨레신문》의 칼럼을 연재할 당시는 아시아여성기금에서 활동하던 시기였기 때문에 무척 감사히 생각하고 있습니다. 저는 일본 신문에는 글을 쓸 수 없는 처지라, 한국 사람들의 지지는 정말 고마운 것이었습니다.

정재정　이번 한국에 일본군'위안부' 문제로 오셨죠? 헌법재판소의 판결이 하나의 계기가 되고 또 문제도 될 텐데요. 그때부터 지금까지의 활동에 대해 말씀해 주시기 바랍니다.

일본군'위안부' 문제와 헌법재판소의 판결

와다　실제로 아시아여성기금이 끝난 후에, 기존에도 있었던 입법 해결을 목표로 하는 운동이 새로운 희망으로 등장합니다. 민주당 정권이 들어섰기 때문입니다. 민주당 의원들은 하토야마 유키오(鳩山由紀夫) 씨를 중심으로 입법 해결을 위해 일했습니다. 운동을 해 온 사람들은 기회가 왔다고 기뻐했어요. 그런데 민주당이 정권을 잡았는데도 법안이 전혀 안 나오고 못 내겠다는 겁니다. 누가 왜 막았는지 모르지만, 오자와 이치로(小沢一郎) 간사장이 의원 입법을 억제했다고 합니다. 어쨌든 전혀 진전이 없었습니다. 그래서 운동하던 사람들이 하토야마 정권에 절망한 거에요. 어떻게든 입법 해결 해보려던 사람들이 정권을 잡고 모두 장관이 되었는데도 전혀 효과가 없는 것입니다. 그것은 실로 절망적인 일이었어요.

그러던 중에 2011년 8월에 헌법재판소의 판결이 나온 거에요. 정말 가뭄의 단비 같은 소식이었습니다. 정부가 아무것도 하지 않는 것이 헌법 위반이라는 판결이니, 그렇다면 한국 정부는 일본 정부와 협상해야 합니다. 일본군'위안부' 문제의 해결 차원에서 한국 정부가 일본 정부에 협상을 해 온 적은 한 번도 없어요. 김영삼 대통령, 김대중 대통령 모두 일체 협상하지 않겠다는 방침이었습니다. 그런데 이명박 대통령은 일본 정부와 협상을 해야만 하는 상황이 된 것입니다. 그래서 이 대통령이 2011년 12월 교토의 정상회담 석상에서 일본군'위안부' 문제 해결을 무리하게 주장하게 된 것입니다. 그 때는 정대협 수요 시위가 1000회째 이어지고 있었어요. 그런 상황이라 바로 기회가 왔다는 생각이 들었습니다.

민주당 정권 측에서는 당의 정조 회장인 마에하라 세이지(前原誠司) 씨가 일본군'위안부' 문제에 대한 새로운 노력이 필요하다고 발언한 적이 있었기 때문에, 저는 지인의 소개로 마에하라 씨를 만났습니다. 마에하라 씨는 저의 이야기를 듣자마자, 사이토 쓰요시(齋藤勁) 관방 부장관이 있는 곳으로 안내했습니다. 사이토 씨는 전 사회당 출신으로 일본군'위안부' 문제의 중요성에 대해 알고 있었습니다. '전국행동 2010'이라는 이름의 운동그룹은 이것이 마지막 기회라고 보고, 그 동안 정대협과 함께 내놓았던 강경한 방침을 뒤로 미루고 '피해자의 마음에 와 닿는 사죄', '국고로부터 피해자에게 위로금 전달하기'라는 해결책을 내놓았습니다. 그것이 대표인 하나부사 도시오(花房俊雄)의 이름으로 2012년 2월에 해당 단체의 기관지에 발표된 것을 보고 저는 감동했습니다.

저는 곧 그것을 사이토 관방 부장관과 외무성에 전했지만, 좀처럼 일본 측의 움직임이 보이지 않았습니다. 8월에는 이명박 대통령도 압력을 가하려고 독도를 방문하면서 한일 관계가 험악해졌어요. 그래서 2012년 말에 조정안의 형태로 해결 방안을 마련하게 되었고, 제가 이원덕 씨와 상의하여 만들었습니다. 이 대통령의 특사로 이동관 씨가 방일하여 ANA호텔에서 사이토 관방부 부장관과 회담을 하게 되었습니다. 제가 정리한 안을 그 자리에서 검토했습니다. 그 안을 양측에 보여 주고, 대체로 그대로 가자고 하여 회담이 성립된 것입니다. 이동관 씨는 이미 그 안을 이명박 대통령에게 보여 준 상태였습니다(이명박 씨는 그것으로 좋다고 했습니다) 그래서 남은 문제는, 노다 총리가 승인 할지의 여부였습니다.

방안의 내용은 ① 한일 정상회담에서 협의하여, 합의 내용을 정상회담 공동코뮈니케에서 발표한다 ② 일본 총리가 새로운 사과문을 읽는다. 기존에는 '도의적 책임을 통감한다'고 했으나, '도의적'을 삭제하고 국가, 정부의 책임을 인정하는 문구를 넣는다 ③ 대사가 피해자를 방문하여 총리의 사과문과 속죄금을 전달한다 ④ 제3차 한일역사공동연구위원회를 구성하고 그 안에 일본군'위안부' 문제 소위원회를 만들어 한일 공동으로 연구하도록 위촉한다, 였습니다.

적어도 사이토 씨도 여기까지 왔다는 것은 노다 총리의 승인을 받고 왔다는 뜻이 아닐까 하고 생각했지만, 그렇지는 않았던 것 같아요. 사이토 씨가 노다 총리에게 이야기했는데 어렵다는 이유로 무산되고 말았습니다. 노다 총리는 곧 해산에 나섰다가 참패하고 아베 정권이 들어서게 됩니다. 고노 담화를 재검토한다고 했던 아베가 총리가 됐으니 모든 것이 끝난 줄 알았는데, 2013년에 등장한 박근혜 대통령이 잘 해주었습니다. 박 대통령이 일본군'위안부' 문제 해결을 하지 않으면 정상회담은 하지 않겠다는 강경한 방침을 내놓았기 때문에 기회는 사라지지 않았죠.

2014년 6월 정대협과 일본의 운동단체 '전국행동'이 대화를 하고 제12차 '위안부' 문제 해결 아시아연대회의에서 새로운 해법을 이끌어 냈습니다. 그것은 매우 합리적인 안이었기 때문에 뭔가 될 것 같았어요. 저는 그 안이 좋다고 생각했기 때문에 외무성에 즉시 알렸고, 잡지에도 기고하여 한국 측 사람들에게도 알렸습니다. 2015년 4월에 아베가 미국에 가게 되었을 때 일본의 한 단체가 저에게 같이 하자고 접촉을 해 왔습니다. 같은 집회에 저와 윤미향 씨를 세우겠다는 거였어요. 두 사람이 나란히 나오면 임팩트가 강할 것이라는 이유였습니다. 그래서 4월에 일본군'위안부' 문제는 해결할 수 있다'라는 심포지엄을 열었습니다. 김복동 할머니, 양진자 씨, 윤미향 씨 그리고 제가 함께 나갔습니다. 그 때 저는 윤미향 씨와 이틀 동안 3번 정도 같이 식사를 하면서 완전히 터놓고 이야기하는 사이가 되었습니다. 적어도 저는 그렇게 생각했습니다.

그리고 고노 담화를 수정하려고 하는 아베 총리를 상대로 사죄와 정부 조치를 내리게 만든 것은 모두 박근혜 대통령의 압력 때문이었습니다. 그래서 저는 촛불시위로 박근혜 대통령을 탄핵한 것은 훌륭하다고 생각하지만, 일본군'위안부' 문제에 대해서는 그녀의 노력을 평가해 줘야 한다고 생각합니다.

정재정 하지만 박근혜 대통령과 아베 총리가 합의한 것은 완전히 못쓰게 되어 버렸습니다. 선생님께서 객관적으로 볼 때 합의의 내용과 윤미향 씨 등과 함께 아시아연대에서 정리한 안을 비교한다면 어떻게 평가할 수 있을까요?

아시아연대회의 제안은 고노 담화의 계승 발전으로 해결

와다 결국 그때의 한일협상을 위해 윤미향 씨 등이 낸 아시아연대회의 제안은 고노 담화의 계승 발전으로 해결한다는 것이었습니다. 요컨대 일본 정부에 대해 '위안부' 문제의 기본적인 '사실과 그 책임의 인정'을 요구한 것입니다. 법적 책임을 인정하라는 것은 일체 없고 군 위안소에서 '위안부'로서 고통을 받은 사실, 인권 침해 관련 사실 등

4가지의 사실 관계를 인정하고 사과할 것을 요구한 것이죠.* 하지만 (2015년의) 한일 합의로는 이 사실 관계를 인정하지 않습니다. 고노 담화를 전제로 하고 있다는 것이므로 사실 인식은 들어 있는 셈이지만, 명시적으로 사실 인식이 들어 있지 않기 때문에 문제시되었습니다. 법적 책임을 인정하는 것은 원래 아시아연대회의 안에는 들어 있지 않았기 때문에 문제는 없습니다. 이번에는 정부의 책임이라는 것을 인정한다는 문구가 처음으로 들어갔기 때문에 분명한 진전이 있습니다.

아시아연대회의 내에서는 '사과의 증거로 피해자에게 배상을 하라'는 요구가 있었는데, 이번에 정부 돈으로 10억 엔을 내놓게 되었습니다. 저는 이것으로 답변이 되었다고 생각합니다. 하지만 아시아연대회의 안에 역사 문제에 대해 깊이 반성하고 이 문제로 교육을 하라는 요구가 들어갔는데도 불구하고 그런 움직임이 전혀 없습니다. 요컨대 사과도 조치와 내용면에서는 진전이 있는데 전체를 아우르는 사과를 꺼리고 있어요. 이런 일은 두 번 다시 하지 않겠다는 아베 총리의 생각을 나타내 줍니다. 저는 《아사히신문》의 코멘트에서 "이 정도로는 한국 국민이 납득하지 못할 것"이라고 말한 바 있습니다.

정재정 저도 이것을 보면 두 가지가 모자란 것 같습니다. 우선 앞으로 다시는 이런 일이 일어나지 않도록 하는 교육이라는 부분이 빠져 있어요. 그리고 기념사업입니다. 기념관을 만들거나 그런 것도 없다는 겁니다.

---

* 아시아연대회의의 제안에는 '엄격 책임 인정'이라는 문구는 없으나, '당시 여러 국내법, 국제법에 위반되는 중대한 인권 침해였다'는 것을 인정하고 '사죄의 증거로 피해자에게 배상할 것'이라는 요구가 들어 있음.

2015년의 합의는 사실 관계의 인정을 전제로 고노 담화를 계승하는 (발전시키는) 형태로 합의된 것입니까?

와다 물론 고노 담화를 전제로 한 거지요.

정재정 4가지 사실 관계는 인정하지 않았습니까?

와다 합의에는 4가지 사실 인정은 들어가 있지 않을 것입니다.

정재정 그렇다면 사과는 무엇 때문에 하는 것입니까?

와다 고노 담화를 전제로 사죄하고 있는 것입니다. 그러니까 그 안에는 포함되겠지만, 명시적으로는 기술되어 있지 않습니다.

정재정 아베 총리 자신의 말로는 한 차례도 사과한 적이 없지만 일단 사과하겠다는 것은 고노 담화의 영향이라고 할 수 있습니다.

와다 그 합의의 사과문은 대부분 아시아여성기금 때 총리대신의 사과 편지를 사용한 것입니다.

정재정 그 합의안은 일본어로 되어 있습니까?

와다 합의 때 기시다 외무대신이 거론한 문안은, 아시아여성기금 때 총리의 사죄 편지와 같은 것입니다. 아시아여성기금 때의 사죄는 인식 면에서 고노 담화에 의거하고 있어요.

아시아여성기금의 팜플렛에는 기본 인식이 기술되어 있고, 그것을 전제로 이사장의 편지에도 명시적으로 기술되어 있습니다. 그것이 전제가 되어 총리의 사과 편지가 나왔고, 그것이 키시다 외상에 의해 반복되었다는 것은, 네 가지 인식이 모두 들어 있다는 뜻입니다. 그리고 새롭게 정부의 책임을 인정한다는 것이 됩니다. 그러니 아베 총리는 너무너무 싫고 잊고 싶을 것입니다. 그래서 최선을 다해 그것의 의미를 가볍게 하려는 것입니다. 그러나 결국 일본의 총리대신으로서 새롭게 사죄를 한 것은 움직일 수 없는 일입니다.

정재정 이제 이야기를 정리하려고 합니다.

선생님은 1960년대부터 지금까지 50년 이상 역사 문제를 둘러싸고 한국과 여러 관계를 맺어오셨습니다. 일본에서 활약하면서 연구하고, 한국인들과 친해지고, 운동도 할 수 있으셨는데요. 그 성과를 알고 싶습니다. 또한 부족했던 부분이나 주변에 조언해 주실 것이 있으면 부탁드립니다.

한일 역사 운동의 성과와 과제

와다 물론 저로서는 미흡한 노력밖에 하지 못해 좀 더 노력했으면 좋았겠다 하는 마음이 강합니다. 일본 시민운동의 전체적 특징이지만, 정치인에 대한 압박이 약하고 정치화되어 가는 부분이 약하다고 생각합니다. 한국의 운동에 대해 저도 비판을 느끼기도 했습니다. 하지만 지금까지는 그렇게 큰 문제를 느끼지 못하고 해 왔는데 지금은 더 큰 문제를 느끼고 있습니다. 한국 국민은 훌륭한 촛불시위로 박근혜 정권을 무너뜨리고 새 정권을 만들었다는 대단한 달성을 이루었고, 새 대통령은 북한과의 관계에서 평화의 방향으로 결정적 진전을 이뤘다고 인정합니다. 그러나 이러한 진전 속에서 '위안부' 문제에 대한 운동 측의 인식과 정부의 정책적 표명이 충분치 않다는 문제가 있는 것 같습니다. 정치가 전진하고 있는 만큼 그 점이 아쉽습니다.

무엇이 문제인가 하면 정대협은 오랫동안 힘든 노력을 기울여 운동을 해 왔습니다만, 2000년대에 들어 한국 내에서도 정대협 운동에 대한 지원이 약해졌다고 생각합니다. 그래서 어떤 의미에서 정대협은 고립되어 운동을 해 왔다고 생각합니다. 마지막으로 이 할머니들이 운동의 성과를 거두지 못한 채 죽음을 맞이하는 상황에서, 어떻게든 해결하고 싶다는 생각이 강했기 때문에 마지막으로 건설적인 방안을 내놓고 양국 정부의 정치적 협상에 맡기는 듯한 태도를 취한 것은 현명한 태도였다고 생각합니다. 운동하는 사람으로서는 그렇게 하는 것이 당연했다고 생각해요. 그래서 결과기 충분하지 않은, 불만스러운 것이 된 겁니다. 그렇게 되었을 때 운동권 전체가 불만을 터트렸어요. 그때까지 얼마나 노력했는지 반성하지 않고 쉽게 합의를 비판했습니다.

정대협도 그 목소리에 동조한다면 저는 한국의 일반적 운동가들의 반응이 너무 경솔하다고 생각합니다. 1990년부터 25년 동안 많은 노력을 기울였던, 그리고 여러 가지 좌절 끝에 도달한 결과입니다. 아베 정권이라는 터무니없는 정권 앞에서 얻은 대답인데, 거기에 포함된 전진성이라는 것을 전면 부정하고 전면 거부하면서 10억 엔을 돌려주라거나, 피해자에게 건네진 돈은 한국 정부에서 나온 것이라고 바꾸라고 하는 등의 청산주의적인 태도를 취하는 것은 저로서는 납득하기 어렵습니다. 어떤 의미에서 저는 지금 가장 한국 운동에 대한 비판을 느끼고 있습니다. 그러나 위대한 한국 국민들이 이것을 한때의 문제로 극복하고, 일본 국민에게 평화를 위해 함께 나아가자는 메시지를 제시해 줬으면 합니다.

정재정 그럼에도 불구하고 선생님께서는 앞으로도 한국과 교류를 하실 건가요?

와다 그것은 그렇습니다.

정재정 이제 마지막 질문을 드리겠습니다. 북한 문제는 지금 남북 유화체제로 가고 있습니다. 물론 핵문제라는 중요한 문제가 있지만 흐름으로서는 남북 교류 같은 것이 활발해질 것입니다. 그렇게 되면 일본이 꼭 들어갈 수밖에 없어요. 과거의 문제가 있으니까요. 북한을 염두에 둔다면 앞으로 일본이, 혹은 한국이 역사 문제에 대하여 해야 할 일은 무엇일까요?

와다 저는 1990년에 처음 한국에 왔습니다. 말씀드린 것처럼 동아일보와 아사히신문이 공동 개최하는 심포지엄에 왔던 것입니다. 그때 저는 한국에 와서 '동북아 인류공생의 집'을 만들자고 제안했습니다. 러시아, 중국, 미국, 남북한, 그리고 일본의 6개국이 힘을 모아 공동체를 만들고 평화를 이루자는 것이에요. 그 중심이 되는 것은 한반도의 평화이며, 남북의 힘입니다. 그런 목표를 제안했습니다. 나중에 그것은 '동북아 공동의 집'이 되는데요, 노무현 대통령의 동북아공동체 제안도 있었습니다. 하지만 2003년에는 모두 꿈같은 이야기였습니다.

그런데 2017년에는 북–미 전쟁이 걱정되는 매우 불안한 상황이 되었고, 문 대통령의 노력, 그리고 김정은 위원장과 트럼프 대통령의 악수를 통해 이 새로운 전개가 이루어졌다는 점에서 우리는 다시 한 번 꿈을 꿀 때가 되었다고 생각합니다. 꿈을 꾸고 그 꿈을 실현하지 않으면 현실의 문제를 해결할 수 없습니다. 북한에 핵을 없애라고 하는 것도 힘든 일이에요. 그 꿈과 같은 상태를 실현하지 않으면 핵은 없어지지 않을 것입니다. 그 꿈이 어떤 것이냐 하면, 결국 저의 생각으로는 한국과 북한, 일본의 3국이 전면적으로 비핵화, 비군사화, 중립화하는 것입니다. 어떠한 군사동맹에도 들어가지 않음으로써 평화 국가를 이룰 수 있을 것입니다. 3국이 평화 국가를 이루는 것은, 일본의 헌법9조의 전쟁 포기 조항을 한국이나 북한도 헌법에 넣는 것입니다. 3국이 그렇게 되었다는 것을 바탕으로 미국, 중국, 러시아가 3국의 상태를 보증하고, 3국도 서로 전쟁하지 않기로 서약하는, 6국가에 의한 '동북아시아 공동의 집'을 만드는 것을 목표로 한다면 곧바로 남북한은 통일될 것입니다.

그런 꿈같은 상황을 실현하기 위해 노력하지 않으면 북한이 핵을 없애는 일은 없을 것입니다. 저는 그런 꿈을 갖게 되었습니다. 그러한 것을 목표로 한다면 과거의 선생이나 식민지 지배의 상처를 극복하는 면에서도 속도를 내고 인식을 강화하여 사죄하고 영토 문제도 해결하는 것이 필요합니다. 그래야 북-미 대립의 극복과 평화의 과정에 동참할 수 있습니다. 제가 최근에 느끼고 있는 또 하나의 문제는, 일본에는 큰 대지진이 다가오고 있다는 것입니다. 동해, 동남해, 남해 지진이 연결되는 대지진으로, 발생하면 30만 명이 사망할 것으로 예상되는 지진이 향후 30년간 70%의 확률로 발생할 것이라고 합니다. 그러면 주위 나라에 도움을 받지 않고는 일본은 살아갈 수 없어요. 그것을 생각하면 지금의 상황에서 일본이 이기심을 버리고 주변국들의 상황을 먼저 살펴서 도와주어야 합니다. 그렇게 생각하면 일본은 대담한 전환을 도모하여 꿈을 실현하는 방향으로 함께 노력해 나가야 한다고 생각합니다.

기미지마 가즈히코 君島和彦

　　1945년생 일본 도치기현에서 태어나 1969년 도쿄교육대학 문학부 사학과를 졸업했다. 1977년 동대학에서 일본 근대사 분야로 박사학위를 취득했다. 도쿄가쿠게이대학 교육학부 교수, 서울대학교 역사교육과 교수와 일본학술회의 연휴회원, 일본역사학협회 상임위원, '어린이와 교과서 전국네트21' 대표위원 등을 지냈다. 현재 도쿄가쿠게이대학 명예교수다. 1960년대부터 1990년대 '교과서검정소송을 지원하는 역사학 관계자들의 모임'의 중심인물로 이에나가 교과서 재판의 원고 측 주요 멤버이며, 일본의 교과서 집필자로 국정화는 물론 검정제에 맞서고 있다. 저서로는 『교과서의 사상-일본과 한국의 근현대사』(1996), 『일한역사교과서의 궤적-역사의 공통인식을 위하여』(2009), 『조선·한국은 일본의 교과서에 어떻게 기록되어 있는가(공저)』(1992) 번역 일본어판으로『젊은이에게 전하는 열린 한국사-한일 공동의 역사인식을 향하여(공역)』(명석서점, 2004) 등 다수가 있다.

일본 지식인에게 듣는 **한일 관계와 역사 문제**

일시   2018년 11월 11일(일) 11:00~14:00
장소   일본 도쿄 시내 카페
진행   정재정

기미지마 가즈히코(좌)와 정재정(우)

정재정   기미지마 선생님께서 지금까지 역사 교육 및 역사 연구를 중심으로 한국과 공동작업을 해 오신 것들을 정리하는 의미에서 인터뷰를 진행하겠습니다. 먼저 기미지마 선생님의 주요 연구 테마와 연구의 성과에 대해서 말씀해 주시기 바랍니다.

동양척식주식회사, 만주이민 등 경제사 관련 연구

기미지마   저의 석사논문은 동양척식주식회사(이하 동척)에 관한 것이었습니다. 동척은 조선에도 큰 영향을 미친 회사인데, 일본 경제 침략의 원흉입니다. 그 동척에 관한 연구로 석사논문을 썼고요. 박사과정 때는 고마자와 대학(駒澤大学)의 지인과 함께 연구회를 진행했는데, 거기서 처음 시작했던 것이 만주 이민이었습니다. 만주 이민에 대하여 종합적으로 연구했어요. 이민의 역할, 즉 이민 정책이 어떻게 입안되었는지에 대해서도 연구했고요. 특히 제가 담당한 부분은 이민을 보내기 위한 만척(滿拓)이라든가 북한에 있던 국책회사들이었는데 그런 국책회사의 설립과 활동 등에 대해 연구했습니다. 막대한 토지를 가지고 소작료를 거둬들이는 회사였어요. 그런 만주 이민에 대한 내용들로 책을 만들었습니다. 꽤 훌륭한 책이라고 생각합니다.

정재정   연구의 대상 시기는 1930년대죠? 1930년대 후반이었나요?

기미지마   연대로는 1930~1945년까지입니다. 그 책은 중국에 있는 만주역사 연구회라는 곳에서 번역했습니다. 아무래도 만주를 다룬 내용이니까요. 그만큼 중국에서도 중요시되는 책입니다. 지금 생각하면 당시에 연구하지 않았던 부분이 있는데, 그것은 철수에 대한 내용이었습니다. 『흘러가는 별은 살아 있다(流れる星は生きている)』라는 작품

을 보면, 왜 만주에 가게 되었는지에 대해서는 아무런 언급 없이 갑자기 패전이 되어 철수하게 되고 굉장히 고생하는 이야기를 그리고 있습니다. 물론 농업으로 만주에 갔던 사람들은 고생을 많이 했습니다. 하지만 그들이 만주에서 무엇을 했는지는 다뤄지지 않아요. 일본에서 보내졌을 때는 피해자였을지 몰라도 그곳에서 그들은 가해자였습니다. 그와 같은 양면성을 가지고 있어요. 그런 사람들의 철수 문제를 다루려면 먼저 무엇을 했는지가 중요하지, 철수할 때 얼마나 고생했는지에 대해서는 만주 이민 연구에 넣을 필요가 없다고 생각했습니다. 그래서 저는 주로 회사를 중심으로 다뤘습니다.

일본에서 왜 만주로 보냈는가 하는 일본 국내 사정과 농업경제 갱생운동에 대하여 연구했고, 각지에서 어떻게 이민단이 결성되었는지에 대해 나가노현(長野県) 등의 예를 연구했습니다. 또한 만주에 가서는 어떻게 농업경영을 했는지도 연구했습니다. 그리고 그에 대한 중국인의 저항운동 등의 테마를 정해 7~8명의 연구회를 만들어서 책을 냈는데, 그 책이 매우 좋은 평가를 받았습니다. 그 다음에 한 것이 중국 침략, 특히 화북 침략에 관한 연구였습니다. 중일전쟁 당시의 화북 침략을 경제 침략의 관점에서 연구했어요. 경제사 연구지요. 제가 담당한 것은 만주중공업주식회사였는데, 그런 회사들이 국책회사로서 화북에 어떤 식으로 진출했는지에 대해 책을 썼습니다. 그 책에서 일본의 회사들이 광산계를 했다는 내용을 다뤘는데, 그것이 상당히 좋은 논문이었는지 저도 모르는 사이에 중국에서 번역이 되었다고 합니다. 가쿠게이 대학(学芸大学)에서 중국사를 연구하는 지인이 "자네 논문이 번역되었다"고 하는 거에요. 알아봤더니 그 책의 제1장이 저에게 연락도 없이 중국에서 번역이 되어 있더군요. 보고 깜짝 놀랐던 일이 있습니다.

그 후 도쿄교육대학이 없어진다고 해서 러일전쟁 전문가인 오에 시노부(大江志乃夫) 선생님과 함께 하니시나군(埴科郡) 고카무라(五加村)에 대해 연구했습니다. 고카무라는 지금의 나가노시 아래쪽에 위치했는데, 합병 전에 마을(村)이 다섯 개(五) 있었다고 해서 고카무라였습니다. 그곳에서 1930년대의 탄압에 저항한 유명한 농민 운동이 있었는데, 어느 날 그것과 관련된 방대한 자료가 발견됩니다. 마을 순찰을 도는 사람들이 모여서 쉬는 작은 다락방에 그와 같은 자료들이 있었던 것이에요. 그 자료를 모두 분담해서 정리하게 되었는데 저는 거기서 만주 이민에 대한 부분, 그 마을에서 보낸 만주 이민에 대한 부분을 담당했습니다. 어떤 면에서는 이전의 연구와 관련이 있는 내용이었어요. 이렇게 처음에는 경제사 연구를 했었습니다.

정재정 조선과의 관련은 동척에서 비롯된 것이죠? 그 후 한국과는 역사 교육이나 역사 인식과 관련하여 깊이 교류하게 되셨는데요. 그 계기는 무엇이었습니까?

기미지마 1990년대까지는 그런 연구들을 하고 있다가, 1990년에 후지사와 선생님과 이태영 선생님으로부터 심포지엄을 같이 하지 않겠냐는 권유를 받았습니다. 그 전에는 이에나가 사부로(家永三郞) 교과서 재판에 대한 지원운동을 했었어요. 1965년부터 시작되었는데, 저는 1970년대에 대학원에 들어가면서부터 참여하게 되었습니다.

정재정 이에나가 사부로 선생님의 제자셨나요?

교과서 재판: 양심의 자유를 촉구하는 싸움

기미지마 제 지도 교원이셨어요. 꼭 그래서 지원 운동을 했던 것은 아닙니다.

이에나가 선생님은 지도 교원이고 제자라고 그런 운동을 했다가는 오히려 혼내시는 스타일이에요. 그런 관계 때문에 지원 운동을 했던 것은 아닙니다. 교과서 재판이라는 것은 일본의 교과서 검정에 대항하는 싸움으로, 이에나가 선생님의 표현을 빌자면 양심의 자유를 추구하는 싸움이었어요. 이에나가 선생님은 일본사 교과서를 쓰시는 분이었기 때문에 일반 시민의 지원 단체가 아니라 역사 교사나 연구자들이 모이는 모임이 있었는데 그곳의 사무국장이 오에 시노부 선생님이었습니다. 저는 근대사 전공이였기 때문에 학교 때 이에나가 사부로와 오에 시노부의 스터디 그룹에도 참여했었어요. 이에나가 선생님은 그런 말씀을 하지 않으셨지만 오에 선생님은 스터디도 했는데 우리가 하는 것이 당연하다고 하셔서, 선배들에게 강제로 이끌려나가다시피 하여 교과서 재판의 시작부터 관여하게 되었습니다. 1990년대의 일이니 벌써 20년 이상 이 일을 하고 있네요. 역사 교육에 관심이 있어서겠지요.

교과서 재판이라는 것은 법률학과 역사학, 교육학이 모두 관련되어 있습니다. 변호사와도 이야기해야 하고 재판 방식에 대해서도 할 이야기가 많았기 때문에 법률을 모르면 안 되었어요. 그래서 헌법을 비롯한 법률 공부를 벼락치기로 하게 되었습니다. 그리고 또 역사 교육이기 때문에 교육을 알아야 해서 교육학도 공부했습니다. 그리고 역사는 원래부터 하던 분야였고요. 그런 기초가 있어서 1990년대에 한국에서 심포지엄을 함께 하자는 권유가 들어왔을 때는 응할 수 있었습니다.

그리고 조선에 대해, 한국에 대해서는 제가 1965년 도쿄교육대학에 입학하자마자 한일기본조약 반대 운동이 대단했어요. 제가 4월에 입학하고 6월에 체결이 되었는데, 입학하자마자 반대 운동을 보고 이 학교에 잘 못 온 것이 아닐까 할 정도로 깜짝 놀랐었습니다. 그렇게 해서 한국과 조선에 대해 관심을 가지게 되었어요. 저는 시골 출신이라 주변에서 재일 코리안을 본 적이 없어서 한국 문제에 거의 관심이 없었어요. 대학교에 들어와서 한일기본조약 반대 운동이 있었고 과 축제가 5월에 있었는데, 거기서 한일 관계에 대해 발표하게 되어 식민지 지배에 대해 조사를 하게 되었습니다. 그때 조사한 것이 기초가 되어 동척으로까지 이어지게 된 것입니다. 그렇게 해서 역사 인식에 관한 심포지엄은 교과서 재판으로 쌓은 베이스도 있고 졸업논문, 석사논문으로 한국 문제를 다루기도 했던 터라 심포지엄 제의에 의외로 쉽게 수락을 하고 그때 처음으로 한국에 가게 되었습니다. 그것이 1991년, 노태우 정권 말기였어요. 그래서 좀 가는 것이 수월했죠.

정재정 그때는 아직 일본사 교과서에 관여하기 전이시지요?

기미지마 아직 쓰기 전입니다.

정재정 그렇게 한국과의 관계를 맺게 되시면서 역사 교육에 점점 관심을 가지게 되셨군요.

기미지마 교과서 재판 때문에 일본의 교과서는 많이 검토했습니다. 그래서 역사 교육에 관심이 있었죠. 그러다가 권유를 받았는데, 힘들긴 했지만 재미있었어요. 그 후의 전개 과정에서 정재정 선생님을 만나게 되지요.

정재정 그 후 기미지마 선생님은 한국에서 많은 사람들과 교류하면서 연구를 넓히게 되셨죠. 그것에 대해 돌아보고 단계적으로 말씀해 주시기 바랍니다.

기미지마 처음에는 후지사와, 이태영, 극우파인 박성수, 김창수와 같은 사람들이 있었어요. 저보다 연배가 위였는데 대단한 분들이었습니다. 그분들과 교류하게 되면서 일본에서의 제 평판은 별로 좋지 않았어요. 그런 극우 연구자들과 교류를 왜 하느냐면서요. 그분들이 사상적으로는 극우이긴 했습니다만 일본어가 유창했고, 굉장히 친절하고 재미있는 분들이었어요. 사상 문제와 관계 없이 나쁜 사람들이었다고 생각하지 않는 것은, 저의 문제 제기를 진지하게 듣고 그것에 대한 논문을 써 주었기 때문입니다. 그런 의미에서 저는 그들이 사상적으로는 우익이었을지 모르지만 교류해서는 안 되는 사람들이라고는 생각하지 않았습니다.

정재정 그때 한국의 실정으로 미루어보면 한국인이 보는 일본관을 그들이 대표한 것이에요. 그래서 그렇게 솔직하게 말했던 겁니다.

기미지마 거기서 한국인들의 의견, 무엇을 생각하고 있는지 잘 알게 되었습니다. 물론 그것은 1990년대 상황의 인식이었지만 말이죠. 사카이 씨와 둘이 교과서에 어떻게 써 있는지에 대해 책을 내기도 하고, 일본 교과서의 문제점에 대해 제가 지적하면 한국 측과 논의하여 책을 내고 그 보고서를 각 출판사에 보내기도 하면서 그때부터 일본의 교과서가 좋아졌던 것 같아요. 우리들의 성과를 통해서 많이 개선되었다고 생각합니다.

정재정 그 다음이 서울시립대와의 교류지요?

기미지마 그렇습니다. 그때 정재정 선생님을 만났고, 지금 제게 있어서 결정적으로 큰 부분은 거기서 이원순 선생님을 만난 것이었습니다. 안타깝게도 작년에 돌아가셨죠. 이원순 선생님을 만나서 여러 모로 배웠던 것이 큰 의미가 있습니다. 그리고 정재정 선생님의 안내로 여러 곳을 견학하면서 일본의 침략이 어떤 것이었는지, 이론이나 책이 아닌 현실이 무엇이었는지 너무나 잘 설명해 주셨던 것도 컸습니다. 그렇게 한국의 여러 곳을 다니면서 정 선생님과 함께 한국 가이드북도 만들었고요, 그 후에는 시립대와 교류했지요.

제가 당시에 50세가 되었는데, 지금은 그렇지 않지만 당시 일본에서는 50세에 딱 한번 해외 연수를 할 수가 있었습니다. 일본은 제도가 잘 되어 있지 않아서 더 젊은 사람들도 할 수 있게 해 주면 좋을 텐데 학교에 지원자가 많아서 순서가 돌아오지를 않아요. 그런데 연령 제한이 50세였는데 때마침 50세가 된 제가 겨우 갈 수 있게 된 것이죠. 어디로 갈지 생각하다가 정 선생님께 부탁했어요. 당시 정 선생님은 시립대학교에 부임하신 지 얼마 안 되었을 때였습니다. 그렇게 시립대학교에 갔더니 정 선생님을 포함한 네 분의 선생님이 계셨어요. 제가 가게 된 것에 대해 여러 가지 문제도 있었던 것 같긴 하지만, 아무튼 굉장히 좋은 선생님들을 만나서 즐겁게 생활했던 것으로 기억합니다.

정재정 그 당시 선생님은 여기저기 현장에도 많이 다니시고 참 열심히 공부하셨어요.

기미지마 그때 처음 정식으로 한국어 공부를 하게 되었습니다. 그 전까지는 책을 사서 독학했던 것이 전부였어요. 나이가 있어서 그다지 많이 늘지는 않았지만요.

정재정 50세에 뭔가를 시작한다는 것 자체가 용기가 필요한 일이죠. 대단하십니다. 그 후에는 한국에서 강연 활동도 많이 하게 되셨죠?

기미지마 그 이듬해부터 정 선생님과 함께 아까 말씀드린 한일교류 심포지엄, 한일 역사 교과서 심포지엄을 시작했습니다. 그것이 저에게는 의미가 큽니다. 10년을 계속 했으니까요. 그 과정에서 책을 3권 썼습니다. 『교과서를 읽는 시점』과 『교재를 만드는 시점』, 그리고 『일한교류의 역사』인데 한국에서도 동시에 번역이 되는 등 매우 큰 성과를 거두었습니다. 그렇게 10년 동안 매년 봄가을에 답사도 하고 심포지엄에도 참가하면서 한국에는 1년에 다섯, 여섯 번 정도 가게 되었고, 기간을 합하면 1~2달 정도는 한국에서 생활하게 되었기 때문에 제 인생에서는 매우 큰 부분입니다. 그런 활동들을 하면서 책을 썼고, 이원순 선생님과 김철 선생님, 일본의 가토 아키라(加藤利明) 선생님, 기무라 시게미쓰(木村茂光) 선생님 같은 분들을 만나게 되었습니다. 실질적으로는 저와 기무라 선생님 둘이 일을 했어요.

저는 그 심포지엄을 10년간 계속 하면서 성과를 거둔 것에 대해 기무라 선생님이 없었드라면 아마노 불가능했을 것이라고 생각합니다. 회장은 가토 선생님이었지만 그분은 인사말을 할 뿐 실질적으로는 우리가 한 것입니다. 그런가 하면 한국에는 정재정 선생님이 계셨고요. 그 의미도 매우 큽니다. 그리고 그 모두를 아우르는 이원순, 이존희 두 선생님이 계셨고요. 제가 인복이 굉장히 많았던 것 같습니다.

정재정 결과적으로 한일 공통의 역사 교재로서 선사시대로부터 현대에 이르는 『한일 교류의 역사』(2007, 혜안)가 만들어졌는데, 매우 좋은 평가를 얻고 있습니다. 본격적인 공통 교재로서는 처음 만들어진 것이죠?

기미지마 전체 시대를 다루고 있다는 점이 좋아요. 다른 책들은 모두 근현대

사만 다루고 있는데 우리 책은 전체 시대를 다루고 있어서, 그런 의미에서는 매우 의미가 큰 책입니다. 한국에서는 어떤지 모르겠지만 일본에서는 꽤 판매가 잘 되었습니다.

정재정 한국에서는 별로 판매되지 않았습니다.

기미지마 일본에서는 벌써 몇 쇄째 찍었습니다. 몇 만권 정도 판매되었다고 해요. 잘 팔려서 정말 다행입니다. 고등학생이 읽는 경우도 있었다고 하는데 참 좋은 책을 만든 것 같아요. 그 과정에서 이원순 선생님의 권유로 가톨릭 사제들과의 교류에도 참가했고, 집필자에는 들어가지 않았지만 일본 고등학생에게 읽힐 책을 만드는 데 참가하고 번역도 했어요. 여러 가지 사정상 일본인은 들어가지 않는 편이 좋겠다는 이유로 저는 빠지고 감수자로 들어가긴 했지만 일본의 고등학생이 읽기에도 쉬운 책이라서 참 좋은 책이었던 것으로 기억합니다. 그때 알게 된 분이 서의식 선생님이에요. 정 선생님과 이원순 선생님, 서의식 선생님의 공동 집필이죠. 회의에 나가면서 서 선생님과도 알게 되었고, 그것이 계기가 되어 서울대학교에 가게 된 것이 아닌가 하고 생각합니다.

정재정 서울대학교에 계셨던 것이 언제였지요?

기미지마 2009년부터 2년 반 동안 서울대학교에 있었습니다. 그것은 저에게 있어서 즐거운 시간이었는데, 서울대학교가 보통 학교가 아니라서 그랬는지 몰라도 매우 다양한 한국인들이 다양한 생각들을 가지고 다양한 행동들을 하였습니다. 사범대학에도 재미있는 선생님들이 많이 계셨는데, 일본어를 꽤 잘 하시는 선생님도 계셔서 그분들과 일본의 문제라든지 한국의 문제에 대해 이야기하곤 했습니다. 그렇게 좋은 시간들을 보냈고요. 그때 이원순 선생님의 『평양3중 학창의 추원사』를 번역했어요. 저로서도 매우 재미있었습니다. 그 책에는 물론 이원순 선생님은 등장하지 않지만, 선생님의 부모님이나 가족들이 등장합니다. 책에 그렇게 써 있는 것은 아니었지만 '이 부분이 그렇다'며 선생님께서 가르쳐 주셨어요. 일본의 침략과 패전, 한국전쟁에 이르는 과정에서 한국인에게 어떤 일들이 일어났는지 알 수 있어서 매우 재미있는 책이라고 생각합니다. 그리고 전부터 하고 싶었던 경복궁에 대한 연구를 그 무렵부터 시작하게 되었습니다.

정재정 경복궁 이야기는 나중에 좀 더 자세하게 들려주시기 바랍니다. 그리고 또 한 가지 중요한 것이 서울시립대학교와의 공동연구인데, 아까 말씀하신 『한일 교류의 역사』를 쓰신 것 이외에도 역사 교육에 관한 여러 논문이나 심포지엄에 참여하여 활동을 하셨습니다. 또한 학생 교류를 중시하여 학생들을 교환 유학시키고 인재를 양성하셨는데요, 그 이야기를 들려주시기 바랍니다.

한일 학생 교류와 인재 양성

기미지마 답사를 두 번 가면서 제 쪽에서 먼저 일본인 학생들을 데리고 가고 싶다고 시립대 측에 말씀드렸는데, 나중에 들은 이야기입니다만 그 쪽 선생님들 사이에서 '그래도 괜찮을지'에 대해 논란이 되어, 학생들은 어떻게 생각하는지 학생회에 문의했다고 합니다. 학생회 논의에서 좋다는 결과가 나와 일본인 학생을 받아들이게 되었는데, 처음에는 3~4명이었던 것이 점점 늘어나서 많을 때는 10명 정도가 되었습니다. 그렇게 해서 매년 봄 가을에 꼭 데리고 갔었습니다. 그랬더니 한번 갔다 온 학생이 다시 가고 싶어하는 경우가 생겼고, 그런 학생들이 늘어나면서 결과적으로 가쿠게이대학과 시립대가 학술 교류 협정을 맺고 유학생 교환과 연구 교류를 같이 하게 되었죠. 교류 협정의 결과로 짧은 답사가 아니라 1년간의 유학을 할 수 있게 되었는데, 학생 선발에서 시립대는 5명의 정원을 꽉 채워서 왔습니다.

반면에 일본의 경우는 지원 학생들이 별로 없었어요. 협정은 맺었는데 학생들이 지원하지 않았죠. 유학생 가운데는 답사에 몇 번이나 참여했던 학생들도 있었어요. 그 결과 지금 히토쓰바시대학(一橋大学)에 있는 가토 게이키(加藤圭本)나 도쿄대(東京大)의 김경호 같은 사람들은 답사에 여러 번 참여했던 사람들이에요. 답사에 참여했던 경험이 그들로 하여금 관심을 가지게 했고, 큰 연구자로 키운 것이죠. 우리는 연구자들뿐 아니라 연인원으로 200명 이상을 한국에 데리고 갔어요. 그들은 가쿠게이대학의 학생들로 거의 모두가 앞으로 교원이 될 사람들이었습니다. 그들이 한국에 가서 한국 학생들과 3박 4일을 지내면서 진짜 한국인을 보고 함께 술을 마시고 노래를 부르며 한국의 시설들을 둘러봤죠. 설명이 한국어라 대부분 알아듣지 못했지만, 유학생이 설명을 하는 경우도 있었습니다.

그렇게 해서 한국 문화를 접한 사람들이 교원이 되어 전국으로 흩어진다는 것은 대단히 큰 의미가 있는 일이라고 생각합니다. 이제는 만일 재일 코리안이나 다른 외국인이 있어도, 그것에 대한 편견이나 차별을 가지지 않고 대응할 수 있게 될 것입니다. 그것은 아마도 다른 대학이 아니라 시립대나 가쿠게이대학에만 있는 대단한 경험이었다고 생각합니다. 제가 그만 둔 후에 없어진 것 같은데, 지금은 가토 게이키가 히토쓰바시대학의 교수가 되어서 다시 학생들을 시립대에 데려 가고 있어요. 이것은 또한 계속이라는 의미가 있습니다. 학교는 달라졌지만 큰 성과라고 생각합니다.

정재정 서울시립대 국사학과의 학생들도 가쿠게이대학에 매년 몇 명씩 가서 기미지마 선생님께 신세를 졌어요. 그들이 돌아와서 여러 곳에 취업하여 활약하고 있으니, 그것으로 큰 의미가 있습니다.

기미지마 문제도 많았지만 결과적으로는 잘 된 일입니다. 한국에서 교원이 된 사람들도 있고요. 그 성과는 크다고 생각합니다. 그리고 교류하는 가운데 얻은 큰 성과는 젊은 연구자를 양성했다는 점입니다. 우리들의 교류는 시립대와 가쿠게이 대학의 교원, 졸업하면 고등학교 교원이 될 사람들, 그리고 대학원생이 중심이었어요. 대학원생은 처음에는 도와주는 역할을 했었는데, 어느새 그들이 한국에 답사를 가거나 유학을 하는 경우가 생겼어요. 그리고 한국어를 굉장히 잘하게 되어 나중에는 번역을 하는 사람도 생겼지요. 그 결과, 우리 교류에 참가했던 대학원생들 중 10명 정도가 지금 대학에서 가르치고 있어요. 10명이면 많은 숫자죠. 처음부터 답사에 찬여했던 것은 아니지만 교류에 참여하면서 당시에는 아직 대학원생 신분이었던 사람들이 이제는 대학의 교원이 되어 있는 겁니다.

그리고 그들이 중심이 되어 지금 교류를 계속 하고 있습니다. 제2차 교류라고 할 수 있겠네요. 그런 의미에서 우리는 이제 교류에서 물러났지만 다음 세대, 젊은 세대가 그것을 이어받아 하고 있어요. 그 씨앗을 우리가 뿌린 겁니다. 그들이 전국의 여러 학교에서 역사를 가르치는 선생님이 되어 있다는 것이 저로서는 대단한 일이라고 생각합니다. 한일 교류가 그런 성과를 만들어 낸 것이에요. 책을 쓰는 것만이 성과가 아니라 결과적으로는 인격의 성장, 인간의 육성을 이루었죠. 그것은 제가 그렇게 하려고 마음먹고 한 것이 아니라, 그렇게 되었다고 말하는 것이 옳을 것입니다.

정재정   당시 일본의 새로운 중학교 역사 교과서가 나와서, 그것에 대한 반대 운동으로 일본이 매우 시끄러웠는데요. 거기서도 기미지마 선생님은 여러 가지 의견을 제시하셨습니다. 본인이 쓰신 고등학교 교과서도 있고요. 지금까지 해 오신 활동이 한국에 관한 내용을 쓸 때 영향을 준 부분이 있나요?

기미지마   있을 것입니다. 우리 교과서는 짓쿄(実教)출판이라는 곳에서 1984년인가 1985년부터 나오기 시작되었는데, 오에 시노부 선생님이나 구로하 기요타카(黑羽清隆) 선생님이 좋은 교과서를 써 주셨습니다. 대단히 민주적이고 좋은 교과서였어요. 그것은 우리가 다음 세대에게 물려줘야 하는 부분입니다. 또한 저는 '새로운 역사 교과서를 만드는 모임'의 교과서에 대해 비판하는 입장이었기 때문에, 그것을 교과서에 어떻게 반영할 것인지도 고민했어요. 그런 문제에 대해서 함께 논의할 수 있는 동료들이 있어서 가능한 일이었습니다. 고대는 물론이고 특히 근현대에 대하여 조선 문제를 제대로 기술하기 위해 노력했습니다. 아무래도 그런 문제에 관심이 있었기 때문에 기술할 수 있는 내용이 많았고요, 따라서 솔직히 검정 때마다 항상 문제가 되었습니다. 정부는 '이런 내용을 쓰지 말라'고 했고 항상 마찰을 빚었습니다만, 역시 그렇게 했던 것들이 결과적으로 좋은 교과서를 만들었고 고등학교 교원들로부터 매우 좋은 평가를 듣고 있어요.

단, 마지막 단계에서 도쿄도 교육위원회가 내용에 대해 문제를 제기하여 채택되지 않는 사태가 생겼다는 것은 저희로서도 납득할 수 없는 일이긴 했지만, 역시 한일 교류가 교과서를 발전시키는 데 역할을 했다고 생각합니다. 저는 한국의 교과서도 번역했었기 때문에 한국의 교과서를 유심히 보았는데, 거기서 힌트를 얻어 우리 교과서에도 '역사를 생각해 봅시다'라는 항목을 만들었습니다. 한국 교과서를 좀 따라 한 거죠. 한국 교과서에 그와 비슷한 코너가 있는데 재미있을 것 같아서 일본에서도 꼭 해보고 싶었어요. 지금 생각하면 일본의 역사 교육이 사고력 육성 쪽으로 새롭게 달라지고 있는데, 그 선구자적인 형태를 우리들이 만들었다고 할 수 있습니다. 그것이 검정에서 문제시되긴 했지만 선구자들은 늘 비판 받게 마련이지요. 비판을 받는 것은 힘들지만 그와 같이 한국의 교과서를 연구했었기 때문에 일본의 교과서를 개선할 수 있었다고 생각합니다.

정재정 총괄적으로 말하면 우리의 연구회가 한국과 일본의 교과서 개선에도 큰 역할을 했다고 할 수 있는 것이로군요.

기미지마 큰 역할을 했다고 생각합니다. 일본의 교과서에도 한국의 교과서에도 나름대로 영향을 주었어요. 동아시아사 교과서를 보면 우리가 해 온 것들이 거기에도 반영되어 있는 것을 알 수 있는데, 그런 의미에서는 우리가 해 온 일은 의미 있는 일이라고 생각합니다.

정재정 기미지마 선생님은 퇴직 후 한국의 경복궁과 서울에 있던 일본 영사관, 공사관 등에 대해 연구를 시작하셨습니다. 그 계기는 무엇이었습니까?

조선총독부의 경복궁 파괴

기미지마 꽤 오래 전 이야기로 거슬러 올라갑니다. 아오키 서점에서 일본의 고대, 중세, 근대, 현대의 시대별 테마를 정해 각 시대별로 5명 정도의 연구자를 선정하여 1권씩 책을 쓰도록 하는 기획이 있었습니다. 제가 저자 선정과 근대를 맡았습니다. 저도 한 권 써야 하는 상황이었는데 마침 그 시기가 1997년, 시립대와 교류를 시작하던 시기여서 저는 쓰지 못했습니다. 그래서 그 시리즈 중에 근대가 완성되지 못했어요. 저와 또 한 분이 못쓰셔서 5권 중 3권밖에 못나오게 되었습니다. 그때 다 쓰지 못한 원고들이 있어서 저는 이것을 끝내고 싶었어요. 그때부터 서울의 역사를 테마로 잡아야겠다고 생각은 했었어요. 고대부터 다룰 생각은 처음부터 없었고, 식민지 시대에 서울이 어떻게 변했는지, 총독부가 생긴 이후의 서울의 변화상 같은 것을 다뤄보고 싶었는데, 연구가 진척이 되지 않은 상태로 오래 있었죠.

시립대에 가면서 한국어를 배우고, 이원순 선생님과 여러 곳을 다니는 동안 책에 대한 생각은 점점 강해졌지만, 한일 교류가 너무 바빠서 다시 손을 대지는 못하고 있었습니다. 그러다가 한일 교류의 역사가 끝나고 제가 좀 아팠어요. 암에 걸려서 투병 생활을 했는데, 그 시기에 여러 가지 생각이 들었고 다시 해야겠다고 결심했어요. 찾아보니 한국에는 서울의 역사에 대한 연구가 대단히 많더군요. 일본에도 몇 편인가 있었고요. 이래 가지고는 서울 전체를 다루는 것은 무리겠다 싶었어요. 한국의 연구 수준을 생각하면 대충 해서는 안 되겠더군요. 그럼 무엇을 할까 하다가 서울을 도시공학적으로 연구해 볼까도 생각했는데, 저의 관심사도 아니고 전공과는 너무 동떨어져서 그것도 아니다 싶었어요.

그러다가 예전의 경험이 생각났어요. 1990년대 초 무렵에 후지사와 선생님과 함께 서울에 갔다가 경복궁에 견학을 간 적이 있었습니다. 그 무렵에는 아직 총독부 건물이 그대로 있었는데, 근정전에서 보면 눈앞에 떡 하니 총독부 건물이 보여요. 그때는 박물관이었죠. 그것을 본 저는 왕궁 바로 앞에 저런 것을 만들다니 뭐 하는 짓인가 싶었습니다. 여러 모로 알아보니 경복궁은 바로 총독부로 인해 점점 파괴되어 갔어요. 조선 왕조를 없애는 작업, 조선 왕조의 본적을 없애는 작업이 일본 식민지하에서 자행되었고 그 전형적인 예가 바로 경복궁이라는 생각이 들었습니다. 그래서 조사를 시작해 보니 일본의 식민지 지배가 경복궁에 농축되어 있는 듯한 느낌을 받았고, 이 연구를 해야겠다는 생각이 들었어요.

한국에는 연구들이 많이 있었고 자료도 상당히 찾을 수 있었습니다. 그래서 제가 경복궁을 연구하게 되었고 원고도 꽤 썼습니다. 사실 아직 발표는 하지 않았어요, 왜냐하면 1권의 책으로 엮기에는 아직 시간이 좀 걸릴 것 같았기 때문입니다. 쓰는 과정에서 힘들었던 점은 최초의 경복궁에 관한 내용이었어요. 조선 왕조가 생기고 1394년에 경복궁이 세워졌죠. 당시 경복궁의 모습에 대해서는 사실 그다지 연구된 것이 없어요. 그래서 그 부분을 조사해봤더니 일본의 연구도 있었고, 조선왕조실록 태조 편에 자료들이 있었어요. 그것을 읽어보니 한국의 기존 연구들 중에 납득이 가지 않는 것들이 있었습니다. 아무튼 그 자료는 읽는 것도 힘들었어요. 번역이 있어서 그나마 다행이었지요. 그렇게 해서 그 부분을 쓰긴 썼습니다. 꽤 긴 논문이 되었지요.

그 다음에는 무엇을 써볼까 하고 보니 도요토미 히데요시(豊臣秀吉) 침략에 관한 부분은 안 다룰 수가 없어요. 그때 화재로 소실되니까요. 히데요시의 침략과 경복궁이 어떤 관계에 있었는지 쓰게 되었습니다. 그리고 한참 내려오니, 이번에는 고종 때 흥선대원군이 주도한 경복궁 재건이 나옵니다. 그 부분도 다뤄줘야 할 것 같아서 쓰기 시작했는데, 와세다대학(早稲田大学)에서 『경복궁영건일기』라는 원자료가 발견되었어요. 한국에도 없는 대발견이었지요. 제가 생각하는 것보다도 훨씬 중요한 발견인 모양이에요. 지금 그것을 읽고 있는데, 번역이 없어요. 한문인데다 수기로 쓰여진 것이라 어렵습니다. 얼마 전에 서의식 선생님에게 질문했더니 제가 한자를 잘못 읽었다고 하더군요(웃음).

그 이외에도 『고종실록』, 『일성록』, 기타 자료들을 연구하면서 쓰고 있는데, 올해 안에 끝내는 것은 무리일 것 같고 내년 초쯤 마무리했으면 좋겠다는 생각을 가지고 있습니다. 그것이 끝나면 이번에는 구한말, 대한제국 말기의 경복궁 파괴에 관한 것을 써야 합니다. 그 부분에 대해서는 이미 논문을 써 놓은 것이 있어요. 그리고 청일전쟁 때의 왕궁 점령 사건에 대해서는 김문자라는 분이 쓰신 책을 재미있게 읽고 기타 자료들도 연구하면서 이미 써 놓았습니다. 그 다음에 나오는 것이 빼놓을 수 없는 명성황후 시해 사건이죠. 그것도 빼놓을 수 없는 부분이라서 이미 써 두었습니다.

그 다음에 나오는 것이 아관파천, 러시아 공사관으로 도망가는 내용이죠. 그것도 재미있어요. 자료를 읽어보면 드라마보다 더 재미있죠. 그 부분도 써 놓았습니다. 그래서 이제 남은 것은 고종 때의 재건과 또 하나 가장 중요한 부분인 총독부 개축에 대한 부분, 그리고 1929년부터 열린 박람회 부분입니다. 그것으로 후반 부분이 파괴되니까요. 거기까지 하게 되면 1945년 이전은 끝이 납니다.

정재정 꽤 길군요. 책이 두꺼워지는 것 아닙니까?

기미지마 분량이 꽤 많습니다. 상당히 두꺼워질 것 같아요. 이제 그 부분만 끝나면 책으로 낼 생각입니다. 무척 재미있어요. 저에게는 한국에 관한 최대의 연구가 될 것 같습니다.

정재정 총독부 건물이 헐릴 때 그곳에 계셨지요? 마지막에 그 부분도 넣으면 어떨까요?

기미지마   전후에 총독부가 어떻게 사용되었는지, 헐어야 할지 말아야 할지에 관한 논의도 다룰 필요는 있다고 생각하지만, 그 부분은 한국의 문제입니다. 한일 관계가 아니에요. 저는 한일 관계를 다루는 것이고 제목이 『일본과 경복궁』이기 때문에 고종의 재건을 다루는 것은 상관 없지만 전후 문제는 한국의 몫입니다. 한국 내에서의 문제는 에필로그 마지막 장에 짧게 언급하면 되지 않을까 싶고요. 이제 3장 정도를 더 쓰면 끝납니다. 그 책을 이원순 선생님이 살아계실 때 냈더라면 얼마나 좋았을까요. 정말 안타깝습니다.

일본의 역사 교육 변화에 기여

정재정   지금 일본의 역사 교과서, 역사 교육이 달라지고 있는 시기이지 않습니까? 거기에도 기미지마 선생님이 관여하고 계신데요. 지금까지의 연구나 교육에 종사해 오시면서 앞으로 달라질 일본의 역사 교육에 대해 뭔가 하실 말씀이 있으시다면 부탁드리겠습니다.

기미지마   지금 일본의 역사 교육이라고 하는 것은 매우 암기 중심입니다. 성인이 되면 역사를 좋아하는 사람이 많아요. 서점에 가보면 『○○세계사』, 『△△일본사』 같은 책들이 많이 나와 있고, 이와나미신서에서도 역사에 관한 책이 잘 팔립니다. 그럼에도 불구하고 고등학생들은 모두 역사를 싫어해요. 물론 대학 입시 때문이기도 합니다만 역사를 좋아하는 고등학생은 거의 없죠? 입시를 치르려면 암기해야 할 것이 너무 많다는 것이 최대의 원인입니다. 역사라는 것은 마냥 외운다고 해서 좋은 것이 아니에요. 역사를 공부하는 이유는 사실을 알기 위해서만이 아닙니다. 사실을 알아서 나쁠 것은 없지만, 그것이 유일한 이유인 것처럼 되어가는 것은 좀 비정상적이라고 저는 예전부터 생각해왔어요. 역사는 더 재미있어야 합니다. 그리고 또 한 가지 역사에 필요한 것은 역사적인 사실을 토대로 지금의 사회를 올바른 시각으로 볼 수 있게 하는 것. 사회 비판, 현대 사회 비판의 관점을 역사 교육이 키워줘야 한다고 생각합니다.

그런 발상에 입각해서 보면 지금 일본의 역사 교육은 충분하지 않고 매우 문제가 많습니다. 그 와중에 일본에서는 세계사 미이수(未履修)가 문제시되고 있어요. 세계사는 외워야 할 용어도 많고 필수과목입니다. 필수인데도 세계사를 하지 않는 학교가 많다는 거에요. 진학률 높기로 유명한 학교들이 그렇다고 해서 큰 문제가 되었습니다. 그런 것들을 계기로 역사 교육을 다시 보자는 기운이 생겨났어요. 저는 오히려 잘 되었다고 생각합니다. 민간에서도 많은 사람들이 걱정하고 있고, 저도 그것에 대해 발언했고요, 문부과학성에서도 지금 이대로는 안 된다는 움직임이 일고 있어요.

한편에서는 세계사를 아예 필수과목에서 제외하고 일본사를 필수과목에 넣자는 움직임도 있습니다. 물론 일본사를 필수로 하는 것이 나쁜 것이 아니지만, 그것만 배우면 지금의 현대 사회 속에서 앞으로 일본인이 세계에서 활약해야 할 때 문제가 될 것입니다. 일본사도 알아야 하지만 세계사를 필수과목에서 제외하면 세계사 수강생은 크게 줄어들 것입니다. 그것이 과연 앞으로의 사회를 살아가는데 괜찮을까 하는 문제가 제기되고 있어요. 게다가 일본사 필수를 추진하는 것은 우익적인 세력이기 때문에, 어떤 일본사가 추천될지도 걱정이고요. 한국의 국정화와 같은 움직임이죠. 그런 와중에 세계사 미이수를 바로잡아야 한다는 분위기가 만들어지고 있는 것이라서 저는 매우 재미있는 현상이라고 봅니다. 학술회의에서도 그런 부분을 논의하기도 합니다.

저는 학술회의에서 세 번 정도 제언을 했는데요. 1회는 제가 한국에 가 있던 때였기 때문에 제언을 할 수가 없었고, 2회째부터 참여하여 여러 가지 발언을 했습니다. 그래서 결과적으로 역사종합이라는 명칭의 새로운 과목이 만들어집니다. 역사란 단순 암기가 아니라는 것이죠. 처음에는 역사종합이 아니라 최소한 알아야 할 것을 가르친다는 의미에서 역사기초라는 이름이었는데, 저는 별로라고 생각했어요. 왜냐하면 최소한이라는 것은 굉장히 어려운 기준이기 때문입니다. 무엇을 기준으로 최소한인가, 무엇을 기준으로 가장 기초적인가 하는 것을 알 수가 없어요. 그 부분에서도 한국의 역사 교육이 저에게 힌트를 주었는데, 한국에서는 예를 들어 동아시아 역사는 통사적이긴 하지만 크게 보면 테마사입니다. 저도 그 방향에 동의하기 때문에 테마학습, 과제학습 같은 것이 좋겠다고 생각했습니다. 문부과학성이 내놓은 것도 역시 과제학습이에요.

문부과학성은 지금 학교 교육 전체에 대해 지식 교육보다 사고력 육성을 지향하고 있어요. 이를테면 사고력을 육성함으로써 현상을 보고 생각하고 말할 수 있게 하자는 것이죠. 그런 교육 방침으로 바뀌었습니다. 그 자체는 나쁜 것이 아니고 필요한 것이에요. 지금의 고등학생들처럼 방안에만 틀어박혀 있을 정도로 내성적이고 유학도 싫다고 하는 학생들에게는 그런 발상이 필요합니다. 그것을 역사 교육에 적용하면 단순히 사실을 암기하는 것이 아니라 다양한 자료를 보면서 판단하고 본인의 의견을 말할 수 있게 되지요. 그런 것들이 익숙해지면 현대사회를 볼 때 다양하게 제시되는 정보들을 정확하게 읽어내고 지금 해야 할 일이 무엇인지 판단할 수 있게 될 것입니다. 역사학이란 그런 것이라고 생각하기 때문에 지금의 방향은 기본적으로 틀리지 않았다고 봅니다.

지금 역사종합으로 명칭을 바꾼 과목을 어떻게 실시할 것인지에 대해 많은 고민을 하고 있습니다. 문부과학성에서 중기방침과 학습지도요령, 그 해설이 나왔는데, 지금까지와는 완전히 다른 지도요령과 해설이 나왔어요. 지금까지의 지도요령이란 각 과목을 한 권의 책에 정리한 것에 지나지 않았는데, 이번에는 우선 큰 틀이 잡혀 있어요. 그 맨 앞에 사고력 육성이 있고, 그것을 각 과목을 통해 실현할 방법에 대해 쓰여져 있습니다. 전 교과를 통해 사고력을 육성하겠다는 것이지요. 앞으로의 바람직한 일본인상을 문부과학성은 생각하고 있는 것 같습니다. 그 가운데는 역사도 들어갑니다. 역사종합이라는 것의 바람직한 형태는 테마학습이에요.

그런데 어제 연구회도 그렇지만 역사가는 모두 통사를 하고 싶어 합니다. 저는 지도요령의 의도가 옳다고 생각하는데, 통사가 아니라 테마에요. 어떤 현상에 대하여 어떻게 생각하는지 다양한 자료나 학교 수업 등을 토대로 판단하는 법을 배우면 되는 것입니다. 그리고 2학년, 3학년에 가서 일본사 통사, 세계사 통사를 배우면서 지식은 그때 배워도 된다고 생각합니다. 지금 1학년들이 하게 될 역사종합의 올바른 방식에 대해 열심히 고민하고 있어요. 책을 만들려고 어제도 연구회를 했는데, 지금과 같은 역사 교육의 큰 변화 가운데 그런 것들이 성공할지 실패할지 알 수 없지만, 해볼만한 의미는 있다고 생각합니다.

정재정 앞으로 저도 그 결과를 기대하고 있겠습니다. 그런 면에서는 한국과 일본은 역사 교과서나 역사 교육에서도 서로 영향을 주고 받고 있군요.

기미지마 제가 역사종합을 만들 때 상당히 많은 도움을 받은 것이 한국의 교과서입니다. 저는 한국의 교과서를 많이 가지고 있는데, 그것들을 보면 이런 방법도 있구나 하는 깨달음이 있습니다. 솔직히 역사교육에서는 한국이 더 앞서 있다고 생각합니다. 이명박, 박근혜 시대는 대혼란이었고 어려운 시기였습니다. 일본에서도 뭐가 뭔지 정리하는 것이 힘들어서 인터넷 조사를 통해 정부 발표를 수집하여 강연을 하고 그랬습니다. 그때는 한국을 잘 알고 한국에 관심이 있는 사람들조차도 잘 모르는 것들이 있어서, 제가 정리해 주면 "아 그런 것이 있었나요"라는 반응이었어요. 그때는 최악이었죠.

그 결과로 마지막에 나온 것이 국정화죠? 정말 말이 안 되는 이야기고요. 박근혜 대통령이 탄핵되면서 일단 진정이 된 것이 그나마 다행입니다. 한국은 대통령을 그만두게 할 정도로 국민이 힘을 가진 나라에요. 그 움직임이 없었다면 지금의 결과는 없었을 것입니다. 참으로 대단하다고 생각하는데, 일본에서는 그런 운동이 일어나지를 않아요.

정재정 그것과 관련하여 마지막 질문을 드리겠습니다. 기미지마 선생님이 대학교에 입학하셨을 때 한일협정 반대 운동이 일어났고, 그로부터 지금 50여년이 흘러 한국의 대법원이 강제징용에 대해 판결을 내렸습니다. 일본 기업은 위자료를 지불하라고요. 그것에 대해 일본 정부가 민감하게 반응하면서 격앙된 말을 하고 있어요. 일본의 일반인들 사이에서도 한국을 싫어한다거나 신뢰할 수 없다는 분위기가 강해지고 있습니다. 기미지마 선생님이 지금까지 한국과 교류해 오신 입장에서 보시기에는 어떻습니까?

협정 위반이라는 문제 이전에 개인의 존엄이 존중되어야

기미지마 물론 그것이 전부는 아니겠지만 1965년에 일본 측이 내어준 돈이 한국의 경제 부흥에 큰 의미가 있었다는 것은 사실입니다. 그 당시의 협정을 읽어보면 위자료도 들었던 것 같습니다. 그런 내용이 쓰여 있어요. 하지만 정부가 그것을 경제 부흥에 사용하고 개인에게는 돌아가지 않았는지도 모르죠. 그 점에서는 한국 정부가 나쁘다면 나쁘다고 할 수 있어요. 그 후의 역사를 보면 역사 속에서 개인이 목소리를 내기 시작한 것이 그렇게 오래 되지는 않는다고 생각합니다. 전형적인 사례로는 김학순 할머니가 본인이 '위안부'였다고 밝힌 것이 1990년이었습니다. 그 무렵이 되어서야 겨우 그렇게 할 수 있었던 것이죠. 1945년에 끝난 일을 1990년이 되어서야 비로소 말할 수 있었던 거에요. 할머니들은 '위안부'였다는 사실을 줄곧 말하지 않았어요. 고통받았지요. 그러다가 시대의 큰 흐름 속에서 비로소 밝힐 수 있게 된 것입니다.

김학순 할머니가 그렇게 할 수 있었던 것은 그녀 한 사람의 문제가 아니라 사회 전체가 그 문제에 관심을 가지고 그녀들을 응원해 줄 수 있는 사람들이 생겼기 때문이에요. 극소수가 아니라 어느 정도 힘을 가지게 되었기 때문이죠. 그와 같은 힘 때문에 역사의 흐름이라는 것은 매우 중요합니다. 이번 강제징용 소송의 5명 중 4명이 죽고 1명이 남았는데 90세가 넘어요. 김학순 할머니, 일본군 '위안부' 피해 할머니, 그리고 강제징용 피해자들은 돈을 바라는 것이 아니라고 생각합니다. 90세의 할머니가 1억을 받아서 어디다 쓰겠습니까. 그분들은 자신들이 일본을 위해서 한 일, 일본군 '위안부'가 된 일에 대해 정부가 제대로 된 사과를 해 주길 바래요. 그것을 요구하는 것이 이번 재판이라고 생각합니다.

협정에 위반되는 것인지 아닌지의 문제가 아니라 한 사람 한 사람의 존엄이 존중되어야 한다는 주장이에요. 그런 움직임은 한국뿐 아니라 일본과 전세계에서도 볼 수 있습니다. 그런 맥락에서 내려진 것이 이번 판결이므로, 협정에 쓰여 있으니 관계 없다는 식의 반응은 납득이 가지 않아요. 개인의 존엄에 대해 일본 정부와 기업이 그 분들께 사죄하고 앞으로는 절대로 그런 일을 하지 않겠다는 것과 역사 교육을 통해 가르치겠다는 것을 일본 정부가 성명으로 발표하면 어떨까요. 사실 저는 아베 신조가 일본 대사관 앞에 가서 소녀상 앞에 무릎을 꿇고 머리 숙여 사죄하는 것이 문제 해결을 위한 가장 쉬운 방법이라고 생각합니다.

미쓰하시 히로오 三橋広夫

1951년에 태어나 1973년 와세다대학 교육학부 지리역사전공을 졸업하였다. 1973년 4월~2006년 3월 지바시 공립중학교 교사로 지내다가 2006년 4월 간다외국어대학 대학원 언어과학연구과 일본어학전공으로 입학하여, 2008년 3월 동 대학원 졸업(문학 석사)하였다. 2010년 4월~2016년 3월 일본복지대학 아동발달학부 교수를 역임하였으며, 2016년 4월~현재 슈쿠토쿠대학, 무사시대학 비상근 강사로 재직 중이다. 교육 현장에서 한국 역사교사들과 교류하면서 한일 역사 인식 개선을 위해 노력하고 있다. 저서로는 『이 책으로 알 수 있는 한국·조선의 역사 Q&A』(2002, 대월서점), 『역사 수업을 연구하다-중학생의 의문을 해결하는 역사민속박물관 전시』(2003, 역사민속박물관진흥회), 『이 책으로 알 수 있는 베트남 역사』(2005, 대월서점), 『이 책으로 알 수 있는 타이완 역사』(2012, 대월서점) 등 다수가 있고, 번역서로는 『제국일본의 식민지 지배와 한국 철도 1892~1945』(정재정 역, 2008, 명석서점), 『검정판 한국의 역사교과서-고등학교 한국사』(이인석 외 역, 명석서점, 2013), 『동아시아의 역사-한국 고등학교 역사교과서』(안병우 외 역, 2015, 명석서점) 등이 있다.

일본 지식인에게 듣는 **한일 관계와 역사 문제**

일시 2018년 10월 18일(목) 15:00~18:00
장소 서울 동북아역사재단 휴게실
진행 정재정

미쓰하시 히로오(좌)와 정재정(우)

정재정 미쓰하시 선생님은 지금까지 교육 현장에서 한국의 역사 교사들과 교류하면서 서로 수업을 교환해 오셨는데요. 선생님께서 활약해 오신 분야에 대해서 말씀해 주시기 바랍니다.

미쓰하시 활약이라고까지 할 것은 없습니다만, 저는 중학교 교사였습니다. 중학생들에게 역사를 어떻게 가르칠 것인지, 또한 중학생이 역사에 대하여 어떻게 생각하고 있는지에 대해 저 스스로 연구했을 뿐 아니라 동료 교사들과도 함께 생각해 왔습니다. 그것을 일본 내에서 만으로 그치지 않고 한국 교사들에게 저의 교육 방법에 대해 의견을 듣거나 한국 선생님들의 교육 방법을 제 나름대로 분석하면서 서로의 역사 교육에 대한 인식을 심화하려는 활동을 지속적으로 해 왔습니다.

정재정 일본에는 역사 교사, 특히 지리 등의 사회과 교사들이 모이는 전국적인 조직이 있는 것으로 알고 있습니다.

미쓰하시 역사교육자협의회입니다.

정재정 역사교육자협의회란 어떤 것입니까?

일한교육실천연구회 활동

미쓰하시 저도 역사교육자협의회의 회원입니다만 제가 활동하는 곳은 그것과 별개의 조직으로, 일한교육실천연구회라고 해서 1993년에 만들어졌습니다. 그때의 중심 멤버가 오오쓰키 다케시(大槻健) 선생님과 이시와타 노부오(石渡延男) 선생님, 야마모토 노리오(山本紀夫) 선생님,

그리고 저였습니다.

미쓰하시 역사 교육에 국한되지 않고 교육에 대하여 폭넓게 생각해보자는 의미에서 '교육실천연구회'라고 이름을 붙였습니다. 저희 4명이 발기인이었는데, 그 중 2분은 안타깝게도 돌아가셨습니다.

정재정 일한교육실천연구회, 한국에서는 '교육 실천'과 같이 실천이라는 말을 잘 사용하지 않는데, 일본에서 교육 실천이라고 하는 것은 어떤 의미인가요?

미쓰하시 수업을 하는 것뿐 아니라 수업이 끝난 후 교사가 자신의 수업을 다시 한번 되돌아보고 반성하면서 그것을 문서 기록으로 남기는 것까지 포함하여 '교육 실천'이라고 합니다.

정재정 방대한 양의 수업 보고서를 담은 책이 일본에서 출판되었죠. 실천 보고서였나요? 그런 활동을 하시는군요. 잘 알겠습니다.

그렇다면 한국과 교류를 가지게 된 계기는 무엇이었습니까?

미쓰하시 제가 처음으로 한국에 갔던 것이 1989년이었던 것 같습니다. 그때는 한국의 교사들과 어떤 교류를 해야겠다고 생각하고 갔던 것이 아니었어요. 이시와타 선생님이 그 전년도에 한국외대에서 1년 동안 유학을 하고 돌아오셨는데, 그때 여러 사람들을 알게 되었습니다. 유학 초기에 이시와타 선생님은 주변으로부터 "당신도 나카소네 수상하고 다를 바 없을 것"이라는 말을 많이 들었다고 해요. 시간이 지나면서 주변 사람들은 이시와타 선생님이 그렇지 않다는 것을 이해해 주었지만, 이번에는 "그렇게 진보적인 생각을 가진 사람은 당신 혼자뿐 아니냐"는 말을 들었다고 합니다. 그래서 유학을 마치고 귀국한 후 일본에도 진보적인 사람들이 많다는 것을 알려야겠다고 생각하게 되었고, 그렇게 해서 20명 정도가 한국에 단체 여행을 가게 됩니다. 제암리 교회도 가고 광주도 갔어요. 지금은 성역화되어서 굉장히 좋아졌지만, 저는 그 시절이 더 생생하게 전해지는 뭔가가 있어서 좋았던 것 같아요.

그때 우연히 2명의 한국인과 친구가 되었어요. 한 사람은 남자, 한 사람은 여자였는데, 그렇게 해서 한국어도 공부하게 되었죠. 한 3~4년은 한국에 가서 견학도 하고 맛있는 것도 먹고 했는데, 역시 교사이다 보니 그것만으로는 뭔가 부족하다는 느낌이 들기 시작하더군요. 그래서 이시와타 선생님과 오오쓰키 선생님과 함께 의논하여 한국의 교사들과 교류를 하게 된 것입니다. 처음에는 서울의 교사들과 제1회 연구회를 가졌는데 생각했던 것과 뭔가 분위기가 다르다 싶었죠. 그러던 중 1993년 4월경에 진주의 교사들을 만나게 되었습니다. 자체적인 모임을 통해 저희 역사교육자협의회에서 발간한 『지역에 뿌리내린 역사교육의 창조-역사교육 30년의 성과와 과제』(1979, 메이지도서)라는 책을 열심히 읽고 계시더군요. 서울과 진주는 의식이 좀 달랐던 것 같아요. 그분들은 지역의 역사나 민중의 모습을 소중히 다루는 역사 교육을 하려고 힘쓰고 계셨고, 그런 부분이 저희가 생각하는 역사 교육의 방향과 비슷했어요. 그래서 교류를 하게 된 것입니다.

정재정   그 이야기는 나중에 좀 더 자세히 듣겠습니다. 이시와타 노부오 선생님은 저도 잘 아는 분이고 친하게 지내는데요. 어떤 의미에서는 한국과의 교류를 시작하는데 공로가 큰 분이죠. 이시와타 노부오 선생님과 관련해서 한국과의 교류나 그 후의 관계에 대해서 말씀해 주시기 바랍니다.

미쓰하시 이시와타 선생님은 1987년의 '6월 항쟁'에서 많은 영향을 받았던 것 같습니다. 그때까지만 해도 일본에서 한반도와의 교류라고 하면 거의 북한을 생각했던 시절이었어요. 하지만 이시와타 선생님은 '6월 항쟁' 민주화 투쟁에서 민주주의의 숨결을 민감하게 느끼고, 한국인들이 쟁취하고자 하는 민주주의라는 것을 일본도 공유해야 한다고 생각했어요. 그래서 이시와타 선생님은 1년간 휴직하고 한국에 가서 한국어를 공부하고 돌아와, 그 결과를 고등학생들에게 가르치고 싶어했는데, 학교 측에서 못하게 했어요. 그래서 결국 퇴직을 하고 한국으로 가게 되었죠.

정재정 이시와타 선생님은 원래 도쿄도립대학의 하타다 다카시(旗田巍)라는 유명한 조선사 연구가의 제자시죠?

미쓰하시 네 그렇습니다. 이시와타 선생님이 도립대학에 있을 때, 재일 조선인 고등학생이 같은 학교의 여학생을 살해한 '고마쓰가와(小松川)고교 사건'이라는 것이 있었어요. 진상은 잘 모르겠지만 재판 결과 사형 판결이 나서 너무나 금방 사형이 집행되어 버렸어요. 그때 이시와타 선생님이 한국 유학생들, 하타다 선생님과 함께 구명 운동을 했었는데, 결국 허망하게 그렇게 되어버린 경험도 있습니다.

정재정 저는 1991년에 이시와타 선생님을 만나게 되었는데요, 그때가 한국과 일본에서 이른바 역사 인식에 관한 대화라고 하여 연구자 또는 교사들끼리의 교류가 활발하게 이루어지기 시작하던 시기였지요. 그런 것에 비하면 이시와타 선생님은 상당히 일찍부터 한국과 교류를 하셨군요.

미쓰하시   니가타 조에츠(新潟上越)대학의 가토 아키라(加藤章) 선생님, 니타니 사다오(二谷貞夫) 선생님, 그리고 오오쓰키 선생님이 참여하셔서 한국의 교사들과 함께『역사교과서의 한일대화』라는 책을 내기도 했습니다. (역사연구회편, 2004, 오오쓰키 서점).

정재정   오오쓰키 선생님은 교육학의 중진이시죠?

미쓰하시   네, 그렇습니다. 오오쓰키 선생님은 전후 일본의 민주주의 교육을 지탱해 오신 분이라고 생각합니다. 예를 들면 일한교육실천연구회를 만들어서 오오쓰키 선생님이 대표, 제가 사무국장을 맡았었는데, 제가 보고를 드렸을 때 지적을 하시는 경우가 있어요. 하지만 권위적인 것이 아니라 동등한 실천자로서 의견을 말씀하신다는 것이 느껴져요. 저는 그것이 일본 민주주의 교육의 근본이라고 생각했습니다. 민주주의 교육을 한다는 사람들을 보면 아무래도 권위적인 상하 관계가 되어 버리는 경우가 있는데, 오오쓰키 선생님은 저보다 나이가 훨씬 위시지만 같은 눈높이에서 대화가 된다는 느낌이 강했어요. 그래서 제가 선생님을 어려워하지 않는 것 같습니다.

정재정   제 정리가 맞는지 모르겠지만, 그 시절의 한일 교류에는 크게 세 가지 정도의 흐름이 있었다고 생각합니다. 하나는 비교사·비교역사교육연구회입니다. 도쿄대학 서양사학과 출신의 요시다 고로(吉田悟郎) 선생님이나 그 이후의 니시카와 마사오(西川正雄) 선생님인데, 그분들은 한국뿐 아니라 동아시아, 중국, 북한, 타이완, 베트남을 넣어 역사 인식을 확인하고자 하셨죠. 또 하나는 1982년 일본의 교과서 문제가 일어났던 것을 계기로 한일의 역사 인식에 관한 대립을 극복하려는 시도로서 직접 한일의 역사 교과서에 대해 연구하는 그룹이 있었고요. 마지막 하나는 지금 미쓰하시 선생님이 말씀하신 교사 차원의 교육 실천에 관한 교류가 있었다고 생각합니다. 그 후 진주와의 교류가 중심이 되어 지금까지 이어져오고 있는데 그 이야기를 좀 더 해 주시기 바랍니다.

교사들의 교육 실천 교류

미쓰하시   말씀하신 것처럼 교과서의 대화는 매우 중요하고 어느 정도 성과도 있었다고 생각합니다. 하지만 아무래도 대학 교수들끼리의 교류, 연구자들끼리의 교류였죠. 저희들은 그보다 지금 당장 아이들에게 어떤 수업을 할 것인가 하는 공통점이 있었어요. 그래서 아이들의 생각, 아이들의 발언, 수업이 원활하지 못했던 에피소드 등을 토대로 현장에 있는 교사들이 아니면 이해할 수 없는 그런 차원의 교류를 하고자 했어요. 구체적으로 예를 들면, 어떤 아이가 수업 초반에 생각하던 것이 수업이 진행됨에 따라 달라질 수 있겠죠. 그런 다양한 변화들을 제시하면 한국의 교사들도 자극을 받았고, 앞으로 어떻게 수업을 하면 좋을지에 대해 서로 영향을 주고 받을 수 있게 되었습니다.

정재정   일본의 전후 교육은 아까 말씀하신 것처럼 민주주의 시민을 키우는 것이죠. 그만큼 전쟁 전의 황국사관으로부터 탈피하겠다는 문제 의식이 명확해서 많은 교사들이 자유롭게 교재를 만들어 가르칠 수 있었는데요. 1990년대 초에 한국의 교사들과 교류하시면서 어떤 생각을 하셨습니까? 역사관이 경직되어 있었나요?

미쓰하시   네, 그랬던 것으로 기억합니다. 예를 들면 교류 초기에 박종천이라는 고등학교 교사가 있었는데, 그분의 연구회 보고 발표 내용 중에 수업에서 대화를 많이 한다는 것이 있었습니다. 공부가 많이 되겠구나 하고 생각했는데, 듣다 보니 실제로는 대화를 하는 것이 아니더군요. 50분 수업 중에 대화 주제가 40개나 되니, 주제 하나당 1분정도밖에 다루지 못하는 거에요. 그런데 선생님은 계속 "이 주제에 대해서 어떻게 생각하느냐", "그 다음 주제에 대해서는 어떻게 생각하느냐"고 물으니 학생들이 대답은 하겠지만 생각할 여유가 있겠어요? 교사가 "이렇게 생각해야 한다"는 것을 가르치고 학생들은 그대로 대답하는 것이죠. 처음에는 그랬어요. 구체적으로 말씀드릴 수는 없지만 박종천 선생님은 원래 한일 교사 간 제1회 교류 자체를 반대하셨던 분이에요. 왜 일본 교사들과 같이 해야 하느냐고 반대하시던 분인데 2회, 3회를 거듭하면서 이해하기 시작했고, 나중에는 교류를 계속해야 한다는 쪽으로 생각이 달라졌어요.

그리고 보고 내용에도 변화가 있었어요. 한국 교사들은 주로 교사가 수업에서 아이들에게 어떤 것을 가르쳤는지 보고서에 썼습니다. 수업의 과정은 거의 없고 마지막에 아이들의 의견이 약간 들어가는 식의 보고서였어요. 하지만 일본의 경우, 발표회가 5시간 정도라고 하면 1시간은 교사와 학생의 수업을 재현합니다. 교사가 이렇게 말했을 때 학생은 어떻게 반응했는지, 어떤 말을 했는지 재현하는 것이죠. 일본에서는 관제(官制) 연구를 포함해서 그런 것들을 많이 합니다. 하지만 한국에는 그렇게 재현하는 형식의 보고 발표가 거의 없었어요. 아마 한국의 교사들이 그런 부분을 좋게 생각했던 것 같아요. 한국 교사들의 보고 발표도 그런 식으로 달라지게 되었습니다.

정재정   한국의 경우, 바른역사라는 것이 있어서 한국의 교사와 교수들은 그 바른역사를 가르쳐야 한다는 의식이 매우 강합니다. 그래서 아마 처음 교류를 시작했을 때는 서로 상당히 저항감을 가졌을 것 같아요. 그런데 점점 회를 거듭하면서 달라졌다는 것이죠.

미쓰하시 연구자들끼리 교류하다 보면 아무래도 대립이 생기게 됩니다. A라는 의견과 B라는 의견으로 나뉘죠. 하지만 교육, 수업의 교류라는 것은 아이들이 중심이에요. 먼저 아이들이 있고 그 다음에 일본, 한국이 있는 것이죠. 그리고 아이들을 매개로 이야기를 진행하기 때문에 연구자들처럼 대립하는 것이 아니라 아이들에게 어떤 수업을 해야 하는지에 대해 의견을 주고받게 됩니다. 대화를 한다고 해서 특정한 결론에 도달하는 것은 아니지만, 대화하는 중에 교사들이 서로 느낀 것들을 각자의 학교로 돌아가서 실천하게 됩니다. 그것이 다시 다음 해의 연구 보고 발표로 이어지기 때문에 그런 점에서 볼 때 연구자들의 교류보다는 수월하다고 생각합니다.

정재정 그렇다면 연구회는 어떻게 운영을 하시나요? 매년 한국과 일본에서 교대로 열리나요?

미쓰하시 네 그렇습니다. 제1회는 진주에서 했어요. 2회도 아마 진주였을 겁니다. 그 후에는 도쿄와 진주에서 번갈아 했고, 나고야에서 했던 적도 있어요. 아무튼 한국과 일본을 왔다 갔다 하면서 개최했습니다.

정재정 비용은 어떻게 하시나요? 꽤 많은 돈이 들 것 같은데요?

미쓰하시 자비로 합니다. 지원해 주는 곳은 없어요.

정재정 한국의 교사들과 매우 오랜 기간 교류를 해 오셨는데요. 한국의 교사들은 조직이 있나요?

미쓰하시 진주에는 '진주역사교사모임'이라는 것이 있습니다. 전국역사교사모임의 진주지부 같은 성격이죠. 하지만 거기서 경비를 지원해 주는 것은 아니에요.

정재정 대단하십니다. 자비를 부담하게 되면 지원을 받을 때보다 아무래도 더 성실하고 진지하게 하시겠네요.

미쓰하시 그렇긴 합니다만, 예를 들어 일본의 경우, 고등학생들이 교류할 때는 '일한문화교류기금' 등에서 보조금이 나오는 경우도 있습니다. 단, 매년 반드시 나오는 것은 아니에요. 한국 측도 아마 여러 가지 방법을 쓰셨던 것으로 알고 있는데, 기본적으로는 자비 부담입니다. 그래서 계속 유지되는 것 같습니다.

정재정 연구회가 끝나면 어디 함께 역사 기행을 가기도 하셨나요?

미쓰하시 네, 갔었죠. 예를 들어 진주에 가면 한국 측에서 보여 주고 싶어하는 곳이 있어요. 그런 곳에도 가고, 저희가 가고 싶은 곳을 조사해 가면 그쪽에서 안내해 주기도 합니다. 한국의 교사들이 일본에 오는 경우에도 그런 식으로 합니다.

정재정 공동연구의 성과를 책으로 낸 적도 있으시죠?

미쓰하시 매년 일본 측에서는 보고서를 모아 책자를 만들고 있습니다. 25년 정도 그렇게 해 온 것을 이번에 집대성하여 책으로 낼 생각입니다. 일본의 서점들이 요즘 상당히 불경기라 이런 특수한 책이 그다지 잘 팔릴 것 같지는 않지만, 가능하면 꼭 책을 내려고 생각하고 있습니다.

정재정 　수업은 학생들에게 직접적으로 영향을 주는 일이기 때문에 가장 중요한 행위입니다. 교류를 시작한 지 25년 되었다고 하셨는데, 그 동안 서로에게 변화가 있었다거나 배운 점은 무엇입니까?

역사 인식의 대립은 국가 간이 아닌 개인 차원

미쓰하시 　25년간 해 오면서 처음에는 역사 인식 면에서도 의견의 대립이 있었습니다. 항상 그랬어요. 그것이 한일의 대립이라고 서로가 생각했던 것 같아요. 하지만 연구회를 계속 하다 보니 한일의 대립이 아니라는 것을 알게 되었습니다. 일본에도 여러 의견이 있고 한국에도 여러 의견이 있어요. 얼핏 보면 한일의 대립 같지만 속을 들여다보면 어떤 교사들은 한일 간에 의견이 일치하고, 어떤 교사들은 한일 간에 의견이 일치하지 않는 경우도 있었어요.

정재정 　그렇다면 식민지 지배에 대해서도 은혜다, 저항이다, 수탈이다, 억압이다 등등 당연히 개인에 따라 생각의 차이가 있었겠네요.

미쓰하시 　아이들도 마찬가지입니다. 일본이라서, 한국이라서 다른 것이 아니에요. 저는 일본과 한국의 중학생들이 직접 의견 교환하는 것을 본 적이 있는데, 지금 같으면 인터넷으로도 가능하겠지만, 그때는 편지로 하다 보니 시간이 걸렸습니다. 제가 가르치던 어떤 일본 남학생이 "한국강제병합은 절대로 옳다"고 하면서 그 이유도 꽤 잘 썼어요. 물론 어떤 학생들 사이에는 "옳지 않다, 그런 일이 있었기 때문에 지금도 한일이 사이가 좋지 않은 것이다"라는 의견도 있었어요. 그런 다양한 의견들을 번역해서 한국에 보냈고, 한국 중학생들에게 읽게 했습니다.

한국 중학생들은 아무래도 "한국강제병합은 옳다"고 한 남학생을 집중적으로 비판했죠. 사실 그 남학생은 어머니가 타이완인이었고, 친구들에게도 그 사실을 숨기지 않았습니다. 그런데 몇 번 그런 것을 하다 보니 달라지더라고요. 그냥 달라진 것이 아니라 "일본이 발전했다는 사실이 중요하다고 생각했는데, 그것이 진정한 발전이라고 할 수 있는가"라는 말도 했고요. 결정적으로 난징대학살을 계기로 그 학생은 "의견이 달라졌다"고 했어요. 의견이 달라졌을 뿐 아니라 한국에서 온 편지들을 다시 읽기 시작했죠. 읽어 보니, 한국 중학생들은 거의가 비판을 하면서도, "한국과 일본은 앞으로 함께 살아가야 하니 사이좋게 지내자"와 같은 이야기가 꼭 써 있더라는 겁니다. 그 전까지는 반발심 때문에 그런 부분이 보이지 않았는데 그때는 보이게 된 것이죠. "의견을 바꾸고 다시 한번 읽어보니 한국 중학생들은 다 그런 식으로 썼더라고요. 그건 대단한 것 같아요"라며 다시 한국에 편지를 보내게 되었고, 결과적으로는 한국 학생들도 자신들의 비판이 받아들여진 셈이니 좋아했죠. 그런 사례도 있었습니다.

정재정 어떤 면에서는 생생한 교류네요.

미쓰하시 한국강제병합이라든지 3·1운동과 같은 것들이 테마가 되다 보니 상당히 민감하게 대립하게 되는데, 중학생들이 그런 식으로 생각하는 것을 보고 제가 오히려 한 수 배웠습니다.

정재정 쟁점으로는 식민지나 3·1운동 이외에 또 어떤 것들이 있었나요?

미쓰하시 제가 공부해서 제안한 테마도 있었고 당시 제가 한국 중학교 교과서를 번역했는데 그것을 일부 보여 주기도 했습니다. 한국강제병합에 찬성하는 학생들의 의견은 기본적으로 발전론이에요. 일본이 발전하려면 식민지가 필요했다는 것이죠. 반대파는 절대 안 된다는 의견이에요. 예를 들어 3·1운동과 같은 독립운동이 일어났을 때 그것을 멈추게 하려면 탄압을 해야 하는데 언제까지 그래야 하느냐는 것이죠.

정재정   교류를 하다 보면 교사들끼리 또는 학생들끼리 논쟁을 해야 하니 상대방에 대해 잘 알아야 하죠. 그래서 한국 학생들은 일본에 대해 공부하고, 일본 학생들은 한국에 대해 공부해서 서로를 잘 알게 되었을 것입니다. 미쓰하시 선생님은 지금 한국어를 굉장히 잘 하시고 번역도 하시는데요. 수업 교류를 하실 때부터 그렇게 잘하셨나요?

미쓰하시   아닙니다. 처음에는 한마디도 못했어요.

정재정   대단하십니다. 개인적으로도 성장하셨군요.

미쓰하시   아무래도 처음에 친구가 되었던 분들과 통역 없이 의사소통을 하고 싶은 마음이 있었어요. 그 이후 이시와타 선생님의 부탁으로 중학교 교과서의 번역을 도와드리기도 하면서, 일본 중학생들에게 한국의 역사, 또는 동아시아의 역사를 가르치기 위해서는 한국을 조금이나마 연구해야겠다는 생각을 하게 되었어요. 그러려면 뭔가 읽어야 하니까 한국어를 배우게 된 것이죠.

정재정   한국에도 원활한 교류 활동을 위해서 일본어를 배운 교사들이 있나요?

미쓰하시   네, 있습니다. 아까 말씀드린 박종천 선생님 같은 분들은 일본어를 전혀 못했는데 저희들과 교류하면서부터 배웠습니다. 지금은 굉장히 잘 하게 되셨고요.

정재정 미쓰하시 선생님은 대학을 정년퇴임하시고 지금도 한국에 오셔서 강의하고 계시는데 그것에 대해서 이야기해 주세요.

미쓰하시 개인적으로는 저희 집사람이 언제까지 일할 거냐고 하긴 합니다. 하지만 저는 기본적으로 가르치는 것을 좋아해요. 학생들이, 대학생도 포함해서요, 여러 가지 의견을 말할 때나 공부할 때의 표정을 보는 것이 참 즐거워요. 지금도 일본의 몇몇 대학에서 앞으로 교사가 될 학생들에게 교직 과목을 가르치고 있는데, 그때 제가 가장 강조하는 것이 있어요. 교사는 학생들에게 문제를 제기하지요? 그 문제에 대해서 어떻게 생각하는지 묻죠. 그때 교사는 언제나 학생의 반응을 예상해서 수업을 짭니다.

하지만 때때로 예상 밖의 답을 내놓는 학생들이 있어요. 바로 그때 교사의 자질이 드러난다고 생각합니다. 즉, 교사가 생각한 범위 밖의 대답이니 그냥 "그렇죠"라고 하면서 아무것도 질문하지 않고 다음으로 넘어갈 수도 있지만, 그렇지 않고 의외의 반응이 나왔을 때 "오예!" 하고 쾌재를 부를 수 있는 교사가 되어주길 바래요. 기쁜 일이잖아요. 거창하게 말하면 그 학생이 그런 것을 의식하고 말한 것은 아니겠지만, 그때만큼은 교사의 생각을 뛰어넘는 것이니까요. 그것을 교사가 받아들이고 그 의미를 다른 학생들에게도 알려주면서 "어떻게 생각해?"라는 식으로 수업을 전개해 줬으면 좋겠습니다.

정재정 그와 같은 '의외'의 의견에는 어떤 것들이 있었습니까?

미쓰하시 예를 들어 독립운동에 대해서 생각해 보는 것은 꽤 어려워요. 어떤 여학생이 메이지유신부터 러일전쟁까지 쭉 공부해 오면서, 당시 일본 정부나 일본의 역사에 대해서 강하게 반발했어요. 어른들의 눈으로 보면 그 이후에 아시아태평양 전쟁이 나오게 되는데, 아무튼 그 학생은 일관되게 당시의 역사를 비판했어요. 그리고 한국강제병합의 대목에서는 "절대로 해서는 안 되는 일이었다. 한국인의 반발이 반드시 있을 것이다"라고 했는데, 결국 3·1운동이 수업에 등장한 거에요. 유관순이 등장하고, 그녀가 어떤 생각을 가지고 있었는지에 대해 공부했습니다.

이를테면 한국인의 내셔널리즘이죠. 그 여학생이 그것을 느낀 거에요. 그때까지는 "그렇게 독립하고 싶다고 하면 독립시키면 되지 않느냐"고 말하던 그 학생이 달라졌어요. 그 학생은 유관순의 내셔널리즘을 느꼈을 때 자신이 일본인이라는 생각이 든 거에요. 그리고 자기 안에도 내셔널리즘이 존재한다는 것을 깨닫게 되는 것이죠. 그 내셔널리즘에 비추어 보면 "유관순의 독립운동은 용납할 수 없다"는 발상이 나오게 되는 겁니다. 저는 그때 그 여학생이 스스로 생각의 지경을 넓혔다는 생각이 들었습니다. 이후 학습에서 그 여학생은 또다시 달라지는데요. 그런 수업들을 통해서 본인의 모순을 해결하기 위해 어리지만 역사 인식을 다져나가는 것이라고 확신했습니다.

정재정 병합은 나쁘다고 말하면서 독립운동은 안 된다. 굉장히 모순된 생각이네요.

미쓰하시 그럴 때 교사가 "이게 맞아"라고 말하면 안 됩니다. 본인 스스로 갈등하고 결론을 내리게 해야죠.

정재정 그 여학생은 어떻게 달라졌나요?

미쓰하시 물론 그 여학생은 본인이 처음에 "병합이 과연 옳았는가?"라고 생각했던 노선이 옳았다고 수정합니다. 그런 일이 있어서는 안 된다고요. 그 결론은 그 여학생의 것이라고 생각합니다. 어떻게 보면 처음에는 제가 그런 자료를 제시해 줬기 때문에 그렇게 생각했을 수도 있는데, 그때는 그 학생 본인의 생각이 아니었던 것이죠.

정재정 전후의 교육은 좌파적인 진보파가 중심이 되었죠? 저는 그렇게 들었습니다.

미쓰하시 오오쓰키 선생님이 좌파의 중심 인물이었던 것은 맞습니다. 단, 일본의 교육 전체가 그와 같이 진보적인 민주주의 교육을 하지는 않았다고 생각합니다. 발표하시는 선생님들 중에 그런 분들이 많긴 했지만, 한편으로는 문부성의 지도 요령과 그 취지에 따라 가르쳐야 한다고 생각하는 선생님도 많았어요. 그리고 시간이 지날수록 문부성과 같은 권력으로부터 점점 큰 압력이 들어오게 되었고요. 그러다 보니 그런 생각들이 점점 더 강한 힘을 얻게 되었죠.

정재정 교사의 입장에서 25년 전과 지금을 비교해 보면 한국과 일본의 학생들에게서 달라진 점이 있습니까?

25년 전과 달라진 한일 학생들의 관점

미쓰하시 두 가지 방향이 있는 것 같습니다. 하나는 지금의 중학생이나 대학생들이 한국이나 한국인에 대해 그다지 편견을 갖고 있지 않다는 점입니다. 예를 들면 문화도 달라졌죠. 1980~1990년대에는 '김치'라는 말이 차별어였어요. 김치는 곧 조센징, 냄새 난다, 그런 뜻이었으니까요. 그런데 지금은 어떤가요. 쓰케모노 소비량 1위가 김치에요.

정재정 선물하면 다들 굉장히 좋아하시더라고요.

미쓰하시 물론 문화의 변화도 있으니 뭐라 말할 수 없는 부분입니다만, 그런 식으로 차별감을 직접 드러내는 일은 없어요. 그렇다면 정말 마음 속 깊은 곳에서도 그렇게 생각하느냐 하면 그건 아니에요. 역시 일본인이 최고다라는 것이죠. 특히 최근 10년 동안은 일본의 경제가 별로 좋지 못한데, 그럴수록 TV에서도 "일본은 대단한 나라"라는 식의 방송을 많이 해 줘요. 그래서 그렇게 생각하는 사람도 많을 것입니다. 그것은 열등감의 이면이에요.

그것을 좀 도식화해서 말씀드리겠습니다. 예를 들면 1980년대, 1990년대 초 이전까지 일본인에게 한국인은 존재하지 않았습니다. 무시했던 것이죠. 그런데 점점 경제가 발전하고 1987년의 민주화 운동, 그 후 김대중의 등장, 박근혜의 탄핵, 문재인의 취임 등 한국의 존재가 눈앞으로 확 다가오게 된 것입니다. 지금까지 보이지 않는다고 안심했던 존재가 갑자기 부각되고, 심지어는 의견을 마구 이야기하는 것이죠.

저는 한류 드라마가 큰 차이를 가져왔다고 생각합니다. 그것으로 인해 많이 달라졌어요. 특히 연령대가 있는 여성들이 한국 드라마를 보았다는 점이에요. 주변 지인들 중에 많은 여성분들이 한국 드라마를 열심히 보고 있는데, 한국에 대해서 잘 알아요. 아는데 그치는 것이 아니라 실제로 한국에 여행을 가요. 예를 들면 드라마 촬영지 같은 곳으로요.

실제로 가게 되면 식당에도 가고 할 것 아닙니까? 주문도 하고 밥도 먹죠. 거기에는 한국인들이 있고요. 그런 식으로 생생한 한국을 알게 되는 사람들이 많아졌어요. 이런 것만으로 한일 관계가 잘 풀리지는 않겠지만, 이미 바탕은 되어 있다고 생각합니다. 그래서 저는 한국 교사들에게 "아줌마가 바뀌면 역사가 바뀐다"라는 이야기를 항상 하고 있습니다.

정재정 한국이 달라진 면도 있습니까? 이번에 고려대학교나 한림대학교에서 강의해 보셨는데 학생들의 반응은 어땠는지요?

미쓰하시 반응은 전과 같이 좋습니다. 전과 같다는 의미는 7~8년 전을 말하는 것인데요. 학생들이 우수해서 발언도 잘 합니다.

정재정 한국의 교사들은 오히려 더 내셔널리즘 쪽으로 기울지 않았나요?

미쓰하시 한 가지 말씀드리면, 제가 교류하는 한국의 교사들은 이를 테면 친일본적인 성향을 가진 교사들입니다. 저와 친하니까 그런 생각이 드는 것인지는 모르지만요. 어느 날 신진균이라는 고등학교 교사가 안중근에 대해 수업을 한 적이 있는데, 학생들에게 안중근의 훌륭한 생애에 대해서 열심히 설명을 했다고 해요. 그곳은 시골의 고등학교였는데, 지금부터가 재미있는 대목입니다. A라는 학생이 "안중근이 의사냐"고 질문합니다. 무슨 뜻인지 아시겠죠. '의사(義士)'와 '의사(醫師)'의 발음이 같으니까요. 그랬더니 B라는 학생이 "아니지, 그분은 독립운동을 해서 일본의 높은 사람을 죽였잖아"라고 대답합니다. A가 다시 "누구를 죽였는데?"라고 질문했더니 잘난 체 하던 B가 "도요토미 히데요시지 누구긴 누구야"라고 답했다는 우스운 일화가 있어요. 학생들의 의식이 그 정도였습니다.

신진균 선생님은 그때의 수업 분위기에 대해서 보고서를 쓰면서 학생들의 대화 하나하나를 다 기록했어요. 아무튼 그 선생님은 학생들에게 안중근에 대해 이야기했고 그것에 대해서 찬성하는 학생들도 많았지만 한 여학생이 마지막에 "안중근이라는 사람은 자기 가족도 지키지 못하면서 어떻게 민족을 지키겠다는 거죠"라고 이야기를 했다고 합니다. 신진균 선생님은 그 발언에 찬성하는 입장이 아니었어요. 하지만 저는 신진균 선생님이 그 여학생의 발언을 기록으로 남겼다는 것이 중요하다고 생각합니다. 그런 식으로 한국 교사들의 수업관이 많이 달라졌다는 것을 크게 느꼈습니다.

정재정 지금까지의 활동을 되돌아보았을 때 좋았던 점과 나빴던 점, 부족했던 점은 무엇입니까?

교육 실천 중 좋았던 점과 나빴던 점

미쓰하시 좋았던 점은 제 역사 수업의 방향성이 명확해졌다는 점과 학생들을 어떻게 대해야 할 것인지에 대하여 한국 교사들에게 배운 점이 많았다는 것입니다. 제가 중학교 교사로 재직할 때도 그랬고, 대학 교수가 된 최근에 직접 한국 대학생에게 강의를 하면서 굉장히 많은 자극을 받았습니다. 특히 2017년에 요사노 아키코(與謝野晶子)에 대해서 수업을 한 적이 있는데, 요사노 아키코는 러일전쟁 당시 반전의 시를 썼다가 그 이후 심경의 변화를 일으켜, 중일전쟁 당시에는 군부에 협조를 했던 사람입니다.

그녀 자신도 전쟁 때문에 자식을 잃기도 했습니다. 요사노 아키코가 왜 그렇게 되었는지 생각해 보자는 취지였는데, 고려대학교의 학생들은 그보다 요사노 아키코가 여성 해방을 위해 얼마나 헌신했는지에 초점을 두고 자료를 읽었더군요. 그렇게도 읽을 수 있다는 것을 알게 된 것은 오히려 저였어요. 아마도 요즘 한국 대학생들은 남성과 여성을 떠나서 젠더 의식이 강한 것 같아요. 남성 우위의 사회는 안 된다는 것이죠. 그런 생각을 가지고 있었기 때문에 그와 같은 관점으로 요사노 아키코를 바라봤던 것 같습니다.

또, 요사노 아키코의 사상 변화를 김지하의 사상 전향과 비교해서 글을 쓴 학생이 있었습니다. 민주화 때 시를 썼던 김지하가 왜 박근혜를 지지하게 되었는지에 대해 나름대로 분석하고, 그것을 요사노 아키코와 비교하여 변화의 원인을 고찰했더군요. 일본의 학생들에게서는 좀처럼 볼 수 없는 부분이에요. 그래서 저는 매일 기쁘고, 그것이 어떤 의미에서는 저의 성과라고 할 수 있습니다.

그리고 과제에 대해서 말씀드리면, 서두에 말씀드렸던 수업 실천, 수업 보고를 더 많이 교류해야 합니다. 그리고 각 교사들이 그것으로부터 무엇을 배울 수 있는지 체험해야 합니다. 그리고 또 한 가지는 고등학생들의 교류입니다. 지금은 여러 분야에서 이루어지고 있는데, 두말할 것도 없이 매우 중요합니다. 예전에 일본 고등학생들을 삼천포 고등학교에 데리고 갔던 적이 있었어요. 아시다시피 삼천포는 시골인데 거기서 저희가 홈 스테이를 했던 가정도 결코 넉넉하다고는 할 수 없는 형편이었습니다. 집도 좁고요. 그 집에서 무엇을 했냐고 물었더니 낮에 같이 라면을 끓여 먹었다고 하더군요. 사실 그때 데리고 갔던 4명의 여고생들도 매우 어려운 가정의 아이들이었습니다. 그래서 학급에서도 친구들 앞에서 발언해 본 적이 없었다고 해요.

그런데 3일간 홈스테이를 하면서 그 집 아이와 친해지더니, 마지막에는 한국과 일본의 선생님 40명 앞에서 "3일간 무엇을 배웠느냐"는 질문에 5분 정도 아무것도 보지 않고, 본인은 한국에 와서 어떤 것을 했고 어떻게 생각했는지 말하는 겁니다. 그때 담임선생님도 함께 가셨는데 굉장히 흐뭇해 하시더군요. 그 아이들이 그렇게 말을 잘 하게 되리라고는 생각하지 못했다고요. 그만큼 고등학생들 간의 교류는 어른들이 다 이해할 수 없는 부분도 있다는 생각이 들었습니다. 그 다음 해에는 삼천포 고등학생 5명이 일본에 왔습니다. 처음에는 "재정에 여유가 없으니 4명까지"라고 했는데, "한 명만 더 안 되겠느냐"고 해서 좀 무리가 되었지만 5명 모두 오라고 했습니다. 그랬더니 그쪽 담임 선생님이 사실 마지막 한 명은 이런 기회가 아니면 평생 해외에 나가볼 기회가 없을 수도 있는 환경의 아이였다고 하시며 정말 많이 좋아하시던 기억이 납니다.

정재정 미쓰하시 선생님도 이제 연세가 많으신데, 지금까지 해 오신 활동을 앞으로도 계속 하실 생각이신가요?

미쓰하시 저는 이제 좀 어려울 것 같고요, 지금 40세 정도 되는 선생님이 사무국장으로 일해 주고 있어요.

정재정 선생님의 활동을 이어줄 후계자가 있는 셈이네요.

미쓰하시 멤버는 좀 줄어들 수도 있겠지만, 어떻게든 될 것이라고 생각합니다.

정재정 1990년대 초 무렵에 오오쓰키 선생님, 이시와타 선생님과 함께 시작하신 일이 30년 가까이 이어졌는데, 앞으로도 후배들에 의해 계승되면 좋겠네요. 한일 관계에 관해 이야기할 때는 대체로 연구자들끼리, 정치가들끼리, 또는 매스컴끼리 이야기하는 경우가 많은데, 현장에서 가르치는 교사들이 이런 활동을 하는 것이 실제로는 훨씬 영향력 있다고 생각합니다. 앞으로 주변의 교사들이나 사회에 제언하거나 부탁하고 싶은 것이 있다면 한 말씀 해 주세요.

일본 초중고의 폐쇄성

미쓰하시 수업 보고 형식의 교류는 지금도 하고 있지만, 예를 들어 일본인 교사가 한국의 초등학교, 중학교, 고등학교에서 수업하고 싶다고 하면 한국에서는 대부분 실현 가능합니다. 저도 꽤 오래되었지만, 대구의 중학교에서 수업한 적이 있어요. 그런 것이 가능하죠. 하지만 일본은 교장선생님이 허가를 잘 해 주지 않아요. 굉장히 폐쇄적입니다. 한국의 초등학교 선생님이 일본의 초등학교에서 수업을 하고 싶다고 하면, 일본의 교장들은 한국인이 수업하는 경우 문제가 된다고 해요. 무엇이 문제가 된다는 것인지 알 수가 없어요. 예를 들어 정치적인 이야기를 한다면 모를까 전혀 그렇지 않은데도요. 또는 고등학교에서 수업을 하고 싶다고 해도 안 된다고 합니다. 4월에 나오는 연간 커리큘럼에 없다는 것이죠. 그런데, 1주일도 되지 않아 만일 같은 학교에 미국에서 영어 선생님이 온다고 하면, 그것은 또 교장이 허가를 해 줘요. 4월 커리큘럼에 있느냐고 물어보고 싶은 심정이죠. 결국, 유럽이나 미국은 되고 한국은 안 된다는 편견이 있어요. 그런데 일본 선생님들은 한국에서 자유롭게 수업을 할 수 있고, 필요하다면 교장선생님이 와서 보시기도 해요. 이런 현실이 좀 안타깝긴 합니다.

한 가지 더, 예전에 일본의 초등학교 선생님이 "조선통신사에 대해서 수업했다"는 보고를 했는데, 그 다음해 연구회에서 한국의 초등학교 선생님들도 "나도 이런 내용을 수업했다"고 보고했던 일이 있었습니다. 전년도에 일본 교사들의 실천을 보고 본인들도 해봐야겠다고 생각했대요. 그리고 꽤 오래 전 이야기입니다만, 도쿄에서 열린 연구회에서 야나기 무네시로라는 일본인 교사가 보고한 내용을 가지고 그 다음해에 한국의 중학교 교사가 비슷하게 했답니다. 그런데 진주라는 곳이, 지금은 그렇지 않겠습니다만, 20년 전만 하더라도 저희들과 교류하는 교사들에 대해 친일파라는 색안경을 끼고 봤다고 합니다. 한국에서는 친일파라는 말이 단순히 일본과 친하게 지낸다는 뜻이 아니잖아요? 좀 다른 뜻이 있죠. 하지만 그 선생님은 "그런 것이 아니고 일본의 훌륭한 실천에 자극 받아서 우리도 그렇게 해 보고 있다"고 말했고, 그것을 꿋꿋하게 연구회에서 보고했어요. 그 선생님 나름대로 지역의 감정을 극복하고 실천했던 것 같습니다.

찾아보기

ㄱ

가마이시(釜石) 광산　238
강제 동원　41, 270
강제징용　21, 29, 30, 33, 34, 49, 51, 94, 104, 113, 269
강화도사건　231
개발 독재 체제　144
건건록　216, 218
경복궁　367
고노 담화　114, 115, 116, 172, 179, 180, 182, 325, 342, 343, 344, 345
고려독립청년당　248, 249, 250, 251, 256, 257, 258, 271
고마쓰가와(小松川)고교 사건　381
고이즈미 담화　42
고이즈미 준이치로(小泉純一郎)　296
교과서검정 소송을 지원하는 역사학 연구자의 모임　278
교과서검정 소송을 지원하는 전국연합회　278
교과서검정 소송을 지원하는 출판노동자의 모임　278
교과서노동조합 공투(共鬪)회의　278
교과서의 겨울　281

교도통신　186
교육실천연구회　379
구보타 발언　313
근로정신대　168
글로벌리제이션　114
기시 노부스케　26, 52
기억의 터　178
기타오카 신이치(北岡伸一)　53
기타 요시노리(喜多義憲)　184
김대중　84, 181, 338
김대중 납치 사건　316
김대중·오부치 선언　180, 181
김대중 피랍사건　313
김복동　343
김일성　79, 323
김정일　79
김지하　338
김지하를 돕는 모임　319
김학순　167

ㄴ

나는 조개가 되고 싶다　248, 261
난징대학살　73, 74, 388
난징 역사자료관　74

남방작전　252
내셔널리즘　43
뉴 노멀 (New Normal)　29
니시오카 쓰토무(西岡力)　168

ㄷ

다테마에(建前)　14
대륙간탄도미사일(ICBM)　66
대일본국대조선국비밀조약　218
데라우치 마사다케(寺內正毅)　234
도요토미 히데요시(豊臣秀吉)　367
도조 히데키(東條英機)　235, 253
도쿄 재판　53
독도　69, 88, 89, 141, 148, 341
동북아시아 공동의 집　349
동아시아 청소년 역사체험캠프　299
동양척식주식회사　352
동진회　250, 256, 257, 259, 261, 262, 263, 264, 265, 269
동척　352
동학　223
동학농민전쟁　224, 229

ㄹ

러일전쟁　391, 395
리영희　335

ㅁ

마나베 유코(真鍋祐子)　13

마쓰바라 기금　202
마쓰이 야요리(松井やより)　294
마이니치신문　176
매천야록　224
메이지유신　121, 233, 391
메이지 정부　203
무라야마 담화　42, 325
무라야마 담화, 고노 담화　114
무라야마 도미이치　331
무명동학농민군위령탑　224, 229
무쓰 무네미쓰(陸奧宗光)　216, 218
무쓰 외교　220
문예춘추　168
문재인　151
미야자와 기이치(宮澤喜一)　52
미일기축　98
미일동맹 상화　156
미일안보조약　57, 244
미일안보체제　69
미일지위협정　125, 126
민청학련사건　82

ㅂ

박근혜　343
박맹수　221
박정희　86
박종철 사건　272
반한운동　318
배외주의　118
범재전(凡宰伝)　181
베트남전 반대 운동　314

보통 국가　123
부민신문　233
북일 국교정상화　151
북일 모델　36
북한의 비핵화　147
붉은깃발　230
브루스 커밍스(Bruce Cumings)　322

ㅅ

사이토 마코토(齋藤實)　235
사쿠라이 요시코(櫻井よしこ)　170
사토문고　222
사토 에이사쿠(左藤榮作)　234
사할린 잔류 조선인　36
산리즈카(三里塚) 운동　333
산케이신문　169
새로운 역사 교과서를 만드는 모임　364
새로운 역사교과서를 만드는 모임　282
새역모　282, 284, 285, 289
샌프란시스코 평화조약　52, 53, 260, 265
서대문독립공원　54
서승 사건　247, 272
서플라이 체인(supply chain)　27
성환 전투　231
센카쿠열도　121
수교훈장 숭례장　212
스가모 형무소　259, 261, 266, 270
스기모토 판결　277, 279, 281

시나 에쓰사부로(椎名悦三郎)　25
시바 료타로(司馬遼太郎)　34
실크로드 붐　78
쓰시마 불상 도난 사건　205

ㅇ

아관파천　368
아리랑 축제　196
아메노모리 호슈　212
아메노모리 호슈(雨森芳洲)　192
아베노믹스　61, 63
아베 외교　63
아베 정권　93, 124, 159
아사히신문　166, 167, 169
아시아여성기금　329, 330, 331, 332, 333, 334, 335, 336, 340, 345
아시아태평양 전쟁　73, 391
아시아평화와 역사교육연대　289
야마가타 아리토모(山縣有朋)　234
야마베 켄타로　226
양진자　343
양칠성　248, 256, 257
어린이와 교과서 전국네트21　284, 287, 288, 293
여성국제범죄법정(VAWW-NET)　294
역사교육자협의회　378
역사수정주의자　52, 68
연지연락협의회　202, 204
영속패전론　122
예방구금소　226
오다가와 고(小田川興)　167

오부치　181
오우에쓰 열번 동맹　238
오카모토 요시히코(岡本義彦)　248
오쿠보 토시아키　219
오히라 마사요시(大平正芳)　25
왜관　194
요미우리신문　169, 176
요사노 아키코(與謝野晶子)　395
요시다 세이지(吉田清治)　175
요코하마 사건　272
우메다 마사키(梅田正己)　227
원자폭탄의 날　187
원폭피해자　36
'위안부'　87, 150, 265, 266, 267, 269, 307
'위안부' 문제 전시 자료관　179
유관순　391
유길준　79
유네스코 세계기록유산　190, 192
유텐지(祐天寺)　262
윤미향　343
윤정옥　335
이노우에 가쓰오(井上勝生)　221
이만섭　296
이명박　88
이시모타 쇼(石母田正)　310
이에나가 사부로(家永三郎)　277, 354
이에나가 재판　277
이중 봉쇄정책　57
이케다·로버트슨 회담　280
인터넷 우익　61
일본교과서 바로잡기 운동본부　289

일본군'위안부'　30, 34, 36, 166, 173
일본군'위안부' 문제　30, 113, 325, 338, 340, 341
일본을 지키는 국민회의　302, 303, 305
일본을 지키는 모임　303
일본인 납치 문제　65
일본조선연구소　246, 247
일본회의　120, 305, 306
일청전사(日淸戰史)　222
일한문화교류기금　386
일한조약초안　218
입구론　67

ㅈ

자위대　133
잔류 조선인　36
재일 조선인　246
재일 코리안　139
재자바 조선인민회　258
재팬 패싱　103
적기지 선제공격론　102
전공투운동(全共鬪運動)　246
전두환　79
전후 레짐으로부터의 탈피　52
전후 일본 내셔널리즘　116, 129
정대협　166, 332, 334, 335, 342, 347
정신대　167
제1회 일한 학생포럼　186
제네바 조약　253
제노사이드　71, 72

조선사 연구회　227
조선인 강제 연행 조사　239
조선총독부　365
조선통신사　190, 192, 398
조선통신사문화사업회　195
조선통신사연지연락협의회　190, 199, 202
조선통신사 정사선(正使船)　199
조일평양선언　36
주간 금요일　174, 182
주코쿠(中國)신문　187
주한미군　51
중국의 대국화　147
중국제조2025　48
중미 간 헤게모니 다툼　48
중미 관계　156
진주역사교사모임　386
집단적 자위권　132
집단적 자위권의 행사　63
징용　36, 41

ㅊ

책임 있는 이해 보유자　47
청구권협정　40, 42, 43, 49
청일전쟁　73, 218
초슈(長州) 군벌　234
총독부　366, 368
출구론　67

ㅋ

코리안 마이너리티　245
코트니 휘트니(Courtney Whitney)　56

ㅌ

타코베야(蛸部屋, 강제 수용소)　239
태평양전쟁　224, 226, 239
태평양전쟁희생자유족회　169

ㅍ

패권국가　47
포스트콜로니얼리즘(post-coloniallism)　28
포츠담 선언　253
프랑코포니(La Francophonie)　27

ㅎ

하야시 곤스케(林權助)　235
한국강제병합　231, 387, 388
한국정신대문제대책협의회　166
한류　18, 20, 85
한미동맹　157
한미, 한일 간 안전보장조약　40
한미합동군사훈련　51
한일기본조약　22, 40, 42, 50, 105, 263, 265, 313, 314, 325, 355
한일병합조약　31
한일연대연락회의　314

한일 청구권협정 40, 41
한일 청소년 역사체험캠프 299
한일 파트너십 공동선언 84
한중일 3국 공동역사 편찬위원회 298
핵·미사일 문제 67
헌법9조 32, 52, 56, 117, 130
헌법 강요론 56
헌법 개정 60
헌법 수정주의자 125
헤지 전략 47
혐한 20, 153, 173
혐한 스피치 119
혼네(本音) 14
홋카이도신문 169
황장엽 324
후쿠자와 유키치(福澤諭吉) 79
히라오카 다카시(平岡敬) 187

기타

3·1운동 73, 388
4마리 작은 용 23
5·18민주화운동 188, 316, 320
6월 민주항쟁 12
6월 항쟁 381
12·28 합의 64
A급 전범 54
BC급 전범 244, 248, 250, 251, 254, 256, 264, 265, 269, 271
GHQ 56
ICJ 49
ODA(Official Development Assistance) 45
TK생 320
UN의 평화유지활동 131
WAM 179
WTO 49

일본 지식인에게 듣는
한일 관계와 역사 문제

초판 1쇄 인쇄 2020년 9월 3일
초판 1쇄 발행 2020년 9월 10일

엮은이 동북아역사재단 한일역사문제연구소
펴낸이 김도형
펴낸곳 동북아역사재단

등 록 제312-2004-050호(2004년 10월 18일)
주 소 서울시 서대문구 통일로 81 NH농협생명빌딩
전 화 02-2012-6065
팩 스 02-2012-6189
홈페이지 www.nahf.or.kr
제작·인쇄 (주)동국문화

ⓒ 동북아역사재단, 2020

ISBN   978-89-6187-553-0   94910

- 이 책의 출판권 및 저작권은 동북아역사재단이 가지고 있습니다.
  저작권법으로 보호를 받는 저작물이므로 어떤 형태나 어떤 방법으로도 무단전제와 무단복제를 금합니다.
- 이 도서의 국립중앙도서관 출판예정도서목록(CIP)은 서지정보유통지원시스템 홈페이지
  (http://seoji.nl.go.kr)와 국가자료종합목록 구축시스템(http://kolis-net.nl.go.kr)에서 이용하실 수 있습니다.
  (CIP제어번호: CIP2020037514)
- 책값은 뒤표지에 있습니다. 잘못된 책은 바꾸어 드립니다.